歷史聚焦

書寫是一種力量，只有書寫，才能記憶，也才能遺忘。

知識生產與傳播

修訂二版

近代中國史學的轉型

劉龍心＿＿＿著

三民書局

修訂二版序

　　2019 年初這本對我而言延宕已久的書終於面世，沒想到去年 9 月出版社通知我，書的庫存量已經不多，準備要再版了。當時有些驚訝，心想一年半不到的時間，這本討論近代史學的書就能再版，是不是表示這樣的課題還是有些讀者關心？因此藉著這個機會，把初版中的一些錯誤和不足之處加以增補修訂，並加上索引，方便讀者檢索，唯全書基本架構和論點不變。

　　二十幾年來，研究、教學幾乎占滿我所有的生活內容，而各種學術活動更成為我尋思往事、繫年紀事的座標。2020 年好不容易迎來期盼多年的休假，不料遇上 Covid-19 全球疫情肆瘧，原本配合休假而安排的出國研究、開會等活動，一時之間全數停擺。日子忽然像一列急煞的列車，一下子慢了下來，原本清晰映襯在窗景中的自我忽地消失不見，這時，我才看出了遠山近樹之別、瓊田翠島之美，注視著那些停在平交道上等待列車通過的行人、騎士，才發現他們只是我生命中極為短促的一道風景，我不知道他們是誰，不懂得他們的人生與苦樂。窗外移動的形體和車箱中的自己，其實是兩分的世界，一直以來在快速飛馳而過的窗景中觀看的自我，原來只是鏡像。

　　休了假，不能出國，留在臺北卻意外多出許多時間。7 月下旬中研院近史所呂妙芬所長邀我在「思想文化史研習營」做

了一場演講，談「史學史還可以怎麼做？」隨後又因科技部人才培育系列講座，以「知識論域與近代史學」為題，從去年（2020年）9月到今年4月，總共進行六次演講。這一連串的演講都和近代史學相關，準備過程中，我彷彿在慢下來的列車窗景中，體會到窗裡窗外兩分的世界，當窗外折射的鏡像不再，我才赫然發現自己其實一直只是坐在高速行駛的列車中，自以為的「預流」，不過是「物我合一」的鏡像。做為史學史研究者的我，竟未能覺察史學史研究從何時開始凋零若此？

1930年陳寅恪在〈燉煌劫餘錄序〉中說：「一時代之學術，必有其新材料與新問題。取用此材料，以研求問題，則為此時代學術之新潮流。治學之士，得預於此潮流者，謂之預流。其未得預者，謂之未入流。此古今學術之通義。非彼閉門造車之徒，所能同喻者也。」照理來說，史學史研究者應該是最敏於時代之變與學術潮流之人，可是為什麼我看得出學術潮流之變，卻對自己研究領域的凋零提不出任何解釋？是我太忙、太融入？還是所有的歷史研究者都太忙、太融入？當日子慢下來之後，我開始思索這些問題。陳寅恪說這話的時候，顯然在一個亟需倡議「新材料」重要性的年代裡，但如果是一個普遍重視新材料，卻不見得能夠相應提出新問題的年代，陳寅恪又會怎麼說呢？在學術分科愈來愈細的今天，我們是不是早已習慣在自己的分支次領域找材料、提問題？卻毫不在意自己在什麼樣的框架下認識問題，以及這些問題又有多少是從既有的研究脈絡出發，並持續影響著今天的我們？或者更多時候，我們是不是只能卑微地期待新材料的出現，或乞靈於國外的問題意識？如果

大多數的歷史研究者沒能意識到這些問題，那麼史學史研究的凋零，恐怕就不只是一個分支次領域的事了。

不過身為史學史研究者的我們難道就沒有責任嗎？我們意識到中國史學史的研究典範長久以來如何制約著我們嗎？1926年梁啟超在《中國歷史研究法補編》裡提及「史學史的作法」時曾經表示：中國人「回頭看」的性質很強，常以過去經驗做個人行為的標準，所以史部的書特別多。然而「中國史書既然這麼多，幾千年的成績，應該有專史去敘述他，可是到現在還沒有，也沒有人打算做，真是很奇怪的一種現象。」梁啟超這段話看來稀鬆平常，後來的研究者也沒怎麼注意，實際上梁啟超在似有若無間已將中國過去「幾千年的史書」串成一氣，使其前後相連，為的就是要讓人感覺不出古今之別。而久處學科體制下的我們，也早已習慣這種「古今無別」的提法，自然不覺得用「專史」去研究中國「幾千年來的史書」有什麼問題。殊不知「專史」是現代史學的一種表現形式，當我們從「專史」的角度重理中國史學時，就不可能不涉及舊史的「改造」，而這種改造是在不知不覺中完成的。

梁啟超早在〈史之改造〉中曾毫不諱言地表示：中國古代著述，大多短句單辭，不相聯屬，少有長篇記載，所以事與事之間很難產生聯絡，而真史當如電影片，前張後張緊密銜接，成為一軸。因此他認為今日之史必須表現出人類活動的狀態，其性質為「整個的」、「成套的」、「有生命的」、「有機能的」、「有方向的」。要把原本不相聯屬的過去，連成整個的、成套的、緊密相銜的歷史，可見得梁啟超的改造方案實與20世紀以

後的史學走向相彷彿，建制化的學科體制和科學史學的概念，一方面把「中國史」建構成一個從古到今，一以貫之的共同體，一方面把探討、描述中國過去幾千年史學成就的「中國史學史」塑造成中國歷史文化所留下來的史學遺產，兩者同具「集體同一性」的表徵。從這個角度來看，中國史學史自始即以一種現代學科的視角，將中國史學視為一個持續發展、連續不斷的歷史進程，為了探究此一進程和綿延不絕的中國史如何為一代代的史家所紀錄與書寫，歷朝歷代的史書、史官、史家、史學就成了中國史學史研究的主要對象。說到底，中國史學史幾乎是為了說明中國史的正當性而存在的一門次學科領域。

然而，當歷史研究的課題愈來愈多樣化、細碎化之後，「大寫歷史」逐漸失去它的吸引力，各種新興的研究領域開始關注微觀的、日常的、地方的、去中心觀的、後殖民的歷史，「國史」不再是歷史研究的唯一視角，中國史學史存在的合理性也隨之動搖，多數學者長年浸淫在自己的研究課題中，不知道從什麼時候開始，過去寫在 CV 上的學術專長從「研究領域」變成了「研究課題」，而外在的學術規範也助長了此一趨勢。近二十年來的期刊評比和科技部專題研究計畫，進一步制約了學術論文的寫作格式，「研究回顧」成了「前言」或「研究背景」必要的欄位。當研究者提出一個個細碎而專精的研究課題時，需要回顧與對話的對象自然也就限縮在極小的範圍內，以史家、史書、史學為書寫對象的史學史便與絕大多數的研究課題斷離開來，再無用武之地。可是，此一現象史學史研究者發現了嗎？如果史學史研究者自己都沒有意識到此一轉變所帶來的影響，

史學史研究恐怕真是凋零已極了。

　　史學史研究需要新的活水，新的視角。最近的思考沒來由地讓我想起很多年前一位來系上客座的教授，旁聽我在研究所開的中國近代史學史專題之後說:「你的課可以和任何一個人合開！」當時以為這只是一句玩笑話，並不以為意，多年後回想才知其深意。面對研究趨向的改變和學術環境的變化，中國史學史研究的確需要新的思路與定位。也許我一直不能算是一個「典型」的史學史研究者，但長久在此耕耘，總有些不吐不快的想法。有關「新史學史」的具體做法，說來話長，無法在此細述，也許留待來日另文發表。再版在即，藉此機會聊記一年多來的想法，同時為慢下來的腳步留下一點印記。

　　　　　　　　　　　　　　劉龍心　於深柳堂

　　　　　　　　　　　　　　2021 年 4 月 30 日

自　序

對我而言，這是一本遲到將近十年的書。2009 年從荷蘭回來後曾起心動念想把它寫出來，可是不久之後就莫名的病了，心理也開始起了變化，雖然日子照過、課照上、文章照寫，依舊忙忙碌碌，卻就是無法面對這件事。直到 2013 年開始思考近代歷史學空間觀念轉變的課題之後，新的研究方向才讓我重啟研究動能。接下來的日子，由於對新的課題興致高昂、躍躍欲試，心裡時時浮顯應把舊作完成的念頭，卻苦無時間。幸而 2016 年獲科技部補助，有機會放下繁重的教學工作，前往中央研究院近代史研究所訪問，這本書才有了重生的契機。

現在回想起來，還是因為所有的書寫與創作都和生命的內在關懷相表裡，不想寫、不願意寫的背後，隱藏的是心靈的荒疏，而身體，只不過是心理的投射與顯化而已。新的研究課題讓我找到一個更寬廣的視角，嘗試回答中國現代史學和傳統史學之間的差異：抽象的空間觀念如何伴隨具體事物的變化而改變，而改變之後的空間觀念又如何影響歷史的表述方式和歷史學整體的知識形態？這些新的問題刺激我回過頭來反思舊作，甚而從中得出新的體會。這一過程讓我意識到，很多事情似乎必須走到人生的另一階段，才能看出它的意義——或許，這也正是歷史想告訴我們的，只是，汲汲於當下的我們往往來不及

看懂這些。

這本書裡有舊作也有新文，每個篇章都曾在國內外不同的學術討論會上發表過，有些則刊登在學術期刊上，分別得到來自不同國家、不同地方學者的指正，這些在我改寫過程中，都點滴在心。要謝謝的人很多，首先最該感謝的是科技部（國科會）在我每次提出專題和專書計畫時給予的補助，特別是早些時候資料庫還不是這麼發達的年代裡，每次到中國大陸或日本找資料都像是一場冒險，不知道自己可以看到什麼。如果沒有科技部的補助，僅靠個人財力，很多研究都不容易完成。其次，要感謝哥廷根大學 (University of Göttingen) 的施耐德 (Axel Schneider) 教授，於 2008 年邀請我到荷蘭萊頓大學現代東亞研究中心 (Modern East Asia Research Centre, Leiden University) 研究訪問，並且在他忙碌的行政和研究工作之餘，還定期和我一起讀書、一起討論，享受自在、愉快而又充實的時光。2016–2017 年中研院近史所呂妙芬所長慨然應允擔任我的 sponsor，並且在我訪問期間提供了相當優厚的研究環境，讓我非常便利的取得各種資源，重新理清舊稿未逮之處。也謝謝黃克武教授和張哲嘉、林志宏邀我加入近史所知識史研究群，在所期間諸位研究員，如李達嘉、余敏玲、羅久蓉、張壽安、潘光哲、連玲玲和林美莉等，不時的關照與互動，更是銘感於心。2017 年華東師範大學王東教授和李孝遷教授邀我前往客座，讓我有機會和歷史系的老師、同學們一起研究切磋，同學們的熱情、向學尤其使我印象深刻。此外，還要感謝所有曾經邀請我參加學術研討會或研究團隊的單位及研究伙伴，如復旦大學的章清教

授、澳洲國立大學的梅約翰 (John Makeham) 教授、北京師範大學的李帆教授、香港樹仁大學的區志堅教授，以及南開大學的孫衛國教授、朱洪斌教授等等，因為每一次的發表都是一種學習，也是一次分享，在孤單而又有趣的研究道路上，非常慶幸有這些同行和朋友相伴。

2009 年以後曾經或長或短擔任我科技部專題計畫的助理們，黃琬柔、李琬綺、張英瑜、陳品伶及曾宇宸，都是我趕寫每篇論文時最及時的救火隊，他們不但協助我處理資料，還幫我解決各式各樣的疑難雜症及電腦問題，有時也跟著我一起讀書。完稿之後，曾宇宸、林政杰、廖佳盈更連續數日夜挑燈夜戰陪我趕工校對，完成臨門一腳的工作。也謝謝臺大生科系于宏燦教授、三民書局總經理劉仲傑先生，以及編輯小組在整個出版過程中給我的幫忙與協助，使我得以從容寫作。

研究工作常常沒日沒夜，沒有假期，寫起文章來最常忽略的就是家人，從我踏上研究之途開始，媽媽、小姨、小姨丈最常問我的話每每都是「這禮拜回不回家？」他們用最大的包容和耐心等我寫完每一篇論文、每一個計畫，從無怨言，只希望我下個禮拜能夠回家，他們永遠是我心裡最深的牽掛，也是我精神上最強大的支柱。當然朝夕相伴的紹理，更是我所有研究動力的來源，每個想法，每種構思，他永遠是我第一個聽眾，也永遠是最支持、最鼓勵我的人。每天最期待的事就是下了課，穿過整個臺北市，回到家裡和紹理一起散步，一起做飯，一起吃飯，分享一天的種種。書裡每個篇章，都有他的批評，也有他的心血。

　　最後，我想說的是，從事史學研究二十餘年，至今不能或忘的是業師杜維運老師一生對史學史研究的忘我與堅持，即使退休住在溫哥華，一樣天天筆耕不輟。這麼多年下來，尤其感激他放任且接受我做完全不一樣的史學史，寫我想寫的問題。一直以為杜老師少說活到 90 歲不成問題，可是就在我最低潮的那三年，2012 年 9 月杜老師在溫哥華驟然過世。心裡一直帶著遺憾，來不及在杜老師生前把這本書寫出來，而且一拖還這麼些年。杜老師過世後，師母像是代替了老師，不時詢問我寫書的進度，偶爾返臺也必約會聊天，師母的詼諧、智慧、勇敢，讓我知道老師何以能夠放心寫作，完全無後顧之憂。全書出版在即，謹以此書獻給我親愛的杜維運老師。

劉龍心　寫於青山樓

2018 年 12 月 30 日

知識生產與傳播
——近代中國史學的轉型

目次

緒　論

　　很多年前一位前輩在某次談話之後問我：「現代史學和傳統史學真的有很大的差別嗎？」這個問題一直留在我的腦海裡，在我寫完前一本書《學術與制度：學科體制與現代中國史學的建立》之後並沒有完全消逝，因為學術與制度之間的互動固然可以看出現代史學如何在它所依託的制度下逐漸變化的過程，卻不能完全解決傳統史學如何向現代轉化的問題。此一問題由於牽涉面廣，可以嘗試觀察的面向很多，例如以某些具有代表性的史學家為例，或從歷史學的觀念、方法、材料、書寫形式入手，也可以討論歷史學在學科範圍、學科性質方面的變化等等，都提供了我們理解傳統史學如何向現代轉化的不同面向。不過，在上述這些有關歷史實然面的討論之前，一個更根本的問題在於我們必須先去釐清致成此一轉變的關鍵性因素究竟為何？唯其如此，上述種種問題才可能產生相應的答案。

　　在我看來，導致中國傳統史學向現代史學轉化其中一個非常關鍵的因素，即在於民族國家 (nation-state) 的出現。雖然要確切定義「民族國家」非常困難，而且這種以西歐為經驗的發明，也不見得可以完全移置於中國，但無可諱言的是，19 世紀中葉以來，歷次的戰爭、條約已逐漸把中國帶進一個根據主權範圍來界定的國際條約體系當中，[1] 而 19–20 世紀之交，與民

族國家觀念最為切近的「國民」或「民」的概念，已經愈來愈廣泛在中國知識界流傳。[2] 如果按照奧斯特哈默 (Jürgen Osterhammel) 的看法，世界各國通往民族國家的道路各不相同，有些從帝國轉化而來，有些必須藉賴民族主義所形成的「我族」意識，更有一些則是透過革命或霸權式的聯合方有以致之。一個比較共通的定義，大體是將現代「民族國家」指向由一個或多個民族在被界定的領土範圍內尋求政治上的自治，並建立自己的國家以維護這種自治的政治共同體。在此意義下，作為公民共同體的「民族」是國家主權的擁有者，由它來建立並控制政權；而所有公民皆可平等參與國家的公共機構管理、義務履行與規畫實施。[3] 如果根據這個定義，20 世紀以後的中國無疑也在試圖尋找一條通往民族國家的道路，唯其不同的是，每個人對於民族國家的想像可能各自不同。

事實上，有關民族國家的討論相當多，葛爾納 (Ernest Gellner, 1925–1995)、安德森 (Benedict Anderson, 1936–2015)、霍布斯邦 (Eric J. Hobsbawm, 1917–2012) 等人有關民族主義的著作皆名噪一時，[4] 特別是安德森將民族視為一種「想像的政治共同體」

1. 相關討論可參考：王柯，《中國，從天下到民族國家》（臺北：政大出版社，2015 年），頁 177–206。

2. 方維規，〈近代思想史上的「民族」相關核心概念通考〉，收入：孫江、陳力衛主編，《亞洲概念史研究》，第 2 輯（北京：生活・讀書・新知三聯書店，2014 年），頁 29。

3. 于爾根・奧斯特哈默著，強朝暉、劉風譯，《世界的演變：19 世紀史》，II（北京：社會科學文獻出版社，2016 年），頁 779–780。

4. Ernest Gellner, *Nations and Nationalism* (Ithaca: Cornell University Press,

之後，此一發人深省的論述便成為許多研究者用以反思自身國族起源的依據。本書雖無意踵繼前說，去討論安德森所謂「想像共同體」的概念如何在中國民族國家生成過程中產生的作用，然而作為一個史學史研究者，在我注意到現代民族國家其實是導致傳統史學向現代轉化的關鍵因素時，安德森的觀點提醒我必須思考：在人們透過歷史來書寫民族、想像民族的同時，這個想像中的民族實際上也會回過頭來形塑歷史的書寫，並從而對歷史的概念、方法、功能及價值產生決定性的影響。這就好比田中 (Stefan Tanaka) 注意到明治早期的日本精英發現將日本變成一個民族國家最有效的策略就是撰寫歷史，仿效西方的形貌，把日本寫入近代史，使其成為世界文明的一部分。在這樣的觀察上，卜正民 (Timothy James Brook) 進一步表示：歷史是最適合這項使命的學科，明治初期日本的史學家採用了西方的史學方法及其宣稱所掌握的科學方法，來建構一部正在向前邁進國家的近代史。[5] 卜正民的看法某種程度上即說明了民族國家的框架一旦成形，同樣也會制約當初建構它的那些「歷史」。

....

1983). Eric J. Hobsbawm, *Nations and Nationalism since 1780: Programme, Myth, Reality* (Cambridge: Cambridge University Press, 1990). Benedict Anderson, *Imagined Communities: Reflections on the Origin and Spread of Nationalism* (London: Verso, 1991).

5. 卜正民著，李榮泰譯，〈資本主義與中國的近（現）代歷史書寫〉，收入：卜正民、格力高利・布魯 (Gregory Blue) 主編，古偉瀛等譯，《中國與歷史資本主義：漢學知識的系譜學》（北京：新星出版社，2005年），頁 144–145。

　　芝加哥大學的查克拉巴迪 (Dipesh Chakrabarty) 對於印度史曾經提出這樣的警語，他說：任何有關國史本真性的表述 (authentically representation)，都應該成為一個問題意識加以重新思考。查克拉巴迪認為近代印度學院中的歷史實際上已非印度自身的歷史，而是歐洲歷史學的產物，科學化的印度史放棄了許多印度原有典籍文獻中的各種言說，將其納入「神話」這個新發明的概念中。[6] 雖然查克拉巴迪的話原是針對印度史而發，不過也等於間接告訴我們，應當注意這種帶有科學性質的歷史書寫對中國產生的作用；當 20 世紀中國史學家試圖藉由自身理解的「科學歷史」方法書寫國史時，是否也生產了另一套自視為具有「本真性」的表述？[7] 而這種表述是不是也因為比

----

6. Dipesh Chakrabarty, "Postcoloniality and the Artifice of History: Who Speaks for 'Indian' Pasts?", *Representations*, 37, (Winter, 1992), pp. 1–26.

7. 「本真性」問題在哲學、美學、藝術領域的諸多討論在此不論，一般帶有「確實」、「真實」的意思，本書所論「本真性」的概念主要脫胎於杜贊奇的觀點。杜贊奇認為二十世紀的哲學多從盧梭、黑格爾、尼采到海德格等人所論，旨在探尋自我及人格上的本真，並且思考資本主義如何腐蝕人原有的「本真」。而杜贊奇所界定的「本真性」則是跳脫上述本體論的討論，指的是一種秩序或體制 (an order or regime)，這個秩序或體制企求權威且神聖不容侵犯的各式表述，換句話說，「本真性」體制起源於它具有（或宣稱）任何時間都是美善的權威，而且既然在任何時間都是美與善的，那麼這種「本真性」的秩序和體制就超越了時間的限制。基於這樣的看法，杜贊奇認為現代哲學視「本真性」為具有危及存有 (being) 的屬性，指涉的是一種不斷建構自我為權威核心的權力體制。從這個角度來看，本書所論之歷史書寫即是一種不斷

較符合民族國家的想像而被我們視為更接近真實？

　　對於這個問題，杜贊奇 (Prasenjit Duara) 顯然有更深一層的思考，他在 *Rescuing History from the Nation* 一書中不但注意到歷史是非民族國家轉入民族國家的主要模式，同時也看到了歷史在成為民族的根基與存在模式的同時，民族也跟著成為歷史的主體。[8] 他強調歷史把民族塑造成一個同一的、在時間中不斷演化的主體，為民族建構了一種「虛假的統一性」。[9] 不過杜贊奇並不同意歷史只是一個以民族國家為主體單線進化的過程，他更強調「複線的歷史」(bifurcated history)，他認為在以民族國家為單一的政治群體之外，實際上還存在著眾多以語言、宗教、習慣、宗法、禮制等不同文化實踐作為組成方式的群體，只是這些群體的歷史在現代國族建構的過程中，逐漸被吸納或掩蓋在以民族國家為主體的歷史敘事當中，因此所謂「複線的歷史」正是要討論這些為主流話語所消滅或利用的敘事結構。[10] 杜贊奇以一種更為後設的視角，點出民族國家在近代歷史書寫

....

建構自我為權威的過程。Prasenjit Duara, "The Regime of Authenticity: Timeless, Gender, and National History in Modern China," *History and Theory*, Vol. 37 No. 3, (Oct. 1998), pp. 293–294.

8. Prasenjit Duara, *Rescuing History from the Nation: Questioning Narratives of Modern China* (Chicago: The University of Chicago Press, 1995), p. 27.

9. Prasenjit Duara, *Rescuing History from the Nation: Questioning Narratives of Modern China*, p. 4.

10. Prasenjit Duara, *Rescuing History from the Nation: Questioning Narratives of Modern China*, pp. 65–66.

中愈來愈強大且無所不在的影響力，複線的歷史觀除了幫助我
們理解民族國家的主流敘事如何形成，也提醒我們應該注意那
些被壓抑、排除和利用的，又是些什麼樣的歷史。

從某種意義上來說，杜贊奇提出的複線歷史，是對於 18–
19 世紀以降歐洲發展出的單一線性國史書寫的批判與反省，因
此我們有必要了解此種單一線性歷史書寫的生成，及其對歷史
知識和歷史意識的重大影響。就此課題而言，絕對不能忽略德
國史家科塞雷克 (Reinhart Koselleck, 1923–2006) 在這個課題上的
長期反思與討論。[11] 科塞雷克特別注意到所謂鞍型時期
(Sattelzeit) 的百年間 (1750–1850)，歐洲人出現了一種新的歷史
意識，他稱之為「集體同一性」(collective singularity)。在這段
歷史意識的轉變中，人們的時間意識由側重過去轉向寄望未來，
過去所發生的事，難以和變幻莫測的未來相銜，於是原來具有
人生導師 (Historia Magistra Vitae) 作用的「過去」，失去了原有
的價值。人們必須用計畫或規畫 (plan) 的理性思考來面對並試
圖掌握不可測的未來。計畫與規畫的思考是形成集體同一性的
重要力量，因為歷史似乎可以讓人在遭遇的各種事件中，發現
諸多蘊藏在事件中的潛在力量和寓意，也就是某種可以被人理
解與掌握的計畫，並且讓人產生一種信念，覺得自己是與這個
計畫有關，要為此計畫負責且行動的人。

為了要理解潛藏在諸多事件背後的計畫，人們不能只顧著

11. 有關科塞雷克生平和史學思想較完整的討論，可參考：Niklas Olsen,
History in the Plural: An Introduction to the Work of Reinhart Koselleck
(N.Y.: Berghahn Books, 2012).

觀看單一事件，也必須察覺事件與事件之間的關係與聯繫，才能掌握全貌，並且看到計畫所指向的未來及其目標。科塞雷克指出，就是在這樣的轉變下，逐漸滋長出集體同一性的歷史意識，也漸漸區別出記錄單一事件的故事／報導 (histoire, account) 和表現集體同一性計畫的「歷史」(Geschichte)。[12] 集體同一性不僅指涉事件與事件聯綴而成的歷史，也指涉諸多事件所經歷的時間，亦即觀察、分析諸事件的時段必須要夠長久，才能看出背後隱藏的計畫，因而上古、中古、近世這類長時段 (longue durée) 分期即是集體同一性的時間表徵。他特別引用洪堡德 (Alexander von Humboldt, 1769–1859) 的話來說明時人觀念的轉變。洪堡德說：要做一個名實相符的歷史書寫者，他的作品就必須將各種事件看作是整體之中的一部分，或者能在每個事件中描繪出歷史普遍的形式與容貌。此一歷史意識在 18–19 世紀也成為人們思索改造社會的重要工具，人們會用各種「大寫」的語詞來表達此種集體同一性，例如全體社會的自由 Freedom 取代個人（複數）的自由 freedoms，全體的進步 Progress 取代各別（複數）事物的進步 progressions，而自由的渴望、進步的欲求，最後匯流成必須澈底改造現狀的強大驅力，革命 (Revolution) 於焉出現。[13] 科塞雷克提醒我們，絕不能忽視歷史

----

12. Reinhart Koselleck, "Modernity and the Planes of Historicity," in Reinhart Koselleck, *Futures Past: On the Semantics of Historical Time*, trans. by Keith Tribe (Cambridge Mass.: The MIT Press, 1985), p. 3.

13. Reinhart Koselleck, "Historia Magistra Vitae: The Dissolution of the Topos into the Perspective of a Modernized Historical Process," in

所具有的龐大能動性 (feasibility of history)。

杜贊奇力圖批判的，正是這股龐大動能所生產出來具有集體同一性的歷史，科塞雷克則提供了反思集體同一性的理論資源。在他們的影響下，中外學界有許多討論歷史如何建構民族國家的先行研究，讓我們理解民族國家起源的虛構性，同時也有愈來愈多研究者正以杜贊奇所謂「複線的歷史」觀念，從事各式各樣原本被國族敘事所壓抑的歷史研究。然而從史學史的角度來看，上述兩種取向似乎仍然各行其是，多數的歷史研究者並沒有嚴肅反思民族國家所帶來的框限，而是持續在它的籠罩下從事各種歷史實然面的探討，並不自覺今日我們對於過去的理解、思考、提問，甚至對歷史真實的信仰，以及絕大多數的學科規訓，幾無不受此框架之影響。

事實上，因應現代民族國家而出現的歷史學，往往必須透過一套科學、實證的研究方法和外在機制來鞏固其存在的合理性，這套方法和機制與學院內部所生產的歷史知識相互套疊，彼此奧援。史學家藉由檔案、奏摺、方志、公文書、賦稅資料、海關報告及考古發掘等材料，為民族國家的歷史提供一套從古到今承續不斷的科學證明。而學術機構、社群組織、期刊論文、書評和審查制度，也使得這套以學院為核心所生產出來的歷史知識，取得可受公評、檢證的客觀價值，並且透過教育與各種傳播媒介不斷向外擴散，一再複製傳衍，逐漸為大家所接受，並視之為理所當然。於是這套以民族國家為框架的歷史表述，

Reinhart Koselleck, *Futures Past: On the Semantics of Historical Time*, pp. 29–31.

使得多數人（包括史學家自己）愈來愈相信國家是一個如實存在的個體，值得我們用情感、生命去擁抱的對象。因此當外力入侵，民族國家的生存受到挑戰時，史學家寧可放下手邊的工作，試圖改編各種通俗歷史書寫文本，以期動員更多人投入捍衛民族國家的行列。

　　從另一方面來看，傳統史學向現代轉化的問題還可以放在近代知識轉型的角度來思考，這方面的研究在這十來年也受到國際漢學界相當高的關注。首先，臺灣方面以中央研究院近代史研究所為核心，研究時間上溯至晚明時期，研究課題兼重制度、思想與專門學科 (specialized) 等面向，內容涵蓋校讎學和目錄分類、傳統學術的近代演變、近代學制變革、經學解體、教科書，以及新知識的傳入、觀念轉移、知識生產與消費、翻譯、出版、閱讀、專業人士、專業社群、新型文化人等等，[14] 部分研究成果相繼集結出版。[15] 中國方面則以復旦大學、中山大學為代表：復旦大學自 2005 年開始分別對知識與制度、學科術語、西學譯本與知識分類等主題籌組會議、出版研究成果，[16]

----

14. 張壽安，〈近代中國的知識建構專號‧導言〉，《中央研究院近代史研究所集刊》，第 52 期（2006 年 6 月），頁 9–17。張壽安，〈近代中國知識轉型與知識傳播 (1600–1949) 大陸版導言〉，《中國文化》，第 44 期（2016 年第 2 期），頁 290–295。

15. 除上述《近代中國的知識建構專號》外另有：沙培德、張哲嘉主編，《近代中國新知識的建構》（臺北：中央研究院，2013 年）。Minghui Hu, Johan Elverskog, eds., *Cosmopolitanism in China, 1600–1950* (Amherst, New York: Cambria Press, 2016).

16. 復旦大學歷史學系、復旦大學中外現代化進程研究中心編，《中國現代

其後更延伸出概念史研究群，結合中、日、韓、臺等各國學者出版專刊；中山大學則以「近代中國的知識與制度體系轉型」為題，糾集學人分批發表研究成果。澳洲方面則有澳洲國立大學自 2007 年開始，分別在建築學、中國歷史學、中國文學、中國哲學、語言學、宗教研究和社會學等七大領域籌組會議，討論近代中國傳統學術典範的轉移以及中國學科體制的形成，如何與西方學術體系融合互動並逐漸本土化的過程，其後中國歷史學和中國哲學兩大領域之研究成果集結為專書出版。[17] 德國方面在 1996 年到 2001 年間推出「近代中國科學術語形成的研究」專案，並與義大利羅馬大學合作「耶穌會資源中的中國新詞」研究，建立多種電子文獻資料庫。

以上各團隊的研究取徑雖各自不同，然皆以近代中國為論域核心。不過知識轉型的問題同樣在 17–19 世紀的西方世界出現，因此西方學界對此也有近似的關懷，其中有關西方歷史知識轉型、學科建制與國族認同之間的研究課題，最具代表性者，當推歐洲科學基金會 (European Science Foundation) 於 2003 年開始支持的一項大型研究計畫 Representations of the Past: The

---

學科的形成》（上海：上海古籍出版社，2007 年）。

17. John Makeham, ed., *Learning to Emulate the Wise: The Genesis of Chinese Philosophy as an Academic Discipline in Twentieth-Century China* (Hong Kong: The Chinese University Press, 2012). Brian Moloughney and Peter Zarrow, eds., *Transforming History: The Making of a Modern Academic Discipline in Twentieth-Century China* (Hong Kong: The Chinese University Press, 2011).

Writing of National Histories in Nineteenth and Twentieth Century Europe ，該計畫結束後 ，一共出版了 *Writing the Nation: A Global Perspective* (2007), *The Contested Nation: Ethnicity, Class, Religion and Gender in National Histories* (2008), *Narrating the Nation: Representations in History, Media, and the Arts* (2008)，以及 *Nationalizing the Past: Historians as Nation Builders in Modern Europe* (2010)。[18] 前三本論文集乃以巨觀視角，分析國史書寫的全球面向，族群、階級、宗教與性別的書寫如何成為與「國史」同樣具有競爭力的歷史敘事，以及歷史敘事在媒體、藝術等媒介中的表現 ；2010 年出版的論文集 *Nationalizing the Past: Historians as Nation Builders in Modern Europe*，則從微觀視角出發，觀察歐洲各國重要史學家在國史書寫上的角色與作用。

　　這四本論文集雖然議題與本書關切的主旨有關，但多以歐洲的國史書寫為研究對象 ，只有 2007 年出版的 *Writing the Nation: A Global Perspective* 一書，是以全球史為範圍而與本書

18. Stefan Berger, ed., *Writing the Nation: A Global Perspective* (New York: Palgrave Macmillan, 2007). Stefan Berger & Chris Lorenz, eds., *The Contested Nation: Ethnicity, Class, Religion and Gender in National Histories* (New York: Palgrave Macmillan, 2008). Stefan Berger, Linas Eriksonas & Andrew Mycock, eds., *Narrating the Nation: Representations in History, Media, and the Arts* (New York: Berghahn Books, 2008). Stefan Berger & Chris Lorenz, eds., *Nationalizing the Past: Historians as Nation Builders in Modern Europe* (New York: Palgrave Macmillan, 2010).

的關係較密切。如同主編博格 (Stefan Berger) 在導言中指出：自
19 世紀以降，伴隨著歐洲各個王權轉化成為近代主權國家，國
史書寫乃成為歐洲歷史學發展過程中，極為重要的特質。兩百
年間的國史書寫，吸納了各種不同的時代思潮，包括科學主義、
浪漫主義、實證主義、馬克思主義以及社會達爾文主義，在不
同的主權國家中，又因其所容受的政治意識型態的差異，表現
出極為多樣而異質的國史書寫類型。然而，不論其間的差別為
何，「科學的歷史」(scientific history) 似乎是歐洲國史書寫中極
為重要的特質，而因歐洲帝國擴張，以及來自各地大量湧入歐
洲的留學生之學習與引介，此一特質分別向亞洲、非洲及拉丁
美洲傳播。例如日本即以能書寫科學之國史，作為衡量日本能
否邁向西化與現代化的指標之一，並藉此擺脫長久以來受傳統
中國學術影響的歷史觀。直到今天，科學的歷史書寫仍然是全
世界許多地區學院歷史書寫的重要指標與特色。博格強調：「科
學的歷史」由於其宣稱具有實證的效力，在「科學」的保證下，
這種歷史書寫具有讓人相信其為如實而真確存在的特質。[19] 是
以「科學的歷史」與「本真性」的國史表述，實為吾人應該進
一步思考的課題。

Writing the Nation: A Global Perspective 這本論文集中收錄
的文章含納了歐洲以外的美加、巴西、印度、澳洲、阿拉伯、
非洲，和亞洲的中國與日本。其中有關亞洲部分由王晴佳 (Q.

---

[19] Stefan Berger, "Introduction: Towards a Global History of National Historiographies," in Stefan Berger ed., *Writing the Nation: A Global Perspective*, pp. 1–24.

Edward Wang) 撰寫 , 他在 "Between Myth and History: The Construction of a National Past in Modern East Asia" 一章中，主要鋪陳日、中、韓三國有關近代國史書寫的歷程，並且扣緊上述「科學歷史」與神話之間的交互關係。[20] 他分別以日本的神武天皇、中國的黃帝與朝鮮的檀君為例，說明近代民族國家建構的過程中，古代世界的各種傳說記載如何為部分學者挪用為國家的始祖，以其作為民族國家認同的符號，另一方面又遭到秉持科學史學的學者所批評，稱其為偽作，或視其為神話。此種科學史學與神話之間的辯難，直到 21 世紀初在中、韓兩國之間仍清晰可見。唯其不同的是，二戰後的中國由於深受馬克思主義意識形態的影響而逐漸對黃帝失去興趣，轉向討論古代奴隸社會。1990 年代則由國務院主導「夏商周斷代工程」，試圖用考古證據為三代定出精確年表，唯爭議甚大，黃帝仍為一無法確認的傳說。由於王晴佳這篇文章涵蓋中、日、韓三國，因而有關中國的討論只能精要帶過，他對科學歷史與神話的討論，將會在本書第一章有更進一步的剖析。此外，王晴佳雖然注意到 1990 年代後中國政府主導古史研究，但他並沒有將這個主導性放在民族國家與歷史書寫的辨證脈絡下進一步闡述。

本書將在前述研究成果的基礎上，探討傳統歷史知識如何向現代轉化的議題，主要內容將從近代歷史知識的形態，以及歷史知識形成的社會條件兩方面，亦即歷史知識從生產到傳播

20. Q. Edward Wang, "Between Myth and History: The Construction of a National Past in Modern East Asia," in Stefan Berger, ed., *Writing the Nation: A Global Perspectives*, pp. 126–154.

的過程，討論如下問題：一、近代中國人憑藉著什麼樣的知識體系去認知和理解外來知識？二、在人們認知和理解外來知識的同時，又是如何借用傳統、突破傳統並建構傳統？三、在近代知識轉型的過程中，歷史如何被重新書寫？新的歷史知識如何建立？四、新的學院史學家如何操作不同的社會網絡去傳播他們的歷史觀念給新一代的學生和廣大群眾？他們如何形塑一個共有的歷史知識，以及增加歷史知識的有效性和正當性？

首先，在近代歷史知識的形態方面，因應民族國家建國的需求和驅力，近代中國史學必須回應兩個無可迴避的問題，即歷史如何說明民族國家的起源和承續，以及民族國家形成過程中主要權力來源由君主、帝王轉向一個必須重新界定的「民」。這兩大問題某種程度上改變了近代歷史書寫的基本形態。本書第一、二章即試圖以中國上古史和中國近代史兩大次學科領域，說明中國史如何在一個全新的時間框架下，嘗試以線性發展的概念，串聯一部從古到今一脈相承的國史。在這部國史中，上古史如何解答民族國家的起源，近代史如何勾勒跨入近代以後當代國族存在的合理性等問題，不但體現了國史書寫中長時段分期所表露的時間意識，也牽動時代巨變中的「民」，如何去認知與理解這個剛剛誕生不久的國族。梁啟超 (1873–1929) 在 1902 年發表〈新史學〉時高唱以民史代君史的「民」，到了民國以後，歷史學者又是如何書寫那些從未在歷史舞臺上擔任主角的「民」？是上古史中來源各異的「民族」？抑或是近代史裡那些深具反帝反封建意識的「人民」？當民族國家成了歷史敘事的主體時，民史的書寫似乎也可以幻化成各種不同的形式。

　　其次，將以社群、網絡與傳播的角度鋪陳接下來第三到六章的主題，在這些篇章中，我將側重歷史知識形成的社會條件，探討上一篇論歷史知識所依託的種種外在機制，其中包括學術社會的營造、次領域的建構，以及歷史知識的傳播等議題。第三章我將以抗戰前後的傅斯年 (1896–1950) 為例，說明他在一個金錢物資極度缺乏的年代裡，如何透過個人的人際網絡和社會關係，力圖建立一個他心目中所期待的學術社會。這些年來，有關傅斯年的研究很多，其中當推王汎森的 *Fu Ssu-nien: A Life in Chinese History and Politics* 一書最具代表性。[21] 本章許多思路皆承該書而來，唯其不同的是本章將更為側重學術網絡的面向，用以凸顯傅斯年及其所領導的歷史語言研究所對於現代學術社會所形構的各種價值與標準產生的作用，同時也可以從另一個側面觀察傅斯年所信仰的學術觀念如何體現在第一章提及的中國上古史研究中。此外，第四章所側重的史學類書評也和學術社會的形成有密切關係。在 1930 年代學術走向愈趨專業化的過程中，書評因各種學術期刊、報章雜誌的普及而逐漸受人重視。這類評論性的文字儘管在整體報刊中所占篇幅並不算大，但從社群網絡的角度觀之，書評容或帶有更強烈的對話性質。書評撰寫者基於什麼樣的學術立場或秉持何種歷史觀點提出批評，對於現代歷史學產生什麼樣的作用？以及書評與刊登書評的載體（包括純學術性的期刊及具通俗大眾化傾向的報紙副刊）之間又有什麼關係？這些都是本章所欲討論的問題。

21. Fan-sen Wang, *Fu Ssu-nien: A Life in Chinese History and Politics* (New York: Cambridge University Press, 2000).

　　比較特別的是第五章「學術社群與中國社會經濟史研究的興起」，這章主要討論社會經濟史這門次學科領域崛起的過程。按理來說，這章放在上篇中討論亦無不可，然而我想強調的是：學院以外的研究機構和社群組織對於中國社會經濟史的崛起所產生的作用。因此，本章將著重於北平社會調查所、中央研究院社會科學研究所到清華史學研究會這一系的研究脈絡，用以說明中國社會經濟史研究的興起，並不僅僅是社會史論戰的餘波效應。在以左派敘事為主體的社會經濟史研究之前，事實上早已存在以社會調查、檔案分析為主的實證研究路線，而此一路線與 18–19 世紀之交西方的社會學、經濟學發展有何關聯？上篇所提及長時段的分期眼光以及有關「民」的書寫，又是如何體現在此一時期的社會經濟史研究當中？而其研究方法及核心關懷又與左翼社會經濟史研究有何不同？都希望能在這章中有所梳理。

　　最後一章則是有關通俗歷史的討論。承前所述，在民族國家逐漸成形的過程中，有關「民」的書寫與討論，常常會因應不同時期、不同主題的需要而有不一樣的表現方式。通俗歷史書寫裡的「民」，不同於學院內部常以某個抽象或集體概念所表現的「民」，為了打動真實世界裡每一個活生生存在的國民，往往必須以更直觀、更簡白的方式來表述一個個看似具體而鮮活的歷史人物。特別在戰爭時期，通俗歷史書寫尤其肩負著喚起民族意識和動員群眾的重責大任，久居學院的歷史中人如何因應這樣的需求，而在書寫對象、書寫方式和書寫策略上有所調整？本章所論通俗讀物編刊社，又是如何透過社群組織的力量

打進下層社會，而其改寫的歷史對於重塑國民現代性和新的歷史意識又產生了什麼影響？亦是本章所要處理的問題。

以上所述各章皆環繞在近代歷史知識的形態，以及形成歷史知識的社會條件兩大主題之下，也是從歷史知識的生產和傳播兩個角度，觀察這些因應民族國家而起的歷史書寫和客觀建制。每章所論無不涉及歷史書寫者如何借用傳統、突破傳統和建構傳統的問題，也存在著歷史學者對於各種外來知識的認知、理解與轉化，以及他們如何透過各種外在機制和社會條件，將其信仰的歷史知識以各種方式傳達、散播給其他人，從而建構一套迥異於傳統的歷史書寫形態和思維方式。本書希望透過上述的討論，對於這些至今仍然影響我們深遠的歷史知識和學術環境，能有更深一層的認識。

上篇　歷史書寫與國族認同

第一章
國族起源與「中國上古史」的建構

　　這些年來學術界對於傳統如何向現代轉化的課題似乎特別感興趣，而史學界亦屢見新猷，出現不少突破傳統與現代二元對立思考形態的論著，有些論著特別著墨於個別史學家或派別的思想理路，有些則是把焦點放在史學方法、材料與觀點的繼承與創新上，相對比較少從歷史知識本身的性質去思考現代中國史學與傳統之間承續與斷裂的問題，因此在論述時不僅難以超越一個根據現代史觀或學術派別所定義的視角，也不易從近代知識轉型的概念探觸史學領域中某些極具本質性的議題。

　　即以 20 世紀的國史書寫而論，史學史研究者多以 1902 年梁啟超發表的〈新史學〉作為現代中國史學的開端，對於文中倡議的「史界革命」及「民史」等主張反覆申陳、再三致意，並將梁啟超以歷史作為凝合人群、建構國族的工具，視為劃時代的聲言。然而有意思的是，多數史學史工作者在論述民國以後的史學發展時，卻極少再著墨於梁啟超 20 世紀初大聲疾呼的「民史」及「新史學」所帶來的影響及變化，彷彿清祚既寢、民國建立之後，民族國家的目標已然達成，早先為梁啟超視為「悠悠萬事，惟此為大」的「民史」，[1] 在語境轉換之後，便不

1. 梁啟超，〈新史學〉，收入：梁啟超，《飲冰室文集》之 9，第 4 冊（臺

再是民國歷史書寫的重點，20 世紀初的民史訴求與建構國族的主張，似乎在「為學術而學術」的浪潮下就此銷聲匿跡。然而，如果我們從歷史書寫的角度而論，現代民族國家的出現與形成，對 20 世紀以後的中國史學實際上產生了相當大的影響，其中最顯而易見的莫過於「國史」的書寫，例如清末重編國史運動中大量因應新式教育而編就的中國史教科書，以及民國以後眾多史家陸續撰寫的中國通史／中國史等，便十足帶有強烈的「國史」建構性格。在傳統歷史書寫中，絕少出現過以「中國」作為一個「國家」單位寫成的歷史，在這樣的歷史書寫中，歷史學家不免重新思考如何定義「中國」的範圍？誰才是國史書寫的主角？以及可以什麼標準串聯不同時期的歷史特色，用以解釋國家當前的處境及歷史文化之所從來等問題，這些問題無不在觀念、方法、材料，以至於研究範圍上，導致中國史學出現某些極為本質性的變化，而這些變化正是現代史學有別於傳統史學之所在。

在民族國家的框架下，本文所論「中國上古史」，以其帶有探尋國族起源的意義，尤為國史書寫中無可迴避的課題。唯此一斷代分期，在概念上既不完全等同於先秦，亦有別於夏商周三代，現代史家如何在一個全新的時間意識和空間範圍內探求此一時代的特色？並重新綴合各種斷裂紛呈的歷史文獻和考古資料，用以解釋一個具有當代自我認同意義的「中國史」源頭，凡此問題無一不值得深入考究。除此之外我更關心的問題是：學科體制的形成緊緊扣合現代國家的種種課題，如何表現在「中

北：臺灣中華書局，1983 年），頁 7。

國上古史」這門次學科領域當中？在向上溯源當代國族起源的意義上，現代史家何以選擇以「民族」視角建構中國古代的起源，並以此向下承接歷代王朝及當代民族國家？而在探尋國族起源的過程中，各種關涉起源的神話、傳說又是如何在摸索「信史」的邊界中安置？這些問題有些是「中國上古史」所獨有，有些亦與其他次領域攸關，從知識生產的角度而論，這些在「中國上古史」建構過程中所出現的課題，無一不與歷史知識的轉型直接相關。

一、國史書寫第一章

「中國上古史」一詞對今天任何一個習史之人而言應該都不陌生，而這個詞彙的出現其實和中國史開始以上古、中古、近古作為分期的方式有關。1918 年傅斯年論中國歷史分期問題時曾說：

> 西洋歷史之分期，所謂「上世」「中世」「近世」者，與夫三世之中，所謂「支期」者 (subdivisions)，在今日已為定論。雖史家著書，小有出入，大體固無殊也。返觀中國論時會之轉移，但以朝代為言，不知朝代與世期，雖不可謂全無關涉，終不可以一物視之。[2]

---

2. 傅斯年，〈中國歷史分期之研究〉，原載：北京大學編，《北京大學日刊》，第 1 分冊（北京：人民出版社，1981 年），1918 年 4 月 18、20、22、23 日，後收入：傅斯年，《傅斯年全集》，第 4 冊（臺北：聯經出版事業公司，1980 年），頁 176–185。

傅斯年說這段話時還在北大文科就讀，在他看來當時中國史以上世、中世、近世作為分期方式還不是非常普遍的概念。事實上，這種以「時代」作為歷史分期的方式，不過是清末時人透過漢譯日籍才介紹到中國來的，如 20 世紀初梁啟超在以民史對抗君史的脈絡下，於〈中國史敘論〉中便仿習了這樣的分期方式，他說：上世史「自黃帝以迄秦之一統，是為中國之中國」，中世史「自秦一統後至清代乾隆之末年，是為亞洲之中國」，近世史「自乾隆末年以至於今日，是為世界之中國」。[3] 在這個分期概念中，梁啟超以「中國民族」為單位，將歷史上的中國從一個「自發達、自爭競、自團結」的階段，[4] 一步步放進亞洲、世界的框架中，有意將中國史作為摶成民族國家的工具。

接續梁啟超的概念，20 世紀初重編國史運動中有愈來愈多人也跟著主張以上古、中古、近古的方式重新分期國史，唯此時斷代史著作的時機尚未成熟，不少有關「中國上古史」的論述是以「國史第一章」的形式出現在通史撰作中，如夏曾佑 (1863–1924)、劉師培 (1884–1919) 於 20 世紀初以時代分期方式分別寫成的《中國歷史教科書》，以及梁啟超於 1918 年在〈中國史敘論〉的基礎上所寫的《中國通史》等著作皆為代表。[5] 唯

---

3. 梁啟超，〈中國史敘論〉，收入：梁啟超，《飲冰室文集》之 6，第 3
   冊，頁 11–12。

4. 梁啟超，〈中國史敘論〉，頁 11。

5. 梁啟超自寫〈中國史敘論〉之後，幾番提筆想要完成《中國通史》之
   作，最後一次是在 1929 年前後，但只寫了二十萬字左右即因病而止。
   1936 年中華書局將梁氏有關上古研究論著六編集結成冊，名之為《國

這類早期的通史性論著最後多半未能終篇，有好些是多年以後才陸續以斷代史形式重新出版的。[6] 換言之，晚清時人在列強環伺的情況下，逐漸意識到朝廷不同於國家，[7] 對照西方世界所謂的「國家」，今時今日的「中國」算不算一個國家？如果「中國」是一個國家──或想成為一個國家（這裡有實然和應然的區別），那麼它的時間（歷史）、空間（地域）範圍又該如何界定？在這些問題的牽引下，才漸漸有了國史書寫的需求。所以從這個角度來看，如何處理中國的「起源」之說，便成為國史書寫第一章無可迴避的課題。

由於受進化論的影響，晚清時人在處理中國起源問題時，經常好從人種學角度立論。1901 年梁啟超在〈中國史敘論〉中即特設「人種」一節，謂中國史範圍內最有關係之人種包括苗種、漢種、伯特種、蒙古種、匈奴種和通古斯種等六種。[8] 次

史研究六篇（附錄三篇）》（臺北：臺灣中華書局，1956 年），收在《飲冰室專集》中。近日北京商務印書館，又將《國史研究六篇》中的〈太古及三代載記〉、〈紀夏殷王業〉、〈春秋載記〉、〈戰國載記〉等四篇，加上〈中國史敘論〉及〈新史學〉二文，以《中國上古史》為名重新出版。梁啟超，《中國上古史》（北京：商務印書館，2016 年）。

6. 夏曾佑於 1904 年出版的《中國歷史教科書》原為中學教科而用，但只寫了上古史、中古史兩篇，至兩晉南北朝而止。1933 年商務印書館重印時將之改名為《中國古代史》，列為部定大學叢書。夏曾佑，《中國古代史》（臺北：臺灣商務印書館，1994 年）。

7. 如夏曾佑在論「中國種族之原」時便說：「種必有名，而吾族之名，則至難定」，他認為無論漢族、唐族、諸夏等皆「朝名」而非「國名」，唯「華」之一字稍近吾族真名。夏曾佑，《中國古代史》，頁 3。

年發表〈新史學〉時，又謂世界人種可區分為黃、白、棕、黑、紅等五色，這五色人種中，梁氏再根據「歷史」之有無劃分為黃、白二種，其中白種人可謂之為「世界史的人種」，黃種人則是「非世界史的人種」。所謂「世界史的人種」是指「其文化武力之所及，不僅在本國之境域，不僅傳本國之子孫，而擴之充之以及於外，使全世界之人類，受其影響，以助其發達進步」者。[9] 在這個定義下，梁啟超認為中國人、日本人、朝鮮人、暹羅人和其他亞細亞東部之人都只能位在「非世界史的人種」之列，而白種人因掌握了全世界百分之九十的「土地主權」，所以稱得上是「世界史的人種」，其中阿利安人中的條頓人更是當今世上「獨一無二的主人翁」。梁啟超根據膚色、歷史和文化武力的差別定義人種的方式，很顯然有意將著重體質遺傳特徵的人種學和 19 世紀以後世界強權國家的分布狀況混為一談，其目的不外乎要說明白種人除了在體質形態和遺傳條件上優於黃種人之外，更重要的是他們能夠在文化、武力方面不斷擴充並向外延伸。而這種能不能向外擴延的關鍵，就在於該人種有沒有「自結」的力量，梁啟超表示：「能自結者為歷史的，不能自結者為非歷史的」，「能自結者則排人，不能自結者則排於人」。[10]

---

8. 梁啟超，〈中國史敘論〉，收入：梁啟超，《飲冰室文集》之 6，第 3 冊，頁 5–7。

9. 梁啟超，〈新史學〉，收入：梁啟超，《飲冰室文集》之 9，第 4 冊，頁 12–15。

10. 梁啟超，〈新史學〉，收入：梁啟超，《飲冰室文集》之 9，第 4 冊，頁 11–12。

這說明了在他的觀念裡，歷史才是聚合人種的重要力量，白種人之所以能夠占據世界上百分之九十的土地主權，就在於他們是「有歷史的人種」。

梁啟超有意將歷史與人種結合的論述，無疑創造了 20 世紀初國史書寫的需求，從人種切入的取徑，也讓中國歷史在溯源過程中，有了和世界其他人種相互較量的機會。前述夏曾佑、劉師培的《中國歷史教科書》便不約而同的在上古一章討論中國人種的起源。夏曾佑在〈上古史〉一篇中，即引達爾文 (Charles Robert Darwin, 1809–1882)「種源論」(Origin of Species)，藉「物物相嬗」之理說明中國亦世界人種之一。他強調世界五大人種在上古時，大都聚居在亞細亞西北高原一帶，其後才散之於四方，因水土不同而有形貌之殊、文化之別，唯在語言文字上猶有相通之處，可藉此以觀分合之跡。[11] 夏曾佑在此雖然介紹了中國在世界五大洲中，位處亞洲東部，屬蒙古利亞種，也看似同意世界五大人種最初都是從亞細亞西北高原向四方遷移的，但是當他提到「中國種族」的起源問題時，卻表示：「吾族之所從來，尤無定論」，他說：

> 近人言吾族從巴比倫遷來，據下文最近西歷一千八百七十餘年後，法德美各國人，數次在巴比倫故墟掘地，所發見之證據觀之，則古巴比倫人，與歐洲文化相去近，而與吾族之文化相去遠，恐非同種也。[12]

對於清末盛行一時的中國人種西來說，夏曾佑抱持著相當保留

11. 夏曾佑，《中國古代史》，頁 2–3。
12. 夏曾佑，《中國古代史》，頁 3–4。

的態度，他認為根據考古發掘，巴比倫人與中國人「恐非同種也」。在這個觀點上，劉師培的看法和他不盡相同。

劉師培一樣從人種學的角度立論，但他比夏曾佑更直接地表示不同意西人將「亞東諸國」，如朝鮮、日本、中國等稱為「蒙古種」，他說：「中國人民，近世稱為漢族，與亞洲人民同屬黃種。上古之時，五色之中，黃色獨崇，故即以土色區種色，稱為『黃種之民』」。[13] 對於這「黃種之民」起源，劉師培則是非常大膽採用了人種西來的看法，[14] 他說：

> 然漢族初興，肇基迦克底亞。古籍稱「泰帝」、「泰古」，
> 即「迦克底」之轉音。厥後，逾越昆侖，經過大夏，自
> 西徂東，以卜居於中土。[15]

---

13. 劉師培，《中國歷史教科書》，收入：劉師培，《劉申叔遺書》，下冊（南京：江蘇古籍出版社，1997 年），頁 4。

14. 學界有關 20 世紀初中國人種西來說的研究相當多，不能在此細論，舉其要者如：沈松僑，〈我以我血薦軒轅──黃帝神話與晚清的國族建構〉，《臺灣社會研究季刊》，28 期（1999 年 12 月），頁 1–77。孫江，〈拉克伯里「中國文明西來說」在東亞的傳布與文本之比較〉，《歷史研究》，2010 年第 1 期，頁 116–137。李帆，〈西方近代民族觀念和「華夷之辨」的交匯──再論劉師培對拉克伯里「中國人種、文明西來說」的接受與闡發〉，《北京師範大學學報》，2008 年第 2 期，頁 66–72。李帆，〈人種與文明：拉克伯里 (Terrien de Lacouperie) 學說傳入中國後的若干問題〉，《西南民族大學學報》，2008 年第 2 期，頁 31–35。李帆，〈民族主義與國際認同之間──以劉師培的中國人種、文明西來說為例〉，《史學理論研究》，2005 年第 4 期，頁 97–102。

15. 劉師培，《中國歷史教科書》，收入：劉師培，《劉申叔遺書》，下冊，

劉師培借白河次郎 (1874–1919)、國府種德 (1873–1950)《支那文明史》 的說法，主張漢族從巴比倫向東一路翻山越嶺而來，西人稱漢族為「巴枯」民族，中國古籍中的盤古為創世之君，而「盤古」實為「巴枯」的轉音，所以盤古為中國首出之君，即以種名為君名。其他像天皇、地皇、人皇等也都是漢族初入中國的君王。他甚至將巴比倫部落之名和《春秋命曆序》裡的因提紀、禪通紀相比附，證明古代諸族皆由西方遷入。[16] 此外，劉師培還引用拉克伯里 (Terrien de Lacouperie, 1844–1894) 的說法，謂「巴克」、「百姓」實為一音之轉，黃帝即巴克民族的酋長，神農即巴比倫之莎公，倉頡即但克巴克云云，上古學術、技術、文字、文學，無不與巴比倫迦克底亞相同。[17] 劉師培藉西來說對古史進行改造，將盤古、三皇、黃帝等都說成是率領族人東來的酋長，這種人種出於一元的構想在清末之所以能夠打動人心，最主要的原因不外乎人種學以遺傳、種性的角度立論，提出黃、白種同出一源的可能性，對優勝劣敗觀念高漲的晚清知識界而言，無疑證明了黃種人並不比白種人低劣的事實，對於想要強化滿漢之別的革命論者而言，帶著勝利者姿態來到中土的漢族首領，自然更能超越其他各族具有統治中國的正當性。[18]

頁 4。

16. 劉師培，《中國歷史教科書》，收入：劉師培，《劉申叔遺書》，下冊，頁 6–7。

17. 劉師培，《中國歷史教科書》，收入：劉師培，《劉申叔遺書》，下冊，頁 4–5。

　　晚清以降的國史書寫，本就帶著強烈的現實解釋意涵，以建構當代國族為目標的國史，在面對中國起源問題時尤不免從現實需要出發。曾經以 20 世紀初風靡一時的西來說改造國史的著作，到民國以後逐漸銷聲匿跡，就連原先一度以西來說為基調，[19] 撰寫中國民族問題的梁啟超，民國以後再度援筆撰寫國史時卻也改口說：「降及近世，歐洲學者盛倡中國人種西來之論，好奇之士，詫為新異，從而和之，乃遍索百家所記名號，刺取其與巴比倫、迦勒底古史所述彼中王名譯音相近者數四，輒附會為彼我同祖之徵，斯益鑿矣」。[20] 很顯然，此時梁氏對於拉克伯里提出巴比倫為中國起源地的說法已然無法苟同，不過他認為如果只是因為西來說為「孔子所未道、史公所未採」，便指其為嚮壁虛造，則不免過於武斷。在他看來，史前時期各國皆有「神話」，中國古代種族繁多，各族之間口耳相傳極為複雜，如果非按年代排序，並以後世帝王盛業相比擬，實在沒有必要，因古代所謂「三五之數」或「帝皇之名」，不過是春秋戰國以後的人根據自己時代的喜好和情況所做的一種比附而已。[21]

----

18. 沈松僑，〈我以我血薦軒轅——黃帝神話與晚清的國族建構〉，《臺灣社會研究季刊》，第 28 期（1999 年 12 月），頁 36–40。

19. 梁啟超，〈歷史上中國民族之觀察〉，原載：《新民叢報》，3：17（光緒三十一年二月十五日），後收入：梁啟超，《國史研究六篇（附錄三篇）》，頁 1。

20. 梁啟超，〈太古及三代載記〉，收入：梁啟超，《國史研究六篇（附錄三篇）》，頁 6–7。

對於古史中五帝的世系和年代，梁啟超也表達了類似的意思，他指出《大戴記》、《史記》中記載的黃帝、顓頊、帝嚳、堯、舜看似一脈相承，如若後世帝王家皆出於黃帝，然而古代群籍彼此相互牴牾，牽強之處頗多，二千年來學者聚訟紛紜，遷就附會，終無是處。凡此種種，皆出於後世以「大一統」之政象，「推諸古而強求其合」的結果，[22] 梁啟超還說：

> 至於唐虞三代同祖黃帝之說，或出於人種一元之理想，
> 或由後代帝王，喜自托於華胄（如漢高祖自稱出於豢龍
> 氏，因遠祖唐堯，王莽自稱出於黃帝，漢昭烈自稱中山
> 靖王後，劉淵自稱漢甥），而其譜系之齟齬不可通，既已
> 若是，則宜儕諸神話，不能視同史實，其理甚明。[23]

從這裡可以看出，梁啟超認為五帝同出一源的世系，一方面可能是後世「大一統」眼光下有意攀附的結果，一方面也受到「人種一元」概念的影響。或許清末的人種西來說到民國以後已無法再動搖心旌，可是這種帶有西方中心觀的人種一元論，卻對中國古史世系中既有的一元論思想產生奇妙的衝擊，而且世系年代一元觀念的破除，同時也連帶影響時人重新思考上古文明地域分布狀況的問題。

---

21. 梁啟超，〈太古及三代載記〉，收入：梁啟超，《國史研究六篇（附錄三篇）》，頁 6。

22. 梁啟超，〈太古及三代載記〉，收入：梁啟超，《國史研究六篇（附錄三篇）》，頁 9。

23. 梁啟超，〈太古及三代載記〉，收入：梁啟超，《國史研究六篇（附錄三篇）》，頁 9–10。

梁啟超對此亦自有一番推論，他表示中國文明發軔於黃河下游，今天的河南、山東、直隸等地都是中國「文物誕育之區」，其中又以山東發育最早，伏羲、神農、少昊、顓頊、帝嚳之都，皆不出沿河上下數百里間，唯黃帝邑於涿鹿，距河殊遠。然大體而言，太行山以東，桐柏山脈以北，泰山以西，長城以南之地，是為中國最大的平原區，大河貫注其間，孕育文化最為適宜，炎黃以來，既已宅此平原，然唐虞以後卻捨易就難，由平原地區遷往山谷崎嶇的山西高原一帶，[24] 梁啟超對此感到費解，因而提出幾種可能：

其一，堯舜所屬部落本在西北高原一帶；

其二，堯舜禹原居黃河下游，後因洪水而西遷；

其三，後人可能受兩漢以後通往西域之道梗阻的影響，因而誤判古代兩地溝通往來的實情；

其四，中原通往西域之道由來甚古，如若不是往來交通頻繁，如何可能？

其五，中國文化或許本不是「由東西漸，而是由西東徂」。[25]

事實上這五點是一個連環論證，梁啟超的目的並不是要一一考證其中的細節，而只是想要托出中國人種多元的看法。論證過程中，梁啟超並不諱言西來說對他的影響，但他也強調拉

---

24. 梁啟超，〈太古及三代載記〉，收入：梁啟超，《國史研究六篇（附錄三篇）》，頁 11–12。

25. 梁啟超，〈太古及三代載記〉，收入：梁啟超，《國史研究六篇（附錄三篇）》，頁 12。

克伯里所謂中國起源於巴比倫，以及里德和芬[26] (Ferdinand von Richthofen, 1833–1905) 主張中國與于闐同種的說法，都存在著一元、多元之辨的合理性。換言之，梁氏認為如果世界人種出於一元，也絕不會只有中國和巴比倫同源的問題。若從多元的角度而論，中國「山河兩戒之奧區，自能有多數民族函奄卵育於其間，豈其必由外鑠」？[27] 實際上梁啟超真正想說明的是：中國文化不盡然是由東向西發展，而是同時也存在著自西而東的可能性；雖然他並不同意中國人種起源於巴比倫或于闐，但東西之間的互通可能遠遠早於我們的想像。其次，中國山河兩界間的腹地自可孕育無數民族，中國人種實無由外遷移而來的可能。唯此看法似乎並不能完全解釋「古代西通頻繁」，華夏民族何以西向的問題，對此，梁啟超自問自答地說：

> 竊疑炎黃以前，今新疆中央之大戈壁白龍堆，實為多數文明都邑之所宅，塔木里（按：塔里木）河兩岸，不減中原陳、衛、宋、鄭之郊，自玉門西抵崑崙，并邑相屬，其開化或更先於中原，我華夏民族或曾宅此間，以次轉徙而東，或本在東方，而與西土常相接觸。故西域故實，至今猶往見古籍中也。至此道後來中梗之由，則因洪水以還，繡壤奧區，淪為沙漠，前劫文物，湮蕩無餘，此非惟中國史家之遺恨，抑亦全世界文明史一大運也。[28]

---

26. 今譯李希霍芬。

27. 梁啟超，〈太古及三代載記〉，收入：梁啟超，《國史研究六篇（附錄三篇）》，頁 13。

28. 梁啟超，〈太古及三代載記〉，收入：梁啟超，《國史研究六篇（附錄三

梁啟超認為中國文化由西徂東的看法，顯然受人種西來說的影響。唯其不同的是，西來說具有一元論的色彩，而且強調人種由域外遷徙而來；而梁啟超主張的卻是一種「內部多元」的概念，也就是說，他認為遠古時期華夏民族既可能原本宅居於新疆戈壁、塔里木河兩岸，也可能原出於東方，且時有西向接觸往來的機會。梁啟超自己也承認這個假設在古籍上沒有任何記載，只是出於地文學上的一種推斷，而且他對原出東方的民族也無任何著墨之處。不過由此還是可以看出，地域出於一元的觀念此時顯然已不受梁啟超青睞，唯其在排除域外遷徙而來的可能之後，他對中國內部民族多元的推想，似乎也投射了他對當代國家的想像，其觀點相當值得玩味。

同樣的，1919 年柳詒徵 (1880–1956) 寫《中國文化史》時，清末論述中國人種西來的種種說法，已然成為柳詒徵引證中國人種起源不可盡信的材料。他認為中國歷來治史之人大多不溯及遠古，僅就伏羲、神農、黃帝、堯、舜言之，故而導致西來說傳入中國之後，自周秦以來種種無法確知的古史便成了鑿鑿之言。[29] 字裡行間可以看出柳詒徵此時儘管不同意人種西來的說法，卻並不完全把人種外來之說斥為無稽之談，他反而將這些論述配合中國自古以來種種未可盡信的傳說，得出「古史出於多元」，以及「文明興於山岳」兩個極有開創性的見解。

在古史出於多元的看法上，柳詒徵認為伏羲、神農以前之

篇)》，頁 14。

29. 柳詒徵，《中國文化史》（原書最早於 1919 年出版），上冊（上海：上海古籍出版社，2001 年），頁 2–4。

事多見於緯書，然緯書記載不乏荒誕不經之言，猶如各國古史之「神話」，這些神話雖大抵出於臆造，但也多少反映了古無曆法，紀年不能如後世正確的情形，如十紀所載若干萬年，至多也只是臆測而已。如果從地質學的角度視之，若說今日中國境內自古初以來皆無人類，必待最近數千年才由巴比倫、中央亞細亞等地轉徙而來，如何令人置信？為此，柳詒徵認為中國地勢雖然西高東低，但人類未必悉出於西方，如果人類起源不限於一地，那麼天皇起於崑崙，實可視為西方之種族；地皇興於熊耳、龍門，是為中部之酋長；人皇出於暘谷、九河，則可代表東方之部落。如此天皇、地皇、人皇便非以「後先相繼」的序列呈現，而可視為代表西、中、東三方各有最初發生的部落。柳詒徵認為後世之所以會將天、地、人三皇分先後，有如近世帝皇相嬗者，實因緯書之言使然。[30] 基於此，柳詒徵更以「傳說」的角度重新審視西漢以來緯書的記載，如《春秋命曆序》中有關天皇十二頭，兄弟十二人；地皇十一頭，一姓十一人；人皇九頭，兄弟九人的說法。他認為這些所謂天皇十二頭、地皇十一頭、人皇九頭的說法，都不過只是上古時期人類部落的象徵，在一個五倫未具的年代裡，哪來的兄弟稱謂？所以如合雒紀、禪通紀中所謂某氏某氏，不過是指同一時代的若干部落，而伏羲、神農以後的華夏之族，實由此無數部落混合而成的。[31]

其次是關於文明起於山岳的看法。過去一般人大多以為中國文明起於河流，柳詒徵卻主張文明發生於山岳。延續前述人

---

30. 柳詒徵，《中國文化史》，頁 5–6。
31. 柳詒徵，《中國文化史》，頁 6。

種不出於一地的看法，柳詒徵認為中國地居大陸，擁部眾而施號令者，必居高臨下，始可控馭多方，證之於古史傳說，亦可見古代部族興於山嶺者多，起於河流者少，如天皇興於柱洲崑崙山，地皇興於熊耳、龍門山，人皇興於刑馬山，出暘谷，分九河，在在可見先民先居山嶺，後沿河流的證據。例如唐、虞之時諸侯之長多稱為岳、巡狩之朝諸侯必於山嶽、古時人民多謂之為丘民、古代帝王必登山封禪等例，都可說明中國文明起於山岳。[32] 事實上柳詒徵所徵引的材料，如《尚書》、《孟子》、《管子》等，無一不是中國舊籍，可是他卻對中國文明起源提出一個完全不同的假設，由此可見西來說中各族翻山越嶺來到中國的說法，隱隱然對於柳詒徵重新看待古史的視角是有所啟發的。同樣的，柳詒徵注意到三皇世系相續的紐帶出自緯書附會的看法，固然和清季以降疑古辨偽的思想不無關聯，但人種西來說的刺激無疑也從另一個側面強化了柳詒徵對古史多源的推想，氏族部落的聚合關係在此成為探尋中國起源的另一個起點，這在後面的討論可以看得更清楚。

二、大學設科——「中國上古史」

一如前文提及，上古、中古、近古的分期概念，大約在 19 世紀末 20 世紀初才逐漸透過日文翻譯書籍傳到中國，並對中國歷史的斷代分期產生影響，然而從學科角度而論，這種分期

---

32. 柳詒徵，《中國文化史》，頁 6–7。

方式背後所蘊含的時間意識，對中國歷史書寫而言卻是嶄新而陌生的。科塞雷克的研究指出：歐洲在 16 到 18 世紀間逐漸生成了一種時間化 (temporalization) 的歷史意識，這種歷史意識把以往單一事件的「記錄」(histoire) 轉化為將眾多事件統合為一長時段的「歷史」(Geschichte)，並視這些由眾多事件聚合而成的歷史具有「集體的同一性」(collective singularity)。人們希望在這集體同一性的歷史中，尋找長時段的統一性質，他們認為的歷史不只是年代、年表的編排，更要能夠進一步知道隱藏其間的動因 (motive) 及其內在規律。科塞雷克認為這種具有集體同一性的歷史，在法國大革命前後逐漸生成，唯其不同的是，在萊布尼茲 (Gottfried Wilhelm Leibniz, 1646–1716) 和康德 (Immanuel Kant, 1724–1804) 的眼中，歷史的內在規律乃是上帝的故事 (novel/Roman)，或具有同一性的普遍史 (natural unity of general history)，然而在洪堡德的眼中，歷史的內在規律就變成了一種力量 (strength)、趨勢 (tendency)，而且這股力量和趨勢無形中又會將一切事物導向某種神秘的計畫中，賦予其單一化的質性，並在政治及社會層面指引人們對抗既存的社會秩序。[33]

從這個角度來看，上古、中古、近古等歷史分期的背後便帶有這種尋求集體同一性的歷史意識，畫歸在相同時段的歷史分期，即意味著此一時段無論在政治、社會、文化等方面具有「同一性」，而持此概念所做的歷史分期不唯強調時間的連續性，抑且著重時代的特殊性表徵。因此，以「中國上古史」為

---

33. Reinhart Koselleck, *Futures Past: On the Semantics of Historical Time*, trans. by Keith Tribe, pp. 27–38.

名，其意既不同於「夏商周」三代，亦與所謂「先秦」有別，更和習稱之「古史」不盡相同。然而，清末重編國史運動中雖有不少中國史開始採用上古、中古、近古等分期方式，但在此分期架構下所填充的卻仍是一個個不同的朝代。1904 年《奏定大學堂章程》頒布，文科大學下設中國史學門，章程規畫的主課項目如御批歷代通鑑輯覽，各種紀事本末、中國歷代地理沿革略、國朝事實、四庫史部提要等，[34] 依舊是一種從傳統史籍類型出發的設課形態，其研究要義指出：

> 正史學精熟一朝之事，而於古今不能貫串；通鑑學貫通古今之大勢，而於一朝之事實典章不能精詳。若不立正史學一門，則正史無人考究，於講通史者亦有妨礙，故正史學與通鑑學亦有相資補助之法。[35]

正史學即一朝之史，亦今日所謂斷代史；通鑑學強調貫通古今大勢，是為通史，治斷代史者需與通史「相資補助」。這時候清廷為大學體制所制定的章程裡，斷代史還是朝史的概念，並未出現以時代分期的「上古史」。

即便民國以後教育部公布的〈大學規程〉（1913 年），大學

---

34. 《奏定大學堂章程（附通儒院章程）》，光緒二十九年十一月二十六日（1904 年 1 月 13 日），收入：璩鑫圭、唐良炎編，《學制演變：中國近代教育史資料匯編》（上海：上海教育出版社，1991 年），頁 349–350。

35. 《奏定大學堂章程（附通儒院章程）》，光緒二十九年十一月二十六日（1904 年 1 月 13 日），收入：璩鑫圭、唐良炎編，《中國近代教育史資料匯編──學制演變》，頁 351。

文科歷史學門中開始出現較多的專史，如塞外民族史、經濟史、法制史、外交史、宗教史、美術史等，然中國史基本上還是依循《尚書》、《春秋左氏傳》、「秦漢以後各史」之講求方式。[36] 1920 年以前中國上古史原則上仍附屬在中國史講授的範圍內，如北京高等師範學校史地部在 1918 年以前將中國史一課分上古、中古兩段，於不同學期分授。[37] 最早設置史學系的北京大學在 1920 年時還是以朝代史概念開設西周史（陳漢章，1864–1938）、戰國史（朱希祖，1879–1944）、秦史（馬敘倫，1884–1970），其課程說明有謂：

> 此為研究課程。中國自漢以下，每朝各有斷代史，而秦以前則無。中國一切學術、政事、風俗皆淵源於周代，而周代僅春秋時有編年之《春秋左氏傳》，首尾完具，事跡詳備。西周、戰國並此無之，唯秦亦然。然西周之政治、戰國之學術、秦之改封建為郡縣制，皆於後世有莫大之影響，故先整理此三史，以為編纂上古史之基礎。蓋此三史頗與西洋之希臘史、羅馬史有同等之聲價，具獨立之資格。[38]

---

36. 〈教育部公布大學規程〉1913 年 1 月 12 日部令第 1 號，收入：璩鑫圭、唐良炎編，《中國近代教育史資料匯編——學制演變》，頁 699–700。

37. 《北京高等師範學校十周年紀念錄》(1918 年)，收入：王應憲編校，《現代大學史學系概覽 (1912–1949)》，上冊（上海：上海古籍出版社，2016 年），頁 121。

38. 〈國立北京大學講授國學之課程並說明書〉，原載：《北京大學日刊》，

此一課程說明充分表露出中國上古史作為一門次學科領域的時機尚未成熟，陳漢章、朱希祖、馬敘倫等尚且嘗試以研究課程的形式整合這三個時段，並希望從西周政治、戰國學術和秦改封建為郡縣等對後世產生影響的面向，找出此一時代的特質，作為來日「編纂上古史之基礎」。在此之後，北大是否如預期整理出這三史我們不得而知，然次年北大的確不再有西周、戰國為名的課程，而是改以「中國上古史」或「本國史一：上古史」之名，由陳漢章或章嶔 (1879–1931) 負責講授。[39]

　　整體而言，1920 年代除北大史學系在 1923 年以後經常性開設中國上古史之外，1920–1929 年間只有極少數大學曾零零星星開設過中國上古史，與同一時期熱烈展開的古史論辯風潮形成極大的反差。細究其中的原因，當可發現五四以來疑古辨偽的思想一方面觸發了古史研究的熱潮，卻在另一方面對於學院內部初初成形的中國上古史產生了抑扼作用，非常弔詭的形成一種外熱內冷的現象。或許顧頡剛 (1893–1980) 個人的經歷可以側面說明這個現象：

　　　　前數年，我曾研究了這方面的幾個問題，又把若干篇討論文字合成一冊《古史辨》。因此，社會上以為我是專研究古史的，就有幾個學校邀我去任中國上古史的課；我只有遜謝。這因擔任學校的功課必須具有系統的知識，

　　第 720 號（1920 年 10 月 19 日），後收入：王應憲編校，《現代大學史學系概覽 (1912–1949)》，上冊，頁 12–13。

[39] 陳漢章在北大講授中國上古史一課由 1923 年持續到 1925 年，1926 年改由章嶔接手。

　　而我僅作了些零碎的研究：試問圖樣未打，模型未製，
如何可以造起渠渠的夏屋來呢！若說不妨遵用從前人的
系統，那是違背了我的素志，又是不願意幹的。[40]

一個古史辨運動中的健將，看來對古史研究極有心得的研究者，
卻對進大學講授中國上古史感到卻步，可能就像顧頡剛自己說
的：「擔任學校的功課必須具有系統的知識」，他僅僅作了些零
星的研究如何可能開課？顧頡剛是謹慎的人，依據新的時間意
識設課的斷代史，比起專史、專題尤需清楚的脈絡和基本史實，
才能串聯整個時代，顧頡剛說自己的「圖樣未打，模型未製」，
如何可能造屋？這就是說他對「中國上古史」的「集體同一性」
還沒有把握，不知道怎樣去說一段「有系統」的歷史，古史不
同於「中國上古史」由此可見一斑。

　　且不說在大學設課，1922 年胡適 (1891–1962) 介紹顧頡剛替
商務印書館寫一部初中歷史教科書，在上古到秦以前 (221B.C.)
這段，顧頡剛尚且不願寫進連自己都不能確定的三皇五帝，只
說炎帝、黃帝的稱號「或許是後來的人推想出來的一個奠土建
國的古帝，便用什麼五行裡的土德來表示他」。[41] 講到古代傳說
的帝王時，便說可以看作是「文化史上幾個重要變遷的象
徵」。[42] 說到堯、舜的故事時，且說「一部分屬於神話，一部分

40. 顧頡剛，〈中國上古史研究講義・自序一〉，顧頡剛，《中國上古史研究
　　講義》（北京：中華書局，1988 年），頁 2。

41. 顧頡剛、王鍾麒著，胡適校訂，《中國史讀本》（原名：《現代初中教科
　　書：本國史》，上海：商務印書館，1923–1924 年）（北京：中國工人
　　出版社，2007 年），頁 19。

出於周末學者『託古改制』的捏造」。[43] 顧頡剛對於前人提到堯
舜禹的傳位方式和商湯伐履癸的事跡，慣說是傳賢之局、傳子
之局，或以征誅代禪讓等評斷時，表示：「其實傳賢傳子，都是
時勢催逼出來的局面，在當時身歷其境的人，或許倒初無容心
的，何況堯、舜揖讓的傳說又沒甚根據呢！」[44] 這些話原是顧
頡剛在不願「遵用從前人系統」寫史的情況下講的，由此可見
即便只是中學教科書，顧頡剛也不願寫入任何他自己都不能相
信的上古史事，更遑論進大學教授中國上古史！

　　1927 年顧頡剛應聘廣州中山大學，他說自己到校時學校已
經開課，功課表上已經排定了「中國上古史」一門課，而且選
課的人也選定了，沒辦法只好硬著頭皮上課。這時顧頡剛仍然
認為自己還是沒有辦法講授中國上古史，所以只好採取變通辦
法，也就是「不編講義而專印材料」，他把相關材料抄寫出來，
約略編成五種：

　　　　甲種：上古的舊系統，以《史記》秦以前的本紀、世家
　　　　　　　為代表；

　　　　乙種：《史記》本紀、世家所根據的材料及其他真實的古
　　　　　　　史材料（其實這兩類不應合在一起）；

　　　　丙種：虛偽的古史材料，古代的神話傳說與宗教活動記
　　　　　　　載；

　　　　丁種：古史材料的評論；

42. 顧頡剛、王鍾麒著，胡適校訂，《中國史讀本》，頁 20。
43. 顧頡剛、王鍾麒著，胡適校訂，《中國史讀本》，頁 24。
44. 顧頡剛、王鍾麒著，胡適校訂，《中國史讀本》，頁 25。

　　戊種：豫備建立上古史新系統的研究文字。[45]

此時顧頡剛雖然沒有辦法告訴學生中國上古史是什麼，但他試著用材料說話，他把這五種材料分成三類，一類是有關舊古史系統的材料（甲種），一類是他認為可用以重建古史的各種可信、不可信的材料（乙、丙、丁種），以及他認為與重建古史相關的研究（戊種）。

　　經過兩年的講授，1929 年當顧頡剛北上應聘到燕京大學時，他說自己這時已經能「就舊稿改為較有系統的敘述」了，於是他把先前的五種材料整併成三編：（甲編）舊系統的古史；（乙編）新舊史料的評論；（丙編）新系統的古史。不久之後顧頡剛發現同在燕京和北大上課的陸懋德 (1885–1961) 也編了一本《中國上古史講義》，其內容是專講「信史」的，類似他丙編的內容，所以顧頡剛認為自己在「新系統的古史方面既無切實的把握」，不如不講「新系統的古史」，專就「舊系統」討論即可。[46] 今日我們沒辦法得知陸懋德的《中國上古史講義》怎麼談新系統的古史，但看得出來顧頡剛對這部分非常謹慎，不願輕發意見，所以只在舊系統的辨偽上著力，某種程度上，這也代表了顧頡剛認為在材料尚未辨析清楚之前，新古史的系統是沒有辦法建立的。

　　當然，如此謹慎的開課原則或許是顧頡剛個人的堅持，但這或多或少透露出五四前後的疑古辨偽思想對原有古史系統產生的摧折力道極大，古書古事的真偽、信史和神話的區別、夏

<hr />

45. 顧頡剛，〈中國上古史研究講義·自序一〉，頁 2。

46. 顧頡剛，〈中國上古史研究講義·自序一〉，頁 3。

商周世系的究竟、五德終始說與古史系統的關係等問題，在在考驗著講者。撇開顧頡剛這類因疑古而暫時「失語」的學者不說，1920 年代各大學歷史系少數開得出來的中國上古史，似乎採取的是另一種策略，也就是完全不去碰觸任何可能招致懷疑的課題，把三皇五帝以至夏商周當成「先秦史」來講。例如 1928 年孟世傑 (1895–1939) 在燕京大學歷史系開設的先秦史，其講授要點包括：1.傳說時代開化之程度；2.唐虞時代之進化； 3.先秦之政治組織；4.先秦之學術思想；5.三代之社會狀況。[47] 這些內容幾乎不涉任何古史系統、經書考辨、神話傳說演變等問題，而是把「先秦」、「三代」當成一個不證自明的概念，論述當時的政治組織、學術思想、社會狀況。1918 年北京高等師範學校所開中國上古史，講的也是「太古之傳說、三皇五帝之偉業、唐虞三代之盛衰興亡與春秋戰國事跡之大略」。[48] 廈門大學歷史社會學系在 1926 年所設中國上古史，則主要「根據六經、諸子及《太史公書》所記載之事實為上古史之材料，講明此時期政治之狀況與學術之發達」，[49] 這樣的作法不但相對安全，古史經過這番改造之後，似乎也因為有了相同的政治組織、學術思想和社會狀況，而逐漸順理成章的成了「中國上古史」。

---

47. 《燕京大學本科課程一覽》(1928 年)，收入：王應憲編校，《現代大學史學系概覽 (1912–1949)》，下冊，頁 516。

48. 《北京高等師範學校十周年紀念錄》(1918 年)，收入：王應憲編校，《現代大學史學系概覽 (1912–1949)》，上冊，頁 119。

49. 《廈門大學佈告》，5：4 (1926 年)，收入：王應憲編校，《現代大學史學系概覽 (1912–1949)》，下冊，頁 467、470。

　　然不論如何，激烈的疑古思想多少還是使中國上古史的設科多了一重周折。即以中國近代史而論，1920 年代中期以前各大學開設中國近代史的狀況同樣也不理想，授課教師不見得是以近代史研究見長，一人兼授多門功課或幾所學校同請一位先生的情況時有所聞 。 然而至遲在 1920 年代中期羅家倫 (1897–1969)、蔣廷黻 (1895–1965) 等人從國外回來，帶進原始史料的觀念，並以專題研究的方式開課，帶領學生直接從中西外交史料著手，上述情況便慢慢有所改善。這說明了中國近代史初初設立時，欠缺的是研究動能，在缺乏材料、缺乏研究成果的前提下，憑空建設一門學科是有其難度的。然而對照於此，中國上古史無論在材料和研究課題上，都與傳統經學、諸子學、史學有很緊密的關聯性，照理來講，其設課難度不該超過中國近代史。從這個角度來看，在激烈的反傳統氛圍下發展出來的古史辨運動，徹底摧毀了長期以來人們信持的古史，[50] 其激烈的程度不但動搖一般人對黃金三代的想像，也讓發起疑古運動者幾致無法站上講堂，去講授一段「信而有徵」的歷史，特別是這段歷史關乎的是中國國族起源的問題，除非有意迴避此一課題，講授者顯然必須先經歷一段由破到立的過程方有以致之。

　　根據各大學開課的資料顯示，中國上古史的設課數量一直到 1930 年前後才有比較明顯的變化。1929–1930 年這兩年間，大約有七、八所學校分別開出與中國上古史有關的課程十來門，其中特別集中在北大、燕京、輔仁、中央、廈大等校。[51] 其後

---

50. 王汎森，《古史辨運動的興起——一個思想史的分析》（臺北：允晨文化，1987 年），頁 1–24。

兩年開課數量稍有下降，及至 1933 年之後又再回升，開課數最多的時間點落在 1936 年，總共有十二所學校開出十四門與中國上古史有關的課程，包括北大史學系三門：錢穆 (1895–1990) 的中國上古史、顧頡剛的春秋史、傅斯年的中國上古史擇題研究，中山大學史學系的甲骨銅器文字（商承祚，1902–1991）、燕京大學歷史學系的中國上古史研究（顧頡剛）、北平大學女子學院文史學系的中國古代史料研究、東吳大學歷史學系的中國古代史，以及暨南、清華、四川、武漢、大夏、光華、廈大等校所開立的中國上古史。抗戰以後數量銳減，教師來源不穩定，統計不易，1941–1944 年間每年平均至多二、三門。

　　1929 年之後中國上古史在大學設課的數量明顯攀升的原因很複雜，統計數字只能代表一個趨勢，無法說明所有的可能。至少在我們看待這個統計數字時，首先不能忽略那些在 1920 年代初發起疑古辨偽的學者中沒有幾個是出身「歷史系」的。在學術分科還沒有這麼清楚的年代裡，我們不好用後來清楚的學科界域追索當時的景況，或許我們可以說，在整理國故脈絡下出現的疑古辨偽風潮，吸引了當時來自「國學」概念下各個不同學科領域的人參與，而這些參與者思考的問題、撰寫的文字、講授的課程，未必一一反映在「歷史系」的課程架構下。其次，1929 年以後各大學歷史系設置中國上古史的數量陡升，實際上

---

51. 根據不完全統計，1929 年北大、燕京、武漢、中央、廈大、中國公學等六所學校，分別開出九門有關中國上古史的課程；1930 年也有北大、輔仁、燕京、中山、中央、廈大、復旦、北平女子學院、國立北平師範大學等九所學校，開設十二門相關課程。

和北伐完成後高等教育的急遽成長，各大學增設歷史科系有關，加以此時教育部對各校課程逐漸有所規範，強調基礎必修科，斷代史於是便成為各校歷史系的必修科目之一，以「中國上古史」為名的課程因而增多。

再者，次學科領域的發展，除了學科設置的外部條件之外，學科本身的研究動能往往也是關鍵。早先的古史辨運動看似已經啟動了古史研究的熱潮，但在激烈的反傳統氣氛中，疑古辨偽的工作總給人一種破壞多於建設的印象。而這種印象並不利於中國上古史的設課，因為任何一門學科建置不可能只建立在「破壞」的條件下，古史問題可以有種種論辯的空間，可是一旦進入大學設課，只破壞而無建設便很容易失去它的合理性。所以當顧頡剛從中山大學轉職到燕京之後，他已逐漸嘗試把「舊稿改為較有系統的敘述」，表面看來他還是在做辨偽的工作，但實際上他已試圖找尋古史的真實脈絡，一如他在中國上古史研究一課中說：「本課搜集上古史材料，審查其真偽與時代，俾得順其發生之次序，以明了古史學說演化之經過，並予史實以系統的敘述」。[52] 這也就是說，辨古書之真偽只是手段，最重要的是「予史實以系統的敘述」。他在《尚書》研究一課中也說他希望分析《尚書》的「真偽與竄亂，說明其逐次塗附之跡，俾知《尚書》中有若干為當時之真記載，及其所以列於經典之故，俾知若干古史問題有因《尚書》中某問題已解決而得解決者，又有須待《尚書》中某問題解決之後而得解決者」。[53] 此一看待

52. 《北平私立燕京大學文學院課程一覽》（1935 年），收入：王應憲編校，《現代大學史學系概覽 (1912–1949)》，下冊，頁 548。

《尚書》的眼光，其實更多是放在「立」的這一面。

事實上，破與立往往是一體的兩面，看不懂的說他「非聖無法」，[54] 看得懂的說他是「寓立於破」，顧頡剛在燕京大學的《中國上古史研究講義》裡曾說：

> 我編輯這份講義的宗旨，期於一反前人的成法，不說哪一個是，哪一個非，而只就它們的發生時代的先後尋出它們的承前啟後的痕跡來，又就它們的發生時代的背景求出它們的異軍突起的原因來。我不想取什麼，丟什麼，我只想看一看這一方面的史說在這二、三千年之中曾起過什麼樣的變動。……這便是我用的方法。我想，待到它們的來源和變動都給我們知道了之後，於是它們在史實上的地位可以一個一個地推翻，而在傳說上的地位可以一個一個地建設了。這是我的研究這門學問的大目的，而這編講義乃是個造房屋的草圖。[55]

53. 國立北京大學，《國立北京大學史學系課程指導書》（北平：國立北京大學，1932 年 8 月至 1933 年 7 月適用），頁 6–15。

54. 顧頡剛為商務印書館所編的《現代初中教科書：本國史》在國民政府時期因不載三皇五帝而被禁，1929 年山東省參議員聯名提議案彈劾此書，說它「非聖無法」。顧頡剛，〈中國上古史研究講義・自序二〉，頁 17。顧頡剛，〈中國史讀本・推薦序〉，頁 2。相關討論參考：劉超，〈學術與政治：《現代本國史》教科書個案〉，《史學月刊》，2006 年第 7 期，頁 95–99。李長銀，〈一件關乎民國年間政學商三界的重大事件：1929 年本國史教科書案新探〉，《歷史教學》，2014 年 10 月，頁 34–40 轉 17。

55. 顧頡剛，〈中國上古史研究講義・自序一〉，頁 4–5。

這便是顧頡剛試圖為他想做的一部「層累地造成的中國古史」
所畫的藍圖，延續他在〈與錢玄同先生論古史書〉裡講的：我
們「即不能知道某一件事的真實狀況，但可知道某一件事在傳
說中最早的狀況」。[56] 顧頡剛的目的不是為了破壞古史，而是想
用發生學的方法，找出每一種「傳說」產生的時代背景和它演
變的過程。而這個過程其實就是把古史在「史實」上的地位一
步步推翻，讓它們一個個都回到「傳說」的位置上。這種觀點
其實就是顧頡剛常批評古人所欠缺的「學術史的觀點」，從今天
的角度來看，此一學術史的觀點，其本身就帶有強烈的建構性，
所以顧頡剛才說他這編講義即是要說明「現在公認的古史系統
是如何組織而成的」，循此角度觀之，古史的破與立其實只是一
體之兩面，而學院裡的中國上古史可能更需要的是「立」的這
一面，像是 1931 年以後長期在北京大學講授中國上古史的錢
穆，其課程一樣從考訂史料真偽入手，然其內容卻更多偏向
「立」的一面。[57] 就連一道參與古史論戰的劉節 (1901-1977) 也
不免在 1935 年說：中國上古史要分兩方面做，一是整理舊史中
的系統，一是要從新得的材料中做成新史的骨幹。他認為研究
上古史的人至少應該作出兩部書來，一部是《中國上古史引
論》，一部是《中國上古史大綱》。[58] 疑古走到了要做「新史」

---

56. 顧頡剛，〈與錢玄同先生論古史書〉，原載：《讀書雜誌》，第 9 期
　　(1923 年 5 月 6 日)，後收入：顧頡剛編，《古史辨》，第 1 冊（臺北：
　　藍燈文化，1987 年)，頁 59-60。
57. 國立北京大學，《國立北京大學史學系課程指導書》（北平：國立北京
　　大學，1932 年 8 月至 1933 年 7 月適用)，頁 6-15。

的階段，應該也算澈底的「立」了吧！

　　和顧頡剛一樣，把構思中的問題和使用的材料都放進課堂裡的講者，其實不在少數，傅斯年就是一例。1934 年傅斯年擔任中央研究院歷史語言研究所（簡稱史語所）所長期間，在北大開設了一門中國上古史擇題研究。他強調這門課「大致以近年考古學在中國古代史範圍中所貢獻者為限，並以新獲知識與經典遺文比核」，處理以下問題：

> (1)地理與歷史，(2)古代部落與種姓，(3)封建，(4)東夷，(5)考古學上之夏殷，(6)周與西土，(7)春秋戰國間社會之變更，(8)戰國之大統一思想，(9)由部落至帝國，(10)秦漢大一統之因素。[59]

如果以此對照傅斯年的同期研究和史語所的考古發掘，就會發現這些問題幾乎都和他在「九一八」事變前後的思考若合符節。曾經在這段時間上過他課的何茲全 (1911–2011) 多年後回憶，傅斯年經常在課堂上說他要寫一本 *From Tribe to Empire* 的書，而他陸續發表的〈論所謂五等爵〉、〈姜原〉、〈大東小東說〉、〈夷夏東西說〉、〈周東封與殷遺民〉等，可能都是其中一部分。這本傅斯年在「九一八」事變前已完成幾近三分之二的書，[60] 就

---

58. 劉節，〈古史辨·劉序〉，顧頡剛編，《古史辨》，第 5 冊，頁 9。

59. 國立北京大學，《國立北京大學史學系課程指導書》（北平：國立北京大學，1934 年），頁 256–265。

60. 何茲全，〈民族與古代中國史〉，收入：河北教育出版社編，《二十世紀中國史學名著敘錄》（石家莊：河北教育出版社，2002 年），頁 204–207。

成了他在北大課堂上的講綱。在這份講綱裡，可以清楚看到傅斯年關心的幾個核心問題包括：㈠古代諸夏和諸夷兩大族；㈡中國古代夷／夏、殷／周東西對峙格局的形成；㈢在東西對峙格局下所形成的東方與西土的四個地理重心（即東平原區的空桑和韋，西高地系的雒邑和安邑）；㈣春秋戰國的思想家如何組織一種大一統觀念，讓原本不是一家人的古代各族，編排成一系的君臣、父子關係；[61] ㈤周滅殷後，遷殷遺民到外地建立新邦，殷商文化持續影響中國長達兩千餘年。[62] 這些問題無一不和傅斯年從民族角度切入探尋中國國族的起源相關，這方面的分析在後文會有比較詳細的討論。

　　同樣有意從民族角度切入探尋古史的蒙文通 (1894–1968)，在中央大學開設中國古史研究時，顯然已經從他的老師廖平 (1852–1932) 處得到啟發，試圖打破古史一元的觀點，其課程綱要便點出了他思考問題的方向：

> 本學程專究中國自太古迄於西周之史跡，討論史書之真偽、諸家學說之得失（例如齊魯之說與三晉之說），發掘對古史之印證，並指示研究古史之方法。[63]

蒙文通原是從學術入手，推得古代有荊楚、三晉、齊魯三系之

---

61. 傅斯年，〈夷夏東西說〉，收入：傅斯年，《傅斯年全集》，第 3 冊，頁 86–157。

62. 傅斯年，〈周東封與殷遺民〉，收入：傅斯年，《傅斯年全集》，第 3 冊，頁 158–167。

63. 《國立中央大學一覽》（1930 年），收入：王應憲編校，《現代大學史學系概覽 (1912–1949)》，下冊，頁 633。

別，再由學術之不同逆推上古，因而得出古有江漢、河洛、海岱三系之說。他把這樣的觀察帶到課堂上，分別從四個角度探討此一問題：㈠太古神話之解釋；㈡古代文物之淵源；㈢西周前史跡之討論與諸家學說之異同 ；㈣古物發掘對於古史之貢獻。[64] 而這四個角度實際上就是他在《古史甄微》中，透過古史有關三皇五帝的記載，以傳說中的泰帝、黃帝、炎帝之名，推導出中國古代泰族、黃族、炎族三系。[65] 其說可視為探尋中國國族起源問題時，有異於傅斯年東西對峙格局之外的另一種主張，也是結合部族、地域首度提出三元說的代表。

事實上，1930 年代探尋中國國族起源的問題，不斷受到兩個因素的影響：一是晚清今文經學家對三皇五帝和黃金三代說的質疑，一是清末的中國人種西來說；前者像一根細線，始終牽引著民國以後學人朝這個方向思索，而後者則像一根隱隱在背的芒刺，不斷刺激中國上古史研究者回應這個假說，而這兩個問題最終匯為一渠，成為民國學人建構國族起源的潛流，引導中國古代起源走向本土多元的解釋格局。前面提到的梁啟超、柳詒徵如此，1930 年代在大學開設中國上古史者亦莫不皆然，傅斯年的夷夏東西二元之說，以及蒙文通的泰族、黃族、炎族三系之論，都可清楚看到這個軌跡。

從以上的論述中得見 1930 年代在大學裡開設中國上古史，經常可見以研究作為課程的先導，而支撐這些研究論點的材料

---

64. 《國立中央大學一覽》(1930 年)，收入：王應憲編校，《現代大學史學系概覽 (1912–1949)》，下冊，頁 634。

65. 蒙文通，《古史甄微》(成都：巴蜀書社，1999 年)，頁 42–72。

便常常成為課堂中的要角。清末民初陸陸續續發現的材料和考古發掘成果，都是各大學講授中國上古史極為重要的素材。例如 1930 年商承祚在中山大學同時開設殷墟文字研究、三代古器物研究、《說文解字》部首箋巽、商周史等課。其殷墟文字研究和三代古器物研究兩課，皆是以新近發現的殷墟文字和三代法物為依據，與史書、禮經所記相互對勘，而其商周史也強調是「以新出甲骨、金文，參校信書，考其世次制度、文化事蹟，成一有統系之紀述」。[66] 更有直接以目錄學性質講授最新發現之史料者，如 1934 年任職於北平圖書館的向達 (1900–1966)，在北京大學史學系講授四十年中國史學上之新發現時，所授內容便涵蓋了中國史前時代、甲骨、漢晉簡牘、佛教美術遺跡、敦煌學、西夏及遼金元時代之新史料，以及明清檔案等。[67] 另有中山大學的丁山 (1901–1952)，以其曾在史語所任職之經歷開設中國遠古史，這門課主要討論未有文字記載前之史跡，丁山在這門課裡安排了七大主題：

　　㈠中國的地史與古人類，㈡北京原人，㈢河套古人，㈣原形中華人，㈤原始社會，㈥原始文化，㈦古神話與古傳說。[68]

---

66. 國立中山大學編，《國立中山大學一覽》（廣州：國立中山大學，1930 年），頁 43–47。

67. 《國立北京大學文學院課程一覽》(1934–1935 年)，收入：王應憲編校，《現代大學史學系概覽 (1912–1949)》，上冊，頁 88。

68. 《國立中央大學文學院選課指導書》(1933 年度上學期)，收入：王應憲編校，《現代大學史學系概覽 (1912–1949)》，下冊，頁 351。

這門課是把中國起源問題拉到更遠的史前時期，從古人類學、地質學、考古學的角度，介紹 20 世紀以後在中國境內發現的遠古人類。

即便不以介紹史料為主的課程，多數講授中國上古史者也都不會忽略各種新出土的材料，並於課程中強調運用新舊材料的方法及重要性。如容肇祖 (1897–1994) 就直接表示他要用考古學所得的新材料，鑑定殷周及以前的史料，講述「實證的上古史」。[69] 而丁山在他的商及西周史一門課裡也特別強調「因殷墟古物發現而殷禮足徵，因巨量銅器流傳而宗周載記愈益徵實」，[70] 課程中他以各種古書雜記疏通新史料（如卜辭全文），更以新史料補葺舊史闕文，這樣的授課方式無疑必須建立在自己的研究基礎上方有以致之。此外，燕京大學的齊思和 (1907–1980) 在殷周史一課中也強調他的課程是「依據近年來之新發現及可信之舊史料，討論史前時代、殷代及西周之文化」。[71] 他在講授春秋史時也表示：將「依據《春秋》、《左傳》、《國語》及其他有關史料，以及現存實物，將春秋時代之政治、經濟、社會制度、學術思想及國際關係，作有系統之研究」。[72] 重視新舊

---

69. 輔仁大學，《北平輔仁大學文學院概況》（北平：輔仁大學編印，1935 年），頁 61–63。

70. 《國立中央大學文學院選課指導書》（1933 年度上學期），頁 351。

71. 《燕京大學課程一覽》（1941 年），收入：王應憲編校，《現代大學史學系概覽 (1912–1949)》，下冊，頁 565。

72. 《燕京大學課程一覽》（1941 年），收入：王應憲編校，《現代大學史學系概覽 (1912–1949)》，下冊，頁 565。

材料比勘對照，相互參證，幾乎成了中國上古史這門課相當重要的講授方式。

從各種新舊材料上去把握中國上古史，不唯是 1930 年代中國上古史這門次學科領域得以拓展的關鍵，同時也具有探尋信史開端的意義，特別是經歷了五四一代激烈的反傳統和疑古思想洗禮後，古史的可信性全面遭到破壞，於是出現了楊寬 (1914–2005) 在《中國上古史導論》裡說的信古、疑古、考古、釋古四派。楊寬認為史學研究必基於史料，無史料則無史學，「吾人必先『疑古』、『考古』而後之以『釋古』，然後史家之能事盡矣」。[73] 在楊寬的觀念裡，除信古者的立場不可取之外，研究上古史必以史料為基礎，先疑古、考古，最後才能走到釋古這一步。事實上這就是一種尋求信史的過程，在這個過程中，楊寬甚至認為「探索傳說演變分化之系統，為古史傳說還其本來面目」，非但不是破壞古史，反而是一種「建設古史」的作為。[74] 或許楊寬的這一看法，不盡然能為大部分學者接受，但在某種層面上，未嘗不可看作此一時代的上古史研究者亟欲從各種形式的史料中找尋信史的渴求。

在探尋信史的前提下，各種考古發掘、殷墟卜辭、銅器銘文等都成為補釋文獻、考求信史的重要來源，於是我們看到 1930 年代以後除極少數例外，[75] 各大學開設的中國上古史幾乎

73. 楊寬，《中國上古史導論》，收入：呂思勉、童書業編，《古史辨》，第 7 冊，頁 65–66。

74. 楊寬，《中國上古史導論》，收入：呂思勉、童書業編，《古史辨》，第 7 冊，頁 69。

不約而同都從殷商講起，要不就是參酌考古發現成果，在殷商之前加上新、舊石器時代或神話傳說時期、史前時期、史前遺跡、古史傳說時期等以示區隔，並逐漸出現以「一整個時代」的概念來描述中國上古史的趨向。如雷海宗 (1902–1962) 強調「本學程講述華夏民族自殷商迄戰國時代政治、社會、經濟方面之經過，兼述各期宗教思想與文藝之概況」。[76] 錢穆的中國上古史不但根據各項史料之真偽，「重定其系統」外，也強調「自六國逆溯而上以及遠古。其間劃分數時期，於每一期中求出幾點重要的特性，從之推斷其前後，互為聯絡而歸之條貫」。[77] 很顯然錢穆希望透過分期的方式，凸顯每一時期的特性，並找出中間的關聯性。而各校課程中最具代表性的則是武漢大學吳其昌 (1904–1944) 的講授內容：

> 此學程上自殷，下迄先秦止，將神州先民從草昧藍縷逐次創造文化的史實作簡要的敘述。先講述原始初民的「生活情態」，次講及基此生活情態而構成的「經濟狀

75. 如輔仁大學張星烺在 1941 年開設的秦以前史，還是從黃帝講起，並依循黃帝、堯、舜、夏、商、西周等次序講授。《私立輔仁大學一覽》（1941 年度），收入：王應憲編校，《現代大學史學系概覽 (1912–1949)》，上冊，頁 224。而四川大學的楊筠如也比較罕見地談到「殘缺之夏史」，見：《四川大學一覽》(1936 年)，收入：王應憲編校，《現代大學史學系概覽 (1912–1949)》，上冊，頁 380。

76. 國立清華大學，《國立清華大學本科暨研究院學程一覽》（北平：國立清華大學編印，1932–1933 年度），頁 40–47。

77. 國立北京大學，《國立北京大學史學系課程指導書》（北平：國立北京大學，1934 年），頁 256–265。

況」，次講及根據此經濟條件而表現的「社會輪廓」。以次而遞及「政治雛型」，最後乃講述綜合此經濟、社會、政治各方面而醖發出的「思想意識」、「學術流派」，以整個民族的大眾為對象，不以一二個人或一二特殊故事為對象。[78]

吳其昌講授的內容尤其明顯地把「中國上古」從殷商到先秦這段，當成一整個時代、一整個民族來描寫，並且逐一講述經濟、社會、政治、思想、學術的內容，彷彿中國自上古時期便已摶成為一個同質而完整的國家，「整個民族」儼然具有高度的「集體同一性」，其有意建構國族共同起源的意圖至為顯明。

三、多元民族觀的建構

在時間序列裡，中國上古史看似是離當代中國最遠的歷史時期，然而自清末中國人種西來說傳入之後，中國卻至少花了大約兩代人的時間回應這個問題；各種探尋中國古代起源的論述無一不扣緊當代人的現實關懷，特別是古史一元的概念破壞之後，各種以新觀念綴合古史材料的嘗試，充分反映了思考當代國族的起源和建構中國上古史之間的緊密關係，其中民族史的取徑尤受到 1930 年代學人的關注，這裡我想以蒙文通、傅斯年、徐炳昶 (1888–1976) 為例，說明他們對中國古代起源的看法

---

78. 〈各學院概況學程內容及課程指導書〉，《國立武漢大學一覽》（1935年），收入：吳相湘、劉紹唐編，《民國史料叢刊》，第 6 種（臺北：傳記文學出版社，1971 年），頁 25–28。

及其投射的國族想像。

(一)蒙文通

　　如果就發表的時間先後來看，蒙文通的《古史甄微》和傅斯年有關民族與古史的系列作品，大約都集中在 1930–1934 年前後，[79] 若考慮兩人開始思考和醞釀的起點似乎也不分軒輊。[80]

---

79. 傅斯年有關民族與中國古史的系列文章包括：〈姜原〉（1930 年）、〈論所謂五等爵〉（1930 年）、〈大東小東說〉（1932 年）、〈周東封與殷遺民〉（1934 年）、〈夷夏東西說〉（1934 年）。但傅斯年於多處提及這些稿子有些放了很多年，原打算成書，因此沒有立刻發表。如〈夷夏東西說〉就是他構想寫《民族與古代中國史》一書中的三章，其「中心思想」是他「十餘年前的見解」，但寫成的時間卻在「九一八」前兩到半年之間。唯其寫成之後，因時局動盪、兩次遷所而延宕，一直到 1934 年才因慶祝蔡元培 65 歲生日而收在《中央研究院歷史語言研究所集刊外編》第一種。見：傅斯年，〈夷夏東西說〉，收入：《傅斯年全集》，第 3 冊，頁 86。而蒙文通在 1933 年正式將《古史甄微》付梓之前，實已於 1929–1930 年間陸續將他在成都大學、成都師範大學和中央大學的講稿，單篇發表於《史學雜誌》和《中央大學半月刊》中。見：蒙文通，《古史甄微》，頁 127。

80. 蒙文通在〈古史甄微・自序〉中表示，乙卯年（1915 年）他秉承師（廖平）命，開始思考古代帝王「一系相承」的合理性，因而走上古史研究的道路。唯其以經學眼光看待古史，有意打破三皇五帝世系相承的概念乃積漸而成，然十餘年來未遑撰集，直至丁卯年（1927 年）間才發憤著述，寫成十二篇六萬餘言，於 1929 年發表於《史學雜誌》。見：蒙文通，〈古史甄微・自序〉，頁 1；王承軍，《蒙文通先生年譜長編》（北京：中華書局，2012 年），頁 69–72；86。而傅斯年於留歐期

而徐炳昶的《中國古史的傳說時代》最晚，1943 年時初版才在重慶問世。[81] 多數研究者——包括徐炳昶在內，認為蒙文通和傅斯年的著作是「各自獨立的研究，沒有誰承襲誰的嫌疑」，[82] 實際上蒙、傅二人的立論初衷和論證方式也確有不同。

　　蒙文通在 1927–1930 年前後陸續寫就《經學抉原》、《古史甄微》和《天問本事》，推闡魯學、晉學、楚學之旨，並藉此說明古代地域與學術之間的關係，他說：

> 余之撰《經學抉原》，專推明六藝之歸，惟魯學得其正。
> 又成《天問本事》，亦可以窺楚學之大凡也。茲重訂《古
> 史甄微》，則晉人言學旨趣所在，亦庶乎可以推徵。三篇

間寫給顧頡剛的信件中，已提到他懷疑中國文化本來「自東而西」的想法。顧頡剛表示這些信件大約從 1924 年元月開始，斷斷續續寫到 1926 年 10 月還沒寫完，由此可見蒙、傅二人醞釀問題意識的時間極為相仿。傅斯年，〈與顧頡剛論古史書〉，收入：傅斯年，《傅斯年全集》，第 4 冊，頁 485–486。相關論述見：王汎森，〈一個新學術觀點的形成——從王國維的〈殷周制度論〉到傅斯年的〈夷夏東西說〉〉，收入：王汎森，《中國近代思想與學術的系譜》（臺北：聯經出版事業公司，2003 年），頁 309–311。

81. 事實上《中國古史的傳說時代》自 1943 年出版後，臺海兩岸有許多不同版本，徐炳昶自己也曾大幅修改過，特別是 1960 年北京科學出版社的版本（臺灣里仁書局 1999 年即據此版本），因政治運動影響，全篇刪除 1943 年版的「敘言」、第一章「論信古」和第四章「中康日食」等章節，並不時於文中加入馬克思主義五階段論的觀點。因此本文原則上皆以 1943 年重慶中國文化服務社初版者為主，部分出於修改後之版本，則採里仁書局版本，另特別注明之。

82. 徐炳昶：《中國古史的傳說時代》（臺北：里仁書局，1999 年），頁 56。

　　循環相通，而文通年來言學大意，備於是也。[83]

在蒙文通的觀念裡「經術亦以地域而分」，他認為自古以來，齊魯、三晉和楚三方所述之史不同，實導源於思想之異。[84] 在《古史甄微》一書中，蒙文通從古代學術和史事入手，反向推明太古傳說時期江漢、河洛、海岱等三系民族，因地域分布範圍的差異，而有不同的生活與文化。南方的江漢民族（即炎族），多為姜姓之裔，以炎帝、神農、三苗、共工、祝融、蚩尤為代表；西北的河洛民族（即黃族），以姬為姓，以黃帝、顓頊、帝嚳、帝堯為代表；東方的海岱民族（即泰族），多風姓、偃姓、嬴姓等，以伏羲、燧人、女媧、太皞、少皞、帝舜、皋陶為代表。

　　蒙文通論述這三大區系的民族時，處處從地理、生活和文化的角度切入，強調泰族、黃族、炎族各有其不同的特色。他認為中國古代文化，「創始於泰族，導源於東方」，[85] 而炎族、黃族乃後起之民族，在許多方面承襲泰族而來，然炎、黃二族亦各有擅場。在這三系民族中，黃族起於河、洛之間，為西北游獵民族，而炎族則為南方農稼民族，一行國，一居國，兩族累世爭戰，實為「中國上古民族之主要部分」。[86] 而東方的泰

---

83. 蒙文通，《古史甄微》，頁 14–15。

84. 有關蒙文通六經非史的概念，及其以今文經學立場分別經、史，在三方多元的古史系統中，重構上古史的討論，可參見：張凱，〈出入「經」「史」：「古史三系說」之本意及蒙文通學術旨趣〉，《史學月刊》，2010 年第 1 期，頁 125–134。

85. 蒙文通，《古史甄微》，頁 63。

86. 蒙文通，《古史甄微》，頁 50。

族，是為中國舊有的土著民族，自東而西，九州之土皆其所長，鼎盛之時，勢力西漸，熊耳、崑崙皆入其版籍，及至炎族起於西南，黃族起於西北，風姓之國才漸漸消滅殆盡，及至春秋之際，唯任、宿、須句、顓與四國尚存，以海、岱之間為根據地。[87]

　　除地域分布之別外，這三系民族之製作亦有所不同，一般來說，炎族建國早於黃族，其創製之物，多為黃族承襲，如神農教民稼穡、紀曆成歲，皆由炎族創始於前，黃族踵襲於後。蒙文通認為炎族信鬼而好祠，多妖妄之教、享祀之神；神農之世，男耕而食，婦織而衣，造就苗民不用政令，刑政不用而治，可謂最缺乏政治組織之民族。[88] 而黃族特異之點，則適與炎族相反，其善治法度，條理緻密，喜好創製一切實用器物，為一強於武力而優於政治組織的民族。[89] 至於泰族之製作，性質又有不同，伏羲審地勢以定川岳，於天文、地理、物類皆有所留意，其中最特別的即作《易》八卦，以通神明之德，類萬物之情，其他像禮事、政令、圖典、文字，為律法、造甲曆、製嫁娶等皆出於泰族，即此可見泰族是一極富研究思考之民族。[90] 在比較三系民族之異同後，蒙文通還以希臘、印度、羅馬比附三族，他說：

　　　　泰族為長於科學、哲學之民族，儼然一東方之希臘，炎
　　　　族為長於明祆祥、崇宗教之民族，頗似印度，黃族為長

87. 蒙文通，《古史甄微》，頁 56–57。

88. 蒙文通，《古史甄微》，頁 65。

89. 蒙文通，《古史甄微》，頁 66。

90. 蒙文通，《古史甄微》，頁 66–67。

於立法度、制器用之民族，頗似羅馬也。[91]

蒙文通從地理、文化的角度析論三大民族的特點，但他強調這三系民族僅限於上古時期，夏代以後，三系逐漸融為一體，統稱為「諸夏」，他說：

> 自炎、黃以迄唐、虞，始則南北二族，文化各殊，及接觸既久，漸以孕育新文化。及於伯禹，遂大成熟，而燦然有輝。風、姜、姬氏，融和為一，統曰諸夏，以別於四夷未進化之族。窮桑、質沙、共工、軒轅民族之名，皆晦而莫見，合諸小民族為一大民族，即以伯禹朝代之名，為此種民族之名，以別於四圍蠻野之民族，此固華夏之名所由起耶。[92]

三代「諸夏」觀念形成之後，夷夏之別取代了太古三系之說，蒙文通一方面以江漢、河洛、海岱三系民族的框架，打破長久以來五帝一系相承的概念，一方面又將上古三大民族歸併到「華夏民族」的範圍內，以「華夏」之名統攝諸族。其意實扣合廖平當年囑其梳理古史時所囑：「破舊說一系相承之謬，以見華夏立國開化之遠，迥非東西各族所能及。凡我國人，皆足以自榮而自勉也」。[93] 在此，以地域—文化特徵為判準的「民族」，不惟是解構古史一元論的工具，抑且成為建構當代國族起源想像的樞紐，蒙文通有意以「民族」重構多元古史圖景的用意可謂至為顯明。

---

91. 蒙文通，《古史甄微》，頁 67。

92. 蒙文通，《古史甄微》，頁 55。

93. 蒙文通，《古史甄微》，頁 1。

㈡傅斯年

　　另一個幾乎在同一時間裡嘗試以多元視角解釋古代民族分布的傅斯年，卻沒有和蒙文通一樣採取古史三系的說法，在傅斯年一系列討論民族與古代中國史的文章中，他顯然更在意的是上古民族東西對峙的關係。傅斯年認為在中國古代由部落進為王國，到後來再進為帝國的過程中，東西對峙的局面總是比較多的，[94] 這種情形從夏、商、周三代，持續到戰國時期、秦併六國、楚漢亡秦、平林赤眉對新莽，以至於曹操對袁紹都是如此，直到東漢、三國以後才逐漸改為南北對峙的局面。[95] 這樣的看法來源於傅斯年很早以前就十分留意東西兩系的關係，這在他留學歐洲時期便已露出端倪，例如他說：

> 我疑心齊本是東方大國，本與殷為敵，而於周有半本家之雅（厥初生民，時惟姜嫄），又有親戚（爰及姜女，聿來胥宇），故連周而共敵殷。[96]

> 周之號稱出於后稷，一如匈奴之號稱出於夏氏。與其信周之先世曾竄於戎狄之間。毋寧謂周之先世本出於戎狄之間。姬姜容或是一支之兩系。特一在西，一在東耳。[97]

---

94. 傅斯年，〈夷夏東西說〉，收入：傅斯年，《傅斯年全集》，第 3 冊，頁 148。

95. 傅斯年，〈夷夏東西說〉，收入：傅斯年，《傅斯年全集》，第 3 冊，頁 151–152。

96. 傅斯年，〈與顧頡剛論古史書〉，收入：傅斯年，《傅斯年全集》，第 4 冊，頁 483–484。

魯是一個古文化的中心點，其四圍有若干的小而古的國。曲阜自身是少昊之墟。昊容或為民族名，有少昊必有太昊，猶大宛小宛，大月氏小月氏也。我疑及中國文化本來自東而西：九河濟淮之中，山東遼東兩個半島之間，西及河南東部，是古文化之淵源。以商興而西了一步，以周興而更西了一步。不然，此地域中何古國之多也。齊容或也是一個外來的強民族，遂先於其間成大國。[98]

這些話寫在他留歐時期寄給顧頡剛的信中，實已透露他對古史東西兩系的疑心。唯其並未說明導致他起疑的原因究竟為何？是他單純的發現「此地域中何古國之多也？」還是前人研究給他的啟發？[99] 抑或是另有其他的原因？傅斯年說：

中國之有民族的，文化的，疆域的一統，至漢武帝始全功，現在人曰漢人，學曰漢學，土曰漢土，但是最合理的名詞，不是偶然的。秦以前本不一元，自然有若干差別。人疑生莊周之土不應生孔丘。然如第一認清中國非一族一化，第二認清即一族一化之中亦非一俗，則其不同亦甚自然。[100]

97. 傅斯年，〈與顧頡剛論古史書〉，收入：傅斯年，《傅斯年全集》，第4冊，頁485。

98. 傅斯年，〈與顧頡剛論古史書〉，收入：傅斯年，《傅斯年全集》，第4冊，頁485–486。

99. 這方面的關係請參考：王汎森，〈一個新學術觀點的形成——從王國維的〈殷周制度論〉到傅斯年的〈夷夏東西說〉〉，收入：王汎森，《中國近代思想與學術的系譜》，頁307。

這種疑心中國非一族一化一俗的想法，應該多少還是反映五四一代人對於儒家過分整齊化中國思想學說的反動心理。所以傅斯年說「文化之統一與否，與政治之統一與否相為因果：一統則興者一宗，廢者萬家」。[101] 此時傅斯年已從地域視角嘗試解構古史大一統的觀念，進而排出這樣的圖譜：

統一中國之國家者——秦。

統一中國之文教者——魯。

統一中國之宗教者——齊。

統一中國之官術者——三晉。[102]

這種以地域—文化鋪排的思維竟與蒙文通有些神似，唯其不同的是傅斯年這時便已經把目光焦點集中在東西兩系，並無意討論南方系統，或許這和他認為東漢、三國以後中國歷史才變成南北對峙的格局是有關係的。不過非常微妙的是，傅斯年此時雖然一方面強調大一統觀念造成一宗興、萬家廢的結果，卻還是隱隱然將「中國」指向一個「統一」的方向。他在這裡既有意為「中國上古史」找出不同來源的時代表徵，也嘗試將此時代表徵與後來的大一統帝國相銜，為中國建構一個前後相續、因果相連的「國史」。

---

100. 傅斯年，〈與顧頡剛論古史書〉，收入：傅斯年，《傅斯年全集》，第4冊，頁487。

101. 傅斯年，〈與顧頡剛論古史書〉，收入：傅斯年，《傅斯年全集》，第4冊，頁488。

102. 傅斯年，〈與顧頡剛論古史書〉，收入：傅斯年，《傅斯年全集》，第4冊，頁488。

　　東西對峙的觀念在傅斯年回國之後進一步加以深化，他認為黃河下游及淮濟流域一帶，和太行山及豫西群山以西的地方，在地形上有根本的差別；東邊一片水道沖積的大平原，是為東平原區，西邊一大片夾在山中的高地，是為西高地系，兩者原則上可以當時的平漢鐵路為界。在以「考察古地理為研究古史的一個道路」上，[103] 傅斯年發現三代及近於三代的前期，大體上有東西兩個不同的系統，即東系的夷與商，西系的夏與周。

　　西系的夏以河東為土，區域上包括山西省南半，即汾水流域，河南省之西部中部，即伊洛嵩高一帶，以及陝西渭水下游；而周則是以岐渭為本，最初時比夏還要更西，在其向東平原區發展時則以雒邑為出口。[104] 傅斯年討論諸夏時非常謹慎，有意把神話和傳說排除在外，所以他在排比夏跡時，刻意排除了禹，只從后啟談起，以其作為討論國族分布的起點。[105]

　　東系又可分商及諸夷，商代發跡於東北渤海和古兗州一帶，之後由北而南；諸夷則皆起於東方，大約分布在淮、濟下游一帶，其活動範圍西至河南之中心，東盡於東海，北達濟水，南則包括淮夷、徐夷、舒夷等。[106] 以風姓、偃姓、嬴姓為代表。

---

103. 傅斯年，〈夷夏東西說〉，收入：傅斯年，《傅斯年全集》，第 3 冊，頁 87。

104. 傅斯年，〈夷夏東西說〉，收入：傅斯年，《傅斯年全集》，第 3 冊，頁 118–119；151。

105. 傅斯年，〈夷夏東西說〉，收入：傅斯年，《傅斯年全集》，第 3 冊，頁 110–111。

106. 傅斯年，〈夷夏東西說〉，收入：傅斯年，《傅斯年全集》，第 3 冊，頁

若以部族而論，可分為太皞（如風姓的伏羲、女媧、燧人）、少皞諸族（以嬴、己、偃、允四姓所建諸國為代表，另如春秋時之淮夷、商末的奄人及秦趙之祖也都是嬴姓）。

比較傅斯年和蒙文通二人的觀點，可以很容易看出傅斯年把上古民族分成東西二元，而蒙文通則是分成黃族、炎族、泰族三支。從表面上來看，傅斯年在東西對峙的格局中，捨掉了南方炎族一系未談，實際上他在〈姜原〉、〈「新獲卜辭寫本後記」跋〉裡對於南方一系是有所著墨的，差別在於他把南方諸族分別消融在他東西二元的體系當中。

例如他在〈姜原〉中即考出周為姬姓，卻用姜的神話，可見得周是姜的一個支族，或是一個更大族的兩支。[107] 且姜之地望原在「九州」，即今豫西渭南群山之中。傅斯年據《左傳》姜戎一段知九州一名瓜州，「其地鄰秦，其人為姜姓，其類則戎」，[108] 因此得證姜本是西戎，唯其與周親厚，又為姻戚，故常被人視為中國的一支，實際上姜、羌同字，並非中國。其後，傅斯年在討論殷周關係時，又講到周人在太王、王季、文王三代都藉著與殷人結親而極度「殷商化」，最後甚至把殷人的上帝（帝嚳）也借了來當成自己的上帝，把殷人的祖先崇拜拿掉，讓帝嚳從一個「宗神」變成「全民的上帝」。[109] 只是這些最後都

87、129、146。

107. 傅斯年，〈姜原〉，收入：傅斯年，《傅斯年全集》，第 3 冊，頁 25。
108. 傅斯年，〈姜原〉，收入：傅斯年，《傅斯年全集》，第 3 冊，頁 28–30。
109. 傅斯年，〈「新獲卜辭寫本後記」跋〉（原刊：國立中央研究院歷史語言研究所編，《安陽發掘報告》，第 2 期，1930 年），後收入：傅斯年，

湮滅在周人的西方系統中，被整齊化為大一統的論述。總合這些推證，其實就是傅斯年早在留歐時期對顧頡剛說的：「究竟誰是諸夏，誰是戎狄？」[110] 換句話說，姬姓的周本為姜的支族，在傅斯年證得「姜」、「羌」乃一字之轉後，周的先世便得以證實是羌族而非諸夏，唯其在東進過程中不斷「殷商化」，與東方部族建立愈來愈深厚的關係，甚至到最後連殷人的宗神都一併借了來，當成自己的神祇，而周在種族和文化上便徹底與殷混同而莫辨了。

　　傅斯年藉著討論周的起源和殷周關係時，把南方一系的姜姓放進西系當中，同樣的，他也在討論楚的先世時，試圖釐清南方祝融與東西兩系的關聯。傅斯年根據董作賓 (1895–1963) 新獲卜辭殘片「戊戌卜又伐羋」中的記載，重新點活了荊楚和祝融一系的關係。簡而言之，傅斯年在考證楚的先世時，發現楚的先世羋姓為祝融八姓之一，[111] 而祝融一系在夏商時期的分布非常之廣，遍布於東、西兩大系統中，包括有虞之前的陶唐，夏代的昆吾，商代的大彭、豕韋等強大的國家都是祝融八姓之一。然而傅斯年注意到《國語・鄭語》的記載，謂屬於祝融一系的己姓、董姓、彭姓等所建之國，後來相繼被夏商兩代消滅，禿姓則為周人所滅；而未滅之國，也在周公攝政斥大九州之後紛紛改隸，有些在王室，有些在蠻夷，唯羋姓尚存，然羋姓之

《傅斯年全集》，第 3 冊，頁 252–258。

110. 傅斯年，〈與顧頡剛論古史書〉，收入：傅斯年，《傅斯年全集》，第 4 冊，頁 487。

111. 祝融八姓為己、董、彭、禿、妘、曹、斟、羋姓。

國卻多用蠻俗，唯荊楚可以寄望。[112]因此及至西周末年，荊楚曾一度強大起來，只是很快又被周厲王和召虎（召穆公）擊退，直到宗周滅亡，荊楚才一步一步窮伐南國而北上，[113]成為春秋五霸之一。

由於傅斯年本就懷疑唐－虞－夏－商－周的系譜是很後來才起的，所以他在比對上述這些資料之後很敏銳地意識到，如果把卜辭所記「戊戌卜又伐羋」、陶唐為祝融之姓、楚之先世為羋姓，以及歷來《國語》、《左傳》只記虞－夏－商－周的系統，卻不把陶唐列入虞－夏－商－周的系統等幾個線索聯繫起來，就會發現「西土之夏，東土之殷，皆繼祝融諸姓而強大，在夏殷未作之前，據東土西土者，必以祝融諸姓為最強大」，[114]唯曾經遍及東西兩大系民族之間的祝融，卻在夏商兩代逐漸被新興的大國所驅，為祝融之姓的陶唐，便極有可能於此時遭到窮伐。於是遭到驅滅的祝融一系便逐漸變成中原下層之民，或流竄至蠻戎之間，秦俗稱庶人為「黎民」，可得一證。與此同時，傅斯年還從楚的宗法、官名、萬舞之相同點，以及《離騷》所用殷之典故等證據，找到楚和殷商之間可能存在的緊密關係，[115]再

---

112. 傅斯年，〈「新獲卜辭寫本後記」跋〉，收入：傅斯年，《傅斯年全集》，第 3 冊，頁 227。

113. 傅斯年，〈「新獲卜辭寫本後記」跋〉，收入：傅斯年，《傅斯年全集》，第 3 冊，頁 226。

114. 傅斯年，〈「新獲卜辭寫本後記」跋〉，收入：傅斯年，《傅斯年全集》，第 3 冊，頁 243。

115. 傅斯年，〈「新獲卜辭寫本後記」跋〉，收入：傅斯年，《傅斯年全集》，

一次證明上古民族的複雜性，絕非後來經過戰國秦漢人整併之後的面貌。

從上述兩個例子可以看出，傅斯年並非完全沒有觸及上古時期南方一系，只是在他的觀念裡，南方一系的姜姓實與姬姓有密切的關係，而曾經在夏商之前廣泛分布的祝融諸姓，也在劇烈的民族變動過程中消融於三代東西兩系之間。或許從這個角度出發，傅斯年如要進一步延伸《史記》所謂「共工氏作亂，帝嚳使重黎誅之，而不盡」這樣的話，未始不能把它也放進東西對峙的格局中來理解。因為一則他確實把共工放進姜姓（炎帝）一系之中（如下圖），[116] 二則傅斯年曾經認為「帝嚳為商之

少典 ｛ 姜（炎帝）——共工 —┐
　　　　　　　　　　　　　├ 伯夷——四嶽國——齊許呂申諸國
　　　 姬（黃帝）

宗帝，所謂帝嚳誅重黎者，無異商之先世曾與祝融之族征戰而殺其王，或其族已臣服于商，而商以不適意而殺之」。[117] 傅斯年既可將帝嚳誅重黎作如此解，而重黎又為祝融一族，且從姜姬同源的角度而論，何以不能視與殷人親厚的祝融（重黎）和共工間的戰爭是為一場東西之間的對峙？這當然是僅就傅斯年邏

第 3 冊，頁 245–246。有關楚和東系民族的關係亦可見：胡厚宣，〈楚民族源於東方考〉，《史學論叢》，第 1 冊（北平：國立北京大學潛社，1934 年），頁 1–52。

116. 傅斯年，〈姜原〉，收入：傅斯年，《傅斯年全集》，第 3 冊，頁 25。

117. 傅斯年，〈「新獲卜辭寫本後記」跋〉，收入：傅斯年，《傅斯年全集》，第 3 冊，頁 237。

輯所做的推論，我的意思是：在傅斯年的觀念裡，東西對峙是
上古民族分布的基本格局，南方一系在此格局下盡可消融於東
西兩系之間。所以根據徐炳昶回憶，他曾私下問過傅斯年炎帝
應屬哪一集團，傅斯年應之曰：「南方集團」，[118] 這樣的回答似
也不妨礙傅斯年還是站在東西二元對峙的立場在看待古史的，
畢竟西南（姜姓）、西北（姬姓）皆可歸之於西系，更何況傅斯
年本有「斜線的東西相爭」之說。[119]

　　從南方一系來看，傅斯年和蒙文通確是有所不同的，但如
果說到東夷一系，二人見解相似之處反多。首先，傅斯年有關
殷商和東夷的分類大體上和蒙文通相仿，其差別唯一在虞舜，
一在顓頊。傅斯年認為虞、夏皆屬西土系統；[120] 但蒙文通卻根

---

118. 徐炳昶有關傅斯年的這段回憶，在不同的版本略有差異。他在 1943 年
　　版表示：有人告訴他「傅斯年在北大講授，將古代的國家，也分成三
　　部分，同鄙見頗有相似處，但其全稿未發表，發表的僅有〈夷夏東西
　　說〉，詳述此二部分的區別」。見：徐炳昶，《中國古史的傳說時代》
　　（重慶：中國文化服務社，1943 年），頁 102。其後經過改寫的版本則
　　刪掉了這段，只說「蒙文通、傅斯年已有相類似的說法，暗中摸索，
　　大致相合，足以證明所得各條並非一人的私見」。但是關於炎帝問題，
　　徐炳昶此時仍謂：「傅斯年的意思也是把他歸於南方集團的」，唯其「理
　　由未詳」。見：徐炳昶，《中國古史的傳說時代》（里仁版），頁 155。

119. 傅斯年在清點夏初以來東西對峙局面時，曾謂殷─鬼方、淮夷─周即
　　是一種「斜線的東西相爭」。見：傅斯年，〈夷夏東西說〉，收入：傅斯
　　年，《傅斯年全集》，第 3 冊，頁 152。

120. 傅斯年，〈「新獲卜辭寫本後記」跋〉，收入：傅斯年，《傅斯年全集》，
　　第 3 冊，頁 242–243。然傅斯年有時又把有虞氏看做東土的系統（空

據《史記‧五帝本紀》「舜耕歷山，漁雷澤，陶河濱，作什器於壽邱，就時負夏」，謂此「皆為泰族走集之地，悉在海、岱、河、濟之間」，[121] 故而把舜歸到東方海岱（泰族）一系。在顓頊問題上，蒙文通因視顓頊為黃帝之後最傑出的帝王，為民師而命以民事，且創制了重黎六府，是為上古脫離神道、紀於民事的代表，因此他將顓頊歸之於西北河洛（黃族）一系；[122] 然傅斯年卻以《史記‧秦本紀》「秦之先，顓頊之苗裔，孫曰女修」一段，說明秦與淮夷之祖本皆嬴姓，淮夷為東海部類，與東北沿海諸族皆有「人降」神話，而〈秦本紀〉此段將嬴姓神話歸本於顓頊氏，因此傅斯年認為顓頊實為東北方部落之宗神。[123]

然除開這兩者，傅、蒙二人最大的相似點，在於他二人皆認為中國文化起源於東方。傅斯年很早就說：「我疑及中國文化本來自東而西」，[124] 蒙文通在「上古文化」一章開宗明義也講：

桑的外環），當是因舜的起源地和活動範圍有別而論的。見：傅斯年，〈夷夏東西說〉，收入：傅斯年，《傅斯年全集》，第 3 冊，頁 154。

121. 蒙文通，《古史甄微》，頁 58。

122. 蒙文通，《古史甄微》，頁 52–53。

123. 傅斯年此處並以《晉書》卷 180 提及「庬以大棘城即帝顓頊之墟也」為證，說明大棘城所在（今遼寧省義縣西北）即顓頊之墟。然傅斯年在〈「新獲卜辭寫本後記」跋〉中論證楚先世出自顓頊時，卻又遵《國語》之說，認為顓頊為虞夏之祖，傅斯年對此也沒有進一步說明。傅斯年，〈「新獲卜辭寫本後記」跋〉，收入：傅斯年，《傅斯年全集》，第 3 冊，頁 236–237。

124. 傅斯年，〈與顧頡剛論古史書〉，收入：傅斯年，《傅斯年全集》，第 4 冊，頁 486。

「中國古代文化，創始於泰族，導源於東方」，他認為泰族為中國最早的原始住民，中國文化自東而西，「自燧人以來，出暘谷，分九河，以生息於斯」，中國大陸自古人跡始居之地，可考見者即在此「九河之地」。[125] 他進一步表示：

> 蓋海岱之間，為泰族之根據地，而群雄角逐之場，據有泰山者即有天下，行封禪以明得意耳。況復炎族北侵，必經窮桑，三族接觸，於此最繁，地雖偏於海隅，而實為政治戰爭中心也。觀共工振滔洪水，以薄空桑，蚩尤又伐空桑，神農自陳徙魯，魯有大庭氏之庫，是在昔為大庭之都，有巢氏治石樓山在瑯琊，皆足見東方固政治戰爭之中心，為上世我先民之所聚處，河洛之繁榮乃在後，遠不足與侔也。[126]

蒙文通從地理上的相對關係注意到海岱之間的特殊性，自古以來是炎族、黃族和泰族三方交會之處，也是東方的政治戰爭中心。這方面的觀察可說與傅斯年並無二致。傅斯年一樣也注意到空桑這個地方，他認為西起於陳，東至於魯的東平原區南部，接連有好些蓄水湖澤，去黃河下游稍遠，天然水患不大，地也最肥，是交通最為便當之處。「太昊都陳、炎帝自陳徙曲阜」，[127] 都在這一帶。而曲阜一帶，即所謂空桑之地，既是少昊氏的大本營，后羿亦在此立國，周公東征時的對象奄國也在這裡，傅

125. 蒙文通，《古史甄微》，頁 61。

126. 蒙文通，《古史甄微》，頁 58。

127. 傅斯年，〈夷夏東西說〉，收入：傅斯年，《傅斯年全集》，第 3 冊，頁 154。

斯年認為這些都明白指出「空桑是個政治中心」。除此之外，五祀之神中有三個起於此地、伊尹以其文化所賦之智謀以事湯滅夏、孔子憑藉時勢成為儒宗等等，亦可見空桑顯然也是東平原區的文化中心。[128] 傅斯年強調三代之中東勝西的情況較少，西勝東之事甚多。大體而言，東方經濟好，所以文化優，西方地利好，所以武力優，因此東方儘管在武力上失敗，政治上一時不能抬頭，一經多年安定之後，卻往往再起。[129] 如「商朝本在東方，西周時東方或以被征服而暫衰，入春秋後文物富庶又在東方」。[130] 周滅商後，殷遺民在文化上影響力持續不墜即是最好的證明；魯之儒墨，燕齊的神仙、唯孝之論和五行之說，繼起主宰中國思想二千餘年，這些都是東系民族的特性。

蒙文通幾乎和傅斯年一樣看重齊魯一帶作為文化重心的意義，而給予東方極高的評價，他說：

> 東方之學為六藝、為儒家之學以中庸為貴，固能甄陶於兩大民族之間，而文質彬彬矣。是則齊魯之間，儒學出焉，不為無故。蓋夷俗仁，徐偃王仁而無權，此泰族原始之思想也，貴中庸，則後來調和於異族之思想。儒家之學，尚中而貴仁，此固為善保持其原有民族之特殊精

---

128. 傅斯年，〈夷夏東西說〉，收入：傅斯年，《傅斯年全集》，第 3 冊，頁 154。

129. 傅斯年，〈夷夏東西說〉，收入：傅斯年，《傅斯年全集》，第 3 冊，頁 153。

130. 傅斯年，〈周東封與殷遺民〉，收入：傅斯年，《傅斯年全集》，第 3 冊，頁 166–167。

神，而又善調和於異民族之兩極端精神，而後產生之新
文化也。是鄒、魯者既開化最早，中國文化之泉源，而
又中國歷久文化之重心也。[131]

蒙文通認為齊魯一地的文化和思想特質，造就儒學在此播萌，
而中國文化的發生，自昔即以魯地文化為最高。蒙文通為說明
齊魯一地作為中國最早生息之地，還特別引用民國十年（1921
年）發現的「北京齒」以為證明，他表示：「西人蓋以人類遺骸
之發見，未有古於此齒者，或言至今五、六十萬年，或言且百
萬年，最初人類之導源，且欲於中國見之，則九河之地，固東
亞有人類最早之域也」。[132] 這段引北京齒為證的話，其實多少透
露出蒙文通的看法還是一種處在「中國人種西來說」的語境下
提出的，想要證明中國人種起源在東不在西，中國文化之自東
徂西。為此，蒙文通還特別點出他和柳詒徵之間的差異：「丹徒
柳先生謂：『中國古代文化，起於山嶽，無與河流』。而主中國
民族西元論，又謂『古代文化自西而東』。皆與此篇所究，旨趣
不同也。」[133] 蒙文通對於東方起源論無疑有相當的堅持。

此一想要證明中國人種起源於東方的心情，在傅斯年身上
似乎顯得更為迫切。從留學歐洲時期開始，傅斯年對此即念茲
在茲，回國後有關上古民族系譜的討論，幾乎都放在東西對峙
的格局下，對於殷商和東夷諸族的論述也相對最多。傅斯年始
終相信 「殷商為中國文化之正統 ，殷遺民為中國文化之重

---

131. 蒙文通，《古史甄微》，頁 68。

132. 蒙文通，《古史甄微》，頁 61。

133. 蒙文通，《古史甄微》，頁 71。

心」，[134] 他在〈夷夏東西說〉中甚至表示：認識此四地（空桑、韋、雒邑、安邑）在中國古代史上的意義，「或者是一件可以幫助了解中國古代史『全形』的事」。[135] 在他的觀念裡，中國古代史的「全形」必須從東西相對的局面中理解，而「東方」作為民族的起源地，相較於長期被視為正統的炎黃一系尤需更多的闡發。傅斯年這樣近乎執拗的信念，最終促使他以考古證明他的假設。

中研院史語所成立之後，發起的第一宗考古任務就是從殷墟開始的，史語所考古團隊直奔安陽，固是由於清末以來在那裡發現了甲骨，更重要的原因也是為了找尋殷商研究的突破點，這和我們後面會談到北平研究院成立後，去了陝西寶雞鬥雞臺背後的假設是很不一樣的。[136] 史語所早期的考古工作基本上可說都是在「夷夏東西」這樣的古史框架下進行的。特別是後來城子崖的發掘，確立龍山文化之後，更強化了傅斯年長久以來的假設。今天我們再看他〈「城子崖」序〉時，還是很容易感染到他的興奮之情。傅斯年表示西洋人治中國史，經常是從漢籍的中外關係上著手的，而取得的成績和發明也多在這些「半漢」的事情上，他覺得這些工作雖然重要，但中國人自己也要提出

---

134. 傅斯年，〈周東封與殷遺民〉，收入：傅斯年，《傅斯年全集》，第 3 冊，頁 167。

135. 傅斯年，〈夷夏東西說〉，收入：傅斯年，《傅斯年全集》，第 3 冊，頁 156。

136. 蘇秉琦，《滿天星斗：蘇秉琦論遠古中國》（北京：中信出版集團，2016 年），頁 66。

些「全漢」的問題,「而這些問題更大更多,更是建造中國史學知識之骨架」。他以考古學為例表示:

> 在中國遍求於中央及西方亞細亞采色陶器有親屬關係之中國采色陶器之分布,誠然是一件絕重大的考古工作,然中國史前及史原時代之考古,不只是這麼一個重大問題,若以這個問題為第一重心,則彷彿覺得先秦二三千年間中土文化之步步進展,只是西方亞洲文化之波浪所及,此土自身若不成一個分子。[137]

傅斯年顯然不願意跟著西方人提出的問題意識走,讓一切在中國的考古發掘只是證成西方問題的證據,完全沒有自己的主體性。他特別不同意那些年歐洲學人經常在還沒有斷定出土物年代之前,即「預斷其流傳方向是自西向東的」。傅斯年的這句話明顯是針對 1921 年安特生 (Johan Gunnar Andersson, 1874-1960) 在河南新安澠池發現仰韶文化遺址時,推測其製陶技術來自西方的斷語。

　　或許就是基於這種激越的民族情感,傅斯年想在學術觀點和考古成績上和西方一較長短,[138] 所以他說:「憑藉現有的文籍

----

137. 傅斯年,〈「城子崖」序〉,收入:傅斯年,《傅斯年全集》,第 3 冊,頁 206–207。

138. 葛兆光認為傳統中國向近代國家轉型的過程中,和其他國家最不一樣的地方,不僅僅是「從天下到國家」,也是一個「納四裔入中華」的過程,因此他也注意到 1920–1930 年代中國學術界以歷史文獻和考古發掘方式對抗「西來說」的論述,是充滿「民族主義」色彩的。該文所用材料與觀察皆與本章所論極為接近,唯所得結論卻大相逕庭。相關

及器物知識，我們不能自禁的假定海濱及鄰近地域有一種固有文化，這文化正是組成周秦時代中國文化之一大分子」。[139] 這種情不自禁的假定正是他建構「夷夏東西」概念的來源，而他希望藉著史語所的考古發掘證明他對文籍記載推定的正確性，也在城子崖的發掘動機中表露無遺，他說：

> 這個發掘的動機，第一是想在采陶區域以外作一試驗，
> 第二是想看看中國古代文化之海濱性，第三是想探比殷
> 墟──有絕對年知識的遺跡──更早的東方遺址。[140]

城子崖發掘以前，包括 1921–1924 年安特生在甘肅一帶所做的考古調查工作，以及 1926 年李濟 (1896–1979) 在山西夏縣發掘西陰村的史前遺址，都還是在彩陶區域（很大程度上是傅斯年所謂的西系）的前提下進行的考古發掘，而殷墟雖為史語所成立後第一個進行的大規模考古發掘，但卻是二十多年前因甲骨殘

論述請見：葛兆光，《何為中國：疆域民族文化與歷史》，第三章「民族：納『四裔』入『中華』」（香港：牛津大學出版社，2014 年），頁 75–109。由於其研究的立基點和他對民族國家的看法有關，細節在此無法討論，根本關鍵在於：㈠作者並未覺察 1920–1930 年代歷史學、考古學界「納四裔入中華」的相關論述本身就是一種敘事的建構；㈡有如我在緒論裡提及的看法：20 世紀以來歷史學者常常以自己所理解的科學方法寫出來的國史，是一種具有「本真性」的表述，這樣表述因符合民族國家的想像，而被後來的我們視為更接近「真實」。

139. 傅斯年，〈「城子崖」序〉，收入：傅斯年，《傅斯年全集》，第 3 冊，頁 207–208。

140. 傅斯年，〈「城子崖」序〉，收入：傅斯年，《傅斯年全集》，第 3 冊，頁 208。

片出土才偶然出現的遺址。傅斯年認為這些都不足以有意識地證明中國古代文化的海濱性，以及他預想中的東方起源論，所以他承認這是一個「有組織的設計，不是憑自然出土或文書知識牽之流轉的」，是一個「空前」的立點。

當時主持城子崖發掘的李濟對此也持同樣的看法，他表示在此之前中國考古界在奉天、山西、河南、甘肅一帶都作過有系統的發掘，但發現的帶彩陶器基本上都和中亞、小亞細亞和東歐出土的有若干相似之處，導致許多學者據之以為中國文化原始於中亞的證據，使得那「沉默了三十年的『中國文化原始於西方』的學說，差不多又復活起來」。[141] 但李濟認為這些新石器時代的遺址還是不能證實「西來說」的真確性，因為彩陶出現的地方只在中國的西部和北部，東北部的大平原，包括河北的東南、河南的東部，以及山東一帶，都還沒有發現這類陶器。所以這讓人自然聯想到：「中國內地東北大平原是否也有個石器時代？要有的話，是否也有帶彩的陶器？」[142]

城子崖的發掘成果確實讓傅斯年、李濟等人找到中國民族東方起源的證據，黑色發光的陶器和後來的銅器十分相仿，使他們相信這批發現可以和商周時期的銅器文化產生聯繫。在此之後史語所一路在河南安陽後岡、高井臺子、濬縣大賚店，山東滕縣、臨城鳳凰臺，河南廣武、鞏縣、安陽同樂寨，安徽壽

---

141. 李濟，〈發掘龍山城子崖的理由及其成績〉，《山東省立圖書館季刊》，1：1（1933 年），頁 198–199。

142. 李濟，〈發掘龍山城子崖的理由及其成績〉，《山東省立圖書館季刊》，1：1（1933 年），頁 199。

縣、豫北一帶，以及山東日照、浙江杭州良渚等地的發掘，全部位於黃河、揚子江及其支流所沉積的沖積平原範圍內，[143] 原則上不出傅斯年東方起源論的基本架構。傅斯年後來稱城子崖的發掘成果是「求仁得仁」，或許某種程度上我們可以說「夷夏東西」格局建構了傅斯年對古代中國雛形的基本想像，而史語所的考古發掘路線，則證實了他對國族起源的根本理解，將考古資料納入古史系統，對於建構中國上古史的「全形」無疑是有很大幫助的。

㈢徐炳昶

此外，同樣從「民族」角度切入探討中國古史問題的還有徐炳昶。他和蒙文通一樣，對中國上古民族採三系之說，即所謂炎黃、風偃和苗蠻等三大集團。[144] 唯其不同的是，他並不像蒙文通一般，將炎帝、共工畫歸於南方的江漢民族，而是將其與顓頊、祝融一併歸之於北方的炎黃集團；而蒙、傅二人以為應屬東夷／海岱民族的伏羲和女媧，在徐炳昶看來卻屬於苗蠻集團；對於蚩尤，他也獨排眾議，視其為東方風偃集團的成員。徐炳昶和傅斯年、蒙文通的異見，涉及三人對於中國本土起源論的基本假設，以下分三方面闡釋他們的觀點。

---

143. 梁思永，〈龍山文化——中國文明的史前期之一〉，《考古學報》，1959年第 7 冊，頁 5–6。

144. 修改後版本徐炳昶改稱：華夏集團、東夷集團和苗蠻集團。徐炳昶，《中國古史的傳說時代》（里仁版），頁 32、45、57。

1. 炎帝問題

在炎帝問題上，徐炳昶認為炎、黃兩氏族，一為姜姓，一為姬姓，兩者皆出於陝西、甘肅之交黃土原上的少典一族，同屬華夏集團的成員。唯姜姓炎帝一族很早就進入農業階段，而黃帝氏族則在周代以前都還停留在游牧時期。為了證明姜姓一族的發祥地，徐炳昶從姜水一地追索，推證出最有可能的地點應在陝西境內渭水上游一帶，該地離黃帝氏族的發祥地陝西黃土原相去不遠，[145] 基於這個理由，他把炎、黃二族都畫歸於同一集團。徐炳昶的判斷除了來自文獻上的記載之外，也加入考古方面的材料，以及民間傳說的證據，[146] 如 1935 年他在陝西寶雞縣鬥雞臺從事考古發掘時，在寶雞縣城南的姜城堡附近發現一處彩陶遺址，並於相去十二、三里處又發現一座史前民居的遺址，在遺址存留的陶器中藏有一些黴黑的穀粒，加以當地人至今仍供奉著一種謂之為「大頭爺」或「后稷頭」的農神，[147] 凡此皆可證明炎帝一族的起源，以及農業起源甚早的事實。[148]

徐炳昶據以判斷各族分屬哪一集團的依據，多半是該族的起源和地望，而非後來逐漸遷移活動的範圍。[149] 他強調炎帝氏

---

145. 徐炳昶，《中國古史的傳說時代》，頁 30–32。

146. 徐炳昶，《中國古史的傳說時代》（里仁版），頁 35。

147. 徐炳昶，《中國古史的傳說時代》，頁 31–32。

148. 徐炳昶此處僅止於分析姜城堡一帶可能是炎帝族的起源地，卻沒有進一步說明他如何判斷發現穀粒的年代，及其與炎帝氏族進入農業時期的時間和關係。類似觀察可見：王鍾翰，〈書評：中國古史的傳說時代〉，《燕京學報》，第 30 期（1946 年），頁 301–302。

族有部分向東遷徙，在東遷路線中略向南偏，於是和南方苗蠻集團有不少犬牙相錯的地方，如申、呂、齊、許和祝融八姓的昆吾，以及共工等國，[150] 因此這些國家才經常為人畫歸為南方一系。例如共工氏，蒙文通和傅斯年皆視其為南方部族，然徐炳昶據羅泌 (1131–1189) 引《淮南子・本經訓》中「共工振滔洪水以薄空桑」之說，[151] 考得古地名以「共」命名者有四處，唯此四處卻各自分散在山西、河南、甘肅等地，[152] 難以區辨，於是他便再從共工和顓頊的關係中，推得河南北部的輝縣最為靠近顓頊帝丘（河北濮陽縣）之所在，並透過親訪，發現該地位在黃河北轉之處，極為符合「炎帝少女溺海堙海」，以及「振滔洪水以薄空桑」兩神話的源出地，[153] 因而斷言共工和顓頊一樣

---

149. 1947 年徐炳昶和蘇秉琦聯名發表的文章上，提及如研究傳說時代的史事時，最可致力的問題在於各氏族的分合、接觸和移動等方面，而考究此類問題的線索往往可透過「族姓」和「地名」來進行。此意與本文所謂的起源、地望和遷移範圍類似。徐炳昶、蘇秉琦，〈試論傳說材料的整理與傳說時代的研究〉，《史學集刊》，第 5 期（1947 年），頁 21–23。

150. 徐炳昶，《中國古史的傳說時代》，頁 33。

151. （漢）劉安等編注，（漢）高誘注，《淮南子》「本經傳」（上海：上海古籍出版社，1989 年），頁 80。

152. 徐炳昶考古地名發現，以「共」名之水有二，以「共」命名之國亦有二，分別在山西芮城界、河南新安縣界、甘肅靈臺境，以及河南北部的輝縣。徐炳昶，《中國古史的傳說時代》，頁 34–35。

153. 炎帝少女溺海堙海的神話即大家熟知的精衛填海的故事。徐炳昶，《中國古史的傳說時代》，頁 35。

同為炎黃集團的氏族。

2.顓頊問題

顓頊也是一個關鍵人物，無論炎帝、共工和後面會提到的祝融，幾無不與顓頊有密切關係。在顓頊問題上，傅斯年認為顓頊為東北方部落之宗神，屬於東夷一系，然徐炳昶卻和蒙文通一樣，以為顓頊更接近於炎黃集團，例如他們不約而同地注意到顓頊在上古時期由神道向民權轉化的意義。如《左傳・昭公十七年》有謂：「自顓頊以來，不能紀遠，乃紀於近，為民師而命以民事，則不能故也」。[154] 蒙文通認為這即代表「古之設官命名，多荒陋，聽於神，而顓頊切於實事，聽於民，則可以為治理也」。[155] 顓頊設五行、六府之官以治民事，是為中國古代「脫離神道，紀於民事」的重要表徵。[156] 然而顓頊如何帶領人們脫離神道，走向民事，蒙文通並沒有進一步追究，對此徐炳昶則從神話學的角度詮釋此一轉折。

他強調顓頊的主要事蹟在於「命重黎絕地天通」，即「命南正重司天以屬神，火正黎司地以屬民」。[157] 徐炳昶認為所謂的

---

154. （晉）杜預注，（唐）孔穎達等正義，黃侃經文句讀，《春秋左傳正義・昭公十七年》〔十三經注疏之七〕，卷48，下冊（上海：上海古籍出版社，1990年），頁837–838。

155. 蒙文通，《古史甄微》，頁52–53。

156. 所謂的「五行之官」指的是木正句芒、火正祝融、金正蓐收、水正玄冥、土正后土，后土為社，稷為田正。《漢書・百官公卿表》說：「顓頊為民師而命以民事，有重黎、句芒、祝融、后土、蓐收、玄冥之官」，此即六府是也。蒙文通，《古史甄微》，頁52–53。

157. 左丘明，《國語・楚語下》〔據《四部備要》排印清代士禮居翻刻明道

「絕地天通」，實際上就是一件「很顯著的神話」，[158] 只是歷來古書並沒有從這個角度提出令人滿意的解釋。從社會進化的觀點來看，遠古人類對於大自然的變化所知不多，天人之間的溝通有時必須靠巫術，其後才慢慢有了宗教。徐炳昶強調巫術與宗教是不同的，巫術可以靠巫覡用特別的咒語指揮、命令自然界照著人們的意志達成想要的事，但宗教是信仰，信仰背後有蒼蒼在上的貴重明神，[159] 即所謂「帝」，中國古書裡慣於在顓頊、嚳、堯、舜、丹朱等名之前冠以「帝」字，指的就是這種「半神半人性質」的人神，也就是具有人格的神。[160] 這類的人神，人們不能指揮、命令他們，只能謹慎地遵守他們所定下來的「科條」。因此巫可以有很多，宗教主卻最好只有一個，否則社會秩序便無以維繫。[161] 然而明神居於蒼天之上，人們如何才能得知明神的意旨呢？徐炳昶說古人相信天地之間是相通的，上天和下地可以靠著「上插雲霄」的高山溝通，所以高山上常可見群帝的遊跡，神巫在此亦可任便往來。[162] 黃帝以前，氏族的範圍不大，社會秩序還不成大問題，及至黃帝以後，散漫的

本為底本〕（臺北：里仁書局，1981 年），頁 562。

[158]. 徐炳昶，《中國古史的傳說時代》，頁 65。

[159]. 徐炳昶，《中國古史的傳說時代》，頁 65–66。

[160]. 徐炳昶表示中國古書中的「帝」為神稱，帝之下不繫名者泛指「天神」，繫名者則為「人神」，如帝顓頊、帝堯、帝舜等，即象徵著其具有「半神半人的性質」。徐炳昶，《中國古史的傳說時代》，頁 63–64。

[161]. 徐炳昶，《中國古史的傳說時代》，頁 66。

[162]. 徐炳昶，《中國古史的傳說時代》，頁 67。

氏族逐漸合併成較大的部族，天地相通、神巫往來就可能打亂社會秩序，於是這時帝顓頊出來，快刀斬亂麻，命少昊氏的大巫重出任「南正」以司天，也就是說除了重和帝顓頊之外，無論何巫均不得升天，妄傳明神的命令；再命「火正黎司地以屬民」，即讓黎擔任「火正」管領群巫，教他們好好給萬民治病祈福。換句話說，「絕地天通」的具體辦法，就是把原本可以通天的高山封絕起來，使眾巫不能隨便往來，由具有人格的明神主持人世間的一切，安定社會秩序，這也就是顓頊「絕地天通」的意義，也是上古社會從巫術轉向宗教的重要一步。[163]

可是如果顓頊可以任命少昊族的重出任司天的南正，那麼他何以不屬於風偃集團呢？徐炳昶的看法是：如果單就地域方向來辨別，很難斷定顓頊所屬的集團，因為無論東西南北皆有關於它的記載，[164] 所以只能另闢蹊徑。徐炳昶指出：從《國語‧魯語》中，展禽列在祀典中的人物，如太皞、少皞、皋陶、祝融等毫無地位的情形來看，便可知這是炎黃集團的祀典，而顓頊在裡面卻占著重要的地位，由此便可證明顓頊確為炎黃集團的成員。[165] 此外，黃帝和夏后氏是華夏集團的中堅分子，顓頊

---

163. 徐炳昶，《中國古史的傳說時代》，頁 67–71。

164. 如《山海經》中〈海外北經〉、〈大荒北經〉、〈海內東經〉、〈大荒東經〉、〈大荒南經〉、〈大荒西經〉等皆有關於顓頊的記載，其聲威所及之遠，無遠弗屆。徐炳昶，《中國古史的傳說時代》，頁 63。

165. 此一推證方法和傅斯年是一樣的，但兩人卻由此得出完全不一樣的結論（傅的看法是周人把殷的宗神搶了過去，作為「全民之神」），這種現象說明了疑古思想大行之後，過於整齊化的古史序列皆不被人所

「能修黃帝之功」，夏后氏亦對其舉行祖祭，這點適可看出他們
氏族間的派分關係。[166] 徐炳昶從這兩條線索中雖然確立了顓頊
的集團屬性，但他無論如何也不能忽略顓頊和隸屬於風偃集團
的重之間的密切關係，以及黎後來成了南方首領的事實。對於
這點，徐炳昶的解釋是：這正好說明了顓頊原屬於炎黃集團，
唯後來受風偃集團很大的影響，他說：

> 大約炎黃集團從陝西、甘肅一帶的黃土原上，陸續東遷，
> 走到現在河南、山東、河北交界處的大平原，首先同那
> 邊的風偃集團相接觸。始而相爭，繼而相安，血統文化，
> 交午旁錯。帝顓頊的氏族所居最東，互相影響的地方也
> 最多。因為他的氏族所居的地方交通方便，所以文化也
> 較別處同集團的氏族為高。將來有虞氏和商人所居的地
> 方皆不甚相遠；他們的文化全是一種混合而較高的文化。
> 有虞氏祖顓頊，商人禘舜，足徵他們的氏族與文化全是
> 一脈相承。[167]

這段話值得注意的地方有三：第一，顓頊族是為炎黃、風偃兩
集團的混合；第二，炎黃、風偃兩集團「始而相爭，繼而相
安」，對抗之後在氏族和文化上逐漸混合交融，一脈相承；第
三，中國古代民族未必起源於一地，尤不見得起源東方濱海地
區，[168] 炎黃集團由西向東遷徙，在河南、山東、河北交界處與

信。徐炳昶，《中國古史的傳說時代》，頁 72–73。

166. 此一證據是徐炳昶後來加上的。見：徐炳昶，《中國古史的傳說時代》
　　（里仁版），頁 99。

167. 徐炳昶，《中國古史的傳說時代》，頁 73。

風偃集團相接觸即為證明。[169]

3.祝融問題

再一個顯著的例子是祝融。不少人將祝融畫歸為南方民族，而徐炳昶同樣根據祖源和地望加以判斷，認定祝融實際上原出於炎黃集團的顓頊氏族，在禹征服三苗之後才到了南方，逐漸成為南方苗蠻集團中最有代表性的一族。由於古書中提及祝融時無不說他出於顓頊，其名或曰黎，或曰重黎，如《左傳》上說：「顓頊氏有子曰犂，為祝融」，《山海經・大荒西經》也說：「顓頊生老童，老童生祝融」、「顓頊生老童，老童生重黎」等，[170] 於是徐炳昶便從祝融和顓頊的關係往下追索，得知重和黎實際上是兩個人。《國語・楚語下》亦言：「顓頊受之，命南正重司天以屬神，命火正黎司地以屬民，使復舊常，無相侵瀆」，[171] 可見重和黎是分掌南正和火正的兩個人，唯《史記》卻誤以火正為北正，導致後世聚訟紛紜。徐炳昶認為黎即是祝融，他既受顓頊之命出任火官，就代表他和顓頊一樣屬於炎黃集團的成員，人們祀之為竈神，不唯代表了人對火的需求，更象徵著古人對火的崇拜觀念。[172]

---

168. 徐炳昶，《中國古史的傳說時代》，頁 26。

169. 徐炳昶在描寫炎黃集團的炎帝一族於東遷時遇見「本地的土著」東夷人，遂展開爭鬥。徐在此雖稱東夷為「本地土著」，然敘述主體顯然還是放在是炎族一系，主從關係十分明顯，由此也可看出他對中國上古民族起源的看法。徐炳昶，〈中國古史的傳說時代・敘言〉，頁 10。

170. 徐炳昶，《中國古史的傳說時代》，頁 51。

171. 左丘明，《國語・楚語下》，頁 562。

　　從祖源的角度來看，祝融和顓頊的關係證明了祝融原屬於炎黃集團，但徐炳昶和傅斯年一樣也注意到祝融的後代，即所謂「祝融八姓」的分布地極廣，遠非北方民族的活動範圍所能涵蓋。《左傳》上說：「鄭，祝融之虛也」，[173] 徐炳昶考得祝融原居地為河南中部的新鄭，[174] 而祝融八姓的分布範圍卻從湖南、湖北一路北上，延伸到河南中部，以至於河南、河北、山東交界處，亦有西居黃河北岸者，向東則可到山東南部，遠遠超過炎黃集團的範圍。[175] 徐炳昶認為這是祝融後代不斷遷徙的結果，他強調：「集團是偏於文化的，並不完全屬於血統」，意思是祝融在血統上雖出於漢人，在遷移之後卻在文化上漸受南方民族的影響，所以「後人把祝融說成苗蠻集團的代表，也並無大錯誤」。[176]

　　祝融問題牽涉甚廣，其複雜程度常常使治古史者陷入一種自說自話的狀態，徐炳昶在總述苗蠻集團時便說過這樣一段話：

> 前兩集團（指：炎黃、風偃集團）早期相互以至於可以相混的關係幾乎沒有，而與此集團的關係極深，幾乎可以作代表的人物，祝融，差不多的古書全是說他出于顓頊。這就使它同它集團有容易相混的危險。[177]

---

172. 徐炳昶，《中國古史的傳說時代》，頁 52。

173. （晉）杜預注，（唐）孔穎達等正義，黃侃經文句讀，《春秋左傳正義·昭公十七年》，卷 48，下冊，頁 839。

174. 徐炳昶，《中國古史的傳說時代》，頁 52–53。

175. 徐炳昶，《中國古史的傳說時代》，頁 54。

176. 徐炳昶，《中國古史的傳說時代》，頁 54。

細讀這段話，大別有兩層意思值得留意：第一層意思比較簡單，
徐炳昶認為炎黃和風偃兩集團的屬性較為清楚，彼此混淆的情
形相對比較少見（即便在蒙文通、傅斯年的分類體系上亦復如
此）；但南方民族的變數極大，炎黃、風偃集團被畫入南方集團
者有之，南方民族混入前兩大集團者亦復可見，以致後人對它
們的分類也不十分一致。徐炳昶自己也承認：

> 我們這樣地分三集團，也為工作的方便，覺得這樣地分
> 比較合適一點。其實，除了東方的風偃集團內容比較簡
> 單外，此外二集團全比較複雜。我們已經把炎黃集團分
> 為黃帝和炎帝兩大支，又不得不把祝融八姓各國從真正
> 南方的苗蠻集團分出來。實則，如果覺得不方便，即使
> 分成五集團也沒有什麼不可。不過就是這樣畫分以後，
> 只要我們對於時間和空間二要素把握的很緊，並且不要
> 忘記早期史料和晚期史料的不同價值，仍不難看得出炎
> 帝同黃帝，祝融同苗蠻的關係比較密切，不是同其他集
> 團的關係所能比。[178]

徐炳昶認為集團劃分為的是研究方便，因此不論分成三集團或
五集團（應指風偃、炎、黃、祝融、苗蠻等）都是可以的，只
是炎帝和黃帝、祝融和苗蠻之間的關係，無論如何總還是比較
密切。徐炳昶的這兩段話本是針對祝融和苗蠻集團而發，仔細
推敲卻不難發現他和傅斯年的觀點在此倒頗有相契之處，換句
話說，徐炳昶之所以注意到南方民族易與西北／東方民族相互

177. 徐炳昶，《中國古史的傳說時代》，頁 45。
178. 徐炳昶，《中國古史的傳說時代》，頁 105。

混淆的情形，以及炎帝和黃帝、祝融和苗蠻之間的密切關係，實際上透露出他已意識到上古時期南北之間存在著更多的融合與滲透；而炎黃和風偃集團間清楚的集團屬性，則意味著對抗和競爭才是東西民族之間的主調。[179] 這點和傅斯年有意將姜姓一族併入西系合而觀之，並堅持從東西對抗的格局看待上古民族的看法，竟隱隱然若合符節。

第二層意思也是從祝融的問題延伸而來。徐炳昶說：「蠻的地域似乎以湖北、湖南為中心，北及于河南西部熊耳、外方、伏牛各山脈間。至于祝融八姓的地域似乎超出這個範圍不少」，[180] 而且「究竟離苗蠻的範圍，相差頗遠」，[181] 所以他基本上不認為祝融應和苗蠻集團的其他民族（如三苗）混為一談。他一方面強調「集團是偏於文化的，並不完全屬於血統」，[182] 卻還是從祖源關係上追索祝融和顓頊之間的聯繫，這和他討論炎帝、共工和顓頊的問題如出一轍。[183] 因此他雖一一考得祝融八姓散居各地的位置，也將祝融氏族編排進南方苗蠻集團中，卻

179. 儘管徐炳昶在描述三集團關係時，也強調炎黃集團和風偃集團的合作與同化，及其對苗蠻集團使用武力的一面，然此處更強調的是他在論述集團屬性時無意中流露出與傅斯年類同的觀察。徐炳昶，《中國古史的傳說時代》，頁 282。

180. 徐炳昶，《中國古史的傳說時代》，頁 44。

181. 徐炳昶，《中國古史的傳說時代》，頁 55。

182. 徐炳昶，《中國古史的傳說時代》，頁 54。

183. 徐炳昶後來在新版中即特別點出：「炎帝氏族或部落屬於華夏集團，高陽氏族或部落也屬於華夏集團，卻與東夷集團有很深的關係」。見：徐炳昶，《中國古史的傳說時代》（里仁版），頁 158–159。

還是念茲在茲地強調：「祝融氏族或部落的一部分後來雖南入苗蠻集團，成了那邊的宗教的和政治的首長，可是氏族或部落的本身仍屬於華夏集團，它的大部分也仍留在集團中，並未南下」。[184] 此一結論和同樣從地望考察祝融八姓活動範圍的傅斯年極為不同。在傅斯年的觀念裡，祝融是夏商以前遍布東、西兩系之間最大的民族，唯於夏商興起後逐漸遭到翦除，唯芈姓之荊楚尚留遺風，傅斯年便從楚的宗法、官制和文化等線索上，推斷出殷楚同風的可能，從而間接證明祝融和東系民族之間微妙的關聯性。

　　徐炳昶相信祝融原出於北方炎黃集團，在深入南國傳播教化之後才逐漸成為苗蠻集團的成員，這和傅斯年注意到往南移徙的生祝融，不同於留在中原的祝融子遺（熟祝融），[185] 有著基本相同的思路，唯二人對於祝融的起源問題卻有完全不一樣的見解：傅斯年看到的是祝融與東夷的關係，而徐炳昶卻指向了北方的炎黃集團。究其實，這樣的推論與傅、徐二人對於上古民族起源的基本假設息息相關；傅斯年對於東方民族起源的信念有如前述，而徐炳昶對此卻始終持保留態度，他說：

　　　　讀了若干西方的歷史，看見古代文化發展的幾個搖床全
　　　　在濱海的區域，就結論到那樣區域交通方便，所以文化

184. 徐炳昶，《中國古史的傳說時代》（里仁版），頁 158。
185. 傅斯年謂：「不特在中國的『熟祝融』因周室封建而割宰的剩下不多，即在南方的『生祝融』，亦因周室之開闢南國而大受壓迫，然而周朝雖在方盛的時候也未能在南方大逞」。見：傅斯年，〈「新獲卜辭寫本後記」跋〉，收入：傅斯年，《傅斯年全集》，第 3 冊，頁 246–248。

容易發展,而推論到中國發展的搖床也應該在沿海各地;
證據欠缺,又不惜牽強附會以證成之!這一般的學者常
常用力甚勤,立論甚多,但是歷史的真實並不由于他們
的努力而比較接近。……然則吾國文化的發源地就沒有
一定限于濱海區域的理由。[186]

徐炳昶認為主張文化起源於濱海地區的人,只是從交通便利的
角度立論,卻忽略了海道可能是通往其他地方的渠道,也可能
形成一種天然的障礙;中國東方一望無際的大平原利於行旅,
而西方的黃土高原也非不易超越的險阻,何以認定中國文化必
起源於濱海?

㈣徐、傅、蒙三人對國族起源的想像

徐炳昶的著作成文時間較晚,其批評東方濱海起源的論點
應該主要是針對蒙文通和徐中舒 (1898–1991)、傅斯年、梁思永
(1904–1954) 等史語所考古團隊成員而發。[187] 這批評或許必須回

------

186. 徐炳昶,〈中國古史的傳說時代・敘言〉,頁 25–26。

187. 蒙文通論窮桑之地時,則從交通樞紐、氣候宜人的角度論之,有謂:
「中國文化之起於勃海,盛於岱宗,光大於三河,亦正彼地氣候溫暖
中和之時也」。蒙文通,《古史甄微》,頁 39–42。龍山文化發現以前,
徐中舒已大膽表示:仰韶文化應是虞夏民族的文化,春秋以前是為胡
人分布地,和小屯(安陽)是兩個不同的系統,各有其源流。而小屯
出土器物中有青銅器和甲骨文字,遠比仰韶文化複雜,應當另有豐長
的文化淵源。他因此斷言:小屯文化無疑是由別處移植來的,而遺物
中的鹹水貝,鯨魚骨,證明殷人與東方海濱一帶的交通往來。徐中舒,
〈再論小屯與仰韶〉,收入:李濟編,《安陽發掘報告》,第 3 冊(北

到 1920–1930 年代考古學的發展脈絡裡比較容易理解。 簡言之 ， 安特生於 1921 年在河南澠池縣仰韶村發現了彩陶文化遺址，在比對彩陶上的紋飾之後，他認為仰韶文化應與中亞的安諾 (Anau) 和特里波列 (Tripolye) 出土的彩陶十分相似，並且和俄屬土耳其斯坦或歐洲的出土文物有關，因而判斷其中有傳播的可能。[188] 為了驗證這種假說，安特生花了兩年的時間在甘肅、青海一帶找尋史前文化遺存 ， 1924 年他在 〈甘肅省的考古發現〉一文中表示：甘青地區發現的精美彩陶，使他進一步相信李希霍芬提出的中國文化起源於新疆的假說，但他強調這一起源於新疆的文化應該還是受到西方的影響。[189] 安特生的文章發表後不久 ， 隨即遭到瑞典漢學家高本漢 (Klas Bernhard Johannes Karlgren, 1889–1978) 和阿恩 (Ture Algot Johnsson Arne, 1879–1965) 等人的批評，同時也引發了傳播過程中的時間先後問題，換句話說，1923 年甘肅史前文化發現後，彩陶文化的相對年代，就不僅止於是河南仰韶文化和西方彩陶之間的問題，甘肅與河南兩地的相對年代勢必也要進一步確定，否則便無以說明彩陶文化的傳播方向。[190] 這個問題對於深信彩陶從西方傳播而來的考古學家而言可能基本上是個潛臺詞，但對中國人而言其意義就大不相同了。

平：國立中央研究院歷史語言研究所，1931 年），頁 535–557。

188. 陳星燦，《中國史前考古學史研究 (1895–1949)》（北京：生活・讀書・新知三聯書店，1997 年），頁 91。

189. 陳星燦，《中國史前考古學史研究 (1895–1949)》，頁 121–123。

190. 陳星燦，《中國史前考古學史研究 (1895–1949)》，頁 125。

　　在此之後，中國的考古團隊陸續嘗試在黃河中游、汾河（如 1926 年李濟在山西夏縣西陰村的考古發掘）、渭河流域一帶展開考古發掘工作，試圖找到可以進一步證明彩陶傳播方向的證據。但整體而言，1920 年代在「傳播論」的主導下，多數學者對於彩陶文化是否存在多元發展的可能性，多半抱持懷疑的態度，而以仰韶文化為代表的中國史前文化西來說，普遍受到中外學界的認可，[191] 這種情形一直到 1930 年代史語所在山東城子崖、後岡相繼發現龍山文化及小屯—龍山—仰韶三疊層之後，東方起源說逐漸成為有力的反證，考古學界才普遍承認仰韶文化由西而東發展，龍山文化由東向西發展，是為各自獨立的兩個系統，中國史前文化二元對立的觀點於焉形成。[192]

　　在東西二元對立觀點形成的過程中，徐炳昶對於中國文化起源於濱海地區的說法一直持保留的態度，[193] 上述批評很明顯可以看出他是站在東方起源論的對立面。對於仰韶文化的源出地，徐炳昶或許不盡全然同意安特生的看法，可是他對於從黃河、渭河流域一帶尋找中國文化起源的嘗試始終充滿信心。1929 年北平研究院史學研究會成立，1932 年徐炳昶出任考古組主任不久，隨即發動陝西考古發掘前的調查工作，[194] 1934 年選

---

191. 陳星燦，《中國史前考古學史研究 (1895–1949)》，頁 130–131。

192. 陳星燦，《中國史前考古學史研究 (1895–1949)》，頁 221。

193. 徐炳昶始終強調中國古代三民族集團是以炎黃集團為主幹的，他承認風偃集團的文化不比炎黃集團低，但他對於時人傾向說風偃集團的文化比較高，認為是沒有充分證據的。徐炳昶，《中國古史的傳說時代》，頁 282。

定寶雞鬥雞臺的陳寶祠遺址展開大規模發掘。此次發掘的目的，雖然主要在於探究周、秦民族的初期文化，[195] 以為來日重修國史的依據，[196] 唯發掘過程中卻意外在鬥雞臺附近找到了複雜的新石器時代文化層，徐炳昶當時即判斷該處應該含有比仰韶文化更早的「真正新石器時代文化」。[197] 此一判斷說明了徐炳昶及其考古團隊顯然認為此處發現的新石器時代遺址，適可證明彩陶文化由西向東傳播的路徑，其觀點顯然和傅斯年及史語所考古團隊的基本假設截然相反。

　　話說回來，徐炳昶認定了黃河、渭河流域一帶應該是中國

194. 《國立北平研究院五週年工作報告》，收入：張研、孫燕京主編，《民國史料叢刊》（文教、文化概況），第 1117 冊（鄭州：大象出版社，2009 年），頁 5。徐炳昶，〈中國古史的傳說時代·敘言〉，頁 4。

195. 蘇秉琦表示此次考古發掘的源起，乃是出於《史記》〈封禪書〉和〈秦本紀〉中記載的陳寶祠、陳倉城和周、秦民族早期活動的軌跡有關。見：蘇秉琦，《陝西考古發掘報告：鬥雞臺溝東區墓葬》，第 1 種第 1 號（北平：國立北平研究院史學研究所，1948 年），頁 3–8；8–11。蘇愷之，《我的父親蘇秉琦：一個考古學家和他的時代》（北京：生活·讀書·新知三聯書店，2015 年），頁 24–25。

196. 曾經參與北平研究院史學研究會陝西考古發掘團隊的蘇秉琦表示：中國自設考古專門機構開始，首要的目標就在「修國史」，一為中央研究院歷史語言研究所，一為北平研究院史學研究所，一南一北兩單位皆設考古組。而北平研究院考古組的工作重點有二：一是發掘北京附近易縣的商周遺址，一是發掘陝西渭河流域。蘇秉琦，《滿天星斗：蘇秉琦論遠古中國》，頁 66。蘇愷之，《我的父親蘇秉琦：一個考古學家和他的時代》，頁 24。

197. 陳星燦，《中國史前考古學史研究 (1895–1949)》，頁 194。

上古民族活動的起源，對於他解讀三大集團的屬性必然是有影響的。這裡提到的祝融問題僅是其一，炎帝、共工、顓頊在他的觀念裡之所以都屬炎黃集團，又何嘗與他的西方起源論無關？事實上，古籍中提到祝融時，向來和顓頊的問題連動，蒙文通對此一樣留心致意，可是他的解讀卻是顓頊為管理民事而設五行之官，於是南方江漢集團的祝融便成了他的火官，為顓頊掌管民事。[198] 這個解讀和徐炳昶正好相反，徐炳昶認為祝融實是北方的「大巫長」，受顓頊之命南下，把不願採用北方進步巫教——即所謂「弗用靈」——的驩兜、三苗、檮杌等各氏族完全擊敗或分別流放，於是「苗蠻對北方進步的宗教完全接收」，而北方受苗蠻的影響則相對較小。[199] 這樣的解釋顯然是強調原屬北方民族的祝融收服了南方，和蒙文通所謂南方民族的祝融進入北方為官，顯然大有不同。從某個角度來看，徐炳昶似乎更強調炎黃集團的源出意義，及其主動的地位，帶有更強烈的西方起源論視角。不過徐、蒙二人的差別，尚可放在炎、黃同為少典之後的角度來理解，南北民族頻繁互動，在所難免，基本與東系民族無關；可是傅斯年秉持東方起源論的假設，反而把顓頊視為東方民族的宗神，是周人「殷商化」之後才借了來當自己的上帝，而與顓頊關係密切的祝融亦原出於東夷，後因夏商民族的壓迫才分化南遷，祝融八姓的分布，即說明了他們漸與南方民族融合的情形。

　　同樣是祝融問題，蒙、傅、徐三人各有所見，或許從某個

198. 蒙文通，《古史甄微》，頁 52–53。
199. 徐炳昶，〈中國古史的傳說時代・敘言〉，頁 13。

角度來看，治古史誠然如聶崇岐 (1903–1962) 的比喻——像「畫鬼」，因為「鬼不易見，畫的像不像，沒有人能作比較，而古史文獻少徵，依據一點點例證，就可大放厥辭」。[200] 然而如果從古史建構的角度而論，各民族的集團屬性及起源假說，無不與時人亟欲建構的國族想像有密切關係；對徐炳昶來說，發掘華夏民族的起源地無疑是最重要的課題；對於傅斯年、蒙文通而言，如何扭轉晚清以降的中國人種西來說，或許才是建構上古民族來源的主調。王汎森於論斷蒙、傅、徐三人的多元古史觀時，曾經表示「蒙文通的三集團說最早出，但在當時影響較小。徐炳昶先生之書最為晚出，以分析古代神話為主」。[201] 而傅斯年的〈夷夏東西說〉則是批判性地運用文獻，且受當時考古新發現的影響，並時時以新出土之甲骨作為證據。王汎森的觀察基本上沒有錯，唯需強調的是傅、徐二人著作在當時之所以能夠發揮較大影響力的原因，主要還是因為他們的手上掌握了考古發掘的資源，史語所和北平研究院史學研究會的考古發掘，不能說不是傅、徐二人古史觀念的具體實踐。如果稍稍留意 20 世紀上半葉中國的考古發掘軌跡，當不難發現這一代的田野考古工作者，依循文獻的思路相當明顯，如何以考古所得印證古史記載，幾乎成為考古的首要目標。[202] 傅斯年、徐炳昶二人的考古

---

200. 聶崇岐，〈對現在史學界幾句諍言〉，《現代史學》，1：11（1947 年），頁 22–23。此條資料感謝李孝遷教授提示。

201. 王汎森，〈一個新學術觀點的形成——從王國維的〈殷周制度論〉到傅斯年的〈夷夏東西說〉〉，收入：王汎森，《中國近代思想與學術的系譜》，頁 305–306。

團隊不用說，李濟在 1926 年之所以選定山西夏縣西陰村作為發掘地點，也不外乎是因為文獻記載說明了堯、舜和夏王朝的活動區域集中在汾河流域一帶。從這個角度來看，李濟、傅斯年、徐炳昶及他們的考古團隊，各自認定了夏、商、周三代的活動範圍，以考古證古史，把歷史上原具時間序列的「王朝」，轉化成帶有當代國族空間意涵的「地域」，並嘗試以一個極具現代意義的「民族」概念重新建構中國上古的起源。20 世紀初梁啟超大聲疾呼的「民史」，或許就在這個全新的「民族史」構成中，初步完成向「新史學」轉化的目標。

四、神話與古史

　　蒙文通、傅斯年和徐炳昶三人對於上古民族的分系和詮釋各有其傾重之處，唯徐炳昶與蒙、傅二人最大的不同還在於他運用了神話學的概念來解釋傳說時代的古史。以神話解釋古史，當然並非徐炳昶的專利，自清末以來章太炎 (1869-1936)、梁啟超、蔣智由 (1865-1929)、夏曾佑和馬伯樂 (Henri Maspero, 1883-1945) 等人都曾經嘗試以神話來建構古史，[203] 戰前，楊寬在他的

----

202. 李新偉，〈重建中國的史前基礎〉，收入：北京聯合大學考古研究中心編，《早期中國研究》，第 1 輯（北京：文物出版社，2013 年），頁 2-5。李新偉，〈中國史前文化格局建構的心路歷程〉，收入：北京大學考古文博學院、北京大學中國考古研究中心編，《考古研究》，九（北京：文物出版社，2012 年），頁 769-774。

203. 章太炎、梁啟超、蔣智由、夏曾佑等人關於神話和古史的討論，可參

《中國上古史導論》裡也大幅運用神話的角度解釋中國上古史。特別是徐、楊二人的著作在成書時間和議題方面頗為接近，可以看出 1930–1940 年代歷史學界在處理神話和古史方式上的轉折，以及信史觀念的形成對於「中國上古史」這門學科所產生的意義。[204]

事實上，前文提及徐炳昶討論顓頊命重黎「絕地天通」一段，即已是一種神話學的運用，而伏羲和女媧則是另一個典型的例子。徐炳昶處理伏羲、女媧的方式和傳說時代其他人物明顯不同，他並不以文獻記載中伏羲和女媧的起源、地望或遷徙範圍派定他們的集團屬性，而是藉用了神話傳說的方式分析他們的來歷。受到人類學的影響，徐炳昶於成書之初即做了很清楚的區分，他說：「帝」是氏族的首長，具有半人半神的人格，其本身是神，可說是具有人格的神，他一方面對自然界有很大的威力，可以呼風喚雨，另一方面卻保有人王的性質，可以作戰、制官、娶妻、生子、葬墳。而「王」則是國家時代的首長，雖然象徵神權，卻是人的身分，就如後來的「天子」，代表一種

考：譚佳，《神話與古史：中國現代學術的建構與認同》（北京：社會科學文獻出版社，2016 年），頁 54–107。

[204.] Brian Moloughney 也注意到此一時期神話與信史的論辯，不過其關切的重點在於各方對信史觀念的討論，而不是各種立場所形構的古史和民族起源的關係。Brian Moloughney, "Myth and the Making of History: Gu Jiegang and the Gushi bian Debates", in Brian Moloughney and Peter Zarrow, eds., *Transforming History: The Making of a Modern Academic Discipline in Twentieth-Century China*, pp. 241–270.

神人之間的關係。[205] 所以他說：

> 我們所用的材料不過是西周（甚少），春秋，戰國人的傳
> 說。我們不敢輕于離析這些傳說，稱與我們意見相合者
> 為真實，為原有，斥與我們意見不合者為作偽，為後附。
> 我們現在相信：我們所找出的結果差不多就是他們公同
> 的相信。我們認炎帝黃帝顓頊堯舜禹為氏族的首長，為
> 人，是因為春秋戰國的人全認為他們為首長，為人；認
> 帝俊為神，是因為當時的人全不認為他為人；認有巢燧
> 人庖犧（按：即伏羲）神農為時代，是因為戰國和秦漢
> 的人差不多全認它們為時代。[206]

這些話看著像和前面「帝」與「王」的說法有些衝突，實際上
徐炳昶的意思是說：像炎帝、黃帝、顓頊、堯、舜、禹這類被
視為一個氏族的首長，在春秋戰國人的眼裡就是領導部落的
「人」——一種「具有神力的人」，即所謂「人神」。而伏羲與
此不同，他更接近於神帝或神皇的性質，在戰國、秦漢人的眼
中，代表的是一個「時代」。

　　前文已經提及，伏羲和女媧在蒙文通和傅斯年的分類裡都
歸在東系民族。蒙文通的理由很簡單，即是從族姓起源出發，
他認為伏羲、女媧和燧人一樣，皆為風姓，出於太皥，屬於海
岱民族。而風姓之族為中國土著之民，極盛之時逐漸西向遷徙，
因而先有伏羲之陵在山陽，女媧陵在任城的記載，其後又有伏
羲都陳之說，蒙文通認為這或可看成是秦族西漸的軌跡。[207] 傅

205. 徐炳昶，《中國古史的傳說時代》，頁 27–28。

206. 徐炳昶，〈中國古史的傳說時代・敘言〉，頁 26–27。

斯年的看法和蒙文通差異不大，一樣是從伏羲和太皞的關係上引伸，視其為風姓一族。然而徐炳昶倒是早早斬斷伏羲和太皞的關聯，不認為他和風偃集團有任何關係。他強調至少在戰國中葉以前的書裡，完全找不到伏羲的痕跡；最早一部稱述伏羲的書是《莊子》，其後包括《商君書》、《管子》、《荀子》、《戰國策》也都只零零星星談到他，直到《周易・繫辭》才把伏羲當成是「首出庶物」的聖人，其後就是《淮南子》談的最多。[208] 至於女媧的記錄就更少見了，僅僅在《楚辭・天問》、《山海經・大荒西經》、《禮記・明堂位篇》等偶一可見，但也是到《淮南子》裡，女媧就忽地成了極烜赫的人物，並與伏羲似有不可分離的關係，直把女媧當成是「整理天地的神」。如《淮南子・覽冥訓》裡說：「昔者黃帝治天下……然猶未及虙戲氏之道也。往古之時，四極廢，九州裂，天下兼覆，地不周載」，是女媧「煉五色石以補蒼天，斷鼇足以立四極，殺黑龍以濟冀州，積蘆灰以止淫水」。[209] 這裡所稱的虙戲就是伏羲，和〈繫辭〉裡的庖犧，三者古音相通，所指皆同。徐炳昶提醒讀者，女媧的這些功績，在〈覽冥訓〉裡都是跟在「未及虙戲氏之道」一語之後的，這說明了女媧和虙戲氏之間有很密切的關係。

只是在考出了《淮南子》及各書中述及伏羲和女媧不可分離的關係之後，徐炳昶到底想要說明什麼？他又怎麼進一步藉此追索他們的集團屬性呢？這時，他借用了人類學者芮逸夫

---

207. 蒙文通，《古史甄微》，頁 55–57。

208. 徐炳昶，《中國古史的傳說時代》，頁 273–274。

209. 徐炳昶，《中國古史的傳說時代》，頁 277。

(1898-1991) 有關苗族與伏羲、女媧傳說的研究成果，指出苗族傳說中本有兄妹遭遇洪水，人煙斷絕，二人為綿延後代而配為夫妻的故事。傳說中的男子叫 Bu-i，女子叫 Ku-eh；Bu-i 就是伏羲古音，指最早的祖先，而 Ku-eh 和「媧」字的古音也很接近，由此可以看出苗人所說的祖先便是伏羲和女媧。[210] 此外，在漢人的文獻中也可查到清初陸次雲在《峒谿纖志》裡說：「苗人臘祭日報草。祭用巫，設女媧，伏羲位」。[211] 芮逸夫表示苗人傳說中的兄妹和漢族書中所載的伏羲、女媧同名，並非偶合，很難說是苗族受漢族的影響，還是漢族受苗族的影響。不過芮逸夫在推測伏羲、女媧族屬問題時，提到兩點：第一，根據伏羲、女媧之名見諸古籍，最早不出於戰國末年來看，大約可以推斷 Bu-i 和 Ku-eh 為苗族祖先，而洪水傳說應為苗族所傳之故事，其後為漢族援為己用。[212] 第二，芮逸夫發現苗族所傳的洪水傳說基本上大同小異，大都和兄妹（姐弟）配偶遺傳人類的神話有關，可稱之為「兄妹配偶型」的洪水故事。他表示這類故事的傳說分布很廣，北自中國本部，南至南洋群島，西起印度中部，東到臺灣島都有。如果把這個區域看成是一個「文化

---

210. 芮逸夫，〈苗族的洪水故事與伏羲女媧的傳說〉，《國立中央研究院歷史語言研究所人類學集刊》，1：1（1938 年），頁 174-182。徐炳昶，《中國古史的傳說時代》，頁 279。

211. 芮逸夫，〈苗族的洪水故事與伏羲女媧的傳說〉，《國立中央研究院歷史語言研究所人類學集刊》，1：1（1938 年），頁 169。

212. 芮逸夫，〈苗族的洪水故事與伏羲女媧的傳說〉，《國立中央研究院歷史語言研究所人類學集刊》，1：1（1938 年），頁 188。

區」(Culture area) 的話，根據人類學者的研究，文化區的中心往往就是某種文化特質的起源地。從地理上看，這個「文化中心」(Culture center) 應當在中國本部的西南。因此他推斷「兄妹配偶型」的洪水故事，應該就是從中國的西南向四方傳播出去的。[213]

　　人類學的實證調查給了徐炳昶莫大的啟發，他借著芮逸夫的結論推斷：苗族兄妹結為夫婦的傳說，到底和儒家傳統道德觀念不合，所以伏羲、女媧出於炎黃集團的可能性極低。[214] 而且證諸文獻，代表南方的楚國勢力，直到戰國中葉才及於今日的湖南，因此苗蠻的明神在這個時候傳到華夏，也比較合乎情理，《楚辭・天問》、《淮南子》作者屬於南系，其受苗蠻文化的影響尤在意想之中。[215] 在證得漢族伏羲、女媧傳說來自於苗族之後，徐炳昶進一步細心比對苗族傳說和文獻之間的差別，嘗試找出苗族傳說進入華夏以後的路徑，及其在文化意義上的轉型。他表示：

> 苗人說他們最初出於伏羲和女媧；〈覽冥訓〉的說法同它們的很近；〈繫辭〉雖不言女媧，且亦未言及人類出生的問題，但庖犧為最古的帝王，同苗族傳說的意思也可以說是相近：這是三方面相類的地方。另外，苗族傳說的中心點是集中於人類起源方面；〈覽冥訓〉的中心點是注

213. 芮逸夫，〈苗族的洪水故事與伏羲女媧的傳說〉，《國立中央研究院歷史語言研究所人類學集刊》，1：1（1938 年），頁 191。

214. 徐炳昶，《中國古史的傳說時代》（里仁版），頁 334–335。

215. 徐炳昶，《中國古史的傳說時代》，頁 279。

重於整理世界方面；〈繫辭〉是注重於仰觀俯察，制器尚象：這是三方面不相類的地方。[216]

徐炳昶將傳說與文獻中相同和相異的地方一一排比之後發現，苗族傳說在戰國中葉逐漸輸入華夏以後，首先受到影響的是莊子一派的人，《莊子‧大宗師》裡得道「以挈天地」的豨韋，很可能來源於女媧。而《楚辭‧天問》的作者屬於南系，可能也受莊子的影響，談到了女媧，把苗族傳說中最早祖先的原義保留了下來，所以〈覽冥訓〉裡還把重點放在女媧整理世界，〈繫辭〉裡也把伏羲放在古帝之首。

然而到了〈繫辭〉的時候，有關伏羲的重點開始有些變化。徐炳昶注意到這位戰國後期到西漢初期的作者，可能是一位仰觀俯察的名手，於是便將相傳出於遠古的八卦，送給了伏羲這位古帝之首。而八卦中從自然界體察萬事萬物的哲理，又和儒家「近取諸身，遠取諸物」的思想契合，於是這位原出於苗族的祖先，便搖身一變成了儒家體系裡「首出庶物」的聖人。[217]徐炳昶透過文獻北傳的過程，推測出〈繫辭〉作者在接收了苗族最初祖先的神話之後，又添加上自己的理想，把苗、漢兩方面的元素整合在一個人身上，所以他強調「我們今日只能承認伏羲為神帝或神皇，不能拏他同原出氏族名稱，實屬人帝的太皞和少皞同等看待」。[218]因為伏羲不是代表氏族的「人帝」，只是一個「時代」的表徵，他認為〈繫辭〉裡有意用「庖犧氏」，

---

216. 徐炳昶，《中國古史的傳說時代》，頁 280。
217. 徐炳昶，《中國古史的傳說時代》，頁 280–281。
218. 徐炳昶，《中國古史的傳說時代》（里仁版），頁 327。

而不用伏羲、庖戲，或許就是有意表明這是一個進入農業階段前的「漁獵時代」，庖犧氏、神農氏前後相銜，代表的正是漁獵時代進到農業時代的過程。

徐炳昶在《中國古史的傳說時代》裡經常借用神話學的研究成果，他在 1960 年代重新改寫此書時也承認，早年寫帝顓頊「絕地天通」傳說時，頗受到英國功能派人類學家馬林諾夫斯基 (Bronislaw Kasper Malinowski, 1884–1942) 對於巫術和宗教觀點的影響。[219] 事實上，20 世紀初人類學剛剛發端，英、法、美、日等國因殖民地擴張而發展人類學，因調查對象和社會學之間有難捨難分的牽扯，徐炳昶多次在書裡提到西方社會學的觀點，實際上指的多是人類學家的研究。如馬林諾夫斯基認為幾乎所有的巫術、儀式和禮教都和神話有不可分割的關係；神話既是實際活動的保狀、證書——甚至是嚮導，也往往是產生道德規

---

219. 舉例而言，馬林諾夫斯基認為：在神聖領域以內，巫術是實用的技術，所有的動作只是達到目的的手段；宗教則是一套包括行為本身便是目的的行為，此外別無目的。而且巫術裡面的信仰，因為合乎明白實用的性質，所以是極其簡單的，也就是說，人可以靠某種咒與儀式而產生某種結果；但在宗教裡的信仰，則有整個的超自然界作對象（如靈與魔，圖騰的善力，保衛神，部落萬有之父，來生的想望等），足以給原始人創造一個自然界以外的超自然的實體。徐炳昶表示他當年看馬林諾夫斯基的書，看的是李安宅的譯本，但書名已忘，據時間上推測應為《巫術、科學、宗教與神話》(1936 年初版)。馬林諾夫斯基著，李安宅譯，《巫術、科學、宗教與神話》（上海：上海社會科學院出版社，2016 年），頁 108–109。徐炳昶，〈中國古史的傳說時代·後語〉（里仁版），頁 434。

律、社會組織、儀式或風俗的真正原因。[220] 徐炳昶在研究古代傳說時，抱持著極為類似的觀點，他強調：

> 古代是神話的時代，那時候的人無法脫離鬼神去思想。我們現在可以毫不疑惑地斷定：凡古代的史實，只要那裡面不攙雜神話，大約全是偽造，至少說它是已經經過一番人化的工作了；反倒是淆雜神話的說法尚屬近古，想推測古代的經過，只有從那裡鑽研，才有可能得到靠得住結果的希望。[221]

在徐炳昶的觀念裡，攙雜了神話的古史反而更趨近於真實，更能看出古代社會實際的信仰、儀式、風俗、戒律及最原初的社會構成。

　　由於神話問題和「信史」觀念息息相關，在歷史學界愈來愈講求「信史」的氛圍下，有疑古傾向的學者從根本上懷疑戰國秦漢以來經過整齊化的古史系統，古史辨運動更從一開始就帶有全盤「抹殺」上古信史的精神，[222] 顧頡剛早年即說過：「研究古史自應分析信史和非信史兩部分」。[223] 胡適對於夏民族也說：「我們此時所有的史料實在不夠用，只好置之於『神話』與『傳說』之間，以俟將來史料的發現」。[224] 顯見其對種種攙雜了

---

220. 馬林諾夫斯基著，李安宅譯，《巫術、科學、宗教與神話》，頁 134。

221. 徐炳昶，《中國古史的傳說時代》（里仁版），頁 431–432。

222. 王汎森，《古史辨運動的興起——一個思想史的分析》，頁 217。

223. 顧頡剛，〈答劉胡兩先生書〉（1923 年 7 月 1 日），收入：顧頡剛編，《古史辨》，第 1 冊，頁 97。

224. 顧頡剛，〈答劉胡兩先生書〉（1923 年 7 月 1 日），收入：顧頡剛編，

神話、傳說成分的古史一概排除在信史的行列之外。對於這樣的主張徐炳昶頗不以為然，他認為把傳說一筆抹殺，完全不談文化的黎明時期，在地下發現的材料未彌補之前，商朝中葉以前的歷史遂成了「白地」，「歷史的真相是否果然真正如此？歷來的傳說是否真正沒有一顧的價值？卻是很成問題的」。[225] 疑古派學者如果一直抱持著「怕被古人欺騙」的態度，那麼就和中國過去把神話看成歷史真實的想法一樣不可取。[226] 在他看來，疑古已經走到了盡頭，現在應該改走「信古」的路。[227]

只是徐炳昶的「信古」之路並不和多數人一樣，期待殷商以前的古史可以靠日後的考古發現來解決，他認為將來我們由地下發現的材料，儘管比現有的再加上十倍、百倍、千倍，我們由此能知道的，永遠只是些「打製石器」、「磨製石器」、「彩陶」、「黑陶」、「甲文化」、「乙文化」等等，「永遠不會發現那些是黃帝炎帝；那個是堯墟舜墟」。[228] 他斬釘截鐵地說：就算日後的考古發掘，果真在殷商文化層下面，發現若干個真正文化銜接、時間連續的文化層或文化系統，或是又發現一種比殷商卜辭更古的原始文字，因而證明了夏朝的世系，可是各部族的遠

《古史辨》，第 1 冊，頁 98–99。

225. 徐炳昶，《中國古史的傳說時代》，頁 10。

226. 徐炳昶、蘇秉琦，〈試論傳說材料的整理與傳說時代的研究〉，《史學集刊》，第 5 期（1947 年），頁 2。

227. 徐炳昶，《中國古史的傳說時代》，頁 14–15。

228. 徐炳昶、蘇秉琦，〈試論傳說材料的整理與傳說時代的研究〉，《史學集刊》，第 5 期（1947 年），頁 8–9。

古故事還多，想要一一用地下材料來證實或否定它們，是不可能的。

徐炳昶這話看來有些似曾相識，事實上顧頡剛早在 1930 年《古史辨》第二冊出版時就說過類似的話：

> 有許多古史是考古學上無法證明的，例如三皇五帝，我敢豫言到將來考古學十分發達的時候也尋不出這種人的痕跡來。大家既無法在考古學上得到承認的根據，也無法在考古學上得到否認的根據，那麼，希望在考古學上證明古史的人將怎麼辦呢？難道可以永遠「存而不論」嗎？但是在書本上，我們若加意一考，則其來蹤去跡甚為明白，固不煩考古學的反證而已足推翻了。[229]

徐、顧二人都不相信考古發掘在未來可以完全解決三皇五帝、堯墟舜墟的問題，那麼文獻考辨似乎還是唯一可以嘗試的道路。徐炳昶強調「我們所揭櫫的信古，同前人的信古頗有不同」，[230]這裡包含兩層意思：第一，必須是古的才去信，如非古的就不去輕信；第二，認清孔子、墨子、荀子、太史公，以及此類的學者是絕不會有意地造謠的。這兩大原則簡而言之，就是要對古史材料加以批判，以及不再只從「造偽」的角度看待周秦兩漢以來留下來的材料。在批判材料方面，徐炳昶說：

> 批判傳說材料的目的，是就傳說材料的內容，來分析那些是原始的古代傳說，那些是後人加減過的，綜合整理的結果。除去了後者的成分，剩下來的多半即是前者的

---

229. 顧頡剛，〈古史辨‧自序〉，顧頡剛編，《古史辨》，第 2 冊，頁 5。
230. 徐炳昶，《中國古史的傳說時代》，頁 14–23。

成分。所以這也可以說是「辨偽」的工作。[231]

徐炳昶所謂走「信古」的路，做的就是「辨偽」的工作。有意思的是，顧頡剛也早以「辨偽」工作自許，他說：

> 中國的考古學已經有了深長的歷史，近年從事此項工作的人著實不少，……。至於辨偽方面，還沒有許多人參加，……如果我不以此自任，則二千數百年來造作的偽史將永遠阻礙了建設的成就。所以即使就時代需要上看，我也不得不專向這方面做去。[232]

不完全期待於考古，並且相信「辨偽」可能是唯一可以釐清古史問題的方式。徐、顧二人，一信古，一疑古，看似走在兩條不同的道路上，可是對於追求「信史」的目標卻是相當一致的。事實上，我們可以回頭看看顧頡剛在 1923 年提出「推翻非信史」的四大標準：㈠打破民族出於一元的觀念；㈡打破地域向來一統的觀念；㈢打破古史人化的觀念；㈣打破古代為黃金世界的觀念。[233] 從這四項標準看來，史學界二十多年以來對於什麼是「非信史」的觀念倒是愈來愈趨於相同。特別是打破民族一元、地域一統、黃金古代等方面，都和主張「信古」的徐炳昶沒有任何區別；顧頡剛當年說：「我們對於古史，應該依了民族的分合為分合，尋出他們的系統的異同狀況」，[234] 說的也

231. 徐炳昶、蘇秉琦，〈試論傳說材料的整理與傳說時代的研究〉，《史學集刊》，第 5 期（1947 年），頁 14。

232. 顧頡剛，〈古史辨・自序〉，顧頡剛編，《古史辨》，第 2 冊，頁 4。

233. 顧頡剛，〈答劉胡兩先生書〉（1923 年 7 月 1 日），收入：顧頡剛編，《古史辨》，第 1 冊，頁 99–102。

正是後來蒙文通、傅斯年、徐炳昶在做的事。其中比較值得注意的是「打破古史人化的觀念」一條，顧頡剛那時表示：

> 古人對於神和人原沒有界限，所謂歷史差不多完全是神話……，他們所說的史固決不是信史，但他們有如是的想像，有如是的祭祀，卻不能不說為有信史的可能。自春秋末期以後，諸子奮興，人性發達，於是把神話中的古神古人都「人化」了。人化固是好事，但在歷史上又多了一層的作偽，而反淆亂前人的想像祭祀之實，這是不容掩飾的。我們對於古史應該依了那時人的想像和祭祀的史為史，考出一部那時的宗教史，而不是要希望考出那時以前的政治史，因為宗教是本有的事實，政治是後出的附會，是假的。[235]

這段話可以很清楚地看出：顧頡剛認為古史之中的神話固然不全是「信史」，卻不能說沒有「信史」的可能。只是這些古史在春秋戰國以後已經出現攙雜「人化」的軌跡，所以今人最多也只能根據春秋戰國時人對於古代的想像和祭祀，做出一部他們心目中的「古代宗教史」，但是萬不要想就此能夠考出春秋戰國時人想像的「古代政治史」，因為這裡面太多後人的附會，是假的。顧頡剛對於「信史」的界線拉得很明確，超出春秋末期以前的古史，他是「存而不論」的。

---

234. 顧頡剛，〈答劉胡兩先生書〉（1923 年 7 月 1 日），收入：顧頡剛編，《古史辨》，第 1 冊，頁 99。

235. 顧頡剛，〈答劉胡兩先生書〉（1923 年 7 月 1 日），收入：顧頡剛編，《古史辨》，第 1 冊，頁 100–101。

二十年後徐炳昶在《中國古史的傳說時代》裡，有一段話是這麼說的：

> 三皇五帝說既是屬于戰國後期及秦漢，我們就把它還給當時的人，看看他們綜合努力的意趣及成就，評量它將來善惡兩方面的結果。但是，無論如何，我們卻不能把這些加到真正的古史系統裡面。我們再將春秋以前的傳說及戰國初期還沒有受過系統化的傳說，搜集起來；看看它們中間是否有衝突。如果有衝突，是否可以找出來一種滿意的解釋。把比較靠得住的材料，謹慎地綜合起來，看看當時社會進化到何種階段。把世界各民族的發展歷史（兼今日所稱歷史學及社會學），拏來作比較的研究，卻不把這些研究的所得，削足適履般地硬給我們歷史上套。這樣，漸漸地就可以把我們古史的間架，大致建立起來。……把最初的傳說和後來繼續的添加，這樣地分別起來，整理起來，才能完成我們信古的任務。[236]

這段話顯然同時針對了具有疑古傾向的顧頡剛、衛聚賢 (1898–1990)、楊寬和左派的郭沫若 (1892–1978) 說的。他強調傳說時期的史料本都是間接的，不可能有原始史料 (primary source)，[237] 因為一涉及原始史料，就一定超出了傳說時代的範圍。他把史料分成三期：第一期是商周到戰國前期，第二期是戰國後期到西漢末期，第三期是東漢以後。[238] 「辨偽」的材料主要集中在

---

236. 徐炳昶，《中國古史的傳說時代》，頁 15–16。

237. 徐炳昶、蘇秉琦，〈試論傳說材料的整理與傳說時代的研究〉，《史學集刊》，第 5 期（1947 年），頁 4。

第二期（也就是戰國到西漢末的作品），因為第一期是基本材料，第三期只是補助性質的材料。「辨偽」工作分成兩段：前一段是把第二期的作品仔細考辨出來，看看作品中有哪些古史傳說是他們加減過或綜合整理過的，釐清這些成分雖然對於了解「傳說時期」不見得有什麼幫助，但至少不能把這些內容加到真正的古史系統裡，並且可以知道它們對後代的影響力有多大。[239] 其次，後一段工作則是把春秋以前的傳說及戰國初期（主要是第一期）還沒有受過系統化的傳說，蒐集起來，試著提出一種「滿意的解釋」，並且和其他民族的歷史比較比較，看看能不能找出「傳說時期」的真相。

從這前、後兩段辨偽工作看來，顧頡剛悃悃致力的工作大多屬於前一段，而徐炳昶真正在意的其實是後一段的工作。顧頡剛說：

> 書本上的材料誠然不足建設真實的古史，但偽古史的發展十之八九在已有了書本之後。用了書本上的話來考定堯舜禹的實有其人與否，固然感覺材料的不夠用，但若要考明堯舜禹的故事在戰國秦漢間的發展的情狀，書本上的材料還算得直接的材料，惟一的材料呢。[240]

就像前面提到過的，顧頡剛始終想做的是一個「戰國秦漢史

238. 徐炳昶、蘇秉琦，〈試論傳說材料的整理與傳說時代的研究〉，《史學集刊》，第 5 期（1947 年），頁 12–13。

239. 徐炳昶、蘇秉琦，〈試論傳說材料的整理與傳說時代的研究〉，《史學集刊》，第 5 期（1947 年），頁 14。

240. 顧頡剛，〈古史辨・自序〉，顧頡剛編，《古史辨》，第 2 冊，頁 4–5。

家」，他想要從戰國秦漢時期「人們的思想和學術中尋出他們的上古史觀念及其所造作的歷史」。換言之，顧頡剛對於「建設真實的古史」是沒有興趣——或是不敢有所期待的，他有興趣的是後來的人怎麼建構了古史的系統，用他自己的話來說，他希望了解的是：「東周時期的夏商史」，而不是「夏商時期的夏商史」，[241] 傳說時期的「真相」為何，顧頡剛確實只想「存而不論」。在「信史」的大纛前，顧頡剛選擇了從「古史即神話」(ancient history as myth) 的角度，[242] 將神話、傳說從信史中剝離。然而徐炳昶要做的卻是試圖找出傳說時期的真相，搭建「古史的間架」，他說：

> 所以我們現在的問題，並不是如何以現代人的知識眼光來批評古人打倒舊說的破壞工作，而是應當如何善用我們現代的知識眼光來重新整理材料，重新研究古史真相的建設工作。[243]

他承認康有為 (1858–1927)、崔適 (1852–1924)、顧頡剛等人於無意、有意中打倒偶像的功績，我們不能抹殺他，「但是尋求古代

---

241. 顧頡剛，〈與錢玄同先生論古史書〉，收入：顧頡剛編，《古史辨》，第 1 冊，頁 60。

242. 張光直認為把古史傳說當成商周時代的神話，並加以科學性的分析與研究，應是 20 世紀才開始的事；而「古史即神話」這個命題，學術界大約在 1923–1929 年之間即已肯定了下來。張光直，〈商周神話之分類〉，收入：張光直，《中國青銅時代》（臺北：聯經出版事業公司，1983 年），頁 286。

243. 徐炳昶、蘇秉琦，〈試論傳說材料的整理與傳說時代的研究〉，《史學集刊》，第 5 期（1947 年），頁 17–18。

真正的經過，還有待于我們向他方面的努力」，[244]「把這一部分半神話，半歷史的傳說整理清楚，才可以把我們黎明的歷史大略畫出輪廓，才可以把我們的史前史同真正的歷史中間搭上一座聯絡的橋樑」。[245] 這說明了徐炳昶對於「信史」的認知是不同於顧頡剛的，在他的理解中，神話和傳說雖然不一定能夠全然體現古史的真相，卻是彌縫史前史和歷史時期的重要階段，如果要求得完整的「中國上古史」，便不能將神話完全剝離信史，在此意義下，徐炳昶毋寧更願意從「神話即古史」 (myth as ancient history) 的角度來理解神話與古史的關係。

總之，想要在古史中重建真相的重要條件之一，就是不能把神話和傳說全當成子虛烏有的東西，某種程度上，必須相信神話之中也有人話，傳說也可能反映部分的真實。20 世紀初夏曾佑寫《中國歷史教科書》時即謂：傳疑時代並無「信史」，包犧（即伏羲）、女媧、神農諸帝皆在半人半神之間，皆屬「神話」，唯此神話之中，「各族之性情、風俗、法律、政治，莫不出乎其間」。[246] 王國維在《古史新證》中也說：「傳說與史實相混而不分，史實之中，固不免有緣飾，而傳說之中，亦往往有史實為之素地」。[247] 說的都是這層意思。

---

[244]. 徐炳昶，《中國古史的傳說時代》，頁 19。

[245]. 徐炳昶、蘇秉琦，〈試論傳說材料的整理與傳說時代的研究〉，《史學集刊》，第 5 期（1947 年），頁 2。

[246]. 夏曾佑，《中國古代史》，頁 5、7、11。

[247]. 王國維，《古史新證——王國維最後的講義》（北京：清華大學出版社，1994 年），頁 1。

　　只不過如何具體研究神話、傳說中的真實，談的人不多。
法國漢學家馬伯樂在他的《書經中的神話》中便直接討論了中
國古書中的神話，以羲與和的傳說、洪水傳說，以及重黎絕地
天通三個例子，說明中國古代學者好以「愛凡麥化」
(Euhemerism) 的方式將中國古代的神話歷史化。[248] 不過馬伯樂
對於神話的運用及理解方式和徐炳昶、顧頡剛明顯不同，即以
重黎「絕地天通」一例而論，馬伯樂把《尚書·呂刑》中的這
段話和中國南部 Nghia-Lo 地方的黑 Tai 族及白 Tai 族神話比
較後，認為這是一個典型的神話故事，敘述原始時期天與地互
相交通，神自天下降於地，後來上帝命重黎絕天地之間的交通，
於是人神間的關係便停止了。馬伯樂認為這個傳說的來源顯然
是周代朝廷中的祭舞，和上帝派遣英雄下凡驅滅有翼妖怪的神
話有關，只是為後來的學者歷史化之後而難以辨明。[249] 馬伯樂

....

248. 愛凡麥 (Euhemerus) 是西元前 4 世紀一位西西里學者，他認為希臘神
　　話原本是歷史，因記錄殘破而為後來的學者解釋為神話，所以後來的
　　人就把原是歷史後來成了神話的現象，叫做「愛凡麥化」。然而 19 世
　　紀法國漢學家馬伯樂的用法卻正好與此相反，以「愛凡麥化」指稱中
　　國古代將「神話」材料解釋成古史的過程。此處所稱「愛凡麥化」，乃
　　依循徐炳昶、顧頡剛等人援馬伯樂之用法。參見：William G. Boltz,
　　"Kung Kung and the Flood: Reverse Euhemerism in the 'Yao tien',"
　　T'oung Pao, Vol. LXVII, Livr. 3–5 (1981), pp. 141–153. 另見：黃銘崇，
　　〈古史即「神話」——以《大荒經》及《堯典》為中心的再檢討〉，
　　《新史學》，7：3（1996 年 9 月），頁 176。

249. 馬伯樂 (Henri Maspero) 著，馮沅君譯，《書經中的神話》（長沙：國立
　　北平研究院史學研究會出版，商務印書館發行，1939 年），頁 49–52。

批評中國學者解釋傳說，向來只用「愛凡麥」派的方法，刻意排除奇異的、不真的成分，把神與英雄變成聖王與賢相，把妖怪變為叛逆的侯王或奸臣，並按年代先後排列起來，組織成中國的起源史。實際上這些東西僅有歷史之名，卻都只是傳說。他認為「這些充塞在中國史開端中的幽靈，都該消滅」；它們都是「冒牌歷史的記敘」，我們應該從這些記敘中找出神話或通俗故事的「底子」。[250]

馬伯樂和顧頡剛都有意探究古史如何被「人化」的過程，差別在於顧頡剛習於從造偽的角度去找出層累的痕跡，馬伯樂卻有意區辨出神話和歷史之間的差別，並且試著找出神話的來源與原型。唯其相同的是，在他們的觀念中，不論是原始的神話或是經人附會的神話，都不應該被攙進歷史領域當中。從某個角度來看，這也是他們對「信史」意義的堅持。與此二人不同的是，徐炳昶並不認為神話、傳說需要剔除在信史範圍之外，即以論「絕地天通」一段來看，其目的在建構上古民族的活動軌跡，所以儘管他知道「絕地天通」帶有濃重的神話色彩，他卻試著從人類學的角度理解這個神話。因為他相信神話、傳說之中存在著部分「歷史的成分」，[251] 在有限的歷史材料和後來的歷史知識無以完全解釋箇中原委時，是可以藉助於社會史或初

---

250. 馬伯樂 (Henri Maspero) 著，馮沅君譯，《書經中的神話》，頁 1–2。

251. 判斷歷史成分的依據為「史實特徵」，它含有兩方面的意義：一、有內容，就是言之有物，意義明白，不是空洞抽象的概念；二、要有個性，不是可以張冠李戴的。見：徐炳昶、蘇秉琦，〈試論傳說材料的整理與傳說時代的研究〉，《史學集刊》，第 5 期（1947 年），頁 21。

民社會的研究材料，以及社會學和考古學的知識和原則來理解神話或傳說的。[252]

1930 年代一樣以神話為主題，研究上古史的楊寬，則是從語言學的角度來理解古代神話的演變，所得又與前述諸人截然異趣。楊寬的《中國上古史導論》原是他 1937 年在廣東勤勤大學的講義，1940 年為童書業 (1908–1968) 收在《古史辨》第七冊裡，有學者認為楊寬在此書中提及「民族神話分化說」在深層結構上和顧頡剛的「層累說」完全相似，堪稱古史辨運動末期最重要的理論建構。[253] 唯從近代史學發展的角度來看，楊寬的「民族神話分化說」更像是一部 1930 年代中國上古史學說的總整理，幾乎把他成書以前學術界在疑古、考證及考古發掘等方面的重要成果全都吸納進來。童書業說楊寬的「民族神話分化說」是混合了傅斯年的「民族史說」和顧頡剛的「古史神話學」而構成的，[254] 不唯如此，楊寬在推證他的理論之前，還綜論了晚清以來的「託古改制說」、「層累造成說」，以及蒙文通的「鄒魯晉楚三方傳說本於民情說」，謂此三說分別從人、時、地三方面論證古史，[255] 各有所長，卻不免為一偏之見，而他的「民族

---

252. 徐炳昶、蘇秉琦，〈試論傳說材料的整理與傳說時代的研究〉，《史學集刊》，第 5 期（1947 年），頁 17、20–21。

253. 王汎森，《古史辨運動的興起——一個思想史的分析》，頁 280–282。

254. 童書業，〈古史辨‧自序二〉，呂思勉、童書業編，《古史辨》，第 7 冊，頁 2–3。

255. 楊寬，《中國上古史導論》，收入：呂思勉、童書業編，《古史辨》，第 7 冊，頁 75–106。

神話分化說」正是融會此三說「循環通證」而得。

　　楊寬在此書中的主要論點大別有二，其一是民族神話史觀，其二為神話演變分化說。他先以「神話演變分化說」修正顧頡剛在「層累說」裡提出所有層累的史事皆出於「刻意偽造」的看法，強調古史中刻意造偽的情形並不多見，最常見的反而是神話的自然分化演變，他認為系出同源的神話會在傳播過程中自然演化成各種不同的人物和事跡，而中國上古東西兩系民族則是神話最主要的來源，古史傳說蓋「全出於殷周東西民族神話之分化與融合」。[256] 此處楊寬吸收了 1930 年代歷史和考古學界對於東西民族二元的論證，以及語言學以口說訛傳的觀點處理神話演變分化的方式，把商以前的古史傳說全說成是殷周東西兩系民族的神話。他說：

> 中國上古民族文化不外東西二系，在史前期，彩陶文化由西來，黑陶文化由東往，以兩文化之交流融合，乃生殷墟之高度文化。入於有史時代，其形勢猶然。[257]

> 吾華民族文化既有兩大系之分，宗教自不相同。神話起於宗教，東西民族之宗教觀念既殊，其神話自亦不同，由神話而演變為古史傳說自更不同也。[258]

---

256. 楊寬，《中國上古史導論》，收入：呂思勉、童書業編，《古史辨》，第
　　 7 冊，頁 117。

257. 楊寬，《中國上古史導論》，收入：呂思勉、童書業編，《古史辨》，第
　　 7 冊，頁 148。

258. 楊寬，《中國上古史導論》，收入：呂思勉、童書業編，《古史辨》，第
　　 7 冊，頁 149。

　　楊寬最激烈的地方，在於他一面把「殷周民族」當成一種實然的存在，一面又把古史傳說中的各個民族全看成是殷周兩系民族的「神話」，在民族和神話之間，串聯真實與虛構的文本。[259] 他從根本上否認古史傳說中各帝王、臣屬、氏族任何真實存在的可能性，把一切古史傳說中的聖帝賢王，全看成是上天下土之神物：凡稱「帝」、稱「皇」者，皆是東西兩系民族神話中的「上帝」，古帝之臣也不過是上帝的屬神，其原型無非是土地、山川、水火、鳥獸之神，並非真實存在的人物。[260] 他說：

> 蓋古書中之「帝」本皆指上帝者，鯀禹本為上帝之屬神，後乃變而為堯舜之屬臣也。堯舜禹鯀之事，初為神話，不為人話可知矣。《墨子》、《楚辭・天問》、《山海經》等所載，乃傳說之初相，儒家所陳，轉多潤色之辭。[261]

在這個殷周兩系的神話系統中，堯舜禹鯀全為「神話」，無一是「人話」。所以對於民族和神話的關係，他既不同意顧頡剛所謂「古史傳說之層累，由於各民族互相併吞之結果」，[262] 也否認徐

---

259. 這與後來丁山 1948 年寫《古代神話與民族》是完全不一樣的思路，此處不能細論。詳可參見：丁山，《古代神話與民族》（北京：商務印書館，2005 年）。

260. 楊寬，《中國上古史導論》，收入：呂思勉、童書業編，《古史辨》，第7 冊，頁 396。

261. 楊寬，《中國上古史導論》，收入：呂思勉、童書業編，《古史辨》，第7 冊，頁 110。

262. 楊寬，《中國上古史導論》，收入：呂思勉、童書業編，《古史辨》，第7 冊，頁 106。此語為楊寬的總結，非顧頡剛原話，顧頡剛原話見：顧頡剛，〈古史辨・顧序〉，羅根澤編，《古史辨》，第 4 冊，頁 5–6。

中舒說：「中國商周以前之古史，實即一部古代民族史」。[263] 因為在顧、徐的解釋系統中，古代各民族都有自己的祖先傳說，只不過在後來民族同化之後才逐漸整併到一起的。楊寬否定了這樣的看法，他認為古代根本不存在什麼民族，所有古史傳說的醞釀與寫定，都在商周之世，所以一切只是東西二系神話之分化與融合而已。他甚至說：

> 古史傳說中之五帝傳說，本東西上帝神話由分化而組合；夏史傳說則又由東西下后神話之分化與組合。地上之東西民族既相融合，於是天上之東西神國亦相併合矣！[264]

於是乎五帝是神話，夏史傳說也是神話，天上神國的併合亦不過來自於地上民族的相融，古史傳說都只是東西民族神話的構成，在楊寬手裡，一切只是「神國故事」。

楊寬藉用了語言學派處理神話的方法，把語言之訛傳視為神話演變分化的關鍵。他強調古人崇尚口說，各種名辭、故事相傳既久，由一人化為兩人，一事化為兩事，故事演變，橫生異說。有文字以後，古今字體變遷，傳寫錯誤，穿鑿附會而本意全失者亦所在多有，於是上面所說的這些原出於東西兩系民族的神話，便在民族融合過程中相互混雜演變、不斷分化組合。就如童書業所說：

263. 楊寬，《中國上古史導論》，收入：呂思勉、童書業編，《古史辨》，第 7 冊，頁 105–106。徐中舒，〈陳侯四器考釋〉，《國立中央研究院歷史語言研究所集刊》，3：4（1933 年），頁 503。

264. 楊寬，《中國上古史導論》，收入：呂思勉、童書業編，《古史辨》，第 7 冊，頁 154。

所謂神話分化說者，就是主張古史上的人物和故事，會
得在大眾的傳述中由一化二化三以至於無數。[265]

一個上帝可以分化成黃帝、顓頊、帝嚳、堯、舜等好幾個人，
一個水神可以分化成鯀、共工、玄冥、馮夷，一個火神也可以
分化成丹朱、驩兜、朱明、祝融；一件上帝「遏絕苗民」的故
事，得以分化成黃帝伐蚩尤和堯舜禹竄征三苗的好幾件故事；
一件社神治水的故事，也會分化成女媧、顓頊、鯀、禹等治水
害的好幾個故事。

這樣的「神話分化說」一筆勾銷了所有古史傳說中任何可
能存在的民族活動與生存軌跡，用幾種神話原型串聯絕大多數
的古史傳說，引發徐炳昶後來寫作《中國古史的傳說時代》時
極大的批評，他認為「現代的人（指楊寬）把顓頊、帝嚳、帝
俊、夔、舜諸人全說成一個人格或神的分化，我們覺得這些有
一部分殊不可能」。[266] 他表示楊寬用語言學「聲音假借」的方式
推導「神話分化說」時，利用古人同音字可以通用的特點，以
及聲音變化時有陰陽對轉、旁轉及其他次要的變化等等，或都
可以接受，但他忽略了今天所知的古韻、古聲太少，如果不問
古聲是否相同，只要古韻相同的都可以相通，那麼古代人的姓
名不能相通的便十分有限了，加以各種形體相仿、事蹟相類的
關係，古代人物大約很少不能牽合在一起的。[267] 徐炳昶幾近絕

---

265. 童書業，〈古史辨・自序二〉，呂思勉、童書業編，《古史辨》，第 7 冊，
頁 6。

266. 徐炳昶，〈中國古史的傳說時代・敘言〉，頁 27。

267. 徐炳昶，〈中國古史的傳說時代・敘言〉，頁 27–28。

望的表示：其他種種可比附者尚至無限！以如此的方法來治古史：那真要使我國古史的黎明時期又變成漆黑一團！

多年之後，楊寬間接回應徐炳昶的批評時，卻仍然堅持夏以前的古史傳說，「只能用作殷周時代的史料，不能用來解釋殷商以前的歷史」。[268] 他認為如果把夏商以前稱為「傳說時代」，重新建立一段原始社會的歷史，或是根據這些傳說來劃分若干集團，說明原始社會中部族的分布及其相互鬥爭和相互融合的過程，都不過只是「空中樓閣」。從「信史」的角度來看，楊寬把上古時期的傳說全都畫歸在東西兩系的神話範圍內，無疑是把神話當中原本交雜著真實與虛構的本質完全消解，直接裁斷了歷史和神話之間的縫隙，讓上古民族的活動在殷商止步，以一種極端而激烈的方式宣告了商朝是為中國上古「信史」的開端。至少，在夏文化的考古發掘尚未有文字出土之前，這樣的共信應該還是會在史學界流行好一段時間。

徐炳昶和顧頡剛都不相信考古發掘能夠完全解決古代各民族的分合，以及三皇五帝等問題，但是他們選擇的作法不同，徐炳昶走了信古的路，把不能用文獻證明的神話委諸人類學，並試著把沒有被前人系統化的傳說集結起來，試著找出合理的解釋，將神話當成古史的一部分。相反地，顧頡剛則走了疑古的路，把文獻無法論證的神話一筆勾除，把古史當成神話，將其排除在信史的行列之外，視春秋末期為信史的開端；而楊寬更變本加厲，把所有古史傳說全當成殷周民族的神話，將中國

---

268. 楊寬，《歷史激流中的動盪和曲折——楊寬自傳》（臺北：時報文化出版社，1993 年），頁 103。

民族的起源定格於殷周之際。神話在此成了建構國族起源的雙面刃，相信神話者用以加長國史的長度，不信者則把它剔除在信史的範圍之外。然不論如何，神話的信持者和反對者都同時宣稱他們用了科學的方法，「信史」在此是為建構中國上古史最基本的信仰，而殷商則成了民族起源的最大公約數。

五、餘　論

　　自 1920 年代末期中國上古史逐漸在大學設科以來，便有兩大無可迴避的課題：一是中國民族的起源，一是如何斷定信史，而這兩大問題又經常相互糾結纏擾。由於信史的斷定被認為需要清楚而嚴密的「科學」論證，而古史之中有太多非信史的成分，不能不加以區辨，所以顧頡剛很早就說：要從古史中分出信史和非信史來。[269] 他的看法某種程度上正點出了「中國上古史」和「古史」之間最根本的差異。事實上，五四一代的學人承接了晚清以來的話語，知道三皇五帝的系譜是戰國以後的人製造出來的，儒家過份整齊化的故事背後暗藏著無數玄機，古史之中攙雜了太多非信史成分，所以才需要「辨」、才需要「甄微」，才可能從雜亂的「古史」之中析出一個有清楚時間、空間脈絡的「中國上古史」來，因此區辨信史便成了回答中國民族起源的第一步，同時也是中國上古史最重要的方法自覺。

　　然而，中國民族的起源問題又不僅僅是一個單純的學術問

269. 顧頡剛，〈答劉胡兩先生書〉（1923 年 7 月 1 日），收入：顧頡剛編，《古史辨》，第 1 冊，頁 102。

題，信史的考訂往往投射許多當代國族的眼光，從 20 世紀初開始，在中國人種西來說的巨影籠罩下，如何證明中國上古民族的本土起源，已是許多科學論證背後的潛臺詞。「九一八」事變之後，日本藉「事變」之名規避戰爭責任，[270] 中國學術界對於中國民族的起源問題，除了原本與歐日學術爭勝的心結之外，更平添許多民族情感與現實考量，如何從歷史上說明中國有著一脈相承的特性，並從中找到上古民族活動的實貌，是為中國上古史迫切需要解決的問題。

首先，在古史同出一源的觀念破除之後，多元民族的視角取而代之，蒙文通、徐炳昶的三系說，傅斯年的東西二元論，皆是以多元民族活動的軌跡重新綴合中國上古的形貌，「多元」成了中國上古史最重要的時代表徵。過去以聖君人王形象出現的三皇五帝，一時之間變成了一個個在不同地域活動的部族、集團首領，從單數的帝王到複數的民族，上古民族的活動無疑是落實「民史」書寫最具體而微的嘗試。只是這種多元民族的視角，雖然從空間上解構了傳統古史一源的觀念，卻也要面對

---

270. 山室信一指出：日本在「九一八」事變時，宣稱他們在東北的活動是行使「自衛權」，在未宣戰的狀態下日本占領東北，並將此軍事行動稱之為「事變」，謂其為「滿洲事變」，用以規避 1928 年簽訂的《非戰公約》。其後日本又援引同樣方式，在上海「一·二八」及盧溝橋「七七」軍事行動中，皆謂其為「事變」。而中國人不明就裡，照樣延用，甚至到今日海峽兩岸的歷史教科書中仍以「事變」稱之。山室信一著，陳仁碩譯，《憲法九條：非戰思想的水脈與脆弱的和平》（新北：八旗文化出版社，2017 年），頁 200–218。

在時間概念上如何與下一個時代相銜的問題。換句話說，「多元」民族活動固然是上古時期的「關鍵詞」，但中國上古史畢竟還是國史書寫的一部分，線性發展的歷史最後還是必須以統合的方式呈現。好比蒙文通說夏代以後泰族、黃族、炎族彙成了諸夏一族（華夏民族），而傅斯年在解構古史大一統觀念的同時，其實是從秦以後「統一的中國」，反推秦、魯、齊、三晉各自在國家、文教、宗教、官術上對中國統一的貢獻。闡發上古多元民族的歷史書寫者，在國史敘事中並沒有選擇像杜贊奇所說以「複線的歷史」往前追索，而是將國史重新導向大一統的方向。

　　1930 年代後期陸續寫成的中國通史，似乎更能清楚看出這個由「多元」再度走向「一元」的痕跡，如張蔭麟 (1905–1942) 在《中國史綱》中即表示：

> 夏、商、周三朝的遞嬗，代表的三個民族的移徙和發展。大體上說，夏人自西而東，商人自東而西，周人復自西而東。他們先後相交錯，相覆疊，相同化，同時各把勢力所及地方的土著同化，在一千數百年間，這參伍綜錯的同化作用摶結成一大民族，他們對於異族，自覺為一整體，自稱為「諸夏」，有時也被稱並自稱為「華」。中華民國的「華」字起源於此。這自覺和自號很難說是那一年那一月開始，大約，至遲在公元前 770 年，「周室東遷」的前後當已存在。[271]

---

271. 張蔭麟原作《中國史綱》因未及完成齎志以歿，其後書名改為《中國上古史綱》。張蔭麟，《中國上古史綱》，收入：張蔭麟，《張蔭麟先生文集》，上冊（臺北：九思出版社，1977 年），頁 42。

張蔭麟的《中國史綱》在抗戰爆發前兩年開始動筆，1940 年出版，短短幾段話勾勒出 1930 年代中國學術界從民族活動的視角探究中國上古史的眼光，並以周室東遷作為「諸夏」意識摶成之始，向下銜接逐漸走向「大一統」的歷史時期。在「周代的封建社會」一章，張蔭麟非但以社會史的角度詮釋「封建社會」，[272] 更從階級的視角談奴隸、庶民、武士、卿大夫，也談都邑和商業活動、宗教信仰和婚姻家庭，[273] 嘗試書寫各式各樣的「民」，徹底改變國史書寫的對象。

其次，原本以建構當代國族為目標的國史，在面對中國起源問題時不免從現實出發，因此從另一個角度來看，中國上古史從強調多元民族走向秦漢大一統的書寫格局，某種程度上也反映了當代國族的現實需求。多數的中國上古史將下限斷在先秦，即有意以「多元」區隔秦漢以後國史走向「一統」的特色，唯此看法雖將國史最終導向一元，但民族多元的特性並不見得就此消失，「中國」複雜的民族組成以及廣袤的地域空間，如何只靠著同化與融合就能匯為一渠？這樣的問題在「七七」抗戰之後隨著中央政府機構和學校往西南遷移，邊疆與民族問題直

---

272. 張蔭麟說周代社會就是一個封建社會，而封建社會的要素是：王室的屬下有幾級封君，每個封君既是一個世襲的統治者，也是地主，而被統治的農民不是農奴即是佃客，不能私有或轉賣他們所耕種的土地。張蔭麟，《中國上古史綱》，收入：張蔭麟，《張蔭麟先生文集》，上冊，頁 49-50

273. 張蔭麟，《中國上古史綱》，收入：張蔭麟，《張蔭麟先生文集》，上冊，頁 52-76。

接進入學者們真實的生活視域。國家危難的處境引動學人關注現實問題，1939 年顧頡剛在《益世報》上辦《邊疆周刊》關注邊疆問題，卻引來傅斯年的批評，認為周刊「登載文字多分析中華民族為若干民族，足以啟分裂之禍」，[274] 顧頡剛因此寫了〈中華民族是一個〉，指出：

> 凡是中國人都是中華民族——在中華民族之內我們絕不該再析出什麼民族——從今後大家應當留神使用這「民族」二字。[275]

顧頡剛在此文中強調「中華民族是一個」是一種信念，也是事實。他認為「春秋時許多蠻夷到了戰國都不見了，難道他們都絕種了嗎？不，他們因為文化的提高，與中原諸國合為一體了，再沒有種族問題了。到秦始皇統一，『中華民族是一個』的意識就生根發芽了。從此以後，政權的分合固有，但在秦漢的版圖裡的人民大家是中國人了」。[276]

這段公案的來龍去脈已有不少文章提及，在此不再細論，[277]

----

274. 顧頡剛，《顧頡剛日記》，第 4 卷 （臺北：聯經出版事業公司，2007年），頁 197。

275. 顧頡剛，〈中華民族是一個〉，原載：《益世報‧邊疆周刊》，第 9 期（1939 年 2 月 13 日），後收入：顧頡剛，《寶樹園文存》，卷 4（北京：中華書局，2011 年），頁 94。

276. 顧頡剛，〈中華民族是一個〉，收入：顧頡剛，《寶樹園文存》，卷 4，頁 95。

277. 周文玖，〈從「一個」到「多元一體」——關於中國民族理論發展的史學考察〉，《北京大學學報》，44：4（2007 年 7 月），頁 102–109。葛兆光，《何為中國：疆域民族文化與歷史》，第三章「民族：納『四裔』

我想指出的是：傅斯年此時批評《邊疆周刊》所登刊的文字，大多旨在分析「中華民族為若干民族」，他認為這樣的工作「足以啟分裂之禍」，然而傅斯年所批評的，不正是他在中國上古史研究中多年致力的工作嗎？只是這樣的工作在國家民族遭逢重大危機時，卻反可能引發國族分裂的聯想。傅斯年意識到這樣的問題，很可能來自於他很清楚知道蔣介石對邊疆問題的看法和國民政府的民族政策，但是他有沒有意識到這樣的批評和自己長年下來的研究是有所抵觸的，我們不得而知。不過值得注意的是，顧頡剛對傅斯年的批評不但沒有惱火，反而扶病寫了〈中華民族是一個〉及其後一系列的文章表明他的立場，這說明了顧頡剛同樣在國難危亡之際，也是主張「在中華民族之內我們絕不該再析出什麼民族」的。顧頡剛的聲言雖然相當肯定，但下意識裡卻用了應然的語氣，並且說「『中華民族是一個』，這話固然到了現在才說出口來，但默默地實行卻已有了二千數百年的歷史了」，[278] 有意從實然面強化「中華民族是一個」的事實。

顧頡剛的文章發表後在學術界掀起熱烈反響，有同意他的主張者，也有與其商榷的文字，其中最引人注目的就是費孝通 (1910–2005) 的〈關於民族問題的討論〉。費孝通除了先在名詞上對「民族」一詞的定義表達了和顧頡剛不一樣的理解之外，[279]

入『中華』」，頁 104–108。

278. 顧頡剛，〈中華民族是一個〉，收入：顧頡剛，《寶樹園文存》，卷 4，頁 96。

279. 顧頡剛認為 Nation 可譯為國家，指的不是人類學上的名詞，而是國際法上的術語。但費孝通則是從人類學和社會學的觀點出發，認為

他最主要的核心觀念是：文化、語言、體質相同的人民，不必然同屬於一個國家，國家是一個政治團體，卻不必然是一個文化、語言團體。他認為顧頡剛的看法是希望為「我們不要根據文化、語言、體質上的分歧而影響到我們政治的統一」找到一個理論根據，但卻不意表述成「中國境內沒有因文化、語言、體質的不同而形成的團體」，兩者意義是不盡相同的；[280] 因為前者無疑是肯定了各民族之間本就有文化、語言、體質上的差異，而後者卻是否認中國境內存在著不同文化、語言、體質的民族。因此，費孝通指出：顧頡剛所謂「中華民族是一個」這樣的說法，其實應該可以理解為「中華民國境內的人民的政治團體是一個」，可能來得更為恰當，既不影響多元民族存在的事實，也不傷害國家作為政治共同體的意義。只是這樣的看法在民族主義高漲的抗戰時期是很不討好的，這和費孝通、顧頡剛、傅斯年是哪一種學術專業的立場無關，所以兩次論辯之後，費孝通就不再表達意見，只繼續他民族識別的工作。「中華民族」一元論的論調，在國民政府的民族政策下逐漸成為主調，其影響甚

Nation 經常和 State 相對立，Nation 是指語言、文化和體質（血統）上相同的一輩人民，通常譯作「民族」。State 則譯作「國家」，指的是一個政府統治之下的一輩人民所形成的政治團體。而「種族」是 Race 的譯文，指一輩在體質上相似的人，Clan 則譯作「氏族」，指的是社會人類學中所謂的單系親屬團體。費孝通，〈關於民族問題的討論〉，原載《益世報・邊疆周刊》，第 19 期（1939 年 5 月 1 日），後收入：顧頡剛，《寶樹園文存》，卷 4，頁 135。

280. 費孝通，〈關於民族問題的討論〉，收入：顧頡剛，《寶樹園文存》，卷4，頁 136。

至及於 1949 年以後的臺灣。而中國共產黨建政之後的民族政策則定調為「統一多民族的國家」，1989 年費孝通在相隔半世紀之後才又提出「中華民族多元一體格局」的主張，將民族的「多元」包納在國家「一體」的格局中，無疑是對「統一多民族國家」的進一步闡明。而 1930–1940 年代有關中國上古史多元民族觀念和中華民族是一個的論述，在現實世界中不斷換裝登場。

第二章
形塑「中國近代史」：民族主義與現代化

　　如果就斷代史的角度而論，20 世紀上半葉最受史學界關注的兩大次學科領域，除了中國上古史之外，應該非中國近代史莫屬。顧頡剛的《當代中國史學》，從一種最為切近的時間點觀察百年來中國史學的成果時，特意將「近代史」從「斷代史」研究中別立而出，[1] 多少透露出中國近代史的研究成果相對多於其他各斷代。中國社會史論戰之後，陶希聖 (1899–1988) 也觀察到論戰中的議題大多集中在先秦和鴉片戰爭以後，[2] 此一觀察雖針對社會史論戰而發，卻從另一個側面說明了中國上古史和中國近代史所涉議題，因與當代國族論述高度相關而倍受矚目；唯其不同的是，前者以重構上古民族活動的軌跡，作為探尋當代國族起源的依據，而後者則由現實問題出發，藉中國百年來內亂外患交乘的史實，建構當前國族的正當性。

　　事實上，從 20 世紀後半葉開始，華文及西文學界有關中國近代史回顧與反省的文字雖稱不上汗牛充棟，但不論就分期、

---

1. 顧頡剛，《當代中國史學》（香港：龍門書店，1964 年），頁 83–85。原書最早於 1947 年南京勝利出版公司出版。
2. 陶希聖，〈讀者的話〉，《食貨》半月刊，1：2（1934 年 12 月 16 日），頁 46。

人物、專題、歷史事件、理論作為切入取徑的討論皆所在多有。其中以專題方式回顧中國近代史研究者，陸續有中央研究院近代史研究所於 1988 年出版的《六十年來的中國近代史研究》，香港中國近代史學會所編的《中國近代史研究新趨勢》，[3] 以及中國大陸於 2000 年和 2010 年分別出版的《五十年來的中國近代史研究》和《過去的經驗與未來的可能走向——中國近代史研究三十年 (1979–2009)》等書。[4] 這類專題性的回顧文字，雖有整理和展望之意，可以讓我們知曉某一段時間內各種研究課題的重要成果，以及未來可以發展的方向，卻不見得具有學科反思性的意涵。換句話說，近代史的研究回顧雖有其必要性，卻仍然是以一種類似先驗圖式 (a priori schema) 的方式，在既成的知識框架裡討論這門知識過去的成果和未來的走向，而不是從中國近代史這門知識生成的脈絡中，反思知識本身形成過程。

　　相較於此，美國學者柯文 (Paul A. Cohen) 在他的 *Discovering History in China: American Historical Writing on the Recent Chinese Past* 一書中，[5] 對於戰後美國學界中國近代史的研究

3. 中央研究院近代史研究所六十年來的中國近代史研究編輯委員會編，《六十年來的中國近代史研究》，上、下冊（臺北：中央研究院近代史研究所，1989 年）。香港中國近代史學會編，《中國近代史研究新趨勢》（臺北：臺灣商務印書館，1995 年）。

4. 曾業英主編，《五十年來的中國近代史研究》（上海：上海書店出版社，2000 年）。徐秀麗主編，《過去的經驗與未來的可能走向——中國近代史研究三十年 (1979–2009)》（北京：社會科學文獻出版社，2010 年）。

5. Paul A. Cohen, *Discovering History in China: American Historical Writing on the Recent Chinese Past* (New York: Columbia University

典範提出頗具批判性的看法。他在書中檢討了 1950 年代以降美國學界盛行的挑戰—回應、傳統—現代，以及帝國主義等分析中國近代史的理論模式，實際上都不自覺地隱涵了一種以「西方」為中心的觀點，而這種觀點不但過度誇大了近代西方工業文明所帶來的價值，並且以之為放諸四海皆準的經驗法則，從而遮蔽了中國自身的特質及內部的變化。

　　不過柯文的研究基本上還是以 1950 年代以後的美國學界為主，並沒有往前追溯中國近代史這門學科最初形成的內外語境。2013 年美國華裔學者李懷印 (Li, Huaiyin) 的著作 *Reinventing Modern China: Imagination and Authenticity in Chinese Historical Writing* 則提供了這方面的關照。[6] 該書從 1930 年代，一路寫到 2000 年以後，前三章與本章有極大的關聯性，主要討論中國近代史在 1949 年以前兩種對立的敘事模式：一是以「現代化」進程為核心的民族主義史學，一是以「革命敘事」為核心的馬克思主義史學。與前述研究回顧式文字不同的是，作者極有意識地注意到史學家的敘事建構和歷史表述的關係，他認為史學

....

Press, 1984). 中譯本有二：柯保安著，李榮泰等譯，古偉瀛校訂，《美國的中國近代史研究：回顧與前瞻》（臺北：聯經出版事業公司，1999 年）；柯文著，林同奇譯，《在中國發現歷史：中國中心觀在美國的興起》（北京：中華書局，1989 年；北京：社會科學文獻出版社，2017 年）。

6. Li, Huaiyin, *Reinventing Modern China: Imagination and Authenticity in Chinese Historical Writing* (Honolulu: University of Hawai'i Press, 2013). 中譯本：李懷印著，歲有生、王傳奇譯，《重構近代中國：中國歷史寫作中的想像與真實》（北京：中華書局，2013 年）。

家敘述過去的方式和他們的政治傾向、意識形態有密切的關係，不同政治信仰的人，每每以自己的視角解釋過去，並以其作為指導現實政治行動的綱領。作者以其身為美國華裔學者的身分，反思在他步入歷史學研究以來中國本土的各種研究典範，並往前追溯中國近代史敘事的源起與現實政治的關聯。

　　不過，或許由於李懷印的基本對話對象是成長於中國的讀者群，因此全書對於 1949 年以後臺灣的中國近代史研究成果未置一詞，不但完全忽略臺灣學者在這方面的努力，同時也迴避了 1990 年代以後兩岸的學術交流對中國本土帶來的影響。即以「現代化」為例，作者坦言：中國過去的研究往往過於強調馬克思主義及社會主義在中國所占據的主導地位，從而忽略了這「只是其中一個側面」，「另一個同樣顯著且更為重要的側面，乃是非馬克思主義的自由主義傳統在歷史寫作中所顯示的堅韌和活力，及其在 20 世紀最後十年之最終勝出」。[7] 如果作者已經注意到中國的近代史研究在 20 世紀最後十年，重新拾回「現代化」論述並「最終勝出」的話，似乎不應忽略在此過程中臺灣學界在 1949 年之後一脈相承的研究傳統及其於 1970–1980 年代在「區域現代化」方面的研究成果，否則何以說明中國在「革命退卻」之後，以何種資源得以在 20 世紀末的 1990 年代重新撿拾為其拋棄近半世紀的「現代化」觀點？

　　退一步來說，李懷印對於 1949 年以前中國近代史研究的兩種敘事模式，確實有相當透澈的分析，唯其所論與本章諸多課

7. 李懷印著，歲有生、王傳奇譯，《重構近代中國：中國歷史寫作中的想像與真實》，頁 4。

題攸關，若干持論與其相左之處似有必要在此說明。首先，筆者認為「現代化」概念最早乃先在輿論界和知識界流傳，其後才慢慢影響中國近代史的書寫形態，因此 1930 年代許多「現代化」持論者，對於如何達成「現代化」的進程、主張和具體方案，以及哪些是構成中國「現代化」的障礙，都還存在著極不相同的見解，未必已出現如李懷印所捻出的「現代化」的各項特徵，或謂其為 1930 年代「知識分子共享的中國現代化的基本假設」。[8] 換言之，「現代化」最初在輿論界出現時，左翼人士未必完全持反對立場，自由主義者也不見得同意妥協外交，或是絕口不提帝國主義侵略。即便「現代化」是否不同於「西化」的觀點，在當時也並沒有一致性的見解。某種程度上，「現代化」論述提供了 1930 年代時人對於國族未來圖景的各種想像，許多壁壘分明的看法，反而是在抗戰爆發後至 1940 年代才有比較清楚的呈現。

　　作者於書中似乎過於清楚地將 1949 年以前的「現代化」敘事和左翼「革命敘事」一分為二，從而認為 1930 年代的歷史學者「要麼在中國百年來『現代化』的想像語境中，重鑄現存政權以強化和維護其存在，要麼發明一個中國人民反抗敵人的『革命』過程，借以推翻此一政權」。[9] 李懷印強調「在這兩種情況下，寫史都意味著借用或者發明概念性架構，以建構敘事，為

8. 李懷印著，歲有生、王傳奇譯，《重構近代中國：中國歷史寫作中的想像與真實》，頁 16–17；36–38。

9. 李懷印著，歲有生、王傳奇譯，《重構近代中國：中國歷史寫作中的想像與真實》，頁 36。

當前的政治需要和目的辯護」。[10] 事實上，我認為以西方近代文明為標杆所發展出來「現代化」論述和民族主義之間也可能存在著一悖論，而「革命敘事」雖然以打倒「投降派」和推翻國民黨政權為目標，卻也同樣以民族主義為訴求，這些錯綜複雜的關係，或許反而可以從時人對於國族界域的想像中折射出來，而這也正是本章主要論述的方向。

一、初期斷限與問題的提出

　　一般討論近代中國史的學者，多半不會忽略梁啟超在 20 世紀初發表一系列有關「史界革命」論述的文字，隨著這一系列文字的發表，「新史學」的浪潮也隨之席捲學界。雖然，梁氏於〈新史學〉中大力批評舊史「四蔽二病」的論點，不見得為同時代學人所接受，唯其以民史代君史的主張，以及重作新史，喚起國族意識與整合人群的觀點，一時之間蔚為風尚，從而引發晚清以降重編國史的風潮。

　　在重編國史運動中，同時代學人幾乎腳步一致跟隨梁啟超，採用具有線性意識的分期觀點，以上古、中古、近世分期重新編寫國史。梁啟超在 1901 年（光緒二十七年）所寫的〈中國史敘論〉首先揭櫫此義，他把中國史分成上世、中世與近世三期：以黃帝以迄秦之統一以前為上世史，謂此為「中國之中國」；秦統一後至清乾隆末年為中世史，為中國民族與亞洲各民族交涉

10. 李懷印著，歲有生、王傳奇譯，《重構近代中國：中國歷史寫作中的想像與真實》，頁 36。

競爭期，是為「亞洲之中國」；乾隆末年以降則劃為近世史的範圍，稱之為「世界之中國」，視為中國民族結合亞洲民族與西方交涉競爭的時代。[11] 其後各種因應學堂講授而作之書，如夏曾佑、劉師培在 1904 年和 1905 年分別寫成的《中國歷史教科書》，也不約而同以上古、中古、近世之名分期國史，[12] 打破帝王世系和朝代分法，改以「時代特徵」作為歷史分期的準據。民國以後，有關中國史分期問題的討論，大體不脫前一時期的看法，如傅斯年於學生時期發表在《北京大學日刊》上的〈中國歷史分期之研究〉，即謂西洋歷史分期所謂上世、中世、近世之分，「在今日已為定論」，唯中國論「時會」之轉移，但以朝代為言，全不知「朝代」與「世期」終不可以一物視之，「一姓之變遷誠不足據為分期之準也」。[13] 時代分期幾成學界定論，實際撰寫中國史者莫不以此為據。[14]

　　以時代特徵作為分期國史的依據，雖自晚清以來逐漸勒為

11. 梁啟超，〈中國史敘論〉，《飲冰室文集》之 6，第 3 冊，頁 11–12。

12. 夏曾佑在《中國歷史教科書》中將中國史分為三期：「自草昧以至周末為上古之世，自秦至唐為中古之世，自宋至今為近古之世」。此書在 1933 年教育部編定為大學用書時，商務印書館將其改名為《中國古代史》。見：夏曾佑，《中國古代史》，頁 5。

13. 傅斯年，〈中國歷史分期之研究〉，收入：傅斯年，《傅斯年全集》，第 4 冊，頁 177。

14. 如呂思勉所著《白話本國史》，為 1920–1930 年代發行量極大的中國史教本，呂氏在此書中亦採上古、中古、近古、近世、最近世的分法來寫中國史。見：呂思勉，《白話本國史》，第 1 冊（上海：商務印書館，1923 年），頁 10。

定說，然而學界對於劃分上世、中世、近世等各個分期斷限的標準及起訖點，卻顯得莫衷一是。部分關心歷史分期問題的學者，於反思套用西史分期合理性的同時，亦開始探尋各種分期國史的標準。如傅斯年在上述文章中，即率先批評時人所著中國歷史教科書經常援用日本學者桑原隲藏 (1871–1931) 在《東洋史要》中的分期方式。[15] 他認為桑原的分期「始以漢族升降為別，後又以東西交通為判」，其間並無劃一的標準，而且誤以為漢族「古今一貫」，無所分別，尤其謂「中古」（秦至唐亡）一段是為「漢族極盛時代」更是大謬不然。杜贊奇在討論傅斯年的分期觀點時，非常敏銳地注意到傅斯年對桑原的批評帶有一種強烈的民族意識，因為傅斯年發現桑原的分期觀念中，隱藏著中國民族欠缺一以貫之的「主體性」以及早已中衰的暗示，[16] 這種暗示激起傅斯年另以「漢族地位變化升降」的觀點重新分期國史的意圖。

不同於桑原從各個時期的歷史主體與時代表徵出發，隨著時代遞變，漢族、蒙古族、滿族、歐洲人皆曾活躍在中國的土

---

15. 桑原隲藏將中國史分為四期：一、上古：斷至秦皇一統，是為漢族締造時代；二、中古：秦皇一統至唐亡，是為漢族極盛時代；三、近古：五季至明亡，是為漢族漸衰，蒙古族代興時代；四、近世：滿清一代，是為歐人東漸時代。傅斯年，〈中國歷史分期之研究〉，收入：傅斯年，《傅斯年全集》，第 4 冊，頁 177。

16. 有關中國史分期問題所反映的線性進化觀可參考 ： Prasenjit Duara, *Rescuing History from the Nation: Questioning Narratives of Modern China*, pp. 33–48.

地上，傅斯年看重的是「一線相承，歷世不變」的「種族」，因此他的分期雖然一樣採取上世（東周至陳）、中世（隋至南宋）、近世（元至清）和現世（民國建元以來）之分，[17] 但是漢族在中國歷史上的地位──不論其升降、起伏，始終是唯一的判準。換句話說，在傅斯年的觀念裡，漢族永遠是中國一以貫之的「主體」，不論其地位在陳、宋兩朝滅亡時兩度中衰，甚至在元代以後走的全是「胡虜之運」，亦不妨礙它在「現世」重光的可能。這種強調漢族一系相承、不絕如縷的觀念，讓傅斯年的歷史分期透露出強烈的線性觀點和漢族主體意識，尤其特別的是，這種觀點不單單表現在他上世、中世、近世的論述裡，也體現在他未嘗稍加著墨的「現世」當中；民國代興帶來了漢族重光的契機，讓原本看似可能走進漢族興衰起降、歷史循環的套路，從此出現「未來」指向的意義，傅斯年用「現世」為中國創造了一個從古到今、一脈相承的過去。

　　一樣藉著歷史分期試圖形塑中國歷史完整性的還有雷海宗，他在 1936 年發表的〈斷代問題與中國歷史的分期〉的文章中，將中國四千年來的歷史分成兩大週期，第一週由西元前 1300 年盤庚遷殷至西元 383 年東晉淝水之戰，第二週則是由南北朝至 1839 年以前的盛清時期。在討論中國歷史分期之前，雷海宗用了好些篇幅討論上古、中世、近代這類分期方式，他表示這種三段分期的方式最早起於文藝復興時期的復古思維，在宗教改革運動後才漸漸為西洋史家所採用，19 世紀西風東漸以

---

17. 傅斯年，〈中國歷史分期之研究〉，收入：傅斯年，《傅斯年全集》，第 4 冊，頁 176–185。

後，中國人見西洋史分為三段，於是也照樣模仿過來。事實上，這種三段式的分期方式有很大的問題，是歐洲人有意將事實遷就理論的把戲。雷海宗認為討論歷史問題時，必須結合「地方」和「民族」兩大元素，如果民族已變，文化線索已斷，「雖是同一地方，也不是同一的歷史」。[18] 從這個角度來看，廣義的「西洋」應該包括埃及、巴比倫、希臘羅馬、回教、歐西五個獨立的文化體，各有各的發展，本無法勉強牽合，但歐西人卻喜歡借用希臘羅馬文獻，當作經典崇拜，述說自己的傳統，有意忽略「真正的希臘人與羅馬人已經消滅」，而今「希臘半島與歐西文化完全無關」的事實。[19]

雷海宗在討論中國史分期問題之前，之所以花這麼大篇幅分析西洋史分期的種種矛盾，除了要表明中國史沒有必要隨西洋史三段分期起舞之外，主要目的還在於凸顯中國在世界史上的特殊性。他以淝水之戰為界，將中國分為「古典的中國」和「綜合的中國」，強調古典中國是「純粹的華夏民族」創造文化的時期，而第二週「綜合的中國」則是「胡漢混合梵華同化的新中國」。表面上看來，雷海宗並不像傅斯年那樣強調以「漢族」地位為核心的意義，但字裡行間卻還是可以看出漢族在中國歷史上所扮演的角色，例如他說：

淝水之戰是一個決定歷史命運的戰爭。當時胡人如果勝

18. 雷海宗，〈斷代問題與中國歷史的分期〉，《清華大學社會科學》，2：1（1936 年），頁 6。

19. 雷海宗，〈斷代問題與中國歷史的分期〉，《清華大學社會科學》，2：1（1936 年），頁 9–10。

利，此後有否中國實為問題。因為此時漢族在南方的勢
力仍未根深蒂固，與後來蒙古滿清過江時的情形大不相
同。不只珠江流域尚為漢族殖民的邊區，連江南也沒有
澈底的漢化，蠻族仍有相當的勢力，漢人仍然稀少。胡
人若真過江，南方脆弱的漢族勢力實有完全消滅的危
險。[20]

從這段敘述中可以清楚看出，在雷海宗的觀念裡，漢族才是維
繫中國存亡絕續的關鍵。一旦漢族生存受到威脅，中國便有覆
亡的可能，哪怕胡漢兩族最終還是混合為一，成為一個「新的
漢族」，以及元清兩代亦不免受「異族」統治，這些都不打緊，
因為只要漢民族得以存續，中國便有了再生的力量。好比有明
三百年間，「漢族閩粵系的向外發展，證明四千年來唯一雄立東
亞的民族尚未真正的走到絕境，內在的潛力與生氣仍能打開新
的出路」。[21] 而滿清入主中原之後，一步步走向漢化，雍正的改
土歸流政策，促使西南邊省漢化，更是「滿清對漢族的一個大
貢獻」。[22]

　　雷海宗認為即便在胡漢夾雜的第二週期，漢族仍是造就中
國持續發展的動力來源，綜觀人類的歷史，沒有其他任何文化，

....

20. 雷海宗，〈斷代問題與中國歷史的分期〉，《清華大學社會科學》，2：1
　　（1936 年），頁 20。

21. 雷海宗，〈斷代問題與中國歷史的分期〉，《清華大學社會科學》，2：1
　　（1936 年），頁 26。

22. 雷海宗，〈斷代問題與中國歷史的分期〉，《清華大學社會科學》，2：1
　　（1936 年），頁 27–28。

像中國一樣有過「第二週反老還童的生命」，中國能夠在二千年間維持一個「一統帝國」的局面，保持文化的特性，絕對是人類史上「絕無僅有的奇事」。[23] 雷海宗一方面批評歐西國家在建構自身文化傳統時對近東歷史的攀附，一方面卻嘗試以漢族為基底，建構一個統一而連續不輟的「民族」，用以搏成中國的過去，凸顯中國文化獨一無二的特性，藉此激勵時人迎向中國「第三週偉局」的到來。在此，雷海宗和傅斯年一樣，以歷史串聯民族的過去與未來，使之成為形塑真實的有力見證。

　　從另一個角度來看，有關斷代分期問題的反思，也是對歷史學科內部界域的探索。自晚清重編國史運動以來，留心中國史的學人無不試圖從中國本位立場出發，重新思考如何釐定國史內部框架的問題。在以時間為剖面的斷代史領域裡，最引人爭議且一直難有定論的大概非中國近世史／近代史莫屬。事實上，晚清學人對於「近世」、「近代」之稱，往往攙雜並用，一般來說，「近世」一詞的使用早於「近代」，指涉的時間也較寬泛。最早引進西史分期法的梁啟超，[24] 對此也出現好幾次前後

---

23. 雷海宗，〈斷代問題與中國歷史的分期〉，《清華大學社會科學》，2：1（1936 年），頁 31–32。

24. 西洋三段式分期傳入之後，晚清時人在使用時，並沒有清楚區別「近世史」和「近代史」之間的差異，包遵彭、李定一、吳相湘等人認為梁啟超的〈中國史敘論〉，首先在名詞和觀念上界定了「中國近世史」的意義。見：包遵彭、李定一、吳相湘，〈中國近代史論叢・導論〉，見：包遵彭、李定一、吳相湘編，《中國近代史論叢》，第 1 輯第 1 冊（史料與史學）（臺北：正中書局，1979 年），頁 2。

不一的看法：前引〈中國史敘論〉，梁氏首將中國近世史的開端定在乾隆末年，次年（1902年）寫《中國學術思想變遷之大勢》時，卻將「近世」之義往前推導，改在明亡之時。[25] 及至民國以後，出版《中國歷史研究法（附補編）》（1926年）時，再將清史分為兩期，梁氏強調分期當以「社會變遷作標準」，「皇帝姓氏不換而社會變遷劇烈的，雖然是合，應當分開來研究」，「道咸而後，思想學術政治外交經濟生活，無一不變，不特是清代歷史的大變遷，並且是全部歷史的大變遷」。為此，梁啟超表示：「我們儘可以把道咸以前，劃分一個時期，道咸以後，另劃一個時期」。[26] 梁氏此時再度推翻前說，改以鴉片戰爭作為中國近世史的起點。

　　梁啟超觀點的一再變異，反映了晚清以降學人對於如何界定中國近世／近代史的標準，仍未出現一致性的看法。以上古、中古、近世等線性觀點分期國史的方式，於晚清民初學界雖已逐步取得共識，國族界線和族群界線糾結纏擾的畫面，[27] 在滿漢界域消融之前卻未得緩解；及至民國初成，新的政治共同體

25. 梁啟超，《中國學術思想變遷之大勢》（臺北：臺灣中華書局，1979年），頁77。

26. 梁啟超，《中國歷史研究法（附補編）》（臺北：臺灣中華書局，1981年），頁35–36。

27. 沈松僑認為晚清中國知識分子處在滿漢對峙、國族界線與族群界線相互糾結纏擾，難以釐清的混亂局面，此一情況直接關涉晚清學人對於建構國族界域與歷史分期的想像和主張。參見：沈松僑，〈振大漢之天聲——民族英雄系譜與晚清的國族想像〉，《中央研究院近代史研究所集刊》，第33期（2000年6月），頁89–107。

出現以後，對於國族邊界的想像也開始有了不一樣的思維，過去革命論者「以種族為國族」的主張或是依據朝代分期國史的方式，在新的脈絡下出現不同的詮釋。特別是中國近世／近代史，因直接攸關當代國族的定義而備受關注，反映在歷史分期的開端問題上，尤其顯現出它的浮動性：中國近代究竟應該從滿漢勢力消長的觀點，定義明亡清繼為近世／近代的開端，抑或從國力興衰的角度，視乾嘉時期為近世變遷的關鍵，還是以西力入侵、道咸之變，當作近代的起點，皆各有不同的持論者。

綜觀此一時期中國近世／近代史之作，不少以鴉片戰爭為起點，如李泰棻 (1896–1972) 的《中國最近世史》（1912 年）、[28] 孟世傑的《中國最近世史》（1926 年），[29] 以及高博彥的《中國近百年史綱要》（1928 年）和陳懷 (1877–1922) 的《中國近百年史要》（1930 年）等書，[30] 不約而同皆以道光年間的鴉片戰爭

---

28. 李泰棻的《中國最近世史》原為 1912 年李氏在北京大學預科的講義，共上中下三編，藏北京國家圖書館普通古籍室。該書首編述道光年間到清代末年；第二編則述民國時代；第三編綜論道光以至民初之文明史，其書後因故而遭禁絕，日後才又出版。見：李泰棻，《中國最近世史》上、下冊，收入：沈雲龍主編，《近代中國史料叢刊三編》，第 61 輯（臺北：文海出版社，1990 年），頁 1–21。

29. 孟世傑，《中國最近世史》，第 1 冊（天津：華泰印書館，1926 年），頁 14。此書就事變之足以影響時代者，將近世史分成三期：自鴉片戰爭至各國租借軍港，為積弱時期；自德宗變法至宣統退位，為變政時期；自民國成立以後，則為共和時期。作者於 1931 年改寫原書，以供高級中學之用。孟世傑，《中國近百年史》，上冊（天津：百城書局，1931 年），無頁碼。

為撰述之始。即以 1930 年出版的《中國近百年史要》為例，此書作者陳懷，浙江瑞安人，早年隨叔父陳黻宸 (1859–1917) 編寫《新世界學報》，鼓吹新學，曾作〈方志〉等文呼應民史思潮，該書原為作者 1916 年在北京大學預科任教時所編講義，作者過世多年之後才正式出版，其論點頗能反映民初時人的立場。

　　陳懷於分期概念上雖仿桑原隲藏之說，以清為「近世史」的起點，卻已非朝代分期的思維，他看到的是時代之變，因此他在近世史之外另以鴉片戰爭為界，別出「中國近百年史」，謂吾國學者 「欲知我國今日變遷之由來 , 與世界列國關係之大勢」,[31] 必以研究近百年史為要。陳懷於文中談到中國近百年史有別於前此的兩大特點時表示：我國自黃帝以至於晉，雖有革故鼎新之變遷，卻不過為「同族之戰爭」，改姓氏、易正朔而已。東晉以還，雖有外族入主中原者，亦不過為「同種之戰爭」，從未有如近百年來，重門洞開，藩籬盡撤，歐美不鄰之邦聯袂偕來，虎視眈眈，日圖宰割之事，此其一。其二，自上古以來，中國皆為君主專制之國，君與民之階級，莫不判若霄壤，自歐亞交通，西力東行，始漸知有所謂「法治之國與立憲之政者」，方才日思如何脫離 「專制之網羅」，衝破 「君民之畛域」。[32]

　　陳懷寫《中國近百年史要》時，國界與種界之爭已然淡化，

30. 高博彥，《中國近百年史綱要》，上冊（北平：文化學社，1928 年），頁 1。

31. 陳懷，《中國近百年史要》（廣州：中華書局，1930 年），頁 1。

32. 陳懷，《中國近百年史要》，頁 1–2。

因此他眼中看到近百年來最迫切的問題，已非昔日的同族（漢族）之戰、同種（黃種）之爭，原本劍拔弩張的滿漢關係，因白種侵凌而生「同種」之誼，當君主專制已成陳跡，法治之國、立憲之政，便成了百年追求。陳懷有意將中國近百年史定位於黃白種戰，在此意義下，中國近世史雖可以滿人入關為界，唯西力東來、專制陵夷，卻應從鴉片戰爭講起，中國近百年史顯然必須以當前的國族界域為座標。

除此之外，另有部分學者把分期斷在明末清初，或與有清一代的歷史相始終，如蕭一山 (1902–1978) 在 1923 年出版其代表作《清代通史》時，就曾這樣表示：

> 蓋本書所述，為清代社會之事變，而非愛新一朝之興亡。
> 換言之，即所述清國史，亦即清代之中國史，而非清朝史，或清室史也。故本書又名曰《中國近世史》。[33]

蕭一山強調他的《清代通史》亦可以《中國近世史》視之，就其出版年分來看，清室之亡去之未遠，「近世」的定義，很自然地與清史重合，所不同的只是作者以「時代」的觀點重新詮釋清史，強調從「文化、政治、生計」等方面出發，[34] 而非專注一朝一姓變化的「清朝史」或「清室史」。

就時代遠近而言，清史以其最接近當代，而被視為中國近世史的開端，在意義上似無不妥。傅斯年在前述討論中國歷史分期的文章中，以「種族替代」作為枝分 (subdivision)「近世」

---

33. 蕭一山，〈清代通史·序例〉，《清代通史》（北京：北京出版社，1923年），頁 3。

34. 蕭一山，〈清代通史·序例〉，《清代通史》，頁 2。

的依據，其近世史一、二、三期，一樣以元、明、清三朝為斷。[35] 將朝代更迭繫於時代變化之下，或是部分民初學人最直觀的分期方式。[36]

　　然而，與蕭一山同為大學同學，其後又在北大史學系任教的楊棟林，[37] 則對蕭一山將清史等同於中國近世史的說法，表示了不同的意見，他說：

> 愚以為清主中夏幾三百年。就民族論，則乾嘉以前，乃漢族衰弱之病史，乾嘉以後，則漢族復興之醞釀史也。就政治言，則有清一代，乃專制政治之發達史也，又專制政體之結束史也。就文化言，則海通以前之清代學術，乃由明逆溯而上以迄周秦之縮演史也。海通以後，則東西洋文化將發生接觸機會之過渡史也。就社會言，則百

---

35. 傅斯年，〈中國歷史分期之研究〉，收入：傅斯年，《傅斯年全集》，第 4 冊，頁 183。

36. 蕭一山在《清代通史》中嘗試以種族盛衰、文化變遷、政治因革、經濟趨勢等標準，將中國史分為五期：㈠上古期：漢族成育時代，自太古至秦一統；㈡中古期：漢族全盛時代，自秦一統至唐亡，凡 1127 年；㈢近古期：蒙古族盛勢時代，自五代至明，凡 737 年；㈣近世期：滿族主政時代，亦即西力東漸時代，自清初至滅亡，約 270 年；㈤現代期：五族團結時代，亦即東西融合時代，自民國告成以後是也。觀蕭氏之分期方式，仍不脫將朝代繫於時代變化的分法。見：蕭一山，〈清代通史‧導言〉，《清代通史》，頁 2–3。

37. 楊棟林於 1923 年前後曾於北京大學開設過本國近世史一課。見：〈國內五大學歷史系學程一覽〉，《史地學報》，2：7（1923 年 11 月），頁 147。

> 年前為東亞民族同化於漢人之歷史。近今百年,則東西
> 人類交通之發達史也。其關係綦重,內容複雜,有如此
> 者。吾嘗有志於此,擬編《近世中國史》一書問世,久
> 未脫稿。[38]

根據楊棟林的看法,中國近世史經緯萬端,既可以由政治而論,也可以從民族、文化、社會發展的角度切入;楊氏認為若單就政治來看,固可以合「有清一代」而觀之,視其為專制政體由發達到終結之歷史;但就民族史、文化史和社會史的發展來看,乾嘉時期、明末海通之際,以及鴉片戰爭,就成了不可忽視的關鍵。這也就是說,如果只以政治史的角度來看清代史,自可逕述清朝由盛到衰的歷史,與清祚相始終;但是若要從其他的「時代特徵」或論述角度切入時,中國近世史就不能完全等同於有清一代的歷史了。

　　楊棟林認為不能單從政治史的角度把握中國近世史的看法,倒與梁啟超的觀點不謀而合。在前文業已提及的《中國歷史研究法(附補編)》中,梁啟超主張從斷代史的角度寫中國近世史時,固當以「道咸為界」,如若從專史的角度出發,以道咸為起點的作法便不見得適用,他表示:專史的時代不能完全跟著政治史走,譬如「近代外交史,不能以明清分,要看外來勢力做標準。葡萄牙人、荷蘭人到中國,在明嘉靖以前,為一時代,嘉靖以後到清道光《南京條約》另為一時代。道光到中日戰爭另為一時代,往後到今日再一時代」。[39] 梁啟超從斷代史和

---

38. 楊棟林,〈清代通史・序〉,見:蕭一山,《清代通史》,頁 1。

39. 梁啟超,《中國歷史研究法(附補編)》,頁 172。

專史的意義上區別分期的概念，顯然思慮更詳。

　　或許從今天的角度來看，鴉片戰爭與西人東來，已成為論述中國近代史起點的不二視角，然而對民初學人而言，他們在逐漸擺脫朝代分期的方式之後，究竟希望從什麼意義去把握「近代」，其實還未有明確的共識。或許可以這麼說，當上古、中古、近世這套帶有西方俗世觀點的分期方式，輾轉由日本傳入中國時，伴隨這套分期方式而來的直線與進步的概念，[40] 便已經對中國史的書寫形態產生一定程度的影響，因此，與過去相銜的「近代」，究竟在什麼意義、什麼條件下，有著與「過去」不同的特點？而此一特點既能體現近代文明所篤信的價值，又能保有摶成中國的力量，從這個角度來看，如何定義「中國近代史」的開端，實際上也就是在探尋中國從什麼時候開始進入「近代」？以及這個「近代」所具有的意義與特質。

　　於是明末的中西海通與文化交流、清人入關之後滿漢勢力的消長，或是乾嘉時期國勢由盛轉衰，以及鴉片戰爭之西力東來，都被視為可以定義中國近世／近代的開端。蕭一山有意從「文化、政治、生計」演繹清史，並將清史視同中國近世史，充分體現出從「時代」表徵出發，尋求「集體同一性」的視角。與此不同的是，為《清代通史》作序的李大釗 (1889–1927)，毋寧更願意由「中國國民史」的角度理解近世的意義。[41] 而楊棟

---

40. 喬伊絲・艾坡比 (Joyce Appleby)、琳・亨特 (Lynn Hunt)、瑪格麗特・傑考 (Margaret Jacob) 著，薛絢譯，《歷史的真相》（臺北：正中書局，1996 年），頁 48–66。

41. 李大釗，〈清代通史・序〉，見：蕭一山，《清代通史》，頁 2。

林則傾向從東亞民族盛衰、中國與世界的關係，以及地方社會等方面，重新理解有清一代的歷史。凡此種種，無不代表此一時期多元觀看的視角，以及解讀中國近世／近代史的眼光。然而吾人要問的是：究竟是在什麼語境和知識架構下，中國近世／近代史的意義與分期，會從民初如此多元並立的畫面，走向愈來愈以鴉片戰爭為起點、內亂外患為主軸的敘事模式？以及後來的學人又何以獨厚政治史、外交史的取徑，串聯這段國難深重的歷史？或許，「中國近代史」這門次學科領域建構的過程，可以幫助我們找到問題的答案。

二、大學設科——中國近代史

從學術發展的角度來看，晚清新式學堂對 20 世紀中國整體學術樣貌產生最關鍵影響的，莫過於西式分科的教育形態。學堂分科肄習的方式，逐漸取代傳統官學書院以經史為主的講授內容，從而帶進各種不同類目的中西學課程。中國史和西洋史也開始並列於學堂教育之中，各級由書院、州縣學改制而來的新式學堂，紛紛以「通今致用」、「詳近略遠」為目標，設置中、西史課程。1897 年（光緒二十三年）湖南巡撫陳寶箴招考湖南時務學堂學生時，將魏源 (1794–1857) 的《聖武記》、王闓運 (1833–1916) 的《湘軍志》與《左傳》、《通鑑》等書，並列於學堂講授，[42] 這種強調由「當代史」考求世變的途徑，對過去慣

---

42. 陳寶箴，〈招考新設時務學堂學生示〉，收入：朱有瓛主編，《中國近代學制史料》，第 1 輯下冊（上海：華東師範大學出版社，1986 年），頁

由《史鑑節要》、《綱鑑易知錄》或《御批通鑑輯覽》中獲取歷史知識的讀書人來說，應有一番全新的意義。

　　一貫強調由體用、主輔概念來看待中西學的張之洞 (1837–1909)，在《勸學篇》中也把史學定位為一種致用之學，他認為但凡可為「今日鑑戒」，或「可資今日取法」之事實與典章制度，才是學堂講授史學時必須傾重的內容。[43] 因此在他日後主導擬訂的《奏定學堂章程》（光緒二十九年）中，大學文科之「中國史學門」便有國朝事實、中國古今外交史和中國古今歷代法制考等科目之設。[44] 例如國朝事實一科，指明以正續《東華錄》、《聖武記》及《皇朝政典》作為講習範圍；中國古今外交史則指定參照日人編寫的《支那外交史》。[45] 這份代表官學體系正式向西方教育體制轉化的指標性文獻中，開始將國朝事實、中國古今外交史和明清史一類有關當代史和外交史的科目正式

271。

43. 張之洞有言：「史用之大端有二：一事實，一典制。事實擇其治亂大端，有關今日鑑戒者考之，無關者置之。典制擇其考見世變，可資今日取法者考之，無所取者略之」。張之洞，《勸學篇·內篇》，見：沈雲龍主編，《近代中國史料叢刊》，第 9 輯 （臺北：文海出版社，1967年），頁 31。

44. 張百熙、榮慶、張之洞，《奏定學堂章程·大學堂附通儒院章程》，收入：璩鑫圭、唐良炎編，《中國近代教育史資料匯編——學制演變》，頁 352–353。

45. 張百熙、榮慶、張之洞，《奏定學堂章程·大學堂附通儒院章程》，收入：璩鑫圭、唐良炎編，《中國近代教育史資料匯編——學制演變》，頁 351–352。

納入學堂考課的項目，打破以往今人不論當朝史的成例；而以《聖武記》、《東華錄》、《皇朝政典》等書為講授範圍，更有從當朝盛衰大勢、成敗得失中，探尋解決現實社會危機的意義，表現出濃厚的致用性質與資治色彩。

　　民國以後，教育部公布的《大學令》，基本上延續了清末《奏定學堂章程》中即已奠定的學科體制，史學在成為一門具有現代意義的學科過程中，開始探尋學科內部的分類架構，以時間（通史、斷代史）／地域（區域史、國別史）／事類（專史）為標準的分類方法，逐漸成為新一代學人類別史籍的原則，以及各大學歷史學系擬訂課程、培養人才的基本架構。[46] 而中國近代史即屬於以時間為分類標準之斷代史課程群的一支。即以最早設立的北大史學系而言，[47] 該系自 1919 年全校改行學系與選科制之後，便設有中、西各斷代史，[48] 1920 年以後正式仿

---

46. 有關現代中國史學學科內部分類架構的形成，請參見：劉龍心，《學術與制度：學科體制與現代中國史學的建立》（臺北：遠流出版事業公司，2002 年），頁 198–204。

47. 民國成立，由京師大學堂改制而來的北京大學，在 1917 年以前實際上一直未設立史學科系，而文科中國史學門則是在 1917 年蔡元培接長北大以後才成立的。見：北京大學編，《北京大學規程》（北京：北京大學，1914 年），頁 20。朱希祖，〈北京大學史學系過去之略史與將來之希望〉，收入：國立北京大學卅一週年紀念會宣傳股編，《北京大學卅一週年紀念刊》（北平：國立北京大學，1929 年），頁 70。

48. 國立北京大學志編纂處編，《北京大學校史》（北平：國立北京大學志編纂處印行，1933 年），頁 8。國立北京大學編，《國立北京大學史學系課程指導書》（北京：國立北京大學，1925–1926 年），頁 1–2。

照西洋斷代標準，設立中國上古史、中國中古史和中國近世史等課，[49] 是為民國以後最早設立中國近世史的大學。

稍晚，東南大學亦於 1924 年設有中國近百年史，由柳詒徵負責講授。根據當時就讀東南大學歷史系的郭廷以 (1904–1975) 回憶，柳詒徵的中國近百年史由「鴉片戰爭講到近代約七十多年」，授課時常常因缺乏材料，而要求學生直接閱讀《東華錄》、《聖武記》和《清史紀事本末》等書。[50] 柳詒徵離開東大後，又有劉崇鋐 (1897–1990) 開設中國近五十年史，1926 年羅家倫回國，中國近百年史一課即由他接替柳詒徵講授。[51] 郭廷以晚年回憶：羅家倫在東南大學雖然只擔任了半年的課程，但是由於他非常重視外國資料及西人著作，開啟了郭氏研究近代史的視野，[52] 而羅、郭二人亦因這半年的師生關係，結下了一生不解

---

49. 〈國立北京大學講授國學之課程並說明書〉，《北京大學日刊》，第 6 分冊（1920 年 10 月 19 日），第 3–4 版。

50. 《清史紀事本末》於訪問紀錄中誤植為《清朝紀事本末》。參見：張朋園、陳三井、陳存恭、林泉等訪問，陳三井、陳存恭紀錄，《郭廷以先生訪問紀錄》（臺北：中央研究院近代史研究所，1987 年），頁 129。

51. 張朋園、陳三井、陳存恭、林泉等訪問，陳三井、陳存恭紀錄，《郭廷以先生訪問紀錄》，頁 148–149。

52. 郭廷以回憶羅家倫影響他最大的兩方面，一是注意外國資料，一是研究近代史。改變了郭氏過去以為外國人只作中西交通史的誤解。郭氏於大學時期亦因羅家倫的啟發，注意到英國與遠東的關係，並於畢業寫成十多萬字的《英國在遠東的發展》報告，奠定他日後研究中國近代史的基礎。見：張朋園、陳三井、陳存恭、林泉等訪問，陳三井、陳存恭紀錄，《郭廷以先生訪問紀錄》，頁 149。

之緣。

　　整體而言，1920 年代中期以前，設有歷史科系的大學本就為數不多，開設中國近代史、中國近世史或中國近百年史一類課程的學校更寥寥可數，以筆者寓目的資料而言，唯北京大學、東南大學及廈門大學等校，[53] 其他部分私立大學（如南開大學、滬江大學）、[54] 教會大學（如燕京大學、聖約翰大學），或學制體例尚未確立的學校（如清華學校），皆極少關注中國近代史。其中原因，概與師資缺乏有密切關係，即以上述設有中國近代史課程的學校而論，1920 年代中期以前，擔任此一課程的教師大多不以近代史研究見長，授課講義多以剪輯資料編成，[55] 且有一人兼授多門性質完全不同的科目，[56] 真正投身近代史研究

---

53. 廈門大學編，《廈門大學佈告》，1：1（1921–1922 年），頁 86–88。

54. 滬江大學於 1923–1924 年設有中國近代史，但由外國人擔任講授。〈國內五大學歷史系學程一覽〉，《史地學報》，2：7（1923 年 11 月），頁 149。

55. 1929 年朱希祖於北大史學系開民國史一課，即被學生指出上課只在「黑板上抄寫舊報紙為敷衍」，或以高博彥所編《中國近百年史綱要》中的篇章為印發講義。見：朱希祖，〈辯駁「北京大學史學系全體學生驅逐主任朱希祖宣言」〉，《北京大學日刊》，第 8 分冊（1929 年 12 月 9 日），第 3 版。

56. 洪允祥一人於 1925–1926 年同時講授中國近古史和中國近世史兩門功課，概由宋、元以後一直上到民國。見：國立北京大學，《國立北京大學史學系課程指導書》（1925–1926 年），頁 2–4。國立北京大學，《國立北京大學史學系課程指導書》（北京：國立北京大學，1924–1925 年），頁 2–3。此外，柳詒徵在東南大學時期，即同時兼任中國

與教學者可謂絕無僅有。

　　對照此一時期出版以《中國近世史》一類為名的書籍，也大多是為中學教學之用而編寫的教科書，[57] 不但內容近似，參考引用的資料也十分有限，[58] 很多甚至是直接改寫其他版本的著作編輯而成。[59] 這個現象充分反映此一時期中國近代史研究荒疏的情形。

　　因此嚴格說來，中國近代史這個領域真正獲得突破性的發

近百年史、中國文化史、印度史、北亞史等課。見：張朋園、陳三井、陳存恭、林泉等訪問，陳三井、陳存恭紀錄，《郭廷以先生訪問紀錄》，頁 129。

57. 即以孟世傑的《中國最近世史》為例，此書後經多人輾轉改編或引用，但其著作本身即為應高級中學教科之用而編寫，其參考資料亦不出稻葉君山《清朝全史》或劉彥《中國近時外交史》等著作。見：孟世傑，《中國最近世史》，頁 1–3。

58. 高博彥任教於南開中學時，原以孟世傑所編《中國最近世史》為教本，後因篇幅過大，不適學校教學之用，才以孟書為本，刪繁就簡，輯成《中國近百年史綱要》。見：高博彥，《中國近百年史綱要》，上冊，頁 1。

59. 如王蘧常的《中國近百年史問題研究》，作者即直言乃採擷高博彥所著《中國近百年史》而成。見：王蘧常，《中國近百年史問題研究》（北平：作者自印，1929 年），頁 1。事實上，中國近代史教科書的缺乏，一直到抗戰時期還是很嚴重，唐德剛回憶戰時他在沙坪壩中央大學上郭廷以中國近代史課的筆記，即為他的中學老師借去，作為國立社會教育學院的授課講義。見：唐德剛，〈教我做 research 的啟蒙老師——紀念業師郭廷以教授逝世二十週年〉，收入：陳三井主編，《走過憂患的歲月——近史所的故事》（臺北：中央研究院近代史研究所，1995 年），頁 7–26。

展，要到 1920 年代中後期，也就是羅家倫、蔣廷黻等人在大學講授中國近代史一課以後。1926 年羅家倫離開東南大學，不久之後出任清華大學校長，並在歷史系首開中國近百年史，[60] 以鴉片戰爭為起點，著重五次對外戰爭（鴉片戰爭、英法聯軍、中法戰爭、中日戰爭和八國聯軍）和太平天國、辛亥革命及國民革命的經過。[61] 羅家倫於授課期間，非常重視中西史料的比較研究，為了鼓勵學生從專題研究做起，他於 1930 年還另開一門中國近代史專題研究，以介紹中外史料為主，引導學生如何從搜集、考訂、批評史料著手，對鴉片戰爭以後的問題，做「小範圍」具體而深入的分析。[62]

羅家倫於清華授課期間，無意中和郭廷以二人注意到一份未注明作者的《近代外交史輯要》油印本講義，經調查後發現是出自當時還在南開大學任教的蔣廷黻之手，[63] 因此羅家倫便以高薪聘請蔣廷黻到清華開課，並擔任歷史系主任。[64] 蔣廷黻

---

60. 這門課根據郭廷以回憶，由羅家倫與他二人合開，郭氏主講鴉片戰爭、魏源的海防思想和洋務運動等專題。見：張朋園、陳三井、陳存恭、林泉等訪問，陳三井、陳存恭紀錄，《郭廷以先生訪問紀錄》，頁 194。

61. 國立清華大學，《國立清華大學學程大綱（附學科內容說明）》（北平：國立清華大學編印，1929 年），頁 1。

62. 國立清華大學，《國立清華大學一覽》（北平：國立清華大學編印，1930 年），頁 64–67。

63. 蔣廷黻時在天津南開大學原以教授西洋外交史為主，開有帝國主義史、歐洲近五十年外交史等課。後來由於受到何廉的鼓勵，致力於中國外交史的研究，1929 年前後始開設中國外交史，專門討論近四百年的中外關係。見：《南開大學一覽》（1929 年），頁 18–22。

來到清華後，即以外交史研究為重心，開設中國外交史和中國外交史專題研究兩門課，著重講授「中國加入世界國際系統之過程」，並特別留意「中國方面之外交史料」，特別是專題研究一課，蔣廷黻每學期設定十次專題討論，集中以下三方面的問題：㈠中國外交史之學術成就，㈡尚待解決的問題，㈢中外史料之概況，指導學生自訂範圍，選題研究。[65] 與此同時，羅家倫和蔣廷黻二人並於 1930 年前後，在北大史學系開設鴉片戰爭及太平天國史，以及中國國際關係史，[66] 對於深化以史料為基礎的中國近代史專題研究，做出了前導性的貢獻。

北伐之後，國內高等教育急遽成長，各大學設置歷史科系的數量增多，各校在課程設計上，也逐漸回歸學科性質本位的立場，開始著重基礎性科目，因此斷代史漸漸成為各校歷史系的必修科目之一，而中國近代史一類的課程，在開課比例上乃大幅增加。[67] 中國近代史、中國近百年史和中國近世史等課的起訖斷限與講授範圍，也開始出現比較明顯的分疏。一般而言，

64. 張朋園、陳三井、陳存恭、林泉等訪問，陳三井、陳存恭紀錄，《郭廷以先生訪問紀錄》，頁 192。

65. 國立清華大學，《國立清華大學一覽》（1930 年），頁 64–67。

66. 〈北京大學史學系課程一覽〉，新晨報叢書室編，《北平各大學的狀況》（北平：新晨報營業部，1929 年初版，1930 年增訂再版），頁 26–27。

67. 設有中國近百年史的學校，如中央大學、暨南大學、中山大學、輔仁大學、大夏大學、復旦大學、金陵女子文理學院等，而課程以中國近代史為名的學校有：武漢大學、上海大學、光華大學、廈門大學、聖約翰大學等；另有開設中國近世史者，如省立河南大學、齊魯大學、暨南大學、光華大學、四川大學、復旦大學等校。

中國近代史或中國近百年史，多由鴉片戰爭為啟始，講授至民國成立、五卅運動或北伐完成；而中國近世史則多半上溯至明朝中葉中西交通為起點，下限到清中葉道光以前，或是辛亥革命，以至 1920 年代。然而，這當中也有一些例外，如陳訓慈(1901–1991) 在中央大學開設的中國近世史，雖從明代中葉中西交通開始，卻只授至清中葉為止，清中葉以降至 1920 年代則劃歸中國現代史。[68] 不過一般大學在 1937 年以前，設立中國現代史者不多。[69]

總體來說，各校紛紛設立中國近代史一類的課程之後，鴉片戰爭在近代史上的關鍵性意義就不斷地被強調，而以鴉片戰爭為起點的講授方式也占了絕大部分，即使少數不以鴉片戰爭為起點者，亦以鴉片戰爭為近代史上的轉捩點，強調此一戰爭帶給中國的巨變與影響，並著意講授外力衝擊、戰爭、條約、內亂等「內憂外患」的史實，以及這門課為中國現狀和實際問題所提供的參照作用。如暨南大學中國近百年史之講授者，即

---

68. 〈第二科文學院概況·課程及課程說明〉，《國立中央大學一覽》（南京：國立中央大學，1930 年），頁 54–59。

69. 此一時期各校少有設立中國現代史者，有關辛亥革命以後的歷史多附加在中國近代史一課中講授。另有以專史形式出現者：如河南大學的中國革命史，即以總理革命為中心，上溯歷次種族革命，迄於近代國民革命之史實。見：〈文學院一覽〉，《河南大學一覽》（1930 年），頁 74。大夏大學也以中國近代民權運動史為名，專講清季以來君憲、革命派之活動，以及民國成立之後，政黨變遷、憲法起草經過、女子參政、華僑參政，以及勞工農民組合之起源等議題。見：《私立大夏大學一覽》（1930 年），頁 17–23。

聲稱：

> 本課程在剖析十八世紀末國際及國內社會背景，鴉片戰爭以前，中國社會及滿洲政府狀況，鴉片戰爭以後，中國社會所發生的經濟政治，文化思想等等變端，以及各種重大事變之經過，俾學者可以瞭然于今後中國，各種問題之解決的方案是若何。[70]

武漢大學陳恭祿 (1900–1966) 在中國近世史一課中，亦清楚地表述其課程內容在敘述「歐人來華貿易」之後至民國以來，中國的內政、外交問題；著重講授「訂約通商之經過，太平天國捻回苗之擾亂，戰後之善後問題，改革之失敗，土地屬國之次第喪失，軍港租借，仇教排外運動所受之損失」，以及「清末之改革，黨人之活動，清帝之遜位」等史實，並藉此「交互影響說明史蹟造成之背景與原因，使學生明瞭現時國際上中國之地位，及國內之主要問題」。[71]

在以西力入侵為敘事骨幹的中國近代史課程中，講授者莫不把鴉片戰爭視為決定性的一戰，並以此戰役為核心，用以鋪陳在此之前中國內部的社會背景，以及在此之後一連串的外侮事件；於是戰爭、條約所牽動的外交問題和因應外力入侵而起的改革、革命，就幾乎成為所有中國近代史的敘事主軸。1930年郭廷以在河南大學歷史系講授中國最近世史時，即強調該課「尤注意民族衰弱與外侮之關係」，以及「關係種族問題與國際

----

70. 〈學程一覽及課程綱要‧史學系學程綱要〉，《暨南大學一覽》（1935年），頁 19–21。

71. 《國立武漢大學一覽》（1933 年），頁 21–24。

問題之事實」。[72] 將西人東來與西力入侵,視為引動近代中國劇變,造成外侮踵至、民族衰弱的主因,在中國近代史的敘事主軸裡,愈來愈占有關鍵性的意義。此外,大夏大學中國近百年史的授課者,[73] 在強調鴉片戰爭作為近代開端的同時,更將百年之變歸諸帝國主義的侵略,他說:

> 鴉片戰爭之後,我國備受帝國主義之侵凌,時至今日,仍處於百劫莫復之地位。在此百年中,我國經濟政治,動輒受不平等條約之束縛,幾夷為帝國主義之附庸。清之末季,改革之聲起,經辛亥革命,五四運動,五卅運動,民眾始漸有覺悟。帝國主義之地位逐漸動搖。本學程以帝國主義之壓迫我國及我國應付帝國主義之方法為研究之骨幹。[74]

急迫的現實問題,促使 1930 年代中國近代史的講授者不約而同把目光聚集在內亂外患交乘的史實中。而「帝國主義」亦逐漸成為形構新國族概念下唯一的敵體,它不但指涉西方列強,更包括了由北南侵的俄國,以及東亞新興的日本。帝國主義的入侵,在此成為貫串史實的唯一主軸,一切的國恥、國難無不由此而起,所有的改革、覺醒,也都黏附在這個意義下。中國近代史的研究講述者,從現實出發,建構以國難、國恥為主調的

---

72. 〈文學院一覽〉,《河南大學一覽》(1930 年),頁 74。

73. 《大夏大學一覽》中雖無列授課者姓名,但推斷其中國近百年史之授課者極有可能為左舜生。

74. 大夏大學編,《私立大夏大學一覽》(1929 年),頁 20–23;(1931 年),頁 18–20;(1933 年),頁 43–47;(1936 年),頁 18–22。

中國近代史；晚清民初從滿漢地位升降觀看近世發展變化的線索，至此悄然轉換，各大學歷史系的明清史講授者，極有默契的把清史下限定在西力東侵之前，「與國外接觸」的歷史一概畫歸近百年史的範圍，[75]「西方」、「列強」，或「帝國主義」，便成為建構新國族界域的唯一「他者」。

　　「九一八」事變爆發，1930 年代中日問題逐漸激化，中國近代史愈來愈強調西力入侵及外患、事變所帶來的影響；表現在專史課程上，外交史的大量開設更反映了現實的變化。根據筆者粗估，各大學歷史系所開設專史課程中，以中國外交史、中西交通史、中國民族史、中國學術史的開課比例最高。其中中國外交史和中西交通史，尤其與中國近代史相關，同時也是各專史課程中開課比例最高的兩門課。除前述蔣廷黻在南開大學時已開始講授中國外交史之外，[76] 羅家倫於武漢大學也開過近代中國外交史，[77] 該課將 1516 年中西航路大通至 1930 年代

---

75. 如北大講授明清史的孟森，在授課計畫裡明言：「明清史據本校課程計畫，以明史及清代乾隆末年以上為一段落；以後則與國外接觸漸繁，作為近百年史範圍。故本課目擬本此編製講義，但仍以明清各自分代。惟紀清代講義，止編乾隆末年，其間亦自分段落」。見：國立北京大學，《國立北京大學史學系課程指導書》（1932 年至 1933 年適用），頁 6–15。

76. 這門課蔣廷黻主要討論的範圍是 16 世紀以降四百年的中外國際關係。見：《天津南開大學綱要》（1929 年），頁 18–25。

77. 羅家倫於 1930 年 10 月請辭清華大學校長之後，隨即受聘至武漢大學歷史系，不過羅氏於武漢大學授課時間相當短，不到半年即因蔣介石任命，轉任中央政治學校教務主任兼代教育長。見：劉維開，《羅家倫

之中國外交史分為四期：㈠1516 年葡萄牙人東來至 1793 年馬戛爾尼使華為止；㈡近代中國外交史之背景（1793–1860 年英法聯軍入北京），注重此衝突時期內喪失之國權；㈢1860–1918 年歐戰終止，講述此屈伏時期內國權之繼續喪失；㈣討論此時期內國權之收復（1902 年《馬凱條例》至最近）。羅家倫除自編講義外，並以馬士 (Hosea Ballou Morse, 1855–1934)、柯蒂埃 (Henri Cordier, 1849–1925)、丹尼特 (Tyler Dennett, 1883–1949) 等西人著作和《三朝籌辦夷務始末》為參考書。[78]

「九一八」事變之後，各校開設中國外交史相關課程的比例大幅增高。北大、清華兩校原來由蔣廷黻開設的中國外交史和中國外交史專題研究，在蔣氏 1935 年出任行政院政務處長，次年派駐蘇聯大使之後，原課程由剛剛學成歸國的邵循正 (1909–1972) 接替。留學日本的王信忠 (1909–?) 此時也因中日關係激化，應時講授近代中日外交史。[79] 著有《帝國主義壓迫中國

年譜》（臺北：中國國民黨中央委員會黨史委員會，1996 年），頁 93。

[78] 羅家倫於此僅說明：「兼用 Morse、Cordier、Dennett 諸人著作」，並未明言著作之名。據此推斷 Morse 之書應為：H. B. Morse, *The International Relations of the Chinese Empire* (London: Longmans, Green, and Co., 1910–1918)；Henri Cordier 之書或指：*Histoire des relations de la Chine avec les puissances occidentales, 1860–1900* (Paris: Alcon, 1901–1902); Tyler Dennett 之書應指：*Americans in Eastern Asia: A Critical Study of the Policy of the United States with Reference to China, Japan, and Korea in the 19th Century* (New York: Macmillan Company, 1922)；國立武漢大學，《國立武漢大學一覽》（1930–1931 年），頁 51–57。

史》的劉彥 (1880–1941)，在「九一八」之後也在輔仁大學開設近世中國外交史，該課由康熙二十八年《尼布楚條約》訂定開始，講到日本占領東三省為止，主要講述「中國近世以來之一切外交事件」，並以「各帝國主義侵略中國之次第，與中國由一等國變成二等國，由二等國變成三等國，乃至變成今日之地位」，說明「每次被害之事實」，及「國際地位之變遷」。劉彥強調近世中國外交史實際上就是一部「中國被侵害史」。[80]

1934 年武漢大學分別由時昭瀛 (1901–1956) 和郭斌佳 (1906–?) 二人於同年開設中國外交史和遠東近世史，強調近 150 年間中國與遠東各國的外交關係。[81] 燕京大學的洪煨蓮 (1893–1980) 則開設遠東近世史，講授馬戞爾尼來華之後遠東與西洋的政治、商業、文化關係，指定學生閱讀馬士的 *Far Eastern International Relations*，稻葉君山 (1876–1940) 的《清朝全史》以及王芸生 (1901–1980) 的《六十年來中國與日本》等書。[82] 其他如中山、中央、輔仁、齊魯、聖約翰和復旦大學等，歷年也都有中國外交史、中國近世外交史、近代國際關係史和中日外交

79. 〈文學院歷史學系學程一覽〉(1936–1937 年)，收入：清華大學校史研究室編，《清華大學史料選編》，第 2 卷上 (北京：清華大學出版社，1996 年)，頁 342–348。

80. 輔仁大學，《輔仁大學文學院史學系課程組織及說明》(北平：輔仁大學刊，1933 年)，頁 10–13。

81. 國立武漢大學編，《國立武漢大學一覽》(1934 年)，頁 23–25。

82. 北平私立燕京大學，《北平私立燕京大學一覽》(北平：私立燕京大學編印，1937–1938 年)，頁 103–104。

史等課程。[83] 這些課程一般多由 16 世紀中西通商，講授至 1930 年代中國外交現況為止，因此清代以來歷次的外交失敗、不平等條約的內容和列強在華利權，以及廢約運動、新約訂定等幾乎都是少不了的主題。[84]

專史課程群裡，另一個熱門的講授課題就是中西交通史，這門課最初多由漢代張騫通西域講起，自 1930 年代以後其關注範圍亦向下延伸至明代中葉，甚至清乾隆末年。曾在北京各大學（輔仁、北大、清華、燕京、北平師範大學）講授此一課程的張星烺 (1888–1951)，把中西交通史分為三期：第一期由漢至宋，第二期專講元代，第三期則以明中葉至乾隆末年為重心。[85] 1935 年以後，張星烺更以歐化東漸史作為中西交通史的延續，課程內容特別著重 16 世紀葡萄牙人東來，西洋各國對中國之通商外交關係，以及基督教傳教士在華工作情形，與中國留學生

83. 齊魯大學中國近世外交史由 1517 年論至 1920 年代，強調「中國與列強之交涉，條約之締訂，領土權利之喪失和最近外交之變化」。見：《私立齊魯大學文理學院一覽》（1932 年），頁 73。St. John's University,"Courses of Study, 1938", *Courses of Study, from 1938 to 1949*, pp. 15–16.（上海檔案館藏）。〈輔仁大學史學系課程表〉，《私立輔仁大學一覽》（1937 年），頁 76–82。〈各學系課程〉，《復旦大學一覽》（1930 年），頁 17–21。

84. 《國立中央大學一覽》（1930 年），頁 54–59。

85. 國立北京大學，《國立北京大學史學系課程指導書》（北平：國立北京大學 1932 年至 1933 年適用），頁 6–15。國立北京大學，《國立北京大學史學系課程指導書》（北平：國立北京大學，1934 年），頁 256–265。

的海外活動。[86] 除此而外，北大陳受頤 (1899–1978) 則以 17–18 世紀中歐文化的交互影響為探討主題，開設近代中歐文化接觸史，[87] 與向達的明清之際西學東漸史輪流講授。其中向達所授內容更偏重明末歐人東來，天主教士藉西學布教等內容，對於明末清初傳入之西學亦分類標舉，述其大要，著意探討中國士大夫對西學的態度、康雍乾三朝之禁教，以及西學中絕等問題，希望藉此了解「三百年前中西思想之衝突」，「可以資今日之借鏡也」。[88]

　　經過專史課程進一步的分化，1930 年以後中國近代史的研究範圍和關注焦點，出現了一種更加集中的現象，透過外交史與中西交通史的敘事模式，中國近代史愈益形構出它以西人東來所引發的歷史變貌，作為貫串史實的架構，並強調帝國主義入侵、國權土地的喪失，以及中國相應拒斥到接納西學的過程，對於凝聚現代國族所具有的意義。像是羅家倫在〈研究中國近代史的意義和方法〉一文中，即一再強調以鴉片戰爭為中國近代史的開端，最主要的意義在於：「認定這件事對於中西短兵相接後，所發生的各種影響」，因為在此之後「中國確實和西洋一天一天的增加了許多國際關係，發生了許多深刻的影響，不祇

----

86. 輔仁大學，《北平輔仁大學文學院概況》（北平：輔仁大學編印，1935 年），頁 66–70。

87. 國立北京大學，《國立北京大學史學系課程指導書》（1932 年至 1933 年），頁 6–15。

88. 國立北京大學，《國立北京大學史學系課程指導書》（1934 年），頁 256–265。

是軍事、經濟和所謂一切物質文明，因此發生了新的局勢，而且政治制度、社會制度和文化基礎，也因此受了劇烈的震動的變更」。所以他認為「要研究中國政治的改革和變動，非打通國際的情形來看不可；要研究社會的變化和生活，非綜合他國的現象來看不可；要研究文化的演進，非考察世界的學術思想不可」。[89] 在羅家倫的詮釋體系裡，近代中國一切政治、經濟、文化、思想、學術的變動，無不因應西方而起，中國之希望走進世界，甚而與西方世界分庭抗禮，都必須在近代中西關係上找尋歷史發展的意義。因此，在這個中國走向西方的敘事主軸裡，羅家倫將中國近代史分成四個段落：

  ㈠ 1834–1860 年，為衝突時期。

  ㈡ 1861–1895 年，為屈伏時期。

  ㈢ 1896–1919 年，為乞憐時期。

  ㈣ 1920 年至現在（1929 年），為國民革命時期。[90]

在這四個分期段落裡，羅家倫的分期標準完全環繞在西力入侵後所引動中國的變化上，「西方」成了牽動近代中國發展的唯一動因，「列強」相對於中國的意義於焉產生。

  事實上，羅家倫的看法並非一隅之見，1930 年代以後，愈來愈多的史家在形塑中國主體性的過程中，不斷地靠著「拒斥

---

89. 羅家倫，〈研究中國近代史的意義和方法〉，《武漢大學社會科學季刊》，2：1（1931 年 7 月 16 日），頁 136–137。

90. 羅家倫，〈對於中國近代史應有的認識〉，收入：羅家倫先生文存編輯委員會編，《羅家倫先生文存》，第 5 冊（臺北：國史館、中國國民黨中央委員會黨史委員會，1976 年），頁 37–39。

異己」的論述來完成。胡竹山曾謂：「要了解西方勢力侵入中國後的情形，應該研究中國近百年史。倒過來說寫中國近百年史，也必以西方勢力之侵入為核心」。[91] 他認為「西方勢力的侵入」和「中國勢力對它的反應」，才是中國近百年史撰著的主要系統。曾經在金陵大學、武漢大學等校教授中國近代史的陳恭祿也以為：「近百年內，中國國際關係根本改變，思想、學術、政治制度、社會經濟莫不受外影響，其事蹟迥異於前古」。[92] 其說即有意以「外力」來凸顯「中國」。郭廷以也主張從「中西關係」上來解讀「近代中國」，因為近代以來中國所有的變化，「無一不直接或間接」受到中西關係改變的影響。[93] 此一認知也影響到郭氏日後研究的主要方向。此外，呂思勉 (1884–1957) 在光華大學和抗戰時期淪陷區的青雲、輔華兩校講授中國近代史時，則索性把中國近代史分為「中國受外力壓迫之時代」和「中國受外力壓迫而起反應之時代」。[94] 外力的壓迫在此更成為

----

91. 胡竹山，〈中國近百年史・胡序〉，見：開江、文清合編，《中國近百年史》（出版地不詳：青江書店，1934 年），頁 4。

92. 陳恭祿，〈中國近代史・自序〉《中國近代史》（上海：商務印書館，1935 年），頁 2。

93. 郭廷以，《近代中國史》，後收入：民國叢書編輯委員會編，《民國叢書》，第 1 編第 78 冊（上海：上海書店出版社，據商務印書館 1947 年版影印，1989 年），頁 1–2。

94. 呂思勉在光華大學所編講義，將中國近世史分為兩期：一自西人東來，至清末各國競畫勢力範圍止，此為中國受外力壓迫之時代；一自戊戌變政起，訖於現在，此則中國受外力壓迫而起反應之時代也。抗戰後期，呂氏在淪陷區講授中國近百年史時，仍延續此一分期法，只是在

凝聚中國主體意識的來源。質言之，外力的入侵──不論是西人東來，或是道咸之變，在研究講述近代史學人的論述體系裡，愈來愈成為串聯史實的唯一主軸，「中國」的內憂因此而起，外患更由此而生，面對「外力」的壓迫，中國學人更關注的議題是：近百年的中國如何「反應」、如何「面對」這個困局？而此一問題非但是一個歷史性的問題，在救亡日迫的年代裡，它更具有與現實勾連的意義。

三、從國恥、國難到現代化論述體系的形成

1930 年代以後大量出版的中國近代史，幾無不為了解國難深重的國家與民族而作，內亂外患交乘的史實成為講授中國近代史學人不易的主題。羅家倫說：

> 最近人事的歷史，影響於人類，或是人類的某一部分──民族──也最大。要知人類或民族過去的來歷和演進，現在的地位和環境，以及他將來的生存和發展，都非研究他近代的歷史不可。[95]

斷限上略做調整：改五口通商至甲午之戰，為中國受外力壓迫之時代，自甲午之戰以後，則謂中國受外力壓迫而起變革之時代。呂氏認為前者側重於政治之改革，後者較易注重於社會方面。見：呂思勉，《中國近代史講義》、《中國近百年史概說》，收入：呂思勉，《呂著中國近代史》（上海：華東師範大學出版社，1997 年），頁 4、256。

95. 羅家倫，〈研究中國近代史的意義和方法〉，《武漢大學社會科學季刊》，2：1（1931 年 7 月 16 日），頁 135–136。

站在了解民族的過去、現在與未來的立場，羅家倫在中國近代史研究方興未艾的 1930 年代初大聲疾呼：「做近代的人，必須研究近代史；做中國近代的人，更須研究中國近代史」。[96] 儼然有一種不了解中國近代史，即不配做近代中國人的意態。孟世傑也說：

> 人民之於國，猶子弟之於家，子弟不知其家，不能保家！人民不知其國，不能保國！東西洋各邦，莫不以國史教民，即所以使知其國，然遠史事遠代湮，不如近史關係深切；故最近世史，尤為各國所重，吾國民不欲知其國積弱頹敗之根原，與夫振衰起廢之塗術則已，如欲知之，不可不研究中國最近世史。[97]

以國喻家，保國即保家，東西各國以「國史教民」，中國人亦當知近世積弱之由。孟世傑強調：「自開港以來，世界各國偕來謀我，或用武力侵地，或用經濟掠財，此為中國民族與世界各國民族競存之時代！故其史蹟繁複。在昔為一姓之尊，其事尚小，近世為民族之消長，所關甚大；非僅政體由專制易為共和，社會由樸質進於文明已也」。[98] 斑斑史蹟在此成為理解民族競存、國族消長的關鍵，孟世傑有意藉中國近世史凝聚國族意識的用意至為顯豁。

　　以凝聚國族意識為主要目的的中國近代史，在敘事主軸上

96. 羅家倫，〈研究中國近代史的意義和方法〉，《武漢大學社會科學季刊》，2：1（1931 年 7 月 16 日），頁 136。

97. 孟世傑，《中國最近世史》，第 1 冊，頁 2。

98. 孟世傑，《中國最近世史》，第 1 冊，頁 3。

既以西力入侵凸顯國族憂患，國恥、國難就成為所有撰述中不可或缺的元素。事實上自晚清以至 1920 年代中期中國近代史研究正式展開之前，由國恥、國難角度觀看近百年中國歷史發展的敘事模式即已出現，諸多編列於國恥叢談冊頁中的國恥史、外患史，若非以戰爭、條約為脈絡，就是以分國列述的方式講述西力東侵之害。光緒年間陳崎所編《外患史》即以交通、貿易、戰爭等篇章，細述歐人東來之後的國恥外患，而俄國、日本之侵略尤為全書重點所在。作者認為：「天下無外患，不足以興國，競爭不力者，進步不速，天下無不知外患者，不足以亡國。人力足以相抵者，天演足以相消。嗚呼！今日外患亟矣，不知外患者，何蚩蚩也」。[99] 陳氏以天演之義，暗寓優勝劣敗之旨，末篇更附以印度、日本為參照，強調外患本不足懼，所懼者在不知外患之亟而思興革者。

民國以後，更多的國恥史、外患史於坊間流傳。1921 年由沈亮榮編寫的《國恥演說》即講述鴉片戰爭、中法戰爭、中日甲午之戰、庚子拳變、日俄戰爭，及列強侵占南北軍港等六大「國恥」，並及民國以後的中日二十一條密約、歐戰之山東交涉，和外債借款等國際現勢。[100] 書末並以「國恥一覽表」分門別類詳列近代中國與英、法、日、俄、德等國歷年交涉之戰爭、條約與喪失的土地、國權。沈氏以喚醒國族意識的手法，大聲

---

99. 陳崎編譯，《外患史》（上海：時中書局，光緒二十九年癸卯五月印刷），頁 1。

100. 沈亮榮（載儀）編，《（繪圖官話）國恥演說》（上海：商務印書館，1921 年），頁 4–19。

強調：「不知道國家的羞恥，就是眾百姓的羞恥」，[101] 晚清不知
國恥之人太多，憤恨國權喪失的人太少，「從今以後，我中華民
國，人人應得保守主權，人人應得講究地理圖」，讓「睡著的獅
子，快快醒轉來了，不要再做夢了」。[102] 知恥社更以全文刊載的
方式，輯錄中日二十一條全文和全國各地對五九國恥之興情，
以及種種救亡方略，意欲喚起國人警醒之心。[103] 蔣恭晟的《國
恥史》亦以近代條約、戰爭為主軸，敘述「明清以來，我國受
外人逼迫之真相，及其現在危迫之情狀」，以「俾國人明瞭之，
而謀挽救之方法」。[104]

「九一八」事變以後，有關國恥、國難的敘述更是大量湧
現，周滌欽 (1894–1939) 的《我們的恥辱》、梁心 (1898–1948) 的
《國恥史要》 皆出於此一時期，其後更有沈鑑、王栻 (1912–
1983) 的《國恥史講話》，一路流行到 1940 年代。[105] 內政部曾將
鴉片戰爭至 1928 年的外患、國恥加以統計，得出一年之中「國
恥紀念日」 竟高達 26 日之多，國人憂心內閧不息，長此以往

....

101. 沈亮燊（戟儀）編，《（繪圖官話）國恥演說》，頁 2。

102. 沈亮燊（戟儀）編，《（繪圖官話）國恥演說》，頁 19。有關睡獅與國
　　族意象的討論可參見：石川禎浩，〈晚清「睡獅」形象探源〉，《中山大
　　學學報》，49：5（2009 年），頁 87–96。楊瑞松，《病夫、黃禍與睡
　　獅：「西方」視野的中國形象與近代中國國族論述想像》（臺北：政大
　　出版社，2010 年），頁 109–137。

103. 知恥社編，《國恥》，原書 1919 年出版，收入：沈雲龍編，《近代中國
　　史料叢刊三編》，第 23 輯（臺北：文海出版社，1992 年）。

104. 蔣恭晟，《國恥史》（上海：中華書局，1931 年），頁 1–2。

105. 沈鑑、王栻，《國恥史話》（重慶：獨立出版社，1940 年）。

「國恥的最後一頁,就是『亡國的紀錄』了」。[106] 為此,梁心在《國恥史要》裡即特別收錄謝瀛洲 (1894–1972) 所製「國恥紀念日表」及「國恥大事年表」,以警示國人。[107] 周滌欽編寫《我們的恥辱》,即標立鴉片戰爭以迄 1935 年「冀東事變」之間的種種國恥,謂「帝國主義開始侵略中國之日,也就是我們蒙受外患與恥辱的起頭」,[108] 全書對「日本帝國主義」的壓迫尤為傾重。此外,更有人上溯秦漢中日交通以來之史實,輯卷出版《國恥痛史》,詳述日本併吞琉球之後中日之間的衝突,以及中國存亡絕續之時論。[109]

這類強調民族主義的論著中,「帝國主義」經常成為重塑國族界域的他者,如惲代英 (1895–1931) 在《中國民族革命運動史》中,不時將「帝國主義」和「民族革命」對稱,把所有在領土、經濟上侵害中國的國家都視為民族革命的對象,他說:

> 中國民族革命運動,並不是由今日起,也不是由孫中山倡導革命之日起,自從有帝國主義侵略中國,跟著即有民族革命運動。[110]

---

106. 一岳,〈重重舊恨與新愁下之《國恥史要》,《中國新書月報》,2:1（1932 年）,頁 16。

107. 梁心,《國恥史要》（上海:日新輿地學社,1933 年）,頁 1–6;7–12。

108. 周滌欽編著,《我們的恥辱》（出版地不詳:正中書局,1937 年初版,1942 年）,頁 1。

109. 佚名編,《國恥痛史》,收入:沈雲龍編,《近代中國史料叢刊》,第 90 輯（臺北:文海出版社,1973 年）,頁 23–26。

110. 惲代英,《中國民族革命運動史》（上海:建國書店,1927 年）,頁 1。

作者有意區隔滿人入關後「封建社會」的民族革命和當前民族革命的差別，他認為現在的民族革命運動，是與世界上無產階級及弱小民族聯合起來，對抗帝國主義的革命運動。[111] 此一觀點無疑是把滿漢之間的民族界線外移，用民族革命對抗帝國主義的論述，重新建構當代國族的邊界。劉彥在《帝國主義壓迫史》也運用了類似的敘事策略，他強調弱國無外交，中國自鴉片戰爭以來，只有被帝國主義壓迫的歷史而無外交史，因為「外交」是「國家與國家之交涉也」，「必國民外交而後可」。在劉彥的認知中，有清一代只有「拳匪」一事稍稍算得上是「國民憤外人之跋扈而有所表現者」，但真正的「國民外交」卻要到山東問題失敗後才算萌始，在此之前中國只有一部「國權喪失史」，並無所謂「外交史」，而其著作正是為了說明帝國主義在中國的所作所為，以及各種不平等條約訂定的由來，「以為民族運動實際之補助」。[112] 在此，劉彥更直接把帝國主義當成塑造國民、國家與國權的外部力量。

楊朝傑的《近代中國民族革命運動史》一樣把「帝國主義侵略」與「反帝國主義運動」作為串聯史實的主軸，而其著眼之帝國主義侵略戰爭，不外乎是鴉片戰爭、英法聯軍、中日戰爭和八國聯軍等四大戰役，[113] 而「中國民族」之反帝國主義運動，亦相應此四大戰役而起。其敘事結構充分反映中國由一個

---

111. 惲代英，《中國民族革命運動史》，頁 2。

112. 劉彥，《帝國主義壓迫中國史》（上海：太平洋書店，1927 年），頁 1–2。

113. 楊朝傑，《近代中國民族革命運動史》（上海：大東書局，1933 年），頁 1–2。

原本在經濟、文化上落後的民族，因外力入侵逐漸覺醒的過程。列強侵略／中國相應變革的敘事模式，不但是中國近代史上不易的主軸，「反帝國主義」論述更是世變激盪下激勵國人抵抗帝國主義壓迫的主要動力來源。

翻看這些大量出版的國恥史、民族革命運動史、帝國主義侵華史，不難看出其敘事主軸和同一時期興起的中國近代史，在內容上有極大的重合之處。劉珍在他的《國恥史綱》裡曾開宗明義表示：中國近代史，即一部列強侵略產生的「國恥史」。[114] 1930 年代以後，伴隨大量國恥撰述的出現，中國近代史愈益形構它以外患、事變為主軸的敘事模式。高博彥於敘述近百年之變時，即運用了這樣的敘事模式鋪陳中國近代史的發展線索，他以洋務運動、戊戌變法、維新運動和辛亥革命等內部之變，作為對應鴉片戰爭、甲午戰爭、義和團之亂和日俄戰爭的結果。[115] 羅家倫論中國近代史時也表示：近代「中國的政治改革和變動，非要打通國際的情形來看不可」，他把鴉片戰爭、英法聯軍、中法戰爭、甲午戰爭、八國聯軍，視為中國近代史上的「五個重大的對外戰爭」，而太平天國革命和辛亥革命則是近代史上的兩大革命。他強調這五大戰爭「那一個不是和外國直接的衝突，那一次衝突不在國內發生重大的影響？」[116]

---

114. 劉珍有言：「我們中國近代史的特徵，是列強侵略產生國恥；中國現代史的重點，是發生國民革命雪恥圖強；把這兩大斷代史的重點加以系統的敘述，就是一部國恥史」。見：劉珍，《國恥史綱》（臺北：正中書局，1974 年），頁 1。

115. 高博彥，《中國近百年史綱要》，上冊，「近百年史概觀」，頁 2–4。

衝擊與回應的脈絡於此隱然可見。

　　就在國恥、國難成為中國近代史敘事主體漸趨普遍的同時，輿論界逐漸興起一股「現代化」思潮，在國族危機日益深重的1930年代，以一種有別於對抗外部危機的方式整合國族思維。1933年7月《申報月刊》特別製作「中國現代化問題特輯」向各方徵稿，月刊編輯這樣表示：

> 「中國現代化」這個問題，與其說它是一個新問題，無（按：毋）寧說它是一個八九十年來的宿題。蓋中國自於前清道光年間經過了鴉片戰爭的挫敗，全國上下，即感受到西方勢力進侵的重大刺戟。那時就有人認為從此開了中國三千餘年來的一大變局，不能不急急鞏固國防，發展交通，以圖補救。於是講究洋務，設製造局，造輪船，修鐵路，興辦電報，提倡格致；⋯⋯凡此種種，都是昔人促使中國「現代化」的工作和努力。而所謂「中學為體，西學為用」，也就是從前一部分人對此問題的主張。所惜這問題雖然有這樣長久的歷史，而事實上，中國生產以及國防方面的「現代化」，至今還是十分幼稚落後。[117]

編者將「中國現代化」問題向前推導至鴉片戰爭，強調中國人自那時起便已有了現代化思維，一切洋務運動都是為了追求現代化才有的努力，「中學為體，西學為用」也是針對現代化提出的主張。編者以一種後設語言將中國的現代化當成自始即有清

116. 羅家倫，〈研究中國近代史的意義和方法〉，《武漢大學社會科學季刊》，2：1（1931年7月16日），頁138。

117. 〈中國現代化問題特輯〉，《申報月刊》，2：7（1933年7月），頁1。

楚的藍圖與目標且有意為之的進程，彷彿從鴉片戰爭以來，每次的挫敗，中國人都清楚知道必須朝「現代化」的目標邁進。即便中國目前現代化的程度不如預期，國民經濟程度低落、對外防衛力一籌莫展，但只要篤定朝「現代化」的目標前行，必有可期的未來。

這種思維好比把 「現代化」 放進一個普遍發展的公理當中，[118] 就如論者所謂：「從進化的公例言，現代化乃自然必至之趨勢」，「吾人認為一切一切的 『現代化』 乃進化公例所要求」。[119] 「現代化」被當成是邁向進步的唯一道路，理所當然，勢所必至。唯時人對於「現代化」的具體內涵為何，言人人殊，有人從經濟角度立論，有人偏重科學、工業、軍事、思想、學術等等，不一而足，不少人延續前一時期「全盤西化」的論述，對照「西化」的特徵來描述「現代化」，但也有不少參與討論者有意區隔「現代化」與「西化」的意涵，強調「現代化可以包括西化，西化卻不能包括現代化」。[120]

持此論者如張熙若（即張奚若，1889–1973）即言：中國和西洋在一百五十年前的物質狀況差別不大，一百五十年後中國

---

118. 有關 1930 年代知識界對於「現代化」一詞的理解與想像，可參看：潘光哲，〈想像「現代化」——一九三〇年代中國思想界的一個解剖〉，《新史學》，16：1（2005 年 3 月），頁 100–108。

119. 〈現代化與非現代化〉，原載天津《大公報》（1930 年 7 月 7 日），轉載於《國聞週報》，7：27（1930 年），頁 2–3。

120. 張熙若，〈全盤西化與中國本位〉，《國聞週報》，12：23（1935 年），頁 9。

之所以相形見絀的原因，在於人家有了科學，我們沒有，因為科學發展影響的不只是近代工業，更有其他許多別的東西，尤其是思想，張熙若認為：

> 我們今日不但要有科學化的物質環境，並且還要有科學化的思想方法。在這兩方面我們都遠遠不如人，都還在中古時代，都不能不努力西化。[121]

這段話的最後，張熙若並沒有用「現代化」一詞取代「西化」，主要原因在於他把需要「西化」（如科學化的物質環境和思想方法）和不需要「西化」（如藝術和美術）的例子分開。他強調「現在受科學支配的事情，應於最短期間極端西化」，至於將來是否完全受科學支配的事情，「可以西化，也可以不必西化」。[122] 張熙若主張中國應該保有一定的自主性，決定何者需要「西化」，何者不要，他不像過去一般人只從空間（地域）的角度理解中國與西洋，而是以帶有時間指向性的中古和現代，重新安置中國的位置。而「現代化可以包括西化，西化卻不能包括現代化」的意義亦即在此，因為在「西化」論述中，中國永遠只能處在落後於西方的位置，而「現代化」的概念卻可以讓中國有機會和西方、日本等其他國家一樣，在趕赴「現代」的道路上與之並駕齊驅。其意就如楊幸之 (1906–1940) 所謂：現代化是「前進的落後，而不是固定的落後」。

---

121. 張熙若，〈全盤西化與中國本位〉，《國聞週報》，12：23（1935 年），頁 3–4。

122. 張熙若，〈全盤西化與中國本位〉，《國聞週報》，12：23（1935 年），頁 4。

楊幸之承認中國是一個落後國家，有著鐵一般的事實可以證明中國的落後：「一切都落後，無論經濟、政治，以至教育。一切都是殘酷，反文明。戰爭、饑饉、災荒、鴉片、貧困、失業、匪盜，人命比螞蟻還要賤似的大量死亡，官僚、貪污、軍閥橫暴，土劣豪縱，農村凋敝，都市蕭條，野盈餓莩，道載流亡，賣兒鬻女，甚至易子而食」。[123] 這樣的中國似乎是「站在 20 世紀文明圈外的非現代國家」。楊幸之認為這樣落後的中國，只能靠「現代化」改變它：

> 不過「現代化」並不是一種突變。和歐美資本主義先進國家相比較，中國固然是「落後」了，但這裡所說的落後，是前進的落後，而不是固定的落後。[124]

楊幸之強調「中國社會內部經濟的發展，一樣必須受歷史發展一般定律的支配」，他相信中國的落後不會停滯在一個階段，而是在時間波流中不斷轉變，只是轉變的速度較為迂緩些罷了。

在進化論概念的支配下，任何國家都必然走上現代化之途，唯其不同的是，各家對於「現代化」的進路與具體內涵並不一致。誠如研究者指出：「現代化」一詞自被導入中國知識界之後，各方論者得以藉此自由馳騁其對國族前景的各種想像。[125] 有些人強調中國「現代化」最關鍵的是經濟問題，如張良輔 (1906–1991) 即認為中國現代化的困難和障礙並不是缺乏資本，

---

123. 楊幸之，〈論中國現代化〉，《申報月刊》，2：7（1933 年 7 月），頁 66。
124. 楊幸之，〈論中國現代化〉，《申報月刊》，2：7（1933 年 7 月），頁 68。
125. 潘光哲，〈想像「現代化」——一九三〇年代中國思想界的一個解剖〉，《新史學》，16：1（2005 年 3 月），頁 100。

而是「國際資本帝國主義」對中國造成傷害，帝國主義為了要使中國一直處於次殖民地的地位，故而不願中國「現代化」；他們最初用「商品輸入」的方式侵略中國，而後則改以「資金輸入」，直接在中國境內建立工廠，利用中國的賤價人工與原料，避開關稅和運費，導致中國民族工業受創無法發展，因此中國「現代化」只能採取社會主義道路，在社會主義制度下，一切的生產和分配才能得到合理的處置。[126] 此一看法和前述楊幸之的觀點十分接近，楊幸之也以為中國只有「對外發動民族革命戰爭，廢除不平等條約，擺脫一切經濟上與政治上的桎梏，推翻國際帝國主義者的統治，同時對內發動廣大的民主鬥爭，掃盪軍閥政治，肅清殘餘封建勢力」，才可能走上「現代化」之途。不過這種對外與對內的鬥爭，「都必以受壓迫最重、痛苦最深的廣大勞苦大眾為其主力」。[127]

　　另有一些人則從內部條件出發，像是陶孟和 (1887–1960) 便強調「現代化」是一個程序，包括著許多事業的推行與進展，在他看來，中國現代化的先決條件一在教育，一在政府的廉潔與效率。因為中國人民的知識太幼稚，對於物質的認識太缺乏，如果要提高人民的知識和做事能力，非從教育下手不可；而廉

126. 張良輔，〈中國現代化問題特輯・中國現代化的障礙和方式〉，《申報月刊》，2：7（1933 年 7 月），頁 3-4。作者張良輔，原名張名養，筆名張弼、梁撫、東序，浙江寧海人。1925 年加入共產黨青年團，1926 年加入中國共產黨，1929 年畢業於復旦大學，曾任商務印書館《東方雜誌》編輯及《學生雜誌》主編。

127. 楊幸之，〈論中國現代化〉，《申報月刊》，2：7（1933 年 7 月），頁 72。

潔、有效率的政府則是輔助現代化事業進行最有利的條件。在借用外資方面，陶孟和認為「為急速的實現中國現代化，不能不借用外國資本」，[128] 因為與我國經濟、政治有密切關係的都是資本主義國家，借用外國資本是無可避免的事，至於社會主義經濟，在現代化進行期間未必適用，或可俟諸來日。這類從內部問題著眼的觀點，也表現在張熙若的論述中，他認為中國「現代化」應特別在自然科學、現代工業、現代學術和思想方法科學化等方面努力。[129] 因為現代化不能只注重物質，思想方面也同樣重要，沒有多方面的現代學術，中國也無法成為一個現代國家。

由於現代化的內涵在在與近代歷史相關，知識界對於「現代化」 的看法， 很快反映在中國近代史的撰述上，陳恭祿於 1935 年出版的《中國近代史》就很有代表性。雖然，該書全篇幾乎不見「現代化」一詞，然其內容卻總是從中國內部保守、無知、抗拒變革的角度解讀近代史，與「現代化」觀念批判中國守舊不知變通的態度如出一轍。在論述清廷變法改革時，陳恭祿表示：中國自訂南京條約以來，迭受強國壓迫，「於此五十餘年之中，士大夫尚未徹底覺悟，多持夷夏之說，嚴防外人，從不虛心考究西方之政治制度、社會情形、經濟狀況，而比較其與中國異同之點，審察其利弊，以便施行改革」，「仍信中國

<hr>

128. 陶孟和，〈中國現代化問題特輯・中國現代化問題〉，《申報月刊》，2：7（1933 年 7 月），頁 2–3。
129. 張熙若，〈全盤西化與中國本位〉，《國聞週報》，12：23（1935 年），頁 9–10。

固有之政教，遠非外國之所能及，胸中橫有成見，自難明了國內政治上社會上之積弊，其昏庸傲慢，妨礙新事業之進行，乃為中國貧弱，外交失敗之一主因」。[130] 在陳恭祿的眼裡，近代中國貧弱、失敗的原因大多來自內部，從朝廷到士大夫墨守成規，昧於外情，不思變革。在西方科學家製造輪船、火車，架設電報、電話，世界交通大為便通之時，中國人卻足不出百里之外，多數老死於家鄉。家族觀念太深，[131] 人民又多以農業為生，家無存糧，一遇兩旱，死者不免。[132]《南京條約》、《天津條約》、《馬關條約》、《辛丑公約》，「其一次損失過於前一次者，未始不由於知識之淺陋，以及執政者無適當之處置也。外人利用時機，更何足責」。[133] 根據陳恭祿的描述，是中國保守羸弱、沒有國家觀念，忽略世界變化，缺乏學習現代知識的能力，才給了列強可乘之機，外人不過利用時機，不足為怪，中國如要有所改變，只有走向世界，向西方學習一途。

在所有中國近代史論著中，最能體現「現代化」論述模式者，恐怕非蔣廷黻莫屬了。蔣氏在 1938 年寫成的代表作《中國近代史》裡，直接攫出「近代化」一詞，[134] 並以之貫串所有史實，他認為 19 世紀以來，中國民族之所以遇著空前的難關，都是因為「我們的科學不及人」，導致我們在工業、農業、運輸、

---

130. 陳恭祿，《中國近代史》，頁 435–436。

131. 陳恭祿，《中國近代史》，頁 266–267。

132. 陳恭祿，《中國近代史》，頁 327。

133. 陳恭祿，《中國近代史》，頁 558。

134. 蔣廷黻所謂「近代化」，其意與「現代化」同，皆為 modernization 之意。

軍事、政治制度和民族觀念上，遠遠落後於西洋，所以他說：

> 近百年的中華民族根本只有一個問題，那就是：中國人
> 能近代化嗎？能趕上西洋人嗎？能利用科學和機械嗎？
> 能廢除我們家族和家鄉觀念而組織一個近代化的民族國
> 家嗎？能的話我們民族的前途是光明的；不能的話，我
> 們這個民族是沒有前途的。[135]

蔣氏在此毫無隱諱地以一種直線進化的觀點，把中國未來的前途與「近代化」勾連在一起，以西方的科學、工業、技術、政體，甚至是民族國家的觀念為指標。認為世界上「一切國家能接受近代文化者必致富強，不能者必遭慘敗，毫無例外」。只有「大膽地踏進大世界的生活」，才能「與列強競爭」。[136] 蔣氏還以俄國和土耳其的歷史為例，用以對照接納與拒斥「近代化」國家的命運。[137]

　　蔣廷黻非常有意識地將中國近代史的發展，緊繫在「近代化」的概念下，認為鴉片戰爭以來歷次軍事上的失敗，尚不是民族的致命傷，最可怕的是失敗了還不知力圖改革的心態。[138]基於此，蔣氏非常看重同光年間的洋務運動，大力標榜奕訢、文祥等人「絕不轉頭回看」的決心，以及「大著膽向前進，到

---

135. 蔣廷黻，《中國近代史》，收入：民國叢書編輯委員會編，《民國叢書》，第 2 編第 75 冊（上海：上海書店出版社，據商務印書館 1939 年版影印，1990 年），頁 10。

136. 蔣廷黻，《中國近代史》，頁 11。

137. 蔣廷黻，《中國近代史》，頁 4–5。

138. 蔣廷黻，《中國近代史》，頁 20–21。

國際生活中去找新出路」的精神。[139]

　　在蔣廷黻的觀念裡，洋務運動只是中國走向「近代化」的第一步，認知了國防軍器的必要性之後，就會體認到人才不足的問題，接下來近代化的交通，造船廠、電報局、鐵路，以及為了要擔負國防經費而有的招商局、製布廠、開煤礦、金礦等建設必然一一開辦，所以「自強運動的領袖們並不是事前預料到各種需要而定一個建設計畫」，而是在近代化這條路上「前進一步以後，就發現必須再進一步；再進一步以後，又必須更進一步」，必須「走到盡頭然後能生效」。[140] 最後，蔣廷黻表示：

> 近代化的國防不但需要近代化的交通、教育、經濟，並且須（需）要近代化的政治和國民。半新半舊是不中用的。換句話說：我國到了近代要圖生存非全盤接受西洋文化不可。[141]

蔣廷黻幾乎完全依循著梁啟超在〈五十年中國進化概論〉中指出，近代中國一步步從器物、制度到文化一路漸進改革的論述模式，[142] 把近代中國的變化看成是一條朝現代發展的線性道路。

---

139. 蔣廷黻，《中國近代史》，頁 36。
140. 依據這個觀點，蔣廷黻將自強運動、變法運動和拳匪運動視為中國近代史上「三大救國救民方案」，但是前兩大運動由於對西洋文化的認識有限，施行的不夠澈底，所以不能成功，而拳匪運動更因與近代化方向背道而馳，因此也慘遭失敗。蔣廷黻，《中國近代史》，頁 107–108。
141. 蔣廷黻，《中國近代史》，頁 62。
142. 梁啟超，〈五十年中國進化概論〉（1922 年），收入，梁啟超，《飲冰室文集》之 39，第 14 冊，頁 43–45。

雖然蔣廷黻非常有意識的強調自強運動的領導人並不是事前就預料到要規畫一個「建設計畫」，但在他的論述中卻仍不免和梁啟超一樣，以一種十分後設的角度合理化此一進程，並且預示這一切必須走到盡頭，非「全盤西化」不能生效。「近代化」等於「西化」的概念，在蔣廷黻的論述中不自覺地自然流露，其意蓋與陳恭祿的觀點若合符節，即此可見「現代化」持論者未必全然清楚區隔「西化」與「現代化」之間的差別，多數時候人們對於「現代」世界的想像總還是以西方文明為藍本。[143]

從某個角度來看，「現代化」和「西化」的內涵既不見得能夠判然二分，知識界又何需創造「現代化」這一詞語概念？即以蔣廷黻的《中國近代史》而論，他不像其他以西力入侵為敘事骨幹的論著，視「西方」為列強、帝國主義，強調它們對中國的侵凌與壓迫，以及因此而形成的國恥、國難。在以西方文明為主體的「現代化」論述中，蔣廷黻把「西方」一義拆解為二：一是造成中國百年恥辱與憂患的敵體，一是可以激勵中國走向「現代」的模本；他把前者送進帝國主義行列，暫置不論

---

143. 李懷印有關「現代化」敘事的討論，便相當篤定的認為 1930 年代的「現代化」觀點已完全取代 1920 年以前新文化運動者的「全盤西化」之說，認為「『西化文明』已經變成『世界文明』，或者相當於『現代文明』」。然而實際上「現代化」雖是 1930 年代輿論界極為流行的語彙，使用此一語彙的人未必完全一致的觀點，而且無可諱言的是，這些「現代化」主張者所想像的「現代」未必不是以「西方」為藍本，要說「現代化」概念已完全不同於「西化」，恐有以偏概全之虞。相關論述請見：李懷印著，歲有生、王傳奇譯，《重構近代中國：中國歷史寫作中的想像與真實》，頁 41-45。

或加以轉化，[144] 留下足勘仿效的西方文明，使其成為中國「現代化」的目標。特別在日本侵華的語境下，日本對中國領土的威脅遠遠超過「西方」時，「現代化」背後的西方文明反而更成為中國得以與日本相頡頏的重要資源。

蔣廷黻不時在書中表達這樣的看法，好比說：

> 鴉片戰爭的失敗的根本理由是我們的落伍。我們的軍器和軍隊是中古的軍隊，我們的政府是中古的政府，我們的人民，連士大夫階級在內，是中古的人民。我們雖拼命抵抗終歸失敗，那是自然的，逃不脫的。[145]

又或者說：

> 不平等條約的根源一部分由於我們的無知，一部分由於我們的法制未達到近代文明的水準。[146]

要不就是在描述甲午戰爭訂定《馬關條約》時表示：

> 近代的戰爭固不是兒戲。不戰而求和當然要吃虧，……但戰敗以後求和，吃虧之大遠過於不戰而和。同治、光緒年間的政治領袖如曾、左、李及恭親王、文祥諸人原

---

144. 蔣廷黻在書中分析帝國主義與資本主義的關係之後表示：「資本主義可以變為帝國主義，也可以不變為帝國主義。未開發的國家容易受資本主義國家的壓迫和侵略，也可以利用外國的資本來開發自己的富源及利用國際的通商來提高人民的生活程度。資本主義如同水一樣：水可以資灌溉，可以便利交通，也可以成災，要看人怎樣對付」。蔣廷黻，《中國近代史》，頁 70–73。

145. 蔣廷黻，《中國近代史》，頁 20–21。

146. 蔣廷黻，《中國近代史》，頁 26。

> 想一面避戰，一面竭力以圖自強。不幸，時人不許他們，
> 對自強事業則多方掣肘，對邦交則好輕舉妄動，結果就
> 是誤國。[147]

在這些論述中，蔣廷黻有意忽略帝國主義侵華的合理性，把中國在戰爭、條約中的失敗歸諸內部問題，形容中國仍然停滯在中古時期，缺乏近代文明，卻不自量力，好啟釁端，他強調：日本近代化的方案比我們更澈底，正因為他們不但接受了西洋的科學和機械，也接受了西洋的民族精神和政治制度，才使得甲午一役出現了「高度西洋化近代化之日本戰勝了低度西洋化近代化之中國」這樣的結果。[148] 如果中國的改革可以從同光年間，提前至道咸之際，那麼中國近代化的時程就可以比日本早個 20 年，既不會有後來的甲午之戰，更不會到現在還受著日本的侵迫。對蔣廷黻而言，「近代化」既是一個藉西方文明對抗日本的方案，也是一個團結內部、凝聚人心的主張，中國只有自己奮發踔厲，自立自強，努力「近代化」，才能一改過去因保守、無知、抗拒變革所帶來的不幸。蔣廷黻在他不足六萬字的《中國近代史》中，一再以大膽走向西方近代文明，作為民族的出路與統合內部力量的重要來源。

在「現代化」的論述體系下，中國內部所有的變革成了一個不斷回應西方挑戰的過程，中國近代史一線如縷的發展，彷彿有著明確的目標和高度的自覺，在「現代化」的道路上，中國只能朝前奔赴，不能回頭，也不容遷延，即使在 1949 年以後

---

147. 蔣廷黻，《中國近代史》，頁 92。

148. 蔣廷黻，《中國近代史》，頁 108。

的臺灣和中國大陸，「現代化」之聲仍不絕於耳。相較於「西化」而言，剔除了帝國主義色彩的「現代化」論述，更從搆成中國內部的角度出發，以追求現代科學、技術、工業、經濟，以及一切形構現代國家應有的制度與知識為目標；而受到「現代化」論述影響的《中國近代史》，則以理想中的當代國族為藍本，反向重構一套有關近代中國的歷史論述，使之成為在此之後數十年人們認知、理解當代國族來源的基本框架。

抗戰以後，仍有不少學人持「現代化」觀點解釋中國近代史，蕭一山在 1947 年重新改寫的《清代史》中，依然堅持「清史就是中國近代史」的主張，[149] 唯其論述方向上已有不少調整。他提出以「民族革命史觀」作為重構中國近代史的「骨幹」，以民族革命對抗帝國主義的過程，聯繫清代以來的歷史。他一方面強調鴉片戰爭以後的中國，「其禍不在滿清，而在列強的帝國主義」；[150] 一方面也援用了蔣廷黻的觀點，認為列強以其優越的科學機械勢力和民族國家的組織打敗了中國，而中國之敗都是由於「變的不夠快」，處於領導地位的士大夫階級，被「舊社會阻滯了」，以致自強運動和維新運動皆不足以澈底改變中國。[151] 現在中國如果要「迎頭趕上」，就應該「加速度的變」，以完成

---

149. 蕭一山，《清代史》（重慶：商務印書館，1945 年重慶初版，1945 年上海出版），後收入：民國叢書編輯委員會編，《民國叢書》，第 4 編第 77 冊（上海：上海書店出版社，據商務印書館 1947 年版影印，1992 年），頁 10。

150. 蕭一山，《清代史》，頁 302–303。

151. 蕭一山，《清代史》，頁 304。

「近代化」國家的目標，因為只有完成近代化的國家，中國才不致久居「落伍」的地位。

蕭一山的「民族革命史觀」，可說比蔣廷黻更有意識將「現代化」的目標與完成「民族革命」大業聯繫在一起，他不但清楚列舉出每一時期的革命對象，同時連革命的領導者、口號，也都工整地排列出來，[152] 歷史發展似乎成了一個按著既定目標有計畫發生的過程，中國的過去與現在可以涵納其間，更重要的是，中國的「將來」，也似乎必然照著這個框架前行，而「終底於成」。從這個角度來看，「現代化」的終極命義不僅僅在中國的過去，更多在於它的未來；現代學人不過以歷史為載體，用以表述他們對現實的焦慮和未來的期許。就某種程度而言，「現代化」論述，不過是複製了魏源以來「師夷長技以制夷」的話語形態，夷之長技為何，可以是一個不斷變動、不斷深化的認知進程，但是不論進到哪一個階段，它始終是用來「制夷」的，就這個意義而言，近代化理論，提供了身處國恥、國難憂患中的學人一個對未來民族重光的想像與寄託。

---

152. 蕭一山認為從清代以來，中國民族革命可以分為三期：第一期從反清運動起，對象是滿清，革命的領導者是天地會、太平軍，口號為「反清復明」；第二期從自強運動起，對象是帝國主義，領導者為維新人物與革命黨，口號是「振興中華、建立民國」；第三期從討袁運動起，革命的對象是帝國主義（包括列強和日本），領導者是國民黨（孫文和蔣介石為代表），口號則是「三民主義」（分階段提出「自由平等」與「抗戰建國」）。見：蕭一山，《清代史》，頁 1–2。

四、民族主義的激化──左翼論述的崛起

在日本侵華日亟的 1930 年代，民族危機與國家興亡，始終是那一代學人一刻不能或忘的中心議題，早期一切以國恥、國難為主調的中國近代史，幾乎不約而同把焦點放在帝國主義的入侵與壓迫上，嘗試以「拒斥異己」的方式形構國族的外部界域；其後發展出來的「現代化」敘事模式，則以凝聚當代國族為目標，將中國近代史描寫成一個不斷朝西方近代文明奔赴的過程，試圖以戮力追求「現代化」作為凝合國族內部的激素。然而不可忽略的是，與此同時也有愈來愈多人開始注意到觸發近代歷史變化的經濟動因及唯物史觀的立場，從而對帝國主義侵略衍生出另一套解釋模型。

即以曾入上海大學社會系就讀的李鼎聲 (1907–1966) 為例，[153] 他於 1933 年出版的《中國近代史》，可說是第一部運用唯物史觀所寫的近代史著。不同於其他僅以戰爭、條約為主軸的中國近代史，李鼎聲特別從社會形態演變的趨勢，以及帝國主義入侵與中國人民反抗的線索中，重新解釋近代中國歷史變

---

153. 李鼎聲即李平心，原名循鉞、聖悅，江西南昌人。1925 年考進上海大學社會學系，1927 年加入中國共產黨後即肄業離校，1928 年為國民政府逮捕入獄，1945 年與馬敘倫、周建人、許廣平等人於上海成立中國民主促進會，1952 年起於上海華東師範大學任教。詳見：胡逢祥，〈李平心與中國近現代史研究〉，《江西社會科學》，2005 年第 4 期，頁 233。

化。[154] 李鼎聲認為鴉片戰爭以後，中國雖然受到國際資本主義浪潮的衝擊，帶動了部分民族資本主義的興起，但它始終受著國際資本主義的桎梏與奴役，因此討論中國近代史絕不能與資本主義國家的近代史相提並論，因為「後者是一部資本主義的發達史，而前者卻是一部中國民族淪為半殖民地及國民經濟受著帝國主義破壞的歷史」，[155] 究其本質而言，「中國近代史為一部帝國主義侵略史」。[156]

李鼎聲強調應該把「歷史看作對立物相互轉變的過程」，注重矛盾的不斷發生與解決，從生產力和生產關係的矛盾中，把握近代史上各種相反而又相成的勢力。[157] 他批評一般研究中國近代史的學者只看到「一切運動是由於方向相反的力量彼此對抗發展出來的」，卻忽略了運動本身即是「事物內部對立的發展與相互轉變的結果」，[158] 因而誤以為只要中國融解於世界資本主義體系中，就可以改變舊有的封建生產關係；或只要反對資本主義，即用不著從事內部反封建勢力的革命鬥爭。李氏認為近代中國「整個的國民經濟」早已屈服於國際資本主義的鐵蹄之

---

154. 胡逢祥，〈李平心與中國近現代史研究〉，《江西社會科學》，2005 年第 4 期，頁 227–228。

155. 李鼎聲，《中國近代史》（上海：光明書局，1933 年），後收入：民國叢書編輯委員會編，《民國叢書》，第 4 編第 78 冊（上海：上海書店出版社，據光明書局 1949 年版影印，1992 年），頁 4。

156. 李鼎聲，〈中國近代史·編輯凡例〉，《中國近代史》，頁 1。

157. 李鼎聲，《中國近代史》，頁 7。

158. 李鼎聲，《中國近代史》，頁 10。

下，從而使得國內的社會階級產生了分化：一方面是「受帝國主義驅策與維護」的生產關係階級，一方面是「反對帝國主義與封建剝削制度」的階級，兩者的對立，為近代中國帶來劇烈的社會鬥爭，而當前革命的終極目標，就是要澈底改變這種受帝國主義與國內舊生產關係宰制的現象。他認為這是「中國近代歷史發展過程中的必然變化」。[159]

某種程度上，李鼎聲的觀點等於直接否定了「現代化」論述體系中取法於西洋近代文明的概念，更駁斥了外力衝擊／中國回應的論述模式。他從階級對立的角度，分疏帝國主義入侵後中國的社會階級，認為不同的階級立場對於國際資本主義帶來的影響往往有不同的態度，而中國回應外力衝擊的立場更不可一概而論；封建官僚為維護其階級利益，往往不惜與帝國主義相結合，壓制國內反帝、反封建的勢力，像是甲午戰爭以前，中國所有以軍事設備為主的自強建設，李鼎聲認為基本上都只是在「帝國主義扶助與策畫之下成立」的「幼稚資本主義組織之前身」，[160] 它既不能改變中國舊有的生產關係，更無可避免地會將國際資本主義與封建統治者的利益結合在一起，阻撓民族新興資本主義的發展，並加重中國淪為半殖民地的地位。因此盲目地走向西方，或是以西方資本主義的發展為模本，並以之為追求的目標，並不能真正解決中國面臨的問題。李氏不斷提醒國人重視中國民族淪為殖民地變化的過程，以及在此過程中所發生的「社會階級之分化與革命鬥爭的發展起落」，[161] 企圖以

....

159. 李鼎聲，《中國近代史》，頁 7–8。

160. 李鼎聲，《中國近代史》，頁 154–155。

唯物史觀的立場，全盤改變觀看中國近代史的視角。

事實上，左翼學者對中國近代史的論述模式，受到 1930 年代初期中國社會史論戰和中國農村性質論戰很大的影響，基於現實革命的要求，論戰裡熱切討論近代中國的社會性質、農村經濟問題及未來革命走向等議題，成為左翼史家關注的焦點。在左翼學者的觀念裡，中國近代史的核心問題完全可以由帝國主義國家輸入國際資本主義談起。而國際資本主義入侵之後所帶來的階級分化，以及壓制民族資本主義則是一切問題的核心。中國近代史在左翼學者的筆下，完全成了回應現實革命的張本，以及武裝革命思想的利器；[162] 如要達成中國現階段革命的目標，就必須從造成中國百年積患的歷史上找到問題的根源，因此中國民族如何對抗帝國主義及與其所依託的「國內封建勢力、資本家」的過程，就成了左翼史家論述中國近代史時一再反覆彈頌的主調；中國近代史不但被高度化約成一部帝國主義侵略史，更是一部中國民族反帝、反封建的血淚史。

在這個主價值評斷下，一切反帝反封建的勢力與人物，都

---

[161] 李鼎聲，《中國近代史》，頁 2。

[162] 黃祖英、沈長洪、陳懷白等人編寫的《近百年史話》，即強調要從「目前民族民主解放鬥爭」的角度來觀看中國近百年史，「不要一個人拿本歷史書，當故事看看，消遣消遣。要認清歷史是一門推進社會進步的社會科學，要多多集體的討論研究，來武裝頭腦，培養政治遠見。並且要拿學到的歷史知識，放在生活上、思想上、工作上運用體會」。見：黃祖英、沈長洪、陳懷白編，《近百年史話》（北平：大華印刷局翻印東北書店版，出版年不詳），頁 2。

是值得頌揚的；而一切站在反帝反封建對立面的階級、主張都
應受到撻伐，且終不免於敗亡。中國近代史上的史事與人物，
在這個解釋體系與價值判準上出現了前所未有的大翻轉。例如
評價戊戌變法時，李鼎聲即認為國際資本主義輸入之後，中國
「低度工業化」的結果，加劇了國內社會階級的分化，而民族
新興資產階級的出現即反映了這種變化，但是這種帶有資產階
級意識的改良運動，並不能真正改變舊有的封建統治基礎，同
時還可能被帝國主義所利用，「擴大中國民族經濟對各國資本主
義的隸屬關係」。[163] 因此戊戌變法雖然不失為「帶有資產階級改
革傾向的革命前兆」，但它的失敗只是更說明了中國如不能發動
一個澈底的「國內革命」，推翻反動政權，中國是不可能得救
的。此一觀點顯然與其他許多自由派史家評價戊戌變法失敗的
原因大相逕庭。

　　此外，華崗 (1903–1972) 在他的《中國民族解放運動史》
中，[164] 對於戊戌變法也有類似的評述，他認為康有為、梁啟超
一派帶有資產階級意識的知識分子昧於他們自己「階級地位的

163. 李鼎聲，《中國近代史》，頁 204–205。

164. 華崗，又名延年，少峰，字西園，浙江衢州人。1923 年考入衢州浙江
　　省第八師範學校，因參與學生運動遭校方開除，次年轉入寧波浙江省
　　第四中學。1925 年加入中國共產黨，翻譯《共產黨宣言》，1932–1937
　　年曾遭國民政府關押，出獄後任武漢《新華日報》總編輯，1950 年始
　　擔任山東大學校長。華崗後來以《中國民族解放運動史》為藍本，改
　　寫成高級中學二年級課本《中國近代史》（出版地不詳：華東新華書
　　店，1949 年），除自序、第一章緒論後半部及第七章五四運動等部分
　　刪去之外，其餘文字照舊。

局限性」,「不願且又不敢」採用澈底革命的方法,只企圖以改良主義的方式,說服統治階級實行一套從上而下的改革,[165] 但最終不免由於缺乏群眾基礎,不懂得如何領導當時正在發展的農民鬥爭,依靠群眾力量實施改革,[166] 最終只能走向敗亡之途。

華崗在他的著作中,極有意識地透過章節序列的重整,大膽改變過去中國近代史的論述模式。他以鴉片戰爭外國資本主義的侵入作為中國近代史的開端後,即逕述太平天國革命、中法戰爭與甲午戰爭、戊戌政變與義和團運動,最後以辛亥革命、五四運動作結。在「戊戌政變與義和團運動」一章中,作者將兩者串聯,用以凸顯戊戌變法「由上而下」改革的失敗,乃是促使義和團運動發起「由下而上」革命的主因,[167] 他說:

> 誠然,戊戌政變是失敗了,但在中國歷史發展的階段上,也自有其進步的意義,這就是戊戌政變曾大大地促進了全國人民的新覺醒,在客觀上幫助了革命運動的發展。[168]

接續而來的義和團運動,在華崗看來,即是因為「戊戌政變後,滿清政府更加腐敗昏黯,同時外國帝國主義之政治的經濟的侵略亦更厲害起來」,導致「中國飽受了帝國主義侵略痛苦的民眾

---

165. 華崗,《中國民族解放運動史》(上海:雞鳴書店,1940 年),頁 164–165。

166. 華崗,《中國民族解放運動史》,頁 167。

167. 張健甫的《中國近百年史教程》也以戊戌變法與八國聯軍合為一章,其觀點亦與華崗相似。見:張健甫,《中國近百年史教程》(香港:文化供應社,1949 年),頁 143–180。

168. 華崗,《中國民族解放運動史》,頁 169。

才燃燒起仇恨帝國主義的憤火」，[169] 發動了義和團運動，由此可見義和團運動無疑是一場「北方農民、貧民自動自發的反帝鬥爭」。[170] 然而在左派中國近代史「反帝、反封建」的標準論述體系下，最有自覺性的農民革命怎麼可能只把革命矛頭對準西方帝國主義，而無視於壓迫他們最甚的國內封建勢力呢？華崗對此則有另一套解釋，他說：

> 為什麼本來反對滿清的義和團反而與滿清政府結合起來呢？這裡主要的原因，就是因為中國到義和團運動時代，已經變了一個局面，最高統治者已經不是滿清政府，而是國際帝國主義。由於中國民族與外國帝國主義之間的矛盾成為主要矛盾，國內矛盾便到次要與服從地位。[171]

「聯合次要敵人、打擊主要敵人」的論述模式，幾乎成了「革命至上論」的左翼史家解釋歷史發展軌則時常用的論據。義和團運動的失敗，在左翼史家的眼裡，也正是他們「不能將反帝國主義與反國內的封建統治運動聯繫成一個有機的鬥爭」所造成的必然結果。[172]

　　李鼎聲、華崗等早期帶有左翼觀點的作品，在 1930 年代以降中國近代史的主流論述裡確實是相當具有代表性的異數。他們的著作無論在研究範型或是詮釋體系上，都為以左翼思想發

----

169. 華崗，《中國民族解放運動史》，頁 174。

170. 華崗，《中國民族解放運動史》，頁 170。

171. 華崗，《中國民族解放運動史》，頁 176。

172. 李鼎聲對此也有類似的觀點。見：李鼎聲，《中國近代史》，頁 165–166。

聲的中國近代史奠定了一定的基礎。然而這類早期的馬克思主義試聲之作，儘管已經在革命理論與歷史解釋上做了極為嚴密的整合，但後來還是不免為更「正統」的馬克思主義史家批評，認為他們仍採用了「類似紀事本末體」的方法，「錯亂了各個歷史的先後次序，拆散了許多本來是互相關聯的歷史現象，並使歷史發展的基本線索模糊不清」。[173] 事實上，更符合日後中國共產黨史觀的中國近代史範型之作，的確要到抗戰後期范文瀾 (1893–1969)、吳玉章 (1878–1966) 等人的作品發表之後才逐漸定型化，[174] 而范、吳等人的中國近代史論述模式，又與毛澤東 (1893–1976) 在延安時期發表的《中國革命與中國共產黨》（1939年）一書有密切的關係。

　　毛澤東的《中國革命與中國共產黨》一書，實際上是他和幾名當時在延安的中共幹部合寫而成的，[175] 是為中國共產黨在

---

173. 例如胡繩即認為不應將鴉片戰爭和英法聯軍之役（第二次鴉片戰爭）合在一起敘述，因為這樣的敘述完全沒有表明第二次鴉片戰爭和太平天國革命的關係，事實上，兩次鴉片戰爭之間，中國內部已發生了驚天動地的農民大革命。胡繩，〈中國近代歷史的分期問題〉，原載：《歷史研究》，1954 年第 1 期，後收入：歷史研究編輯部編，《中國近代史分期問題討論集》（北京：生活・讀書・新知三聯書店，1957 年），頁 2–3。

174. 李懷印認為李鼎聲、張聞天等人非常嫻熟於馬克思主義、史達林和共產國際的觀點，而范文瀾卻相對缺乏馬克思主義的訓練，故而不時陷入夷夏之防、滿漢衝突，以及抵抗派和投降派的解釋模式中。李懷印著，歲有生、王傳奇譯，《重構近代中國：中國歷史寫作中的想像與真實》，頁 98–102。

延安時期重要的革命綱領。該書由於討論到中國現階段的革命性質、革命對象等問題，因而對中國近百年來受帝國主義壓迫的事實多所論述。此書一出，對於後來左翼史家撰述中國近代史的基本範型產生了極大的影響。其中，毛澤東首先為近代中國社會的基本形態定調，他認為 1840 年鴉片戰爭以後，中國在帝國主義的侵略下，已經逐步變成一個「半殖民地半封建的社會」。[176] 中國近百年的歷史其實就是：「帝國主義和中國封建主義相結合，把中國變為半殖民地和殖民地的過程，也就是中國人民反抗帝國主義及其走狗的過程」。[177] 在這個侵略與反侵略交織的歷史中，毛澤東特別標列了鴉片戰爭、英法聯軍、中法戰爭、中日戰爭、八國聯軍戰爭等五大戰役，及十二次中國人民反帝國主義侵略的事件，[178] 從而確立中國現階段的革命對象，

175. 《中國革命與中國共產黨》一書，實由毛澤東與李維漢、楊松、吳亮平、陳伯達幾人合寫而成。參見：張希賢、王憲明、張偉良，《毛澤東在延安──關於確立毛澤東領導地位的組織、人事、理論宣傳和外交統戰活動實錄》（北京：警官教育出版社，1993 年），頁 17。

176. 毛澤東，《中國革命與中國共產黨》，收入：毛澤東，《毛澤東選集》，第 2 卷（北京：人民出版社，1991 年），頁 626。

177. 毛澤東，《中國革命與中國共產黨》，收入：毛澤東，《毛澤東選集》，第 2 卷，頁 637。

178. 這十二次反帝國主義侵略的革命與運動分別是：鴉片戰爭、太平天國運動、中法戰爭、中日戰爭、戊戌變法、義和團運動、辛亥革命、五四運動、五卅運動、北伐戰爭、土地革命戰爭、抗日戰爭。見：毛澤東，《中國革命與中國共產黨》，收入：毛澤東，《毛澤東選集》，第 2 卷，頁 628、632。

分別是「對外推翻帝國主義壓迫的民族革命」和「對內推翻封建地主壓迫的民主革命」，並以發展國內資本主義為目標的「新民主主義革命」，作為發動無產階級革命的前哨戰。

為了完成「新民主主義革命」，毛澤東提出「抗日民族統一戰線」，以左手打帝國主義，右手打封建地主階級的方式，將民族革命與民主革命合冶於一爐，他說：

> 這種新民主主義的革命，和歷史上歐美各國的民主革命大不相同，它不造成資產階級專政，而造成各革命階級在無產階級領導之下的統一戰線專政。在抗日戰爭中，在中國共產黨領導的各個抗日根據地內建立起來的抗日民主政權，乃是抗日民族統一戰線的政權，它既不是資產階級一個階級的專政，也不是無產階級一個階級的專政，而是在無產階級領導之下的幾個革命階級聯合起來的專政。只要是贊成抗日又贊成民主的人們，不問屬於何黨何派，都有參加這個政權的資格。[179]

毛澤東以「抗日民族統一戰線」為號召，整合國內一切反帝、反封建的勢力，以打倒帝國主義、建立無產階級主導的聯合政府為終極目標。在這個目標下，一切向帝國主義妥協的力量，都該被打倒，所有願意參加抗日、贊成民主的階級，皆可引為同調。就某種意義上來說，毛澤東企圖以「抗日民族統一戰線」重塑一個新的國族界域，只是他的重組方式並不以種族為判準，而是以階級為對象。在一致對外的立場上，毛澤東重新把帝國

---

179. 毛澤東，《中國革命與中國共產黨》，收入：毛澤東，《毛澤東選集》，第 2 卷，頁 648。

主義視為中國的敵體，吸納所有反侵略的無產階級、農民、小資產階級，加入戰鬥的行列，[180] 唯其不同的是，他拒絕像「現代化」的持論者一般，以走進「西方近代文明」作為挽救國家危亡的方策；相反地，他認為造成中國近百年災難的帝國主義國家，無一不是因為以西方近代資本主義為模本，對中國輸入國際資本主義，才造成中國今日陷於「半殖民地半封建社會」的困境，為此他嚴斥一切向「西方」學習的方案，視所有與「西方」妥協的勢力為「賣國」、「投降」。在毛澤東的概念裡，「西方」無異是帝國主義的同義代名詞，而「抗日民族統一戰線」，正是要以拒斥「西方」為手段，用一種更激進、更極端的民族主義，作為他凝聚新國族意識的利器。

根據毛澤東《中國革命與中國共產黨》一書提示的革命方略，抗戰後期左翼史家紛紛以此為藍本，將中國近代史改寫成一部部以「階級鬥爭」為原則的反帝、反封建革命鬥爭史。特別是范文瀾成於 1947 年的《中國近代史》，[181] 更是完全在毛澤東的提點下完成的。首先，在分期用語上，范文瀾依毛澤東的

---

180. 毛澤東在「中國革命的動力」一節，細述中國的地主階級、資產階級、無產階級、農民和小資產階級的階級特性。見：毛澤東，《中國革命與中國共產黨》，收入：毛澤東，《毛澤東選集》，第 2 卷，頁 637–646。

181. 范文瀾《中國近代史》上編第一分冊，為 1945 年在延安寫成，1947年由華北新華書店翻印，後經北方大學歷史研究室校訂時略有增刪。見：范文瀾，《中國近代史》（北京：人民出版社，1947 年延安第一版，1953 年北京修訂第 8 版），後收入：民國叢書編輯委員會編，《民國叢書》，第 4 編第 78 冊（上海：上海書店出版社，據上海三聯書店1949 年版影印，1992 年），頁 2。

提示以「舊民主主義革命時代」（鴉片戰爭到五四運動）和「新民主主義革命時代」（五四運動以降），取代過去以事件為名的分期用語，並以「半封建半殖民地社會的形成及中國人民舊式的反抗運動」為第一分冊的主標題，用以標顯中國近代史上侵略與反侵略的敘事主軸。其次，范文瀾更將階級鬥爭包裹在民族主義之中，依循毛對中國社會各個階級的劃分與判準，全盤改寫近代史事和人物，並以極端的民族主義標準，將近代史涵括在「排外」與「媚外」兩種態度上；將歷次對外戰役中持保守、談判、防禦態度者，斥之為投降派、妥協派或頑固派，持對抗態度者則謂之抵抗派、主戰派、革命派，並給予後者高度的歷史評價。其對史事、人物的價值評斷，完全依據「對侵略者的態度」而定，他說：

> 抵抗投降兩派思想上基本不同點在對外國侵略者的態度上。抵抗派從民族自尊心出發，拒絕外國勢力的侵入，雖然他們也是傲慢自大對世界情況無所知，但在民族遭受危害的時候，他們願意探查外國情況，學習外國技術，這是進步的傾向。抵抗派的路線，無論戰勝、戰敗或長期戰……，都起著促進中國進步的作用，這樣的戰爭對中國是有利的而且是必要的。
>
> ……投降派從壓迫人民、保持少數人私利出發，他們清楚懂得，只要政權在手，民膏民脂，儘夠剝削，中國遭受任何傷害，對他們私利並無妨礙。不僅如此，中國任何一個傷害，對他們還都是乘機獲利的機會。投降派的路線，顯然是守舊頑固、阻止生產力進步、依附外國侵

略者，引導中國走向殖民地的路線。這一路線直到今天
還沒有消滅。中國近百年史就是人民反抗投降派及其主
人帝國主義的鬥爭史。[182]

為了包容更多反帝反封建的成員，范文瀾貫徹了毛澤東的主張，
強化對外關係的立場，用民族主義取代階級鬥爭，將矛頭指向
所有反對抵抗侵略的「投降派」，澈底將無產階級革命的立場轉
化為以民族主義為號召的革命敘事。在范文瀾的觀念裡，抵抗
派無論其實際作為為何，只要動機是符合捍衛「民族自尊心」
的原則，一切的對外戰役都是必要的，都是能對中國「起進步
作用」的；相反地，所有投降派之所以該受到譴責的原因，也
是由於他們完全沒有民族自尊心，只以自己的階級私利為考量，
才會將中國推向殖民與半殖民地的窘境。中國近代史既是一部
侵略與反侵略的鬥爭史，那麼所有的歷史人物，當然只可能有
抵抗與不抵抗兩種選擇，動機和態度是決定一切價值判斷的唯
一標準。

　　因此，在蔣廷黻筆下視為深具現代外交手腕的琦善，[183] 到
了范文瀾的手裡就成了「投降集團」的代表；[184] 力圖「刷新舊
社會」、「革新守舊」同時並進的曾國藩，則成了頭號「漢奸劊
子手」；[185] 在甲午戰爭初期主張循外交途徑折衝樽俎的李鴻章，

----

182. 范文瀾，《中國近代史》，頁 65。

183. 蔣廷黻，〈琦善與鴉片戰爭〉，收入：蔣廷黻，《蔣廷黻選集》，第 1 冊
　　（臺北：文星書店，1965 年），頁 73。

184. 范文瀾，《中國近代史》，頁 34–40。

185. 范文瀾在 1947 年出版的《中國近代史》最後，特別收錄一篇〈漢奸劊

也變成了只有「奴隸遠見」的「無恥」之徒；[186] 太平天國革命是「揭開中國資產階級民主革命序幕」的劃時代歷史大事；[187] 義和團運動則是「有志願、有紀律」的反帝行為，[188] 讓帝國主義者認識到「中國群眾含有無限蓬勃生氣」的群眾組織；[189] 蔣廷黻由「近代化」觀點出發，批評「剿夷派」不圖振作、不圖改革，盲目排外的心態，[190] 對范文瀾來說，反而是欠缺民族本位思想的表現。歷史敘事與價值評判在這裡形成強烈的反差，人物與事件高度化約為階級的符號；百年來的鬥爭可以簡化成「中國人民」與「統治階級」對立的表格，當權派從「湘淮軍閥」到「國民黨反動派」一定是投降主義，不當權派——無論是戊戌維新或是君主立憲，才是有抵抗意識的改良主義者。[191]

子手曾國藩〉，批評曾國藩是「中國百年來一切出賣民族的漢奸與屠殺人民的劊子手的開山祖」。見：范文瀾，《中國近代史》，頁 421–457。

186. 范文瀾，《中國近代史》，頁 273–274。

187. 范文瀾，《中國近代史》，頁 159。

188. 范文瀾，《中國近代史》，頁 364–368。

189. 范文瀾，《中國近代史》，頁 414。

190. 蔣廷黻，《中國近代史》，頁 35–36。

191. 范文瀾在「中國人民與統治階級所走的不同路線」裡，將鴉片戰爭以後一百年來的鬥爭史畫成一個簡表，一邊是中國人民，一邊是統治階級；中國人民又可分為反帝國主義的平英團、昇平學社、義和團，反封建主義的則有太平天國、同盟會、中國共產黨、改組前的中國國民黨和中華革命黨。統治階級方面，則有當權派（投降派）的湘淮軍閥、晚清政府、北洋軍閥、國民黨反動派，以及不當權派走改良主義路線的戊戌維新派和君主立憲派。見：范文瀾，《中國近代史》，頁 81–82。

　　范文瀾認為鴉片戰爭基本上已經完全改變了中國社會的性質，讓戰前只是農民反對地主階級的鬥爭史，一變而為「民主主義反對帝國主義、封建主義的鬥爭史」，封建主義依附在帝國主義之下，造成反革命的力量特別頑強，因此人民革命鬥爭的過程也就特別曲折和艱苦，但他相信這股革命力量會持續壯大，直到取得最後勝利的那一天。[192] 范文瀾強烈的「民族革命史觀」，不但是他架構中國近代史的標準，也是他用以激化當前民族主義的工具。中國近代史為左翼學者提供了一個模擬革命理論的園地，和練習馬克思主義中國化的實習機會，民族主義在此雖然未必能夠具體提出中國民族如何實踐未來的構想，但就凝聚革命力量而言，它絕對是一個可以激勵民族大團結的重要工具。

　　1930 年代後期，有些史家相信中國近代史的史料豐富，不愁沒有材料可用，加上取材便利，只要稍加「排比與解釋」便足夠了，「並不需要什麼考證工作」；[193] 重要的是「方法」，因為只有「正確的方法」，才能體現「中國近代史的真實內容與每一種事變的歷史意義及因果關係」。[194] 這種看法在左翼學者的論著裡表現得尤為明顯，他們認為不能只看到歷史外表的現象，更要從「潛伏於現象背後的實象與動因」裡，去把握中國近代史

----

192. 范文瀾，《中國近代史》，頁 81。

193. 此一觀點在中國近代史漸趨學科化之後相當普遍。見：李絜非，《中國近世史》（上海：文通書局，1948 年），頁 3。李鼎聲，《中國近代史》，頁 5。

194. 李鼎聲，《中國近代史》，頁 5。

的意義。[195] 因此對於歷史事件的詮釋角度就顯得格外重要，特別是當敘事主軸與理論架構逐漸定型化時，說理的意義往往凌駕於證據之上，意識形態才是建構主體價值的依據。左翼學者為了凸顯帝國主義侵略及中國人民反帝反封建的鬥爭過程，更把中國近代史的焦點集中在政治、外交事件上，毛澤東所提示的階級鬥爭原則和五大戰爭、十二次反侵略事件，便成了所有左派學者撰述中國近代史時不易的焦點。

曾經協助范文瀾修訂《中國近代史》的榮孟源 (1913–1985) 在他的《中國近百年革命史略》裡，綜述五四運動以前資本主義列強對華侵略的五大戰役，即完全按照毛說而來，其分析近百年中國社會淪為半殖民地半封建社會的特點，也幾乎全文照搬《中國革命與中國共產黨》裡的文字；[196] 華崗的《中國民族解放運動史》在 1949 年 4 月改寫成《中國近代史》之後，就成了中共治區高中二年級的歷史教科書；華北大學歷史研究室更把范文瀾《中國近代史》濃縮精簡後出版，在每個章節之後附上提點階級鬥爭、反帝反封建思想的問題，指示讀者重新調整看待中國近代史的眼光。[197] 吳玉章的《中國最近五十年民族與

---

195. 李鼎聲，《中國近代史》，頁 5。

196. 榮孟源，《中國近百年革命史略》（北京：生活・讀書・新知三聯書店，1954 年），頁 1–4。

197. 例如：「中國封建社會剝削有那幾種？你親眼見過那些封建剝削？」、「滿清統治時期，人民鬥爭的形式有那些？」、「封建思想之表現，主要有那些？它對於各個階級起什麼作用？」、「漢奸曾國藩的勢力是怎樣興起的？他保護那個階級的利益？」、「人民的力量怎樣停止了帝國

民主革命運動簡史》則把重點向下延伸，將甲午戰爭至 1949 年中共建政時期的歷史，稱做「資本主義最後階段的帝國主義侵略中國與中國人民爭得解放的時代」，[198] 聯結舊民主主義革命和新民主主義革命，讓中國近代史與中國共產黨誕生之後的歷史銜接起來，為中共政權的合理性建立基礎。自此之後，愈來愈多類似教科書形式的通論性著作，不斷複述同樣的論述核心與詮釋體系，1954 年的「中國近代史的分期問題」討論，更把中國近代史化約成「一條紅線、兩個過程、三次革命高潮、八大事件」，[199] 左翼中國近代史的敘事結構至此可謂完全定型。

主義瓜分中國？」、「中國資產階級的革命要求與其軟弱性是怎樣產生的？」參見：華北大學歷史研究室編，《中國近代史》（出版地不詳：新華書店，1949 年），各章節問題。

198. 吳玉章，《中國最近五十年民族與民主革命運動簡史》（出版地不詳；華北大學教務處，1949 年），頁 1–3。

199. 為了說明帝國主義侵略下，中國近代社會內部階級結構的變動，及其相互關係和發展趨勢，胡繩於 1954 年在《歷史研究》創刊號上發表〈中國近代歷史的分期問題〉，引發分期問題的討論。在這場歷時三年的討論中，胡繩、孫守任、金沖及、范文瀾、戴逸等人主張：以階級鬥爭為分期標準（一條紅線），視中國近代史為毛澤東所說是「帝國主義和中國封建主義相結合，把中國變為半殖民地和殖民地的過程」（兩個過程），和以太平天國革命、義和團運動、辛亥革命為主的「三次革命高潮」，及「八大事件」（鴉片戰爭、太平天國革命、第二次鴉片戰爭、中法戰爭、中日戰爭、戊戌變法、義和團運動、辛亥革命）所組成的。見：龔書鐸、鄭師渠，〈中國近代史〉，收入：蕭黎主編，《中國歷史學四十年 (1949–1989)》（北京：書目文獻出版社，1989 年），頁 259–260。

　　當然，左翼中國近代史論述的崛起，除了與前述諸多持馬克思主義觀點的濫觴之作有密切關係之外，就學科發展的角度來看，抗戰時期紅區各大專院校對左翼思想的散播，也有一定程度的影響。如戰前曾參與社會史大論戰的代表人物李麥麥 (1904–1942)，[200] 為中共送往莫斯科東方大學進修之後，即於 1935 年時易名為李建芳，進入復旦大學歷史系講授中國近世史，直到抗戰爆發後隨校南遷至重慶；[201] 出身紅色革命學府上海大學社會系的李鼎聲，1927 年前後也由中國共產黨安排進入浙江第六師範學校任教，抗戰期間更成為中共在上海租界區開辦的「上海抗大」現代知識講座的主講人；[202] 華崗也由戰前《新華日報》總編輯的身分，在 1943 年進入後方雲南大學社會系教書；[203] 撰寫《中國近代革命講話》的胡華 (1921–1987)，早年就讀浙江高等師範學校時，即受中共革命理論洗禮，在 1940 年之後正式擔任晉察冀邊區華北聯合大學社會學部和工運部負責

<hr />

200. 李麥麥，原名劉胤，後改名李建芳，著有《各國民族統一運動史論》（重慶：大道出版社，1945 年）。

201. 〈文學院史地學系二十八年度第二學期開設學程表〉、〈文學院史地系二十九年秋季〉（復旦大學），《科目、學程調查表和新生補習名冊》（1939–1940 年），頁 232–233；19–20。復旦檔案館編，〈系科設置概況〉，《復旦大學志》（1985 年），頁 313–315。〈教員任課表及教職員錄〉（復旦大學），1940–1949 年，頁 6。

202. 〈李平心傳略〉，收入：晉陽學刊編輯部編，《中國現代社會科學家傳略》，第 8 輯（太原：山西人民出版社，1982–1985 年），轉引自：《傳記文學》，68：3（1996 年 3 月），頁 145。

203. 《雲南大學志》，第 1 卷（人物傳）（昆明：雲南大學出版社，2000 年）。

人，專授中國近代革命運動史，1946 年接長教育學院黨支部書記和史地系副主任。[204] 另外，對新民主主義時期歷史論述具有關鍵影響力的吳玉章，則早在 1922 年時即出任成都高等師範學校校長，並於 1925 年加入中國共產黨，是為建構中共早期革命理論的重要代表人物，抗戰後期延安大學成立，吳玉章以老黨員的資格出任延安大學校長，並於 1948 年華北聯合大學與北方大學合併成華北大學之後轉任該校，於任內完成《中國最近五十年民族與民主革命運動簡史》。[205] 至於為左翼中國近代史奠立範型之作的范文瀾，於 1927 年離開北京大學之後，即相繼在北平師範大學、女子師範大學、私立中國大學、朝陽大學和省立河南大學教書，1940 年前往延安，隨即擔任延安馬列學院歷史研究室主任，1947 年接任晉冀魯豫邊區北方大學校長及華北大學副校長之職，並且兼任兩校歷史研究室主任。[206]

　　這些早期醉心馬克思主義思想與理論的信仰者，在抗戰前後悄然進入各大專院校或紅區大學任教，特別是上海一帶私立學校和各省師範學校尤其成為左翼人士的大本營。如上海地區的光華大學、大夏大學、上海大學和復旦大學等，原本成立時即受到革命風潮的影響，[207] 成立之後雖然也於教育部註冊立案，

204. 胡華，〈胡華自傳〉，收入：晉陽學刊編輯部編，《中國現代社會科學家傳略》，第 1 輯，頁 285–289。

205. 王宗柏，〈吳玉章傳略〉，收入：晉陽學刊編輯部編，《中國現代社會科學家傳略》，第 3 輯，頁 231–246。

206. 潘汝暄，〈范文瀾傳略〉，收入：晉陽學刊編輯部編，《中國現代社會科學家傳略》，第 4 輯，頁 209–224。

但常常成為政治理想無法實現的失意人士，[208] 或與主流學術觀點相左學人的聚集地，[209] 其開課方向與教學內容常不受教育部約束；有些學校到了抗戰時期，根本就在中共游擊區的管轄內，國民政府教育部鞭長莫及，無法可管。許多左派出版品與著作發行管道和閱讀對象，[210] 也與主流社群大相逕庭。表面看來，

207. 光華大學 1925 年由聖約翰大學分出，其成立過程即受到五卅慘案後上海罷課風潮的影響。大夏大學則為廈門大學 1924 年爆發學潮之後分出的學校。至於上海大學則是 1921 年中共建黨後最早成立培養革命幹部的學校，李大釗、李季、蔡和森等人皆曾在該校教書。上海大學非常重視馬克思主義基本原理的教學，開設過辯證唯物主義、通俗資本主義、科學社會主義等課，這些課程在當時大學裡極少開設。參見：程杏培、陶繼明，《紅色學府──上海大學 (1922–1927)》（上海：上海大學出版社，2002 年），頁 35–44。

208. 歐元懷，〈大夏大學校史紀要〉，收入：陸堅心、完顏紹元編，《20 世紀上海文史資料文庫》，第 8 冊（上海：上海書店出版社，1999 年），頁 80。

209. 例如長年留在光華大學任教的呂思勉，即一直負責中國近代史一課的講授，觀其歷年所編《中國近代史講義》，即可發現呂氏雖不見得以馬克思主義史觀講授近代史，但其論點往往十分留意中國社會的階級問題，以及經濟動因造成的影響。詳可參見：呂思勉，《呂著中國近代史》。此書收有呂氏早年以至抗戰時期各階段的中國近代史講義。

210. 例如歷史悠久的上海書店，即與上海大學有密切的關係。該店於 1923 年成立，專門出版左翼人士的著作，如瞿秋白的《社會科學概論》、瞿秋白、安體誠的《社會科學講義》、陳望道譯《共產黨宣言》和共黨內部刊物《嚮導》週報等，皆由該店發行代售。上海書店後於 1926 年為孫傳芳勒令停業。見：周啟新，〈上海大學始末〉，收入：陸堅心、完顏紹元編，《20 世紀上海文史資料文庫》，第 8 冊，頁 71。

左翼人士隱身於私校或師範體系之內，看似無法進入當時位居主流地位的一流學府，但其影響力卻不可小覷，特別是任職於師範院校的左派教師，其教學觀點與主張，直接影響未來即將成為中小學的師資群，當這些儲備教員畢業後，散至各中、小學教書時，影響層面不但擴大到基層，更延及下一代。如前述之李鼎聲、范文瀾、吳玉章等人都曾有在師範院校任教的經驗，他們或者透過著述或以講學方式，直接影響即將為人師表的學生。中共建政之後，這些原處邊緣地帶非主流大學的教師群，更迅速地為中共所用，接掌各個為國民黨棄守的高等院校和學術機構，出任一流學府的負責人，[211] 澈底改變國民政府時期主導的教育綱本與學術發言權，使得左翼史觀能在短期內席捲全國，形成另一套論述體系，而中國近代史的敘事方式與詮釋角度，至此也一分為二，走上分途發展的方向。

五、餘　論

中國近代史這門次學科領域的出現，自始即與現實問題密切勾連，它既反映了身處內憂外患之局的中國學人對世局的關懷，也與百年來的國恥國難有著密不可分的關係。中國近代史的書寫，從早期與明清史糾結纏擾，到後期愈來愈以鴉片戰爭

---

211. 1949 年中共建政之後，華崗隨即出任山東大學校長；胡華則擔任人民大學中共黨史系系主任；吳玉章成為人民大學校長。而范文瀾擔任中國科學院中國近代史研究所所長，和中國史學會副會長等職，發起「厚今薄古」運動，主導中共建政後中國近代史的研究發展方向。

以降之外患事變為主的敘事形態，充分說明了民族外患始終是這一代學人無可或忘的中心議題。1940 年教育部著手推動大學課程改進計畫，重新擬訂《文理法農工商各學院必修選修科目表》時，即將「中國近世史」別出於「中國斷代史」課程群之外，正式列為歷史系的必修科目之一，並規定講授範圍：「起自道光至抗戰為止，要旨在研究外力壓迫所引起之政治、經濟、文化各種改革」。而明清史之下限也因此確立在「道光時為止，俾與中國近世史銜接」。[212] 以鴉片戰爭為起點，外力壓迫為主軸的敘事模式，至此正式在學科體制中確立。

事實上，由國恥國難一路演述下來的中國近代史，始終在百年憂患的語境下跌宕浮沉，民族主義永遠是一個不易的主調，而帝國主義在民族主義的映照下，也成了所有感時憂國的學人想像民族界域時共同的「他者」；自由派學人藉列強侵略／中國回應的敘事模式，形構「現代化」的理論架構，試圖以大步邁向西方近代文明的種種建設方案凝聚當代國族意識。而左翼學人則以「反帝反封建」的口號，把帝國主義和封建資本家當作完成民族革命統一大業必須剗除的頭號大敵。持論雙方雖然各自以「走向西方」或「拒斥西方」，作為提供民族自救的解決方案，進而形成一套南轅北轍的論述模式，唯民族主義在此卻同時成了兩派學人手中共執的利刃。這種相反而又相成的路線，

---

212. 中國近世史以一學年 4–6 學分之課程比重，顯然高過其他中國斷代史 8–12 學分課程數之總合遠甚。教育部以中國近世史為必修科之重點項目，由此可見一斑。見：〈歷史學系必修科目表〉，收入：教育部編，《大學科目表》（重慶：正中書局，1940 年），頁 48–49。

最後不免導致中國近代史研究在敘事體上愈來愈窄化的趨勢，外患、事變幾乎成了所有通論性中國近代史著作共同關注的焦點，政治史、外交史的取徑亦同聲形構了這個敘事主軸。同樣的歷史情境與現實話語，讓「現代化」主張和反帝反封建的階級鬥爭史觀，不約而同地把歷史導向單線進化的目的論當中，中國近代史在除掉外患、鬥爭之後，別無其他。

　　就學科發展的進程而言，研究的窄化與敘事結構的定型化，除了受到民族主義過強的語境影響之外，也與中國近代史仍是一門新興的學科有關。相較於 20 世紀上半葉，中國史研究大量集中在上古史的情形而論，中國近代史無疑是一個資齡甚淺的學科，議題的開拓與延展勢必不可能像上古史一樣有深厚的基礎。羅家倫、蔣廷黻、郭廷以等早期倡議中國近代史研究的學者，其實早已意識到這個問題，他們認為從事中國近代史研究，必須先從細部的專題做起，而專題研究又必須奠基在不斷充實的史料基礎上。蔣廷黻曾說：

> 歷史學自有其紀律，這紀律的初步就是注重歷史的資料。資料分兩種：一種是原料 (primary source)，一種是次料 (secondary source)。原料不可盡信，次料非盡不可信。比較說，原料可信的程度在次料之上。所以研究歷史者必須從原料下手。[213]

蔣廷黻自任教於南開大學，從事中國外交史研究開始，就十分重視外交史料的蒐集工作，到了清華大學歷史系以後，也經常

---

213. 蔣廷黻，〈「近代中國外交史資料輯要」上卷自序〉，收入：蔣廷黻，《蔣廷黻選集》，第 1 冊，頁 45。

在課堂上提醒學生做專題研究必須要有充實的史料做基礎。他在中央研究院社會科學研究所（簡稱「社科所」）兼任研究員期間，也勤跑故宮博物院大高殿，檢閱軍機處檔案，[214] 後來更輯錄《近代中國外交史資料輯要》上、中二卷，成為他早年用力最深的代表作。

羅家倫也說：「文獻足徵」、「所見異詞」，是研究近代史的人所占的最大優勢，[215] 比較起來，中國近代史大量而豐富的史料，在當時還處於十分零亂且尚待整理的狀態，所以羅家倫主張在撰寫通論性的中國近代史以前，「非先有中國近代史料叢書的編訂不可」，他認為「研究中國近代史的方法」，說穿了「就是整理中國近代史料的方法」。[216] 羅家倫認為中國近代史史料的蒐集，非但是一種日積月累的工作，同時也必須劍及履及，趕緊來做，否則等到史料文獻散佚、毀損之後就來不及了。因此羅家倫 1926 年回國後，即積極向清華、東南和廈門大學等校建議編列預算，蒐求散在歐洲各地的近代史資料，並設法收購曾國藩家藏的李秀成供狀原件。[217] 承襲了羅家倫的這個看法，郭

---

214. 郭廷以，《近代中國的變局》（臺北：聯經出版事業公司，1987 年），頁 426。

215. 羅家倫，〈研究中國近代史的意義和方法〉《武漢大學社會科學季刊》，2：1（1931 年 7 月 16 日），頁 143。

216. 羅家倫，〈研究中國近代史的意義和方法〉《武漢大學社會科學季刊》，2：1（1931 年 7 月 16 日），頁 146–148。

217. 包遵彭、李定一、吳相湘，〈中國近代史論叢・導論〉，見：包遵彭、李定一、吳相湘編，《中國近代史論叢》，第 1 輯第 1 冊（史料與史學），頁 7–9。

廷以在踏上中國近代史研究初始之途時，也非常重視史料的蒐集與整理，其《太平天國大事日誌》和《太平天國曆法考訂》二書，即充分展現其掌握史料的能力，[218] 即使到了晚年，仍力行每日剪報工作而不輟。[219]

　　重視史料和專題研究，讓這些早期從事中國近代史研究的學人，一方面在研究視野和深度上，都有相當可觀之處，另一方面也養成了他們慎言不輕出議論的習慣。蔣廷黻晚年回憶，他初到清華大學時，原本打算以十年的時間寫成一部中國近代史，但是這個構想在他出任駐蘇聯大使之後延擱下來，而他1938 年出版的《中國近代史》還是應陳之邁 (1908-1978) 的要求，趁賦閑在家的兩個月空檔寫出來的「初步報告」，他請讀者千萬不要以嚴肅的學術論著看待。這說明了蔣廷黻並不滿意這部倉促寫成的著作，而寄望將來能有重新改寫的機會。這個態度與他早年編寫《近代中國外交史資料輯要》時，期許能夠推動中國外交史研究「歷史化」、「學術化」的動機是一樣的。[220]蔣氏的史學撰著固然可以深切反映他對現實的關懷，但他基本

----

218. 郭氏早期纂輯史料的工作，多受羅家倫啟發而作，其《太平天國大事日誌》成於 1934 年，《太平天國曆法考訂》一書，初稿成於 1930 年，後經四次修改，於 1937 年正式由商務印書館出版。見：王聿均，〈羅志希先生對史學與文學的貢獻〉，收入：羅家倫先生文存編輯委員會編，《羅家倫先生文存》，第 12 冊，頁 910。

219. 王爾敏，〈地靈人傑〉，收入：陳三井編，《走過憂患歲月——近史所的故事》，頁 76。

220. 蔣廷黻，〈「近代中國外交史資料輯要」上冊自序〉，收入：蔣廷黻，《蔣廷黻選集》，第 1 冊，頁 47。

上還是把史學研究視為一種嚴謹的學術活動。同樣地，羅家倫早年也曾有撰寫一部中國通史的宏願，但是他發現愈到後來看的資料愈多，愈覺得不可能，所以自動縮小範圍立意寫一部《中國近三百年史》，可是後來仍然覺得三百年史太長，內容太複雜，不得不再自動縮減，以「中國近百年通史」為目標，[221] 只是這個願望到他過世時都未能實現。至於始終堅守教育崗位的郭廷以，儘管在 1949 年以前即已出版《近代中國史》之作，但這部書出版時（1940–1941 年），郭氏仍認為中國近代史在當時「尚為史料整理編訂時期，而非史書寫作時期」，所以他自承對這部書也只以「史料選錄或類輯」的形態看待，不視其為完整的歷史著作。[222] 實際上郭廷以這部原本打算寫到清末的《中國近代史》，不論在內容和體例上，都沒有達成他原本預期的目標，郭氏最有觀點且最集中精力的撰作，多半還是到臺灣之後才發表。重視史料的態度，讓郭廷以即使在創辦近史所之後多年，都還認為專門從事研究的時期未至，而暫不願同仁出版專刊，[223] 近史所成立之初，在郭廷以的主導下，也以整理《三朝籌辦夷務始末索引》、《海防檔》、《礦物檔》和《中俄關係史料》等工作為主，其嚴謹態度可見一斑。

221. 羅家倫，〈致張元濟（菊生）函，述為學計畫〉（1925 年 5 月 25 日），收入：羅家倫先生文存編輯委員會編，《羅家倫先生文存》，第 7 冊，頁 48–49。

222. 郭廷以編，《近代中國史》，頁 1。

223. 李國祁，〈憶量宇師〉，收入：陳三井主編，《走過憂患的歲月──近史所的故事》，頁 41。

　　對於一門興起於 1920 年代後期的新興學科來說，從蒐集整理史料和專題討論做起，確是非常必要的工作。羅家倫、蔣廷黻等人對史料的態度，其實和同一時期傅斯年一派人的想法並無二致，他們認為任何精嚴的學術撰作必須奠立在豐實的史料基礎上，因此傅斯年回國後創辦史語所時也是朝著這個方向發展的。然而不少人批評傅斯年並不重視近代史研究，[224] 因此史語所成立時並無近代史組的規畫。或許當時學術主流確實是以古史研究為重心，但並不表示傅斯年不重視近代史，我們從傅氏與社科所負責人陶孟和的私下協定可以看出，傅斯年早把鴉片戰爭以後的研究和明清時期經濟史的範圍畫歸社科所，因不願人才資源重複，才沒有加設近代史組的。[225] 抗戰期間，朱家驊 (1893–1963) 多次希望史語所增加近代史組，傅斯年以一時之間「人才延攬不易」，以及史語所過去重心未放在近代史料的蒐集上為由加以拒絕，導致近史所的設立一直延誤至來臺以後。

　　不過如今回頭細看，羅家倫原本打算寫一部《中國近三百年史》而沒有實現的願望，或許透露出在羅家倫早年的觀念裡，並不排斥以明末清初作為中國近代史的開端，其後他再縮減斷限，改以「中國近百年通史」為目標，或許也不完全是因為近

224. 王聿均，〈朱家驊與近代史研究所〉，收入：陳三井主編，《走過憂患的歲月──近史所的故事》，頁 193–194。

225. 〈傅斯年致朱家驊〉(1943 年 1 月 15 日)，《傅斯年檔案》，III：1246。收入：王汎森、潘光哲、吳政上主編（以下簡稱王汎森等主編），《傅斯年遺札》，第 3 卷（臺北：中央研究院歷史語言研究所，2011 年），頁 1377–1383

代史的「內容複雜」或沒有時間撰寫的緣故，而是「九一八」事變以後戰鼓頻傳，日本侵華所帶來的危機，促使鴉片戰爭為起點，以內亂外患為主軸的敘事形態愈形確立，百年積重的國難吸引了絕大部分研究者的目光，《中國近代史》除了不斷強調西力入侵，以及歷次外患、事變所引發的戰爭、條約之外，再難有其他的內容。中國近代史由於與當代國族建立的過程直接相關，國家的現實處境與民族危機，無不深深牽動研究者的神經，在此情境下任何溢出於外患、事變、戰爭、條約的內容，或是帶有「複線」色彩的敘事，恐怕都難以展開。

即以蔣廷黻、羅家倫為例，蔣氏早年於《中國近代史》中提及太平天國以後私人武力的興起、同治中興，以及宗族觀念和家鄉觀念在中國社會所起的作用等問題，他自己未必來得及一一撰寫成文，卻成為後進史家持續關注的課題，這顯示了蔣廷黻獨到的眼光。然而今日我們再看蔣氏當年提出來的這些問題，實際上未必沒有發展成「複線歷史」的可能，可是放在他《中國近代史》的脈絡下，卻只是他鼓吹中國走向「現代化」的註腳，或是論證傳統觀念乃是阻滯中國擺脫中古時期的證據。而他提及的近代人物，如自強運動中在京的恭親王奕訢、文祥，京外的曾國藩、李鴻章、左宗棠等，更無一不是擔負國族興衰強弱的朝中重臣或封疆大吏。[226] 此外，羅家倫從事鴉片戰爭研究時曾表示：鴉片戰爭和英法聯軍時期有許多「小問題」有待解決，如道光時期的銀貴銅賤問題、通商和關稅問題、沿海軍

---

226. 蔣廷黻，《中國近代史》，頁 45；53–54；59；68–69；74–75。

備問題、英國向遠東商業發展的需要問題、法國保護天主教、
英國企圖開發揚子江等等，[227] 都是可以進一步弄清楚的問題。
我們從後來海峽兩岸的研究脈絡中，仍然不時可以看到許多政
治史、外交史和經濟史研究者不斷深化這些課題，然而回到
1920–1930 年代的語境中，羅家倫之所以注意到這些「小問
題」，無不出於他把這些問題放在理解引動戰爭、條約的起因及
涉外事件的脈絡下才產生的。

　　受國族概念影響下的中國近代史，無論如何難以逃脫為現
實政治服務的命運，左翼史家對此目的更是毫不隱諱。早期共
產黨人如李鼎聲所作《中國近代史》謹守馬克思主義歷史唯物
論的觀點，強調鴉片戰爭之後中國開始受到國際資本主義的壓
榨，逐漸淪為半殖民地半封建的社會，十足表現出共產國際和
中共早期的階級立場和革命史觀。及至 1940 年代以後，范文瀾
為了對應毛澤東在《中國革命與中國共產黨》中所提「新民主
主義革命」的觀點，不惜翻轉中共早期的論述策略，重新以「對
外關係」的態度為階級立場定調，將近代史上的人物簡化為抵
抗派和投降派，並將所有統治階級描寫成聯合外國勢力侵逼中
國，使中國走上半殖民地半封建地位的賣國賊。[228] 范文瀾的《中
國近代史》甚至完全不諱言他以歷史影射當前政治的意圖，讓
歷史撰作完全成為反映現實革命的張本。在這些左翼的論述中

----

227. 羅家倫，〈研究中國近代史的意義和方法〉《武漢大學社會科學季刊》，
　　2：1（1931 年 7 月 16 日），頁 164–165。

228. 李懷印著，歲有生、王傳奇譯，《重構近代中國：中國歷史寫作中的想
　　像與真實》，頁 91–92；106–107。

更是完全看不到任何「複線歷史」展開的可能。

　　事實上，這些深受到國族概念影響的中國近代史，並沒有隨著中共建政、國民政府撤守來臺而告終，高漲的民族主義和國族敘事仍然頑強地在兩岸的中國近代史論著中持續發揮它的影響力。1950 年以後，「現代化」問題仍然是臺灣學者重要的核心關懷，1960 年代以後隨著美國社會科學界「現代化理論」的移入，「現代化」的研究取徑更是風行一時，其中最有指標性意義的就是 1973 年中央研究院近代史研究所展開的「中國現代化區域研究」計畫，對中國沿海沿江十個省份或地區在 19 世紀到 20 世紀初期的變遷進行全面性的分析，直到 1990 年代初期才暫告一段落，有關「現代化」理論的諸多預設如理性、進步等價值和線性進化的觀念，以及將傳統與現代對立的態度，亦於 20 世紀末逐漸遭到揚棄。[229] 然而這段長達數十年的「現代化」研究，對於臺灣日後的學術路向並非完全沒有影響。在「現代化」的框架下，臺灣學界因此而有更多實作與反省的機會，區域研究也刺激學人開始關注更多政治、外交以外的議題，例如重新反思「現代化」觀念中始終將傳統與現代對立的看法，或是以經濟作為評估「現代化」核心指標所帶來的侷限，以及地域、社會、宗族組織、族群團體在「現代化」過程中所扮演的角色；研究過程中，許多學者漸漸注意到國家與社會之間的關係並不見得如想像中穩定，而這種不穩定的關係最終也可能導致「現代化」進程出現斷裂與不連續的現象。研究這些問題

---

229. 沈松僑，〈現代化的回顧與展望──「中國現代化研討會」紀要〉，《新史學》，2：1（1991 年 3 月），頁 115–117。

的初衷原是要觀察近代中國如何走向「現代化」，以及在「現代化」過程中所遭遇到的問題，然而不斷深化的結果，反而對於「現代化」理論的適用性開始產生質疑，不同的「區域」表現挑戰了「現代化」原以「國家」為基本單位的假設。1970–1980 年代臺灣經濟起飛，被視為亞洲四小龍之一的經濟成就，彷彿證明了臺灣自有其獨特的「現代化」經驗，然而經濟快速發展所帶來的污染、住房、勞資、環境等問題，卻在在挑戰著國家的治理能力，並且動搖了國家以推動「現代化」為目標的統治合理性。「現代化」理論漸漸失去它賴以生存的沃壤，後殖民、後現代論述在臺灣解嚴前後的萌蘖與發酵，使得史學界反思「現代性」(modernity) 的浪潮逐漸掩蓋「現代化」思維，成為滋養日後開展「複線歷史」的養分，而中國近代史亦得以從一元化的國族論述體系中獲得解放。

下篇　社群、網絡與傳播

第三章
一代旗手傅斯年：一個學術網絡的觀察

　　如果一定要從 20 世紀上半葉的中國學界選出幾個最具霸才、霸氣的學術人，傅斯年絕對是其中數一數二的代表人物。有關他的研究在這十來年已經累積相當可觀的成果，就連原本將傅斯年視為資產階級史學家的中國大陸學界，自 1990 年代中期也逐漸改變看待傅斯年的眼光，並且隨著兩岸學術交流日趨頻繁，傅斯年及史語所的學術成就愈來愈受到研究者的關注。特別是典藏在傅斯年圖書館的「傅斯年檔案」及「史語所公文檔案」幾乎成了許多來臺訪學的大陸學者經常調閱的資料之一。

　　即以「傅斯年檔案」而論，這批材料確實提供了許多《傅斯年全集》中所沒有的材料，包括傅斯年與時人往來的信函、箚記、筆記、手稿、散稿及未出版的文字等等。首先根據這批材料對傅斯年個人生平傳記提出系統觀察的論著，當推王汎森在 2000 年出版的 *Fu Ssu-nien: A Life in Chinese History and Politics*。這本書不但討論了傅斯年的學術成就、政治觀點，而且對於傅斯年在理想和現實之間的擺盪和糾葛也有很深刻的描寫。於此前後華文學界也陸陸續續有不少討論傅斯年的著作，就連紀實文學也出現了以傅斯年為題的作品，凡此種種在此不能一一細述。[1] 2011 年《傅斯年遺札》整理公布後，對有意從

事傅斯年及相關課題的研究者而言，更是一大福音。

在學界努力耕耘下，有關傅斯年的研究臏義無多，而本章初稿寫於《傅斯年遺札》出版前，由於本以「傅斯年檔案」為主要材料，除傅斯年予人之信函外，尚且運用部分《傅斯年遺札》中未能收錄的師友書信，想著還有一點裒績補苴的價值，故而重理舊稿，希望從學術網絡的角度出發，觀察抗戰時期傅斯年如何在人力、物力資源均極度匱乏的年代裡，仍然努力維繫一個理想中的學術社會，並持續擴大史語所在其中的影響力。主要討論問題包括：一、傅斯年與戰時學術人才的培養；二、學術經費的籌措與運用；三、戰爭時期史語所與學術社群。主要內容集中在抗日戰爭爆發以後，一方面由於學術界對於抗戰時期的史學著墨較少，再者也是希望凸顯戰爭對學術運行機制所造成的衝擊，並藉此探討傅斯年在這複雜的學術網絡關係中所扮演的角色。

1. 如杜正勝，〈從疑古到重建：傅斯年的史學革命及其與胡適、顧頡剛的關係〉，《當代》，第 116 期（1995 年 12 月），頁 10–29。杜正勝，〈無中生有的志業：傅斯年的史學革命與史語所的創立〉，杜正勝、王汎森主編，《新學術之路：中央研究院歷史語言研究所七十周年紀念文集》（以下簡稱《新學術之路》），上冊（臺北：中央研究院歷史語言研究所，1998 年），頁 1–41。岳玉璽、李泉、馬亮寬，《傅斯年：大氣磅礴的一代學人》（天津：天津人民出版社，1994 年）。布占祥、馬亮寬主編，《傅斯年與中國文化：「傅斯年與中國文化」國際學術研討會文集》（天津：天津古籍出版社，2006 年）。歐陽哲生，《傅斯年一生志業研究》（北京：北京大學出版社，2016 年）。紀實文學之作如岳南，《陳寅恪與傅斯年》（臺北：遠流出版事業公司，2009 年）。

一、人才與學風的培養

　　1928 年史語所之創設，本是一個「無中生有」的機構。實際上前此一年所通過的《中華民國大學院中央研究院組織條例》裡，並沒有設立史語所的規畫，[2] 在當時的政治氣候與學術環境下，史語所的成立標誌著傅斯年亟欲以一種「集眾研究」的方式，[3] 在國際漢學舞臺上爭勝的心態，[4] 以及在當時國內疑古辨偽思潮盛行、主義口號充斥的年代裡，另闢國史研究蹊徑的企圖。因此，當這個集眾研究隊伍成軍之後，人才的延攬與培養就顯得格外重要。

　　在史語所成立早期，傅斯年除了從廣州中山大學語言歷史研究所和清華國學研究院招攬了一批頂尖的研究人才之外，在史語所從廣州北遷的當兒，傅斯年曾積極遊說當時仍在上海的胡適重返北大協助蔣夢麟 (1886–1964)，並出長北大文學院院長，[5] 其用意固在復興北大，另一方面也在為史語所培養新一

2. 中央研究院最初設計包括：地質調查所、理化實業研究所、社會科學研究所、心理學研究所和觀象臺。其籌備委員中的胡適隸屬於社會科學研究所，而傅斯年則為心理研究所的籌備委員。見：杜正勝，〈無中生有的志業——傅斯年的史學革命與史語所的創立〉，收入：杜正勝、王汎森主編，《新學術之路》，上冊，頁 14。

3. 傅斯年，〈歷史語言研究所工作之旨趣〉，《傅斯年全集》，第 4 冊，頁 265。

4. 杜正勝，〈無中生有的志業——傅斯年的史學革命與史語所的創立〉，收入：杜正勝、王汎森主編，《新學術之路》，上冊，頁 26–33。

代人才預作準備。傅斯年心裡很清楚，如果要展開一種新形態的研究工作，勢必需要一群能夠運用新觀念、新工具的人才，[6] 而大學正是培養和汲取這些人才的重要基地。事實證明，胡適出長北大文學院之後，傅斯年多方獻策，無論是課程規畫或是人才的延攬，傅斯年的介入都相當深。細查傅樂成 (1922–1984) 所作〈傅斯年先生年譜〉，當可發現自 1929 年秋天始，至 1936 年史語所遷往南京為止，傅氏皆在北大兼課。許多學人事後也都回憶此一時期傅斯年主導北大史學系的發展方向，[7] 陶希聖和黎東方 (1907–1998) 甚至以為傅氏此時同時出任北大史學系主任之職。[8] 事實上，傅斯年在史語所南遷之前，確在北大兼課，[9] 但當時史學系的系主任乃陳受頤，而非傅斯年。錢穆、陶希聖、黎東方等人回憶的誤差，其實多少反映了傅斯年在這

---

5. 胡頌平，《胡適之先生年譜長編初稿》，第 3 冊（臺北：聯經出版事業公司，1984 年），頁 955–956。

6. Fan-sen Wang, *Fu Ssu-nien: A Life in Chinese History and Politics*, pp. 81–82.

7. 錢穆，《八十憶雙親・師友雜憶》（臺北：東大圖書股份有限公司，1992 年），頁 146–147。

8. 傅樂成，〈傅斯年先生年譜〉，收入：傅斯年，《傅斯年全集》，第 7 冊，頁 286。黎東方，《平凡的我》，第 2 集（臺北：國史館，1998 年），頁 11–12。

9. 傅斯年自 1929 年始即在北大史學系開設史學方法導論，直到 1934 年姚從吾留學歸國，才由他接替傅氏開設此一課程。國立北京大學，《國立北京大學史學系課程指導書》（北平：國立北京大學，1932 年 8 月至 1933 年 7 月適用），頁 6–7。

段時期確實對北大史學系的發展是有決定性影響的。

　　「傅斯年檔案」裡有一封戰前姚從吾 (1894-1970) 寫給傅斯年的信，即談到姚氏回國任教北大兩年多來的感想，他再三提及希望「在適之先生與兄的領導之下，循序發展」，朝著充實基本學科、增加科目、提倡西洋史等方向前進，特別在研治西洋史方面，要如何培養「預備人才」和「徵聘用人的人材」時，很希望能聽聽傅斯年的意見。他認為這是「國立大學和研究院應該計畫的一種工作」，而「環顧國內，惟有北大與中央研究院在適之先生與兄的領導之下，能計畫這樣的工作！」[10] 信中完全沒有提及時任北大史學系主任的陳受頤，反而時時稱引胡適與傅斯年，傅氏以兼任之姿主導北大史學系的發展可見一斑。同一封信裡，姚從吾還邀集了幾個應屆畢業、成績不錯的學生與傅斯年見面，[11] 並說道：「兄若今年用人多時，候論文審查完竣，我還可以再作一次詳細的報告與介紹。」信中透露史語所與北大史學系的關係亦不言可喻。

　　事實上，姚從吾發信時史語所已南遷，傅斯年在北大兼課的時間業已結束，[12] 但從姚氏的書信裡可以很清楚地看出北大培養出來的人才，為史語所吸納與留意者當不在少數。傅斯年

----

10. 〈姚從吾致傅斯年〉，「傅斯年檔案」，II：344。

11. 學生名單有傅安華、徐世助、林占鰲、於泓淇、王敬之、吳相湘等六人，列有個別成績與發表著作。

12. 姚從吾這封信雖然沒有註明確切的年份，但從信中推斷其回北大任教兩年半之語，當可推斷此信乃 1936 年 3 月 19 日所發，此時史語所業已遷往南京。

手上還有一本《國文史學系三、四年級學生姓名履歷及歷年成績》的冊子，[13] 詳細記錄北大國文、史學兩系學生的成績，錢穆亦謂：「凡北大歷史系畢業成績較優者，彼（指傅斯年）必網羅以去」。[14] 史語所當時以「拔尖主義」為原則蒐羅人才，眾所周知，鄧廣銘 (1907–1998) 在回憶中也提及：

> 傅先生所以在北大兼課，主要是想為史語所選拔人才。當時史語所人才濟濟，像陳寅恪、徐中舒、董作賓、郭寶鈞、李濟等等，但總要培養些青年學者做接班人。所以，傅斯年、董作賓、李濟、梁思永諸先生都在北大講課，想發現選拔人才。後來，北大畢業生到史語所去的很多，我的同學中就有胡厚宣、張政烺、傅樂煥、王崇武等人。[15]

傅斯年十分懂得如何在大學裡主動、積極地開發人才資源、汲取同道，藉著在北大教書的機會，散播他的治學理念、史學思想，培養一批與他志同道合並認同其觀點的學生，在其完成學業以後加入他「集眾研究」的隊伍裡，如果就學術社群的角度來看，傅斯年對於人力與知識網絡關係的運用，當有十分深入

---

13. 〈北大國文、史學系三、四年級學生姓名履歷及歷年成績〉，「傅斯年檔案」，Ⅰ：797。收入：王汎森、杜正勝編，《傅斯年文物資料選輯》（臺北：中央研究院歷史語言研究所，1995 年），頁 70。

14. 錢穆，《八十憶雙親・師友雜憶》，頁 146–147。

15. 鄧廣銘，〈回憶我的老師傅斯年先生〉，收入：聊城師範學院歷史系、聊城地區政協工委、山東省政文史委合編，《傅斯年》（濟南：山東人民出版社，1991 年），頁 3。

的體會。

　　抗日戰爭爆發不久，各大學南遷，北大、清華、南開三校合組西南聯合大學，先遷長沙，再遷昆明。三校教師與學生合流，大學本科合班上課，唯研究所各校獨立辦理。然而受限於資源與經費困難，北大研究所始終延宕無法招生，本科畢業學生經常面臨失業，時任北大秘書長的史學系教授鄭天挺 (1899–1981)，提到當時的情形時表示：

> 北大本年畢業生共八十人（數學系五、物理六、化學四、地質四、生物一、哲學三、史學七、國文七、外國語十八、教育七、法律四、政治七、經濟七）。其中有成績甚優之人，而出校後職業接洽確定者不到十人。北大學生多半來自戰區，家境本屬清寒，遇此浩劫蓋復不了，北大現時既無研究院，又無中學（清華有清華中學、南開有南渝中學）。復不能留校，……此輩青年去無可去，歸無可歸，留無可留，真屬可慮。[16]

鄭天挺的這封信其實是去函請教傅斯年，管理中英庚款董事會（簡稱「中英庚款會」）是否真有協助設立中學，以收容大學畢業生及失業教職員的計畫。或許是這個原因，傅斯年認為與其成立中學，不如開辦研究所，對學術研究更有提升的作用，於是他在 1939 年時動念結合史語所的力量，與北大合辦文科研究所，然而在缺錢缺人的情況下如何辦理？傅斯年想到了時任中英庚款會董事長的朱家驊和總幹事的杭立武 (1903–1991)，在「傅

---

16. 〈鄭天挺致傅斯年〉，「傅斯年檔案」，II：265。

斯年檔案」中即有一封傅氏寫給杭立武的信稿，字跡雖然非常
潦草，卻十分清楚地道出傅氏意欲合辦文科研究所的原始動機
和計畫。

　　一如鄭天挺所描述的，傅斯年在致杭立武的信中談到：戰
爭以來「大學畢業生之優秀者，於其畢業後不置之於良善環境
中，每每負其所學，故以為大學畢業研究生一層實屬重要」，雖
然「盡此一關之力（指開辦研究所）未必皆成，然無此一關，
中道而廢者多，良可惜也。並以中國大學之多不長進，高材生
畢業者不過初得其門，如一旦置之四顧茫茫之境，實不知所
措」。[17] 傅氏表示長期以來史語所都有招考研究生的計畫，但皆
因種種理由未能實現；而歷年來經過嚴格挑選招進史語所的大
學畢業生，卻因一入所就必須從事「專之又專」的研究工作，
未經大學高等教育「造就一科通人」的訓練而有所缺憾，所以
他認為如果能和北大合辦研究所，既可利用學校師資與管理辦
法，史語所又可提供學術上的訓練，於雙方都是有利的。在論
及合辦意義時，傅斯年還提到北大在戰前即有研究所國學門之
設，在史料的收藏上與史語所不相上下，如內閣大庫檔案、藝
風堂拓本、漢簡、壁畫等皆有可觀之處，因其傳統猶在，所以
恢復起來也比較容易。

　　傅斯年對於合辦計畫似乎早有腹案，在同一封信中他甚至
已經擬好了研究所的組織、招生辦法、請款數目和導師、學生
的來源。[18] 他強調北大訓練出來的學生，雖未必全為史語所任

17. 〈傅斯年致杭立武〉，「傅斯年檔案」，Ⅰ：1275，收入：王汎森等主
編，《傅斯年遺札》，第 2 卷，頁 969–972。

用，「但為此一學問此一風氣造人才，即皆有利也。」在傅斯年的規畫下，史語所擔任的是「出壯丁」的工作，也就是由他自己出任文科研究所主任之職，並由他及史語所同仁共同負責訓練學生，不支薪、不計酬，因傅斯年所真正關心的是研究生的訓練和培養，他說：

> 此一事業，弟之興趣所在皆在研究生，注意之，分配之，
> 為之引近相合之導師。督責其課業，均弟所好之事也。[19]

傅斯年把訓練研究生、為研究生尋找合適的指導老師，不但視為一種興趣，同時也把它當成自己事業的一部分，他告訴杭立武：「弟亦可謂好事，此一事等於自尋興趣之大可知，辦時必負責盡心，故兄如即為弟之事業視之，亦無不可也。」而「弟之熱心此事，非一新花樣，乃是多年之志願且曾一度行之，在弟雖多些事，卻覺得值得」。[20] 從這些話裡顯見傅斯年從戰前開始，即視培養人才為延續學術研究的重要工作，雖然在此他也強調北大文科研究所的畢業生，未必全然為史語所任用，但就知識的散播、學風的養成而言，傅斯年與史語所同仁既負指導、訓練之責，培養出來的研究生即使不為史語所所用，在思想與

---

18. 在師資方面，傅斯年將研究範圍擴大到經濟及制度史，以容納北大文法學院諸教授，如鄭天挺、湯用彤、羅常培、姚從吾、葉公超、錢端升等人。

19. 〈傅斯年致杭立武〉，「傅斯年檔案」，Ⅰ：1275，收入：王汎森等主編，《傅斯年遺札》，第 2 卷，頁 969–972。

20. 〈傅斯年致杭立武〉，「傅斯年檔案」，Ⅰ：1275，收入：王汎森等主編，《傅斯年遺札》，第 2 卷，頁 969–972。

學風的傳遞上也必然是一脈相承的。

這點我們可以從傅斯年設計的招生辦法中看出端倪。對照傅斯年致杭立武信稿中的原始設計和後來公布的招考辦法，可知其中雖略有出入，但傅氏原意所設史學、語學、考古學、人類學四部及其所屬範圍皆完全相同，[21] 唯後來北大公布的招考辦法中加列了中國文學部一項，[22] 概由原來構想中的史學部門分出，應是遷就北大師資而有的改變。然無論如何，此一設計與戰前北大研究所國學門的建制多有不同，史學、語言學、考古學、人類學等部，反倒與史語所的分組與研究路線若合符節。[23]

---

21. 招考研究生辦法中詳列各部研究的範圍如下：(1)史學部分：通史中各段，哲學宗教史、經濟史屬之。(2)語學部分：漢語學各科，邊地語言，英吉利語言學屬之。(3)中國文學部分：中國文學史及文籍校訂屬之。(4)考古部分：考古學及金石學屬之。(5)人類學部分：物質及文化人類學屬之。〈國立北京大學文科研究所招考研究生辦法（1939 年）〉，收入：北京大學、清華大學、南開大學、雲南師範大學編，《西南聯合大學史料（三）教學、科研卷》（昆明：雲南教育出版社，1998 年），頁 432。

22. 〈國立北京大學文科研究所招考研究生辦法（1939 年）〉，收入：北京大學、清華大學、南開大學、雲南師範大學編，《西南聯合大學史料（三）教學、科研卷》，頁 431–432。

23. 史語所在 1928 年創所之初，曾預備籌設史學、敦煌材料、文籍校訂、漢語、漢字、民間文藝、考古學、人類學等八組。次年遷往北平時將原分八組合併為三組，分別是：史學組（第一組）、語言學組（第二組）、考古及人類學組（第三組）。1934 年時又將社會科學研究所的民族學組合併過來，設第四組即民族學組。參見：中央研究院歷史語言研究所四十周年紀念特刊編輯委員會編，《中央研究院歷史語言研究

傅斯年獲得中英庚款會的補助之後，隨即於當年 7、8 兩月正式公開招考研究生。[24] 在招考條件中特別注重「論文」一項，強調必須「確有工夫並頗具心得者」方予錄取，筆試項目也以學生所作論文性質出題測驗。第一年錄取的學生有汪籛 (1916–1966)、桑恆康 (1915–?)、楊志玖 (1915–2002)、王明 (1911–1992)、任繼愈 (1916–2009)、王叔岷 (1914–2008)（史學部）、馬學良 (1913–1999)、陳三蘇、傅懋勣 (1911–1988)、周法高 (1915–1994)、劉念和（語學部）、逯欽立 (1910–1973)、陰法魯 (1915–2002)（中國文學部）等人，[25] 從此北大與史語所合辦之文科研究所正式開張。1940 年，雲南邊境軍事吃緊，史語所為保存人員與文物，再遷四川南溪鎮李莊板栗坳，從此文科研究所遂分為二，一隨史語所遷往李莊，一留雲南昆明西南聯大所在地。此番遷徙給予文科研究所前所未有的特殊處境，也讓史語所有更多機會直接主導訓練學生的工作。

根據 1940 年考上北大文科研究所的李孝定 (1918–1997) 回憶，他在考上研究所之後，因通訊問題，等了將近十個月都未

所四十周年紀念特刊》（臺北：中央研究院歷史語言研究所，1968年），頁 2–7。

24. 〈北大文科研究所招研究生七、八月兩次舉行〉，見：北京大學、清華大學、南開大學、雲南師範大學編，《西南聯合大學史料（三）教學、科研卷》，頁 431。

25. 〈國立北京大學文科研究所 28 年度第一次招考成績表〉、〈國立北京大學文科研究所 28 年度第二次招考成績表〉，收入：王學珍、郭建榮主編，《北京大學史料》，第 3 卷 (1937–1945)（北京：北京大學出版社，2000 年），頁 197–198。

接到入學通知，於是在次年 3、4 月間前往重慶見傅斯年，傅氏告訴他可直接入學，但有兩個選擇：「要看第一手資料，利用豐富的藏書， 你就去李莊 。 想聽聽較多好老師的講授， 就去昆明。」李孝定選擇去了李莊，傅斯年還指定了董作賓為他的論文指導老師。[26] 同年入學的王利器 (1912–1998) 也有相似的回憶：王氏描述他在重慶考研究所時，在敵機轟炸下邊跑警報邊答考題，一個上午進進出出防空洞避難七次，題目尚未答完，傅斯年因已看過他繳交來的大學畢業論文，知道他的程度，於是要他不用再考直接入學，並要王氏自己選擇去昆明，或是李莊，傅氏說：「昆明，西南聯大在那裡，有老師；李莊，中央研究院歷史語言研究所在那裡，有書也有人，還有你們川大兩個同學在那裡。」[27] 後來王利器也選擇了李莊。王汎森表示戰爭並未減少史語所的活動，史語所成了戰爭時期為獲取碩士學位的年輕人提供研究場所的地方，[28] 某種程度上指的也就是史語所和北大文科合辦研究所的這種形式。

「傅斯年檔案」中存留大量北大教授與傅斯年的戰時通信，其中不乏文科研究所教授與傅斯年商討學生入學、考試、[29] 論

---

26. 李孝定，《逝者如斯》（臺北：東大圖書股份有限公司，1996 年），頁 47–52。

27. 王利器，〈李莊憶舊〉，收入：杜正勝、王汎森主編，《新學術之路》，下冊，頁 792–793。

28. Fan-sen Wang, *Fu Ssu-nien: A Life in Chinese History and Politics*, p. 82.

29. 「傅斯年檔案」中不乏湯用彤、姚從吾、丁聲樹等人，因北大文科學生畢業論文、畢業考試、入學考試之閱卷及審定等事宜，向傅斯年請

文、指導教授、生活津貼，[30] 甚至行蹤等問題的書信，[31] 事無大小鉅細靡遺。例如招生第一年，負責北大文科研究所方面實際業務的鄭天挺，即去信傅斯年說：

> 文科研究所報名有五人，其中一人論文為〈玉在中國古文化中的地位〉及〈中國繪畫中的寫實〉，送上請轉託所中專家一看，其餘四分已在此託人審閱，仍候兄來決定。所中與聯大借書辦法已定妥，北大文科研究所應否另定一個，乞卓奪，附上草稿一件，並乞酌定。向覺明聘書已辦，照兄致向函用專任導師名，請釋念。[32]

這封信裡鄭氏要傅斯年決定的事情，就包括了學生論文的審查、文科研究所與史語所訂定的借書辦法、研究所專任導師的聘請及稱謂等問題，無一不需傅斯年做最後的裁奪。此外，像是已入學的研究生申請中英庚款補助者，必須找到願意為他們擔保的保人（同時也是導師），同樣要傅斯年做最後的確認。[33] 實際

益之書信。見：〈王叔岷先生畢業考試題〉，「傅斯年檔案」，I：1244。〈湯用彤致傅斯年〉，「傅斯年檔案」，II：452。〈姚從吾致傅斯年〉，「傅斯年檔案」，I：910。〈傅斯年致湯用彤〉，「傅斯年檔案」，I：262，收入：王汎森等主編，《傅斯年遺札》，第 3 卷，頁 1494–1495。〈湯用彤致傅斯年〉，「傅斯年檔案」，IV：534、IV：535。

30. 〈湯用彤致傅斯年〉，「傅斯年檔案」，IV：537；〈傅斯年致湯用彤〉（1942 年 11 月 27 日），「傅斯年檔案」，I：263。〈傅斯年致湯用彤、楊振聲、鄭天挺〉，「傅斯年檔案」，I：256。

31. 〈2 月 27 日致李孝定君函〉（抄本），「傅斯年檔案」，I：239；〈傅斯年致郁泰然〉，「傅斯年檔案」，I：257。

32. 〈鄭天挺致傅斯年〉，「傅斯年檔案」，IV：1059。

上就如傅斯年自己所說，他辦文科研究所最大的興趣，在幫助學生找研究路線相近的導師，並督導其課業，所以不論是留李莊者，或是前往昆明的學生，其導師的分配與商定，都由傅斯年裁決。[34] 我們從 1942 年北大文科教員名錄裡可以看出，被聘為文科研究所特約導師者，如丁聲樹 (1909–1989)、李方桂 (1902–1987)、陳寅恪 (1890–1969)、董作賓等，無一不是史語所的專任研究員，[35] 而留在李莊讀書、研究的學生，因研究路線的關係，亦多賴史語所同仁的指導。例如後來代理文科研究所主任的湯用彤 (1893–1964)，即曾致函傅斯年談及學生畢業考試問題時說：

> 人類學部分研究生既由北大煩托史語所指導，畢業考試自當由貴所辦理。(北大亦無人能出題看卷)，王利器、李孝定、胡慶鈞三君畢業試題寄上。……似貴處意見仍

---

33. 如第一年入學者王明、任繼愈由湯用彤擔保，楊志玖、閻文儒由姚從吾擔保，劉念和、周法高、馬學良、陰法魯、逯欽立由羅常培擔保，汪籛本應由陳寅恪擔保，陳氏不肯，只好改由鄭天挺擔保。這些擔保人同時也是指導老師，最後都需要傅斯年點頭首肯，蓋章確認。見：〈鄭天挺致傅斯年〉(11 月 22 日)，「傅斯年檔案」，IV：530。

34. 周法高於回憶時曾言：「口試時傅斯年先生對我說，我的研究屬歷史語言學的範圍，可謂一語定下我終生的研究範圍。」見：周世箴，〈周法高先生的學術與人生〉，收入：杜正勝、王汎森主編，《新學術之路》，下冊，頁 842。

35. 〈國立北京大學在滇教職同學錄 (中華民國 31 年 6 月調查)〉，收入：王學珍、郭建榮主編，《北京大學史料》，第 3 卷 (1937–1945)，頁 131–136。

要此處組織委員會，出題考試。弟等意見以為此間不可
亦不能照辦。[36]

其信中還表示北大方面公推傅斯年、凌純聲 (1901–1981)、吳定
良 (1894–1969)、芮逸夫、丁聲樹等人為胡慶鈞 (1918–?) 的畢業考
試委員，[37] 而這些人也全都是史語所的專任研究員。事實上湯
用彤之語並非推諉之辭，北大文科教員中確實沒有人類學專長
的教授，所以大凡考試命題、看卷、審查無一不需史語所出人
出力。後來北大文科研究所更改入學考試辦法時，湯用彤又謂：
「北大文科研究所之設置考古、人類二部分，向係仰仗史語所
合作。現在懇請吾兄商之彥堂、濟之諸公，決定考試科目並出
題目，是為至禱。」[38] 傅斯年擬訂文科研究所路線之初，本就
是以史語所為藍本，無怪北大文科日後頂多能在文學、語言學
等方面負指導之責，一遇以人類學、考古學為專業的學生只有
求助史語所了，而史語所影響北大文科研究所之治學方向於此
亦顯而可見。

　　或許也是因為戰爭時期與北大合辦研究所的經驗，讓傅斯
年感受到國內始終缺乏專門培養考古、東方語言學的教育機構，
於是他在戰後北大復員北遷、擔任代理校長之際，正式提出北
大文學院加設東方語文學系和考古學系的建議，並責成湯用彤

36. 〈湯用彤致傅斯年〉，「傅斯年檔案」，IV：550。

37. 其中胡慶鈞 1941 年入學，以人類學為專業，北大文科無人能夠出題考
　　試。王學珍、郭建榮主編，《北京大學史料》，第 3 卷 (1937–1945)，頁
　　269。

38. 〈湯用彤致傅斯年〉，「傅斯年檔案」，IV：536。

與李濟負責籌備。[39] 1945 年 8 月文學院教授會議決通過，並強調「文學院須與文科研究所相配合」，「注重研究院」，「要取日本在學術界的地位而代之」等原則。[40] 傅斯年於戰爭時期為北大文科研究所制定的方向，不但在戰後持續影響北大文學院的建置，1949 年以後國民政府撤退南遷，臺灣大學文學院考古人類學系之設，與此亦有一脈相承的關係。

民國以來，文史學界「新」、「舊」學風對立的情形始終相當顯著，而這種對立的態勢又往往隱身在以大學為主體的教育系統當中，形成「北派」與「南派」的地域分野。新派（北方）不認同舊派（南方）的觀點，舊派亦不苟同新派的學說，雙方各樹旗幟、各擁陣地，其間的差異又以看待傳統文化的態度最具分別。1926 年北洋政府財政拮据，導致不少北方學人南下供職，北京大學亦因發不出教員薪水致使教員星散，然而這批南下至廈門大學、中山大學教書的新派學人到了南方之後，其活動與交往範圍仍然與舊派之間保有明顯的界線。顧頡剛即曾批評：「廈大一班人的病根，在於沒有學問的興味，只懂得學習技能，卻不知道什麼叫做研究。」[41] 顧氏自詡只要留在福建十年，

---

39. 〈北京大學文學院教授會議〉，收入：王學珍、郭建榮主編，《北京大學史料》，第 3 卷 (1937–1945)，頁 292。

40. 〈北京大學文學院教授談話會〉、〈國立北京大學文學院 34 年度第二次談話會〉，收入：王學珍、郭建榮主編，《北京大學史料》，第 3 卷 (1937–1945)，頁 297–298。

41. 〈顧頡剛致胡適〉（1927 年 2 月），收入：梁錫華選註，《胡適秘藏書信選》，下冊（臺北：風雲時代出版社，1990 年），頁 577。

以其地位必能改變其「學風」，然而實際上顧頡剛只留在廈大和中山不到三年，即回北方。1926 年回國的傅斯年，甫入國門亦選擇了中山大學作為其初展拳腳的舞臺，但他在中山大學待不過兩年，即力邀胡適前來一看，謂「不有先生指導，何以使將來勝之於前？我等『托身異國』，建設精誠，此間野蠻人士不解不諒，不有先生來以觀之，譬如錦衣夜行，誰復知之者」。[42] 話語之間，分別彼此的意態極為明顯，以「錦衣夜行」、「托身異國」為喻，尤其帶有舊派人士不解其行的味道。同樣地，傅斯年也在史語所開辦不久，即行北上，毫無留戀地放棄了南方陣營。

北派學人看不起南方，南方學者亦對北派無多好言。原本任職東南大學的吳宓 (1894–1978) 即曾喟嘆：「中國近今新派學者，不特獲盛名，且享巨金。如周樹人《吶喊》一書，稿費得萬元以上。而張資平、郁達夫等，亦月致不貲。所作小說，每千字二十餘元。而一則刻酷之譏諷，一則以情欲之墮落，為其特點。其著作之害世，實非淺鮮。」對照新派學人的待遇，吳宓私下感嘆他主編的《學衡》雜誌與《大公報・文學副刊》，不是得自掏腰包，就是所得甚微。[43] 新舊對壘的心態，即使到了吳宓北上清華教書，「身處敵營」之際，亦不見趨緩。1928 年國民政府定都南京後，撤換清華大學校長，吳宓等人風聞新派學人羅家倫將領「舊北京大學一派當權」，恐清華解散，「京中

42. 〈傅斯年致胡適〉（1928 年 4 月 6 日），收入：梁錫華選註，《胡適秘藏書信選》，下冊，頁 597。

43. 吳宓，《吳宓日記》，第 4 冊（北京：生活・讀書・新知三聯書店，1998 年），頁 17。

教育將為北大派所壟斷」。在人事改革風潮未定之前，吳宓戒慎恐懼，甚至已做好和光同塵、閉門著書的打算，直到清華請其留任，方才定下心來。[44] 其對新派學人的心結，亦悠然可見。

種種跡象說明新派、舊派學者即使破除了地域上的限制，仍然在思想和觀念上很難認同對方。這種情形對第二代學人尤其形成強大的壓力，例如第一屆考上北大文科研究所的周法高就說道：

> 各派學說都有出類拔萃的大師，各有其立足點與治學方式，新舊、東西、地域的學術體系也各有其引人入勝的精華，但門派之間的水火不容也往往會使求學者左右為難，有人從一派而終，標榜忠貞不二（按：貳），視遊走於各家之門者為二（按：貳）臣。棄舊從新者所受的指摘會更多，當然肩負了更大的包袱。[45]

原本就讀中央大學的周法高，在大學畢業後因中大本身沒有研究所，因此選擇投考「北派」色彩濃重的北大文科研究所，視此為「第一次逃家」；研究所畢業後，南派大學師長召喚其回杭州教書，使他再度「面臨回歸南派還是留在北派的問題」，儘管周氏最後選擇留在史語所工作，然而徘徊於南北之間的掙扎，不可不謂其為人生的「第三次拉鋸戰」。[46]

---

44. 吳宓，《吳宓日記》，第 4 冊，頁 75–76；115；131。

45. 周世箴，〈周法高先生的學術與人生〉，收入：杜正勝、王汎森主編，《新學術之路》，下冊，頁 828。

46. 周世箴，〈周法高先生的學術與人生〉，收入：杜正勝、王汎森主編，《新學術之路》，下冊，頁 844–845。

　　思想的擴散、學風的形成，有的時候除了學術思想本身的內涵外，也必須有其社會基礎，而網絡——尤其是人際所形成的網絡關係，即是一種社會基礎。事實上，傅斯年對於民國以來新舊對立、南北屹分的現象不但了然於心，他自己甚至就是拉起新派旗幟的重要旗手。從戰前成立史語所及到北大兼課，以至戰爭時期結合史語所與北大之力合辦文科研究所，都是他有意識爭取學術人才的做法。傅斯年非常清楚學術人才的占有，關涉著思想、學風的散播和發展，及其在學術界的版圖與位置；如何在「學風」壁壘分明的文史學界占有第一流的學術人才，始終是他關注的問題。抗戰勝利、北大復員，傅斯年以代理校長身分向胡適略陳各系復員情況時即明白表示：理學院各系師資「北大出身，不可多拉」，但國文、史學兩系，因「有學風關係」，再難避免。[47]「學風」根深蒂固的觀念，並沒有隨著抗戰時期政府僻居西南，人員集中、校地混合而有多少改變。北大文科研究所招生，學生來自四面八方，[48] 看似為原本對峙的派系之間創造了整合與消融的機會，但這些學生畢業之後意欲何往、為誰所用，最後往往還是牽涉到新派舊派學術版圖的問題，傅斯年對此十分在意。因此北大文科研究所訓練出來的學生，

---

47. 〈傅斯年致胡適〉（1945 年 10 月 17 日），見：梁錫華選註，《胡適秘藏書信選》，下冊，頁 479–480。

48. 據周法高回憶，與他同年考上文科研究所的十名學生當中，北大畢業者占六人，其他像東大、清大、川大、中大等各一人。見：周世箴，〈周法高先生的學術與人生〉，收入：杜正勝、王汎森主編，《新學術之路》，下冊，頁 842。

如逯欽立、董同龢 (1911–1963)、王叔岷、李孝定、馬學良、周法高、王明、胡慶鈞等人，多被傅斯年延攬入史語所工作。[49] 部分因生計或家庭問題不能留在史語所的學生，傅斯年往往也與其訂有「來日之約」，例如楊志玖 1941 年畢業後，為姚從吾薦往南開大學教書，傅斯年對此始終耿耿於懷，三年後藉著太平洋學會委託編寫《中國邊疆史》的機會，再將楊志玖借調回史語所；[50] 而 1944 年畢業的王利器，因必須返回四川大學協辦文學研究所，向傅斯年報告，傅氏雖允諾暫時放他回四川，但強調：「以後還是把你找回來的」。[51]

文科研究所的合作，讓北大與史語所在學術人才網上，形成一個相互結合、攻守同盟的陣營。不入史語所者，留任北大者亦不在少數，如戰前即已從北大畢業的鄧廣銘、張政烺 (1912–2005)，以及北大文科第一屆畢業生任繼愈等皆為其例。[52] 後來接任文科研究所所長的羅常培 (1899–1958) 即曾表示：「兩所不能分家」，若有好學生，北大可「負初步訓練之責」，畢業後再交史語所繼續「培植兩三年」。[53] 對於不能留在史語所或北大

49. 〈北京大學研究院——文科研究所〉，收入：王學珍、郭建榮主編，《北京大學史料》，第 3 卷 (1937–1945)，頁 268。〈湯用彤致傅斯年〉，「傅斯年檔案」，IV：533；IV：532；IV：539。

50. 楊志玖，〈我在史語所的三年〉，收入：杜正勝、王汎森主編，《新學術之路》，上冊，頁 784–786。

51. 王利器，〈李莊憶舊〉，收入：杜正勝、王汎森主編，《新學術之路》，下冊，頁 808。

52. 〈鄭天挺致傅斯年〉，「傅斯年檔案」，III：1061；III：1069。

53. 〈羅常培致傅斯年〉，「傅斯年檔案」，III：1461。

的畢業生，也以相當本位的立場，積極為其安排工作，攻占各校地盤，羅常培致傅斯年的信中即說道：

> 傅懋勣被聞在宥以副教授名義拉到華西，月薪二百四十，連貼到五百上下。弟返滇已成定局，只好成事不說，但華中地盤丟的可惜，弟頗想薦葛毅卿或董同龢（此事必須方桂及兄同意再說），不知華中尚能信賴弟否。頡剛又拉楊志玖及余文豪，余已去，志玖卻將路費五百元退回，陰法魯亦不為教育部之高薪所動，此輩窮的連帽子都賣了，而能食貧若此，可佩可佩！[54]

抗戰時期物資缺乏、財政窘迫，西南地區匯聚了大批南下的學人，各大學僧多粥少，尤與戰前學術環境不能相比，「傅斯年檔案」中即保存了大批學人之間往來請託介紹工作的人事信函。在大學教職一位難求的情況下，畢業學生能謀得一專任職位已屬不易，然而羅常培卻在信中一方面悵憾華中「地盤」丟得可惜，一方面卻高度贊譽楊志玖婉拒齊魯大學邀約，[55] 以及陰法魯之不為「高薪所動」，這裡如果不是涉及一點派系與學術「地盤」之爭，恐怕是說不過去的。

從民國學術發展的流變來看，派系之爭或許最初只限於新、

---

54. 〈羅常培致傅斯年〉，「傅斯年檔案」，III：1461。

55. 羅常培致傅斯年信雖未注明寫作時間，然據內文提及周法高等人畢業，推斷此信應在 1931 年中秋節前後所發。而顧頡剛此時正在齊魯大學擔任國學研究院主任，故而延攬余文豪和楊志玖前去任教。見：顧潮編著，《顧頡剛年譜》（北京：中國社會科學出版社，1993 年），頁296–303。

舊之間，但愈到後期，學術地盤的爭奪往往摻雜了更多複雜的人事與學術成見的因素。在同一封信函裡，羅常培提到西南聯大本科國文系畢業生，「除北大部分，皆被清華國文研究所拉去」，其中還包括了原先已推薦給李方桂做研究生的朱兆祥在內。可見同屬西南聯大一校之間，也存在爭奪學術人才的問題。為此羅氏還建議傅斯年趕緊收回在此之前借給聯大的書籍，因清華國文研究所已由聞一多 (1899–1946)、劉叔雅 (1889–1958)、許維遹 (1900–1950) 等人召集學生，利用史語所借給聯大的《道藏》、《藝文類聚》、《太平御覽》等大部頭書籍編輯校訂經籍字典，以期「早有成績」。[56] 字裡行間羅氏頗不屑清華招生專做此類「機械工作」。然而學術乃天下公器，戰爭期間資源匱乏，能做此「機械工作」已屬不易，羅常培不滿的應該不只是清華拉走了北大原要的學生，其恐怕清華藉著文籍校訂而搶先在學術上有所表現，才是他真正擔心的問題。

北大畢竟還是與史語所合作的機構，在爭取人才、追求學術表現時，傅斯年等人考慮北大本身的利益顯然高過清華。1947 年 6 月傅斯年卸下代理校長之職赴美就醫，依舊關心北大文科徵聘人才的問題，姚從吾、湯用彤、鄭天挺等人屢次去函請傅斯年在美代為物色人才，其間鄧嗣禹 (1905–1988)、韓壽萱 (1899–1974)、梅可鏘 (1916–?)、李賦寧 (1917–2004)、李田意 (1915–2000) 等人之聘，尤多徵詢傅斯年的意見。[57] 與此同時，

56. 〈羅常培致傅斯年〉，「傅斯年檔案」，III：1461。

57. 〈鄭天挺致傅斯年〉(1947 年 9 月 28 日)，「傅斯年檔案」，I：1249；〈湯用彤致傅斯年〉，「傅斯年檔案」，III：917；〈姚從吾致傅斯年〉，

史語所於戰爭結束後亦積極從國外招募生力軍，傅斯年更曾因爭取周一良 (1913–2001)、楊聯陞 (1914–1990)、陳觀勝 (1907–?)、尤桐等人回國應聘，不惜與司徒雷登 (John Leighton Stuart, 1876–1962)、張其昀 (1901–1985) 等人爭執角力，最後周一良、陳觀勝、楊聯陞等人雖因必須踐履燕京、浙大舊約，[58] 不得前往史語所任職，但從周氏以「幽谷」、「喬木」為喻，比擬燕京與史語所，[59] 當可知史語所在學界中的優勢與傅斯年多年深耕易耨的成果。

二、出版、獎助與經費

除了擅於掌握人才資源之外，傅斯年亦深諳學術發展必須有充足的經費做後盾。自史語所創立以來，傅斯年往往為各種

「傅斯年檔案」，III：802。

58. 〈楊聯陞致胡適 (1946 年 2 月 19 日)〉，收入：胡適紀念館編，《論學談詩二十年：胡適楊聯陞往來書札》(臺北：聯經出版事業公司，1998 年)，頁 61–62。〈趙元任致傅斯年信〉，轉引自：王汎森、杜正勝編，《傅斯年文物資料選輯》，頁 198。

59. 周一良致傅斯年信中謂：「一良之所以不敢現在接受研究所之聘者，只怕回國後燕京當局履踐舊約，要一良返校服務，那時不免進退維谷。以地位言，以前途言，當然研究所都遠勝，唯其如此，一良才更深感覺不便自食前言，棄幽谷而遷喬木。所以目前雖極願意立即應研究所之聘，思維再四，仍不敢貿然答應。怕將來回國後無以報命，反而有負您的好意。……」〈周一良致傅斯年〉(11 月 25 日)，「傅斯年檔案」，II：672。

經費來源四處奔走，[60]考古發掘、漢語方言調查、史料整理，無一不需大筆開銷。抗戰期間，政府財政吃緊，能夠分配給學術研究的經費更見稀少，北大文科研究所的成立，傅斯年即沒有向教育部請款，完全靠得是他和朱家驊、杭立武的私人關係。[61]當然這裡還有一層胡適的關係，因中英庚款會自 1931 年 4 月成立，四年後即開始以庚款孳息補助教育文化事業，而胡適、丁文江 (1887–1936)、王景春則是基金孳息的諮詢委員，負責審查各種聲請補助案件。[62]1939 年北大文科研究所成立時，胡適儘管已派赴美國出任駐美大使，但朱家驊、杭立武的幫助仍有絕大的關係。按照中英庚款會成立之初，以息金補助教育文化事業的五大項目中，補助「高等教育及研究機關」部分雖

---

60. 中研院成立之初，蔡元培與蔣介石關係不睦，各所經費均十分吃緊。楊銓曾謂傅斯年曰：「我輩於亂世求研究，本為逆流之妄舉，求仁得仁，正無所用其慨歎也。經費方面，子文表示仍照舊絕無問題，但有力者既露顏色，此等援助亦無益也。」經費籌措困難時，甚至曾以「中央博物館」名義，向中英庚款會調度。及至安陽考古發掘成功，才一掃攻擊中研院之說，楊銓謂：「濟之彥堂來為研究院大放光彩，不特學者流連不捨，要人聯翩而來，即婦人孺子亦如入山陰道上，五日之內，舉從前攻擊本院之議論一掃而空」，「此復自當力為考古組籌經費以報萬一。」〈楊銓致傅斯年〉，「傅斯年檔案」，IV：378–13；IV：378–28；IV：378–29；IV：378–52。

61. Fan-sen Wang, *Fu Ssu-nien: A Life in Chinese History and Politics*, pp. 92–93.

62. 王聿均、孫斌合編，《朱家驊先生言論集》(臺北：中央研究院近代史研究所，1977 年)，頁 399。

得 25% 的比例，但強調以「農工醫理」四科為主，[63] 抗戰爆發之後，農工醫理等科因攸關國防實用性質而備受重視，相對來說，文法相關科目獲得政府補助的比例相形下降，因此傅斯年央請杭立武代為申請庚款補助時，中英庚款會因文科研究所非重點補助科目，原本裁決不予批准新款提請案，後來還是杭立武適時變通，設法在「原有科學補助案內」提請增加 5000 元經費預算，[64] 北大文科研究所才得以順利開辦。由此可見，傅斯年與杭立武之交情匪淺，在各校經費匱乏無法設立研究所之際，尚能取得財源設立如此冷門的文科研究所。

　　另一個值得一提的例子則是西北科學考察團與居延漢簡的出版。1927 年瑞典探險家斯文赫定 (Sven Hedin, 1865–1952) 與北京學術團體代表組成的中國學術團體聯合會（一說中國學術協會）訂約，合組西北科學考察團，赴蒙古、新疆等地，展開為期四年的實地考察，並以斯文赫定與徐炳昶為雙方代表。[65]

---

63. 中英庚款會成立時訂定孳息支配標準，將教育文化事業分為五項：甲類建設中央圖書館，中央博物館，並保存固有文化史蹟古物等，每年支配息金得 25%；乙類補助高等教育及研究機關得 25%，特別注重農工醫理四科；丙類設置留英額得 25%；丁類專門著作及中小學職業學校教科書獎勵金 1%，戊類建設模範中小學農工職業學校，助產學校及興辦農村教育得 24%。見：胡頌平，《朱家驊先生年譜》（臺北：傳記文學出版社，1969 年），頁 32。

64. 〈杭立武致傅斯年〉（6 月 15 日），「傅斯年檔案」，Ⅰ：1261。

65. 中方團員除徐旭生外，尚有清大的袁復禮、北大考古學會的黃文弼、北京地質調查所的丁道衡、京師圖書館的詹蕃勳，以及四名研究氣象的學生：崔鶴峰、馬葉謙、李憲之、劉衍淮。見：徐旭生，〈徐旭生西

1930 年考察結束前夕 ， 瑞典團員貝格曼 (Folke Bergman, 1902–1946) 所率領的北路考察小組，在額濟納河流域附近幾十處漢代烽燧遺址中發現了為數一萬多枚的漢代簡牘，由於發現地點在漢代受居延都尉管轄，因此一般稱為「居延漢簡」。[66] 這批簡牘大約是西元前 1 至 2 世紀前後漢代邊塞的屯戍檔案，除一小部分書籍外，尚有曆譜、私人信函等等，內容極為豐富，包括了軍事、政治、法律、教育、經濟、信仰、曆法和日常生活的直接記錄。[67]

根據出發前雙方議定的協約內容規定，所有考古發現均須交還中國，由中方負責保存，中瑞雙方共同研究。因此居延漢簡在 1931 年 5 月運抵北平，先交北平圖書館典藏，並委託北大教授劉復 (1891–1934)、 馬衡 (1881–1955) 與瑞典語言學專家高本漢負責整理釋讀。然而劉復不久過世，高本漢亦未實際參與，整理釋文的工作便由馬衡一人負責，進度十分緩慢。1933 年時任北大文學院院長的胡適，便以北平圖書館委員會會長兼西北科學考察團理事長的名義，將漢簡移往北大，並加派人手進行整理、編號與釋讀，北平圖書館館員向達、賀昌群 (1903–1973)，以及北大史學系助教余遜 (1905–1974)、 傅振倫 (1906–1999) 和史

遊日記・敘言〉，《徐旭生西遊日記》（銀川：寧夏人民出版社，2000年），頁 2–3。

66. 馬大正主編，李軍、鄧淼著，《斯文・赫定》（北京：中國民族攝影藝術出版社，2002 年），頁 130–134；207–208。

67. 邢義田，〈傅斯年、胡適與居延漢簡的運美及返台〉，《中央研究院歷史語言研究所集刊》，66：3（1995 年 9 月），頁 921。

語所助理研究員勞榦 (1907–2003) 等人，亦於此時加入。[68] 1936
年 7 月，身為考察團理事之一的傅斯年開始與上海商務印書館
接洽漢簡照像出版事宜。不久抗戰爆發，為保存文物起見，漢
簡南運，暫置香港大學漢口圖書室，並由西北科學考察團理事
徐鴻寶 (1881–1971) 和理事會幹事沈仲章 (1904–1987) 負責將漢簡
照像，並運往上海商務印書館印製出版。1940 年漢簡印出後，
因香港天氣潮濕不適存放，便由傅斯年主導，再將漢簡移往美
國國會圖書館，直至 1965 年 10 月才由史語所具名領回臺
灣。[69]

　　有關居延漢簡輾轉寄放香港、美國及運送返臺保存的過程，
史語所研究員邢義田曾做了深入的考證與分析，在此不擬贅述。
個人比較注意的是：居延漢簡於抗戰前後由傅斯年主導出版與
研究的相關問題。事實上，西北科學考察團於 1926 年 4 月組織
成軍時，北京仍在北洋政府的控制之下，史語所尚未成立，中
國學術團體聯合會的參與成員中，以北京大學為主要發起單位，
聯合了北大研究所國學門、清華大學、天文學會、地質學會、
物理學會、氣象學會、故宮博物院、古物陳列所、北平圖書館
等單位，合組成西北科學考察團。[70] 而胡適與傅斯年之出任考

---

68. 傅振倫，〈首批居延漢簡的採集與整理始末記〉，收入：傅振倫，《傅振
　　倫文錄類選》（北京：學苑出版社，1994 年），頁 661–662。邢義田，
　　〈傅斯年、胡適與居延漢簡的運美及返台〉，《中央研究院歷史語言研
　　究所集刊》，66：3（1995 年 9 月），頁 922。
69. 邢義田，〈傅斯年、胡適與居延漢簡的運美及返台〉，《中央研究院歷史
　　語言研究所集刊》，66：3（1995 年 9 月），頁 922。

察團理事長及理事，應該是在 1930 年兩人北上以後之事，就連日後擔任史語所考古組主任的李濟，當時都還是以清華大學國學研究院導師的名義參加的。因此西北科學考察團中部分早期成員，如馬衡、袁復禮 (1893–1987)、袁同禮 (1895–1965) 等人，對於如何整理、保存居延漢簡，便出現了與胡適、傅斯年等人不同的意見，而「傅斯年檔案」中即保留了部分與此相關的信函。

雙方的歧見應起於戰前，在漢簡移往北大存放之前，北平圖書館即與北大針對保管、整理之事起過一番爭執。[71] 時已派任故宮博物院院長的馬衡和北平圖書館館長袁同禮、清華大學地文系教授袁復禮等人認為漢簡轉往北大寄存，於馬衡等人之整理研究未便；然胡適、傅斯年二人卻認為多年以來馬衡有意遷延漢簡整理的進度，即使在漢簡移放北大之後，胡適加派人手協助，但向達、賀昌群、余遜、勞榦等人整理完成之釋文，馬衡仍要求重新審閱，[72] 嚴重影響居延漢簡的出版進度。1936

---

70. 對照袁復禮致傅斯年信函原件與傅振倫 1987 年之回憶，西北科學考察團之發起單位不論在名稱或參與成員上都有不小的出入。此處採袁復禮原件的說法。見〈袁復禮覆傅斯年信及傅斯年覆信稿〉（1940 年 8 月 25 日），「傅斯年檔案」，Ⅰ：64；傅振倫，〈首批居延漢簡的採集與整理始末記〉，收入：傅振倫，《傅振倫文錄類選》，頁 661。

71. 〈傅斯年致葉恭綽〉，「傅斯年檔案」，Ⅰ：66，收入：王汎森等主編，《傅斯年遺札》，第 2 卷，頁 1116–1120。

72. 〈傅斯年致袁復禮〉（抄件），「傅斯年檔案」，Ⅰ：74，收入：王汎森等主編，《傅斯年遺札》，第 2 卷，頁 1110。沈仲章口述、霍偉記錄、胡繡楓整理，〈搶救「居延漢簡」歷險記〉，《文物天地》，第 4 輯（1986 年 7 月 30 日），頁 34。

年北大文學院秘書盧逮曾曾去信傅斯年表示：存放在北大的漢簡，馬衡有意將部分取出攜往南京整理，盧以胡適不在國內無法作主為由婉拒其請。此舉引起馬衡相當大的不滿，揚言「木簡遲期出版我不負責」。盧函中還提及他已通知西北科學考察團理事會書記某君，請其注意漢簡未經許可不得出北大，但盧也強調某君為「西北用人」，是否能確遵所囑不敢斷言。[73] 雙方角力的痕跡已十分明顯，西北科學考察團部分早期成員對於胡、傅等人以後來之姿主導漢簡的整理、出版顯然感到不愜。迨傅斯年以科學考察團理事名義，出面與商務印書館定約，馬、袁等人與傅斯年之間的關係更加白熱化。[74]

抗戰爆發，物價飛漲，商務印書館影印出版居延漢簡之成本驟增，因而要求與西北科學考察團重訂契約，並將該書版權讓與商務獨家印行。然而，此時考察團成員散之四方，傅斯年只得再度動用與中英庚款會的關係，請其增資補助商務刊行，並說服董事會同意事先預訂三百部以減輕商務負擔。只是在版權所屬上，傅斯年另有看法，他在一封致商務印書館王雲五(1888–1979)、李澤彰（伯嘉）的信函中說道：

頃檢漢簡「辦法」原文，發見其中有一句云：「由著作人

----

73. 〈盧逮曾致傅斯年〉，「傅斯年檔案」，Ⅰ：497。

74. 傅斯年 1940 年 8 月 25 日致袁復禮信中提及：北平淪陷之前，曾與商務訂約，商務不唯允諾送書，並給版稅，然此議遭袁復禮反對，建議改由馬衡出面定約，只是其後並無下文。見：〈傅斯年致袁復禮〉（抄件），「傅斯年檔案」，Ⅰ：74，收入：王汎森等主編，《傅斯年遺札》，第 2 卷，頁 1110。

西北考察團另訂契約，將該書版權完全讓與商務印書館獨家印行。」此句大有不便，蓋西北科學考察團現在事實上無此物，誰來簽名定此約？且此會在北平開會時，已亂七八糟，且有一周肇祥者，每以主席自居，揮之不去，今為漢奸矣。此團之最主要發起人為北京大學，關于文史一部分久由北大擔任款項清理。必欲別定一約，似可由「教育部」或「北京大學」出名，此事弟可辦到。然亦只能擔保此件在貴館將五百部售完之前不另交他人印行。若永遠將版權完全讓與，此乃國家之事，誰能保證？[75]

傅斯年為表明版權無法讓渡給商務，曾在包括上信在內的數封信中提及西北科學考察團「事實上已不知其何在」之語，[76] 然而，這句話再度引起馬衡及袁復禮等人的不滿，去函更正表示：西北科學考察團理事仍有七人在昆明（徐炳昶、任鴻雋、梅貽琦、傅斯年、袁復禮、袁同禮、徐鴻寶），二人在重慶（翁文灝、馬衡），一人在桂林（李四光），二人在北平（沈兼士、周肇祥），一人在美國（胡適），若謂西北科學考察團已不存在，絕非事實。[77] 對此，傅斯年亦不甘示弱，回信辯駁。傅氏認為

---

75. 〈傅斯年致王雲五、李澤彰〉，「傅斯年檔案」，Ⅰ：56，收入：王汎森等主編，《傅斯年遺札》，第 2 卷，頁 916–918。

76. 〈傅斯年致王雲五、李澤彰〉，「傅斯年檔案」，Ⅰ：58；〈傅斯年致葉恭綽〉，「傅斯年檔案」，Ⅰ：66。以上收入：王汎森等主編，《傅斯年遺札》，第 2 卷，頁 958–959；1116–1120。

77. 任鴻雋（1886–1961），梅貽琦（1889–1962），徐鴻寶（1881–1971），翁文

即使會中空有若干古物，或有正在進行中的研究，皆不足以證明西北科學考察團依然存在，因抗戰南遷之後，非但理事會不曾召開過一次，亦未有可資聯絡的會址或通信處，更「無獨負其責之人」，凡此種種皆說明西北科學考察團理事會會務早已停頓的事實。信中傅氏還意有所指地表示：「釋文一事，以前每為所誤（指馬衡）。欲秘為己有，不肯示人，以便自己緩緩寫釋文者，故當年久不出版」；「此物乃國家之公器，任何人不得而私之」。[78]

　　事實上，兩方之所以對於西北科學考察團究竟是否存在，如此斤斤計較的原因，概與居延漢簡的出版形式、掛名機關和釋文整理的主導權有著密切的關係。袁復禮強調漢簡出版無論委由任何機關出名，封面上必須清楚印出西北科學考察團之名，[79] 凡參與過之研究員及機關名稱亦須印在封面上。[80] 對於

灝 (1889–1971)，李四光 (1889–1971)，沈兼士 (1887–1947)，周肇祥 (1880–1954)。〈袁復禮覆傅斯年信及傅斯年覆信稿〉（1940 年 8 月 22 日），「傅斯年檔案」，I：64。

78. 〈傅斯年致袁復禮〉（抄件）（1940 年 8 月 25 日），「傅斯年檔案」，I：74，收入：王汎森等主編，《傅斯年遺札》，第 2 卷，頁 1109。

79. 袁同禮亦有一信致傅斯年，表達同樣的意思，他說：「查西北科學考查團發起人，不僅限於北京大學及地質調查所兩機關，據弟所知，發起人中擔任經費調查較多者，似以清華為最，故全體發起人姓名，似可不必列入。敝意居延漢簡之出版機關，應寫『西北科學考查團理事會』，目下與商務訂立合同，則又為一事。」〈袁同禮致傅斯年〉，「傅斯年檔案」，II：86。

80. 〈傅斯年致袁復禮〉，「傅斯年檔案」，I：64（手稿）；I：74（抄

這點，傅斯年認為無論就中書或西書的出版格式來看，均無列出考察團成員與研究員名字之前例，至於版權的歸屬問題，具有強烈民族主義傾向的傅斯年則主張：應將版權歸於「國家」，[81] 改由北大或教育部具名出版，方為允當，至於瑞典人發現之原委，則可請徐炳昶在內文中寫明即可。

傅氏持論的主要依據是抗戰以後西北科學考察團已無實際運作的功能，懸而未印的史料如不趕緊印出，非但影響學術界對居延漢簡的研究進度，更可能貽笑國際，他說：「此物出土，約十五年，久不出版，學界之恥，國家之恥」，以一能代表「國家」的「全能機關」出名，方能保有史料的公開性，因此他反對馬衡、袁復禮、袁同禮建議將釋文與史料一起出版的建議，他認為：「正文既出，人人可以研究發表」，「本文出版後，研究之事，無限制也」。[82] 證諸過去的經驗，傅斯年始終認為馬衡有

81. 李濟在回憶中曾提及他和董作賓、梁思永對現代考古學都有一個同樣的信仰、同樣的看法，都認為不應該把研究的對象當成是古玩或古董，所有在地下的古物都是公有的財產，一切都應該歸公家管，自己決不收藏任何古物。這可說是從事現代考古學研究者最基本的態度，傅斯年當年選了李濟擔任考古組主任，應該是認同這種看法的。而傅斯年此處對居延漢簡版權歸屬的主張，顯然也與這種態度有關。參考：李光謨，《鋤頭考古學家的足跡——李濟治學生涯瑣記》（北京：人民大學出版社，1996 年），頁 170。

82. 〈傅斯年致袁復禮〉，「傅斯年檔案」，Ⅰ：64（手稿）；Ⅰ：74（抄件）。以上收入：王汎森等主編，《傅斯年遺札》，第 2 卷，頁 1109–1110。

意將漢簡「秘為己有」，「不肯示人」，而他斷言「此批材料之充分利用，恐至少需十年」，如果不趕快將史料公開出版，提供國內學界考釋研究，他擔心「瑞典人高本漢之書先出矣」。[83]

在傅斯年的觀念裡，新史料、新工具的掌握是學術得以精進的重要關鍵，他不認為根據漢簡所作的釋文，只能有「一家之言」的定論，將材料「公開化」，可以刺激研究蓬勃發展。對傅斯年來說，與國際漢學界角勝爭雄是其創立史語所的主要目的之一，西北科學考察團成立之時，史語所未能躬逢其盛，以致居延漢簡的發現成了瑞典人的功勞。雖然，根據當年中瑞雙方的協定，考古發掘物必須保留在中國，可是經過十來年的整理，中國學界卻並未據此發表太多相關的研究成果，只有零零星星如賀昌群、黃文弼 (1893–1966) 與馬衡等人的考釋文，[84] 這樣的成績看在傅斯年眼裡，自是心急不已，因此他除了加快漢簡出版的速度之外，在漢簡照像影印時，特別委託商務印書館另外加印一份，留在史語所中供同仁研究參考，[85] 而戰前已投入漢簡整理工作的勞榦，也在傅斯年的積極鼓勵下，開始專研居延漢簡的考釋工作。

83. 〈傅斯年致葉恭綽〉，「傅斯年檔案」，Ⅰ：66，收入：王汎森等主編，《傅斯年遺札》，第 2 卷，頁 1116–1120。

84. 〈傅斯年致袁復禮〉，「傅斯年檔案」，Ⅰ：64（手稿）；Ⅰ：74（抄件）。〈傅斯年致葉恭綽〉，「傅斯年檔案」，Ⅰ：66。以上收入：王汎森等主編，《傅斯年遺札》，第 2 卷，頁 1110；1118–1119。

85. 〈傅斯年致葉恭綽〉，「傅斯年檔案」，Ⅰ：66，收入：王汎森等主編，《傅斯年遺札》，第 2 卷，頁 1118。

　　站在史料公開化的立場，傅斯年的主張至公至允，只是釋文的整理出版，除了牽涉到居延漢簡本身的出版進度之外，還涉及了雙方在治史觀點上的差異。馬衡在接長故宮博物院之前，長久以來即以金石學名世，自 1924 年開始即受聘於北大文科史學系教授金石學課程，對於歷代銅器、石刻、甲骨、竹木、封泥、磚瓦、陶器、玉器、寫本、版刻及藝術品皆有專研，[86] 然其治學取徑與現代考古學強調在有歷史根據的文化遺址上，以科學方法從事田野考古的性質不盡相同。史語所成立之初，馬衡即有意加入史語所，其後史語所籌備第一次安陽考古發掘時，馬衡更曾主動去函表示想要參加，但為傅斯年、李濟、董作賓所婉拒。[87] 對此，杜正勝認為：「這無關乎人事傾軋，而是對知識的態度和追求知識之方法的歧異」。[88] 概以馬衡對於歷史考古的觀念，雖然重視探險、調查與發掘，但多少還帶有「金石學向考古學過渡」的色彩，[89] 這與史語所從事的現代考古學畢竟有所不同。從這個角度來看，居延漢簡若由馬衡主導釋文之整理與出版，自不免以傅斯年所不樂見之傳統金石、器物學考釋文字的方式面世，因此在釋文另行出版的態度上，傅斯年始終

---

86. 傅振倫，〈馬衡先生傳〉，《傅振倫文錄類選》，頁 592。

87. 《史語所檔案》，元 25–3，轉引自：杜正勝，〈無中生有的志業——傅斯年與史語所的創立〉，收入：杜正勝、王汎森主編，《新學術之路》，上冊，頁 33–34。

88. 杜正勝，〈無中生有的志業——傅斯年與史語所的創立〉，收入：杜正勝、王汎森主編，《新學術之路》，上冊，頁 34。

89. 傅振倫，〈馬衡先生傳〉，《傅振倫文錄類選》，頁 594。

非常堅持。相對於此，傅氏對於勞榦所做的釋文考證，則顯露出截然不同的態度，他對勞榦多年來投注在漢簡上的功力一直深致期許，他相信勞榦積其多年「史學及漢朝碑版」素養所寫成的釋文，必定極有可觀之處。傅氏曾對葉恭綽 (1881–1968) 言：勞榦所做釋文，即使將來交中英庚款會或商務出版時，非但可「不必加以審定」，放眼學界「能審改之者亦不多」矣。[90] 事後證明，傅斯年在勞榦完成《居延漢簡考釋》一書後，多方致贈學者，[91] 並推薦其參加教育部學術審議委員會甄選之學術優良著作而獲獎勵。[92] 換言之，如果漢簡釋文在馬衡的主導下隨史料出版，勞榦或許未能取得機先，成為研究漢代簡牘的權威，學術研究所關涉的時效性問題，傅斯年的考慮不可不謂深邃周詳矣！

　　然而，傅斯年看待史料的觀點與急欲出版漢簡的用心，未必得到大家的認同，對馬衡、袁復禮等西北科學考察團早期成員而言，傅斯年的態度不免予人搶奪學術資源、占有材料的聯想，加以傅氏對馬衡的批評，因涉及人身攻擊，更招致對方的詰難，漢簡出版後，馬衡還曾為詩一首，以自我解嘲的方式表達不滿。[93] 而袁復禮對於傅氏批評其有意拖延居延漢簡的整理

90. 〈傅斯年致葉恭綽〉，「傅斯年檔案」，Ⅰ：66，收入：王汎森等主編，《傅斯年遺札》，第 2 卷，頁 1119。

91. 〈蔣廷黻致傅斯年〉，「傅斯年檔案」，Ⅰ：467；Ⅰ：462。

92. 教育部中國年鑑編輯委員會編，《第二次中國教育年鑑》，第 3 冊第 6 編，「學術文化」（臺北：宗青圖書出版公司，1981 年），頁 75。

93. 馬衡致傅斯年信表示：「居延漢簡得兄與森玉等諸兄之力，已能付印，

工作尤其在意，他說：

> 除昆明、成都數十箱外，其餘因抗戰時期不得整理，惟
> 工作停頓一節，亦不確實，只未能有研究費，故未恢復
> 工作常態，諒除中央研究院一部分外，國內各機關均為
> 此，故請不必將西北科學考察團作一例外也。[94]

從當時的學術環境來看，袁復禮的話並非全無道理，抗戰時期
各機關欠缺經費，常態性工作尚難維持，更何況是人員已幾致
星散的西北科學考察團。袁復禮的話某種程度上透露出抗戰時
期的史語所恐怕真是一個例外，在其他大部分機關工作多已停
頓的情況下，史語所的工作還能持續運行。只是袁復禮或許未
必知曉，傅斯年之所以有能力主導居延漢簡在上海商務印書館
出版，藉賴的不是中央研究院的經費，而是中英庚款會的資助，
其中包括付給商務印書館的版稅以及預訂三百部書的款項，大
約將近一萬五千元，以及日後運往美國國會圖書館保存的運費，
也由中英庚款會支付。[95] 在人力物力均極匱乏的年代，學術機
關若要在常態性工作之外維繫任何一種學術工作，沒有政府單

快何如之，釋文延誤之咎，弟不敢辭，惟所謂『秘為己有者大有其人』
究何所指，弟亦不暇辯，祇要原物出版於願已足，茲有解嘲詩一首，
聊以示意。」其詩云：「十載勞人不自由，是非場裡久沈浮；著書歲月
成盧擲，伏案生涯寧強求；垂白那堪聞辯難，殺青差幸減儋尤；世事
期望知多少，豁目來登更上樓。」〈馬衡致傅斯年〉，「傅斯年檔案」，
II：36。

94. 〈袁復禮覆傅斯年信及傅斯年覆信稿〉，「傅斯年檔案」，I：64。
95. 王聿均、孫斌合編，《朱家驊先生言論集》，頁404。

位或基金會的協助，無疑是相當困難的，而傅斯年對居延漢簡的整理出版之所以有如此強硬的主導權，憑恃的當不只是他自己所謂的「文物熱心」和學術公開化的理念，[96] 優勢的人際網絡關係和籌措經費的能力，恐怕才是關鍵所在。其後，西北科學考察團更在傅斯年的建議下重新整軍，[97] 改以史語所領導，聯合國立中央博物院籌備處、中國地理研究所和北大文科研究所，由李濟負責規畫，派出夏鼐 (1910–1985)（史語所）、向達、閻文儒 (1912–1994)（北大）、李承三 (1899–1967)、周廷儒 (1909–1989)（地理所）等人，於 1943–1945 年間前往甘肅、新疆等地進行考古調查，[98] 其經費來源亦多得自中英庚款會之資助。傅斯年不惜動用各種舊式的私人交誼關係，甚至不避「學霸」之名以達成他的目的，[99] 看似與他想要建立一個公正理性的現代

---

96. 傅斯年曾對袁復禮說：「此時出版，萬分困難，吾輩不能懸揣，兄言尤極隔膜。弟於此事，純是為文物熱心，亦緣深感森玉前輩老先生之督勉，故為此往來之信盈尺，除麻煩外，果何為哉？」見：〈傅斯年致袁復禮〉，「傅斯年檔案」，Ⅰ：64（手稿）；Ⅰ：74（抄件）。以上收入：王汎森等主編，《傅斯年遺札》，第 2 卷，頁 1111。

97. 傅斯年認為西北科學考察團之人事複雜已極，重整不易，建議中英庚款會資助重作新者，另約部分舊人加入。〈傅斯年致葉恭綽〉，「傅斯年檔案」，Ⅰ：66，收入：王汎森等主編，《傅斯年遺札》，第 2 卷，頁 1116–1120。

98. 石璋如，〈李濟先生與中國考古學〉，收入：杜正勝、王汎森主編，《新學術之路》，上冊，頁 146。中央研究院歷史語言研究所編，《中央研究院歷史語言研究所七十年大事記》（臺北：中央研究院歷史語言研究所，1998 年），頁 18。

社會，在觀念上是背道而馳的，然而，在手段和目的之間，傅斯年卻似乎融通無礙，並不覺得彼此有任何扞格之處。或許對傅斯年來說，手段可以是舊的，目的卻必須大公至正；在與國際漢學界角勝的大前提之下，公與私、新與舊、民族主義和私人網絡關係，都可以有另一種安排和解釋。

在許多現代西方國家學術專業化過程中，民間性質的慈善基金會通常扮演著相當重要的角色，以美國為例，最早成立的洛克斐勒基金會 (Rockefeller Foundation) 在 1913 年即已創立，其他如社會科學研究審議會 (Social Science Research Council)、古根漢紀念基金會 (Guggenheim Memorial Foundation) 和福特基金會 (Ford Foundation) 等亦多在兩次世界大戰之間設立，[100]它們提供經費，獎勵、贊助、支持不同的學術團體或個人，以推廣學術活動並提升其學術研究的水準。放眼民國學界，這類民間性質的基金會可說少之又少，少數如中英庚款會或中華教育文化基金董事會（簡稱「中基會」）等組織，也大多具有半官方的性質，其經費亦不全然用以資助教育文化事業。 1930–1940 年代，傅斯年透過私人交誼，與這些基金會維持良好的互動關係：藉著基金會的資助，傅斯年一方面實現了許多原本窒礙難行的計畫，而其學術聲望，也讓他成為各基金會爭相聘請的專業審查人。[101]這項工作除了讓傅斯年有機會利用中英庚款

----

99. Fan-sen Wang, *Fu Ssu-nien: A Life in Chinese History and Politic*, p. 92.

100. Theodore S. Hamerow, *Reflections on History and Historians*, (Madison: The University of Wisconsin, 1987), pp. 61–62.

101. 中英庚款會「協助科學人員各組委員會」聘請傅斯年擔任史學組主席

會或中基會的經費，協助許多抗戰期間為生活所苦、顛沛流離的學人，[102] 在基金會極少的中國，傅斯年掌握這項特殊的權力，相對地在某種程度上，也擴大了他在學界的影響力。

「傅斯年檔案」中藏有一份中基會在 1938–1940 年前後委託傅斯年審查「科學研究補助金」聲請案的回覆函，傅斯年對於其中一名列為乙等、准予補助的案件有如下的表示：

> 此君著作只是抄集，李劍農先生介紹之詞，似言過其實。惟如此一長題目（中國宰相制度），縱二千年，精練之史學家決不敢為之。作者雖不了解此問題中各時代之細點，但抄撮尚勤，亦頗扼要，在今日一般出版水準中，此書不算壞。以此書為例，則彼之計畫，作中國選士制度考，其結果亦必是此類之書，此雖不足名為研究，卻可作為一般人參考之資也。[103]

委員，負責推舉專家，組織史學組委員。另外中基會「科學研究補助金及獎勵金審查委員會」亦聘請傅斯年擔任歷史學審查委員。〈杭立武致傅斯年〉（1940 年 8 月 2 日），「傅斯年檔案」，IV：1250；〈孫洪芬致傅斯年〉（1936 年 10 月 2 日），「傅斯年檔案」，II：295。

102. 像是因太平洋戰爭爆發滯留香港的陳寅恪，或因眷屬人口浩繁不得不暫時放棄學術工作的鄧廣銘等，均曾因傅斯年的幫助，接受過中英庚款會的補助。見：〈杭立武致傅斯年〉，「傅斯年檔案」，III：1212；〈鄧廣銘致傅斯年〉，「傅斯年檔案」，I：1475、1477、493。另可參考：Fan-sen Wang, *Fu Ssu-nien: A Life in Chinese History and Politics*, p. 92.

103. 〈傅斯年致中華教育文化基金董事會〉（1942 年 5 月 19 日），「傅斯年檔案」，I：266，收入：王汎森等主編，《傅斯年遺札》，第 3 卷，頁 1278–1279。

民國以來，學術分工愈細，「窄而深」的專題已經逐漸成為史學研究的主要形態，胡適、梁啟超、何炳松 (1890–1946) 等人均曾為文提倡，[104] 而史語所歷年發表的著作尤具代表性。傅斯年認為該申請人所著《中國宰相制度》和《中國選士制度考》之計畫，皆夠不上「研究」之名，顯然也是抱持這樣的觀點，概因這樣的題型不論在時間或議題上都太過浮泛，充其量只能作為一般人參考之用。至於怎樣的著作才能稱得上「研究」呢？傅斯年對另一名獲得甲等補助者的評語可略見端倪，他說：

> 在此次送交審查全部著作中，僅此君之《晚明流寇》一書可稱為「史學的研究」。此君史學之訓練，尚非盡善，其中頗有可以改善之點，但就大體言之，確已抓到一「史學的問題」，而其處理之法，亦大致得當。[105]

---

104. 胡適在〈國學季刊‧發刊宣言〉中表示：專史研究可再依時代、區域、宗派、人物等類別，細分為各種子目，而子目的研究是專史修正的唯一源頭，也是通史修正的唯一源頭。梁啟超主張「窄而深」的研究方式，在史學中，劃出一部分來，用特別興趣及相當預備，專門去研究它。此外，何炳松在〈歷史研究法〉中也說：「我們有志於整理中國史的人亦應該具有同樣的精神先努力去做專篇的著作，再去做通史的工夫。」見：胡適，〈國學季刊‧發刊宣言〉，收入：《胡適文選》（臺北：遠流出版事業公司，1990 年），頁 242。梁啟超，〈治國學的兩條大路〉，收入：《飲冰室文集》，第 14 冊，頁 111。何炳松，〈歷史研究法〉，收入：劉寅生、房鑫亮編，《何炳松文集》，第 2 卷（北京：商務印書館，1997 年），頁 264。

105. 〈傅斯年致中華教育文化基金董事會〉（1942 年 5 月 19 日），「傅斯年檔案」，Ⅰ：266，收入：王汎森等主編，《傅斯年遺札》，第 3 卷，頁 1278–1279。

此案申請人李文治 (1909-2000) 之所以為傅斯年評列為甲等，最主要的原因也還是題型的問題，《晚明流寇》這樣的論題顯然比較合乎現代史學「專題式」的主潮，傅斯年視其為該年度所有申請案中，唯一可列入「史學研究」的著作，儘管在方法上仍有可改進之處，但因已經掌握到什麼是「史學的問題」，所以評列為甲等。

這樣的評價，在今天看來也許標準並不算高，然而如果我們回歸當時的學術脈絡，當可知民國以來史學專業化的腳步，才剛剛隨著大學建制與研究機構的出現邁開不久，除去學院中專職研究歷史、教授歷史的學者之外，還有為數甚眾的「業餘史家」依然私下從事撰述工作，這些非專職研究的史學工作者，不見得對於學院內部積漸成型的規範或學術行情有太多的認識，專題式的研究形態對他們來講還很陌生；即使撇開這群業餘史家不談，學院內部對於史學是不是該採「窄而深」的專題研究路線，在當時也未必有一定的共識。在這樣的前提下，傅斯年為中基會所做的審查工作，自然而然就會在撰著標準、理念、方法上，對申請者產生一定程度的影響。任何想接受中基會補助的史學工作者，不論他們原先的構想、理念為何，都必須在這樣的規範下調整其工作方向。而符合這樣標準的「史學研究」，即使在申請條件上不盡周全，傅斯年也認為還是值得鼓勵，例如吳晗 (1909-1969) 的申請案就得到傅斯年這樣的評語：

> 此君並未附任何文件，研究計畫亦言之太簡，然其著作弟頗熟悉，知其學力如何。今以舊所閱覽彼之著作為根據，列為甲等。（弟皆閱，最近尚見清華紀念論文一篇）

　　至於手續未備之處，仍乞貴會斟酌。[106]

吳晗的申請補助案顯然十分簡略，該附的文件不但沒附，連研究計畫也寫得語焉不詳，可是傅斯年在評列等第上反而將其列為甲等，其排名尚在李文治之前，理由很簡單：就是傅斯年太過了解吳晗的學力與研究取向了。證諸過去他所讀過吳晗的作品，傅斯年非常清楚吳晗的研究路數，是符合學院內部窄而深的要求的，換言之，也就是一種可以稱得上「研究」標準的史學著作。因此從某種角度來看，傅斯年的審查也許帶有非常主觀的成分，但不可諱言的是，在他主導下的審查機制必然會將史學研究慢慢導向專門化與專業化的路徑上去，大凡獲得基金會支持、獎助的學人，必定在理念上是符合這套標準的，或至少在學術能力、方法上被認為是值得肯定的。透過基金會的審查制度，標準化的研究形態將更加確立，而掌握了基金會審查大權的傅斯年，就如同掌握了現代史學專業化的標準與方向，其在史學界的影響力自是不可小覷。

三、學術社群及戰時影響力

　　最後，我想談一談傅斯年於抗戰時期在人才網絡、物力資源上的拓充外，如何以其優異的學術行政長才，持續保持史語所聲勢於不墜的問題。以史學專業化的進程來看，學院建制的

---

106. 〈傅斯年致中華教育文化基金董事會〉（1942 年 5 月 19 日），「傅斯年檔案」，I：266，收入：王汎森等主編，《傅斯年遺札》，第 3 卷，頁 1278–1279。

出現無疑是現代中國史學邁向專業化的第一步，然而學界總是缺乏一個具有客觀公評標準的社群組織團體。民國以來，新舊派系的對立，以至 1930 年代唯物史觀的崛起，在在使得中國史學界長期處在一種分裂、對峙的氛圍當中，小型學術社群雖不少見，但始終無法組織一個在概念、宗旨上和諧的歷史學會，欠缺整體專業社群的我群意識。戰爭爆發前，國聯之史學委員會會長泰伯利 (Harold Temperley, 1879–1939) 來華訪問，力邀中國加入，國內各派史學團體各個摩拳擦掌，興致盎然。只是根據國聯組織章程規定，參加團體必須是一個國家級的學術機構 (National Academic) 或是全國性的史學委員會 (National Committee)，放眼當時中國學界，要求各派在短時間內捐棄成見，組織一具有全國代表性的史學團體，顯然不大可能。而參與國際史學組織本為傅斯年多年之夙願，此事於 1938 年因錢端升在美重遇泰伯利才又提起。[107] 幾番思量下，傅斯年為「求避免由唯物史觀者作為中國史學正統起見」，決意不計「包攬」之名，與教育部協商，以史語所之名義申請加入。[108]

　　傅斯年再度積極籌畫加入國際歷史學會的準備工作。首先，他去函教育部希望取得參加此會的經費，其次則是議定出席代表人選。傅斯年認為加入此會有兩個非常重要的意義：一是爭

---

107. 〈錢端升致傅斯年〉(1938 年 5 月 27 日)，「傅斯年檔案」，I：610。〈郭泰祺致傅斯年〉(1938 年 6 月 20 日)，「傅斯年檔案」，I：514。

108. 〈傅斯年致陳立夫、顧毓琇、張道藩〉(抄件) (1938 年 6 月 14 日)，「傅斯年檔案」，I：90，收入：王汎森等主編，《傅斯年遺札》，第 2 卷，頁 887–889。

取中國在國際學會中的「權力」，二是廓清日本在西方漢學界「指鹿為馬、淆惑視聽之處」。[109] 因此出席代表人選不能不慎重，傅斯年認為尤須派一「在中國史學界負地位，在國際負聲望，為英國話（或法）說得好」的代表，方可勝任，所以他建議教育部委派剛剛接任駐美大使的胡適出席最為合宜。

此次會議於蘇黎世召開，中國方面以史語所之名參加，按理來講，由傅斯年自己出任代表合情合理，然而傅氏最後推薦胡適前往的原因，除了他自己所說「國難當頭，經費無多」，胡適由美國前往最省費用的理由之外，主要還是由胡適出席代表中國史學界，是傅斯年最為放心的人選。根據胡適開完會後寫給傅斯年的信中得知，胡適在大會通過中國、梵蒂岡、愛爾蘭等三個新會員國之後，隨即發表了一篇名為 "Recently Discovered Materials for Chinese History" 的文章，[110] 其主要內容如下：

> 1.安陽的殷商史跡。
>
> 2.新出土的金石與其新研究。
>
> 3.敦煌卷子。
>
> 4.日本朝鮮所存中國史料。

---

109. 〈傅斯年致陳立夫、顧毓琇、張道藩〉（抄件）（1938 年 6 月 14 日），「傅斯年檔案」，I：90，收入：王汎森等主編，《傅斯年遺札》，第 2 卷，頁 888。

110. 胡頌平由張貴永處所查胡適發表論文名稱略有不同："Newly Discovered Material for Chinese History"，見：胡頌平，《胡適之先生年譜長編初稿》，第 5 冊，頁 1639、1945。

5.中國宮殿官署所出檔案。

6.禁書、逸書、忽視的書的「鈎沈」。[111]

在三十分鐘的演說中，胡適把重點全然放在介紹近代中國新出土的史料上，其中大部分又是史語所歷年考古發掘或整理的成績，換言之，國內派系林立、意見紛歧的主張，不但不見諸此次國際會議，唯物史觀或是傅斯年所謂「抱殘守缺者」的學術觀點，在此亦銷聲匿跡。胡適顯然不負傅斯年所託，在國際史學會議上充分呈現史語所一派所領軍的史學成就，成功地為史語所打響了在國際漢學界中的知名度。

此後，史語所正式與國際史學組織取得聯絡，劍橋大學的李約瑟 (Joseph Needham, 1900–1995) 來華訪問，同樣由中英庚款會轉介史語所出面接待，[112] 而其回國後非但大力宣傳中國學術界的努力，對於傅斯年更多所稱道。[113] 李約瑟甚至建議戰後各國應設立一國際科學合作中心 (International Science Cooperation Service)，邀請中研院加入。[114] 若從學術網絡的角度觀之，傅斯年此次參與國聯史學委員會之舉，儘管是以史語所名義加入，但他成功地將中國史學——至少是當時主流派的史學，推上世界舞臺，與國際學術社群取得聯繫，完成他多年來欲與西方、日本漢學界爭雄的心願。此外，打入國際學術社群組織，對於整合國內史學社群也有間接刺激的作用，五年後（1943 年）中

111. 〈胡適致傅斯年〉(1938 年 9 月 27 日)，「傅斯年檔案」，Ⅰ：1637。

112. 〈杭立武致傅斯年〉，「傅斯年檔案」，Ⅰ：1419。

113. 〈杭立武致傅斯年〉，「傅斯年檔案」，Ⅰ：1257。

114. 〈翁文灝致傅斯年〉，「傅斯年檔案」，Ⅲ：635。

國史學會正式組織成立，與此不無關係。[115] 除左翼陣營之外，過去分處四方、各擁陣地的史學工作者及史學刊物、團體、研究機構等社群組織，在教育部的號召下，竟能暫且捐棄成見，共組一全國性的史學社群，確實極不容易。[116] 獲得當年票選理事最高票的顧頡剛，儘管對於時任教育部長的陳立夫有諸多不滿，當選之後仍不免表示：「有此地位而不為國家作事，未免可惜」，[117] 他希望藉此機會召集同仁分工合作，「在出版事業上貢獻心力」，以二十年的時間有計畫的出版各種適合大、中、小學及研究所閱讀的通俗及專業通史之作，「使中國史學上得軌道」。在抗日戰爭一致對外的前提下，民族主義意外成為專業史學社群形塑集體我群意識的重要凝合劑。

話說回來，在學術發展極為困難的抗戰時期，傅斯年能以極其有限的資源，持續推動學術活動，勉力進行歷史研究工作，維持史語所在戰前好不容易打下的基礎，而加入國際史學組織

---

115. 〈孫次舟致傅斯年〉，「傅斯年檔案」，III：789。

116. 1943 年中國史學會於重慶正式成立，號稱史學界知名人士匯聚一堂，許多原有成見，或難得聚首的史學工作者一百多人共襄盛舉，事後還曾編印了《中國史學》年刊四期。見：〈黎東方致傅斯年〉（1943 年 2 月 26 日），「傅斯年檔案」，I：1520。黎東方，《平凡的我》，第 2 集，頁 43–45。傅振倫，〈中國史學會〉，收入：傅振倫，《七十年所見所聞》（上海：華東師範大學出版社，1997 年），頁 120。有關中國史學會的成立經過可參見：王煦華，〈抗日戰爭期間的中國史學會〉，上海圖書館歷史文獻研究所編，《歷史文獻》，第 4 輯（上海：上海科技文獻出版社，2001 年），頁 218–226。

117. 顧頡剛，《顧頡剛日記》，第 5 卷，頁 64–65。

更無形中確立了史語所龍頭老大的地位。相對於戰爭期間許多南遷的學術機構，傅斯年領導下的史語所，儼然成為史學界人才與物力的支援站。許多大學在師資欠缺時，紛紛向史語所借將，例如中央大學歷史系主任張貴永 (1908–1965)，除了力邀傅斯年、董作賓擔任該校「方日意特設學術講座」之客座教授外，也希望傅樂煥 (1913–1966) 來校教授宋遼金史的課程。[118] 而西北大學新設邊政學系時，[119] 系主任黃文弼也因該校欠缺語言學、人類學、社會學教授多人，希望傅斯年允借馬學良出任人類學教授。[120] 同樣的，丁山赴西北大學之後，也透過朱家驊的關係，代為邀請勞榦、王崇武 (1911–1957) 前往貴州開設斷代史課程。[121] 只是史語所向來有專任不能兼職的定則，傅斯年對於所中人員管制極嚴，非不得已不願研究員出外兼課。即使人情請託不可免，亦要求職級必須升高，羅常培致傅斯年信中即曾提到：

> 叔儻來信託代物色語言學教員一人，弟擬以周法高薦，請其與兄直接商量，不知現在可以放出來否？中大如欲聘，名義須為副教授，弟之主張由史語所或北大薦出者，名義須提高，由外間薦來者，須保持兩處之傳統標準。[122]

118. 〈張貴永致傅斯年〉(4 月 21 日)，「傅斯年檔案」，I：597。〈張貴永致傅斯年〉(8 月 23 日)，「傅斯年檔案」，I：596。

119. 黃烈，〈黃文弼先生傳略〉，收入：黃烈編，《黃文弼歷史考古論集》(北京：文物出版社，1989 年)，頁 VII。

120. 〈黃文弼致傅斯年〉(8 月 11 日)，「傅斯年檔案」，I：1449。

121. 〈朱家驊致傅斯年〉(元月 7 日)，「傅斯年檔案」，III：1248。

122. 〈羅常培致傅斯年〉(1941 年 10 月 3 日)，「傅斯年檔案」，III：1460。

伍俶（叔儻，1897–1966）為中央大學師範學院國文系主任，來信請羅常培推薦語言學教員，羅認為由史語所與北大推薦出去的人，必須在聘任職級上高出原來一等，所以周法高當時只是北大文科研究所畢業不到兩年的學生，在史語所尚以助理研究員名義聘任，但羅常培認為中大如要聘請周法高，應以副教授名義起聘。這封信看似羅常培個人的主張，但實際上與傅斯年的觀點相仿，像是原在史語所任職的胡厚宣 (1911–1995)，1940 年轉往齊魯大學國學研究所任教後不久，即升任該所中文系及歷史社會系主任，傅斯年聽說後，馬上回答：「應該，應該，我們這裡出去的，應該擔任主任。」[123] 傅斯年顯然對於史語所培養出來的人才深具信心。相對地，由其他院校薦往史語所或北大任職的待遇，顯然就沒有這麼優厚，傅斯年對於求職者往往考慮更多的是他們的治學取徑或研究表現，若非由他極為信任或推崇的學者推薦來的人，傅斯年多半不予考慮。[124] 這種態度雖常常為人批評為「門戶之見」，[125] 但倒也真的樹立了史語所早年的學術風格。

此外，在物力支援方面，最具影響力的就是史語所的圖書。抗戰爆發，各大學緊急南遷，人員移動尚不成問題，最困難的就是設備，其中又以圖書為甚。北京、清華、南開三校最先遷

123. 胡振宇，〈考據與史料——胡厚宣先生治學與史語所的傳統〉，收入：杜正勝、王汎森主編，《新學術之路》，下冊，頁 674。

124. 〈蔡元培致傅斯年〉，「傅斯年檔案」，III：110。

125. 胡振宇，〈考據與史料——胡厚宣先生治學與史語所的傳統〉，收入：杜正勝、王汎森主編，《新學術之路》，下冊，頁 674。

往長沙，當人員聚集、學校開學之際面臨最大的問題就是三校圖書均未及運到，匆忙間只好與國立北平圖書館合作，臨時成立西南聯大圖書館。然而北平圖書館館藏書籍於短時間內亦無法搶救出來，只能就地採購徵集，三個月間，只募得中文書小冊五六千冊、西文原版書及翻版書一兩千冊，僅夠支持基本教學之用。1938 年元月之後，學校再往後方遷徙，除新購書籍外，只能商請中研院史語所、心理所、社會所出借圖書。根據統計，當時史語所委託西南聯大南運圖書有兩百多箱，而心理研究所及社科所只各數十箱，[126] 因此西南聯大遷定昆明之後，全校師生不得不與史語所商訂正式借書辦法。[127] 就連社科所也必須向史語所伸手借書。

北大文科研究所成立之後，依賴史語所圖書的情況更為嚴重，鄭天挺致傅斯年信提到：

> 北大研究所今後所址，非追隨史語所不可，此事已數向兄言之，而兄似不甚以為然，但細思之，北大無一本書，聯大無一本書，若與史語所分離，其結果必至養成一班

---

126. 〈國立西南聯合大學圖書館概況〉，收入：王學珍、郭建榮主編，《北京大學史料》，第 3 卷 (1937–1945)，頁 102–103。

127. 聯大師生不得以個人名義向史語所借書，必須由聯大圖書館彙開書單後向史語所借出，全部借出之書以 36 種 6000 冊為限，且只限於一般用書，常用參考書及貴重書尚不在出借之列。〈中央研究院歷史語言研究所與西南聯合大學訂立圖書閱覽及借書辦法〉（1939 年 8 月 22 日 117 次常委會通過），收入：王學珍、郭建榮主編，《北京大學史料》，第 3 卷 (1937–1945)，頁 101–102。

> 淺陋的學者，千百年後探究學術史者，若發掘此輩淺陋
> 學者，蓋我曹之高徒，而此輩淺陋學者，為北大所創始，
> 豈不大糟！[128]

沒有充足的圖書設備，不足以稱之為大學，更何況是培養學術專才的研究所，史語所遷往李莊時，傅斯年留下部分個人藏書，北大同仁聞之無不欣喜過望，[129] 北大文科研究所不願與史語所分處兩地，缺乏專門書籍應是其中重要原因。而圖書搬遷看來像是一個極技術性的問題，但非有過人毅力與眼光不易完成；社科所匆忙南遷時，一部廿四史都未帶出，但史語所光是普通本的廿四史就帶出了三部。[130] 傅斯年從史語所成立，採取「集眾研究」開始，就已經意識到個人孤立研究的時代已經過去，現代學者必須靠圖書館、學會提供的材料和經費，才能做出一番事業。[131] 對一個研究機構而言，圖書就是資源，經費即是資本，沒有資源，沒有資本，遑論研究。戰爭爆發，人命尚且難以自保，選擇帶什麼圖書文獻資料，如何打包、如何運送，絕對是考驗中的考驗，史語所如果不是傅斯年的堅持與完善的事

---

128. 〈鄭天挺致傅斯年〉（9月7日），「傅斯年檔案」，Ⅰ：1248。

129. 〈鄭天挺致傅斯年〉，「傅斯年檔案」，Ⅲ：1067。實際上，史語所由長沙南遷昆明時，傅斯年也曾將運到長沙的書籍，借給教育部史地委員會一用，由黎東方代為保管。見：〈黎東方致傅斯年〉（7月4日），「傅斯年檔案」，Ⅰ：1521。

130. 〈陶孟和致傅斯年〉，「傅斯年檔案」，Ⅲ：1003。

131. Fan-sen Wang, *Fu Ssu-nien: A Life in Chinese History and Politics*, pp. 77–78.

前規畫，未必能在多次搬遷中，保住龐大的圖書文獻與考古挖掘物，並在抗戰時期成為後方學人仰賴的資料重鎮。

　　由於傅斯年非常珍惜史語所多年累積下來的藏書，並訂下圖書例不外借的規則，[132] 許多困處大後方的學人，逃難時臨行匆匆，無法多帶藏書，所以在從事必要的研究工作時，即使路程遙遠、交通困難，也不得不前往李莊借讀，黎東方、楊向奎 (1910–2000) 等多人均曾親赴史語所住讀，[133] 吳晗寫〈明教與大明帝國〉和《明太祖傳》時，因史語所已遷李莊，手邊只借到一部《明史》，其他如《皇陵碑》、《紀夢》等書中記載明太祖的史料，便只能託梁方仲 (1908–1970) 覓人至史語所代抄一份寄往昆明，[134] 再趁著暑假得空時，親往史語所翻閱白蓮教、彌勒教經典。[135] 後方學人依賴史語所藏書之程度，於此可見。

---

132. 〈孫次舟致傅斯年信及傅斯年覆信稿〉（1941 年 8 月 9 日、8 月 18 日），「傅斯年檔案」，Ⅰ：77。

133. 〈楊向奎致傅斯年〉（6 月 6 日），「傅斯年檔案」，Ⅰ：730。〈黎東方致傅斯年〉（7 月 12 日），「傅斯年檔案」，Ⅰ：1518。〈黎東方致傅斯年〉（8 月 9 日、18 日），「傅斯年檔案」，Ⅰ：1519。

134. 〈吳晗致傅斯年〉（1942 年 12 月 15 日），「傅斯年檔案」，Ⅲ：1330。〈傅斯年致吳晗〉（抄件）（1943 年 2 月 23 日），「傅斯年檔案」，Ⅲ：1329，收入：王汎森等主編，《傅斯年遺札》，第 3 卷，頁 1399。〈吳晗致傅斯年〉（1943 年 3 月 8 日），「傅斯年檔案」，Ⅲ：1334。

135. 〈吳晗致傅斯年〉（1944 年元月 1 日），「傅斯年檔案」，Ⅲ：1335。

四、結　語

　　民國以後，史學逐漸走向專門，學院化、獨立化、專業化的條件漸趨成熟，新式大學、研究機構、專業期刊和學術社團組織的出現，形構了一個新的社群網絡關係，徹底改變過去交換知識的方式，20世紀中國史學的發展也跟著出現不同於往日的變化，新的學術觀點、看待材料的眼光與詮釋問題的角度，隨著這套全新的學術網絡系統流傳、散播開來。在這時代交替轉換的過程中，傅斯年無疑是其中關鍵性的人物，自其留學歸國後，他一方面投身史學陣營，努力從事學術撰作，一方面更以優越的行政長才，有效發揮他的影響力，積極將他的治學理念藉著大學、研究機構的創設傳播出去，進而形塑了現代史學學科紀律的主要價值。

　　比起同時代的專業史家而言，傅斯年擁有更優厚條件的原因，在於他充分掌握了政府機構的行政資源與社團的人際網絡關係，用以推動各種新形態的研究課題；從安陽考古發掘、明清史料整理，以至戰時西北科學考察的成績，傅斯年藉著各種新出土的史料，開創了無數的新課題，成功地建立了他的學術威望與史語所在學界中的位置。此外，長期擔任各種基金會的專業審查人，也讓傅斯年可以透過基金會的挹注，獎勵並提倡與他治學理念相符的研究課題，無形中引領了整體時代學風的改變。實際上，「傅斯年檔案」中還保存了許多零星散亂的材料，如熱心學人請求傅斯年協助調查古物盜賣出境事件、[136] 教

育部史地教育委員會函請協助審查中小學教科書的公文，以及識與不識的學人向傅斯年自薦或推薦作品，參加中英庚款委員會或教育部學術審議委員會之獎勵信函，[137] 或是他為中英庚款會招考留英官費生所出的試題，[138] 這些工作表面看來都與傅斯年本身的專職沒有直接關係，可是它們清楚反映出傅斯年在學術界的聲望和影響力，以及傅氏因知識而掌握的權力網絡關係。

抗戰期間，兵馬倥傯，大多數的學校與研究機關只能維持最基本的常態性工作，圖書材料的缺乏蓋為主因，而傅斯年以其過人的眼光與堅忍的毅力，不辭辛勞，千里跋涉，有計畫地將史語所典藏的圖書文獻史料遷徙到大後方，不僅延續了戰時後方學人的史學研究工作，也使得史語所成為大後方師生教學、研究的重要補給站，無形中也提升史語所在史學界中的影響力。除此之外，傅斯年更因具有高遠的眼光與國際性的視野，參與了國際史學組織，爭取中國學術界在國際上的發言地位，藉由參與國際史學團體的契機，成功地建立了史語所與國際社群交流的網絡，同時也大大提升史語所在國際學術界的知名度，從而刺激了中國內部史學社群的整合。

在現代學科體制形成的過程中，內在學術理念與外在制度

---

136. 〈鄭振鐸致傅斯年〉（4 月 16 日），「傅斯年檔案」，Ⅰ：711。

137. 〈劉節致傅斯年〉（3 月 1 日），「傅斯年檔案」，Ⅰ：1506。〈羅常培致傅斯年〉（1943 年 1 月 14 日），「傅斯年檔案」，Ⅲ：1465。

138. 〈漢學常識考題〉，「傅斯年檔案」，Ⅰ：905。〈中國文字學試題〉，「傅斯年檔案」，Ⅰ：913，該試題上蓋有「管理中英庚款董事會考試委員會」密封處章，是為招考留英公費生之試題卷。

的形構往往必須相互配合，齊頭並進；任何一種新的方法、概念、工具、材料、眼光，甚至一種普世的學術價值等內在理念，無不需外在制度的配合，方有以致之；因此學院的建立、人才的養成、經費的挹注與評覈機制的產生，皆是學術內在理路得以確立的重要條件，彼此環環相扣、缺一不可。而尤其困難的是，是否有人能以極大的魄力，將此影響學術發展的外在網絡關係，有效地統合運用，綜觀傅斯年一生的學術事業，正好具備了這些條件與能力，謂其為推動現代史學發展的旗手，誰曰不宜！

第四章
尋求客觀對話的空間：書評與社群網絡

　　從制度化的角度討論近代中國史學專業化的過程，學院固然是一個非常重要的核心，然而由學院向外擴延，同樣以學科分類為組成原則的研究機構、社群組織、學術報刊等，也是不可忽略的面向。特別是學術刊物、報章雜誌的出現，大幅改變了傳統知識的傳播途徑，從社群組織的角度來看，20世紀學科組成分子之間的交流，不必然要靠著傳統的師承關係，或同儕之間的書信往返來維繫，持有相同或近似觀點、方法和取徑的學人，往往透過各種新形態的知識傳播媒介取得更廣泛的聯繫，而學術期刊、報章雜誌，也因此成為20世紀學科知識人共同討論與對話的重要知識場域 (intellectual field)。

　　說到「知識場域」，不能不提及法國社會學家布迪厄 (Pierre Bourdieu, 1930–2002) 對此論題精闢的見解。布迪厄指出此場域是由一套「權力系統鏈」(a system of power lines) 所構成。他所謂的權力系統鏈主要是指由眾多力量在特定結構與或長或短的歷史契機 (historical moment) 下，彼此相互存在、對立、鍵結而成的互動與相對關係。布迪厄對此提供了兩個重要的關鍵詞來解析這複雜的權力系統鏈：一是位置屬性 (positional properties)，二是方法論的自律自主化 (methodological autonomization)。所

謂「位置屬性」指的是知識場域的形構既受惠且受制於其身處的社會條件與歷史契機；而「方法論的自律自主化」則是指知識場域具有建立一套表述它和既存體系之間特別邏輯關係的能力，使其達成向外獨立、向內自律的目標。[1]

上述見解是布迪厄以概念化的方式歸納西方知識與藝術史變遷的特質，他進一步指出，此一歷史變遷具有向外與向內自律化兩個面向。向外自律化是尋求知識場域能免於既有各種場域或力量的干擾；向內自律化則是企圖建立一套論述（或方法論）以形構內部自主運作的機制。具體而言，布迪厄認為歐洲知識人與藝術家原先具有附屬在封建貴族領主的「位置屬性」，然自近世早期以降，他們透過界定自我在詮釋文化上的正當性(cultural legitimacy) 與當時已然存在的政治、經濟、宗教力量有所區隔，從而掙脫原有身分，並在逐漸興盛的出版、劇場、沙龍、學院中，尋找足以安身立命的歷史契機，此即知識場域透過方法論自律化取得向外自主的例證之一。不過，掙脫貴族領主後的知識人與藝術家必須開始體察——甚至附和市場喜好，這使得他們此時又不得不受制於商業市場的位置屬性。在布迪厄看來，19 世紀出現「為藝術而藝術」、「為知識而知識」的論述，正是為了幫助藝術家擺脫商業市場的束縛，使創作者能創造出心目中具有美學品味的作品，進而構築藝術本身的自律性，而這套論述也逐漸發展出一套方法論以證成其美學價值——如

1. Pierre Bourdieu, "Intellectual Field and Creative Project," translated by Sian France, *Social Science Information* Vol.8, No. 2 (April,1969), pp. 89–119.

超現實主義 (surrealism)，使美學的純粹性成為藝術家內部自律的機制，此即知識場域面對不同的位置屬性時，以一套新的論述尋求內部自律與外部自主的另一例證。[2]

然而，即便高舉「為藝術而藝術」的旗幟，任何作品如果沒有讀者，充其量只能孤芳自賞，一旦涉及展示或「出版」(publication)，作者就必須面對公眾 (public)。在面對公眾的過程中，沒有任何一位作者能夠自外於他所身處的社會情境、同儕和讀者網絡，以及來自這些情境、網絡的社會壓力，於是，出版後的作品所傳遞的自律性就必須放在社群網絡的檢視下，才能看到實質的運作。換言之，任何作者的「創作」都不能忽略來自作者身處社群所給予的批評，以及此一批評希望達成的客觀化 (objectivization) 目標；而作者所處社群結構的特質，如緊密、封閉、階序或鬆散、開放、無組織等，也會回過頭來影響作者與社群之間的對話形態，從而對作者所欲企求的獨立與自律形成各種詰難與挑戰，因此，在討論「客觀化」問題時，不能忽略作品出版可能勾連的社會網絡組合及其產生的連鎖效應。[3]

從這個角度來看，晚清以來逐漸蓬勃發展的出版市場和新興傳播媒介，在 20 世紀提供了初初擺脫科舉束縛的文人、知識分子得以自由創作的環境和表達意見的空間；而愈來愈多的大學、研究機構也為各種不同的學科知識盡力構築一個不受外界干擾、為學術而學術的環境。在這樣一個可能同時涵納商業利

2. Pierre Bourdieu, "Intellectual Field and Creative Project," pp. 89–95.

3. Pierre Bourdieu, "Intellectual Field and Creative Project," pp. 95–104.

益、市場機制和強調學術自主的新興知識場域中，新一代的知識人一旦要透過這種新興知識傳播媒介公開發表他們的看法時，勢不可免地必須面對各種不同的「權力系統鏈」，在眾多可見、不可見的讀者，評論家，學術同儕，出版經理人和政治作用力的交互作用中，學科知識人如何抗衡／妥協其間？學科內部的方法論、學科規訓、知識價值與客觀標準如何建構知識本身的自律性？凡此種種無不牽動著學科知識人所欲形構的知識樣態與「本真性」的表述方式。

就學科自律性的角度而論，學科組成分子如何在方法論上發展出一套足以證成自我的論述體系，往往牽動著學科知識未來的走向。在 20 世紀以後逐漸開放的知識場域裡，除了有愈來愈多符合現代學術格律的論文之外，也有為數不少的書評 (Book review) 對於學科方法的自律性扮演關鍵性的角色。這類評論性的文字儘管在整體報刊中所占的篇幅不大，但是就社群網絡關係而言，書評或帶有更強烈的對話性質。綜觀 20 世紀中國的期刊報紙，書評此一欄位，也漸漸從一個陪襯性的角色，躍居與論文平分秋色的位置，到了 1920–1930 年代甚至有專職評論的刊物出現。這一現象在許多專門研究書評的著作中不乏討論，但是其關注焦點大多集中在文學性書評，對於本章所欲討論的史學類書評，著墨不多。

當然，學界對此問題的忽略並不是沒有道理的，首先，文藝批評式的書評在整體數量上，確實比史學類書評來得多；其次，在專業性學術期刊的發展過程中，史學類期刊的出現，本又比綜合性或文學性的期刊來得晚許多，因此無論在數量和時

間上都不能和文學性的書評相提並論。然而，這並不表示史學類的書評不重要，從學科發展的角度來看，書評快速成長的1930年代，正是現代史學邁向專業化的重要階段，而客觀標準的建立又是史學專業化的重要指標之一。史學類書評的大量出現，或多或少說明了學科知識人在一個公開園地裡發表文章、表述自己觀點，以取得一定客觀公評的價值之餘，更希望透過某種對話形式，交換彼此的心得與客觀論辯的機會，塑造此一學科的方法意識和自律機制，從而建構歷史學本身的自我認同。從這個角度來看，書評在現代中國史學專業化的過程中所扮演的角色，十分值得玩味。而刊登書評的載體，一般又可分為純學術性的期刊和具有通俗大眾化傾向的報紙副刊，這兩種不同性質的刊物，在選擇書評的內容和標準上究竟有何異同，以及他們與現代學術網絡的關係又是如何，則是本章另一個關注焦點。因此本章即以書評蓬勃發展的1930年代為背景，由社群網絡的角度，觀察史學類書評與現代中國史學專業化、客觀化之間的關係，並討論此一特殊文類在史學這門學科確立其正當性的過程中，究竟扮演著何種角色。

一、新式書評的出現

蕭乾 (1910–1999) 在 1935 年出版的《書評研究》一開頭裡，曾經引用美國學者都伏思 (Robert Luther Duffus, 1888–1972) 的一項調查統計，認為書評是為聯繫讀者與作者之間最重要的媒介，其影響力甚至超過了廣告、友人的介紹和作者的聲望等因素。[4]

蕭乾認為這個現象代表了書評即將漸漸成為「現代文化裡的一個新勢力」。當然,這是針對美國市場所做的調查,但是在 20 世紀上半葉的中國,書評在日益蓬勃發展的出版界也確是一股新興的力量。當讀者徘徊於琳瑯滿目的書肆,或是被出版商的廣告擾得無所適從的時候,書評似乎提供了讀者某種可以依循的標準。然而書評在中國畢竟是一種新興的文類,它是在近代報刊興起之後才引入中國的一個新事物、新概念和新語彙。傳統中國雖然也有一些相近似的文類,如史部中的史評、集部中的詩文評等等,但是這一類作品或以評論史事、考辨史體為主,或是以窮究文體源流、泛論作品藝術理論和藝術風格為目的,其評論對象大多不像現代書評是針對某一部書而發的。[5] 至於大量收錄在文人別集中的序、跋、筆記、書後、詩話,或是史部目錄類中具有介紹、解釋、評論功能的敘錄、解題、提要等,則是形式比較接近現代書評的文體,[6] 可是這類評論性文字,絕大部分由於收在個人文集裡,或因公私藏書校讎而作,流傳的廣度以及評論動機也和現代書評大不相同。

新式書評是一種附屬在雜誌、報刊中的文類,它的出現與成長因與報紙、期刊的銷路有密切的關係,因此多少帶有一些「新聞性」,像是最早刊載在中文雜誌上的書評,便多半是以

---

4. 蕭乾,《書評研究》(臺北:臺灣商務印書館,1935 年初版,1990 年臺一版),頁 1。

5. 蕭乾,《書評研究》,頁 3。孟昭晉,《書評概論》(南京:南京大學出版社,1994 年),頁 21–23。

6. 金克木,〈論書評〉,天津《益世報・讀書週刊》(1937 年 7 月 8 日)。

「新書介紹」的姿態出現，美國傳教士偉烈亞力 (Alexander Wylie, 1815–1887) 在 1857 年所辦的《六合叢談》裡就有「新出書籍」的欄位，專門介紹新出版的書籍；著名的《時務報》上，也有梁啟超寫的〈西書提要農學總序〉、〈讀《日本書目志》書後〉等評介新書的文章，[7] 其他像〈東籍月旦〉、〈西學書目表序例〉等也都是類似「譯書經眼錄」一類的文字。民國以後，《新青年》裡設有「書報介紹」、「書籍批評」的專欄，《新潮》雜誌裡亦不乏「名著介紹專號」、「出版界評」一類介紹新書的欄位。[8]《新潮》一卷二號裡的〈新青年雜誌〉一文，還把《新青年》整份雜誌當成批評的對象。[9] 書評在近代中國最初出現時，有著為數眾多的西學譯著和新書介紹，跟知識界渴求新學的風氣可說不無關係。

在此之後，各類刊物的末尾幾乎不可免地都有書評一欄，報章雜誌刊載書評於是漸漸蔚為一股風氣。20 年代最有名的幾個文學性刊物，如《新月》、[10] 天津《大公報‧文學副刊》等莫不有此一類文體，出版界也開始出現一些經常著筆為文的書評

---

7. 梁啟超，〈西書提要農學總序〉，《時務報》，第 7 期，1896 年（光緒二十二年），頁 4–5，後收入：梁啟超，《飲冰室文集》之一，第 1 冊，頁 129–130。梁啟超，〈讀《日本書目志》書後〉，《時務報》，第 45 期，1897 年（光緒二十三年），頁 1–3，後收入：梁啟超，《飲冰室文集》之二，第 2 冊，頁 51–55。

8. 孟昭晉，《書評概論》，頁 9–10。

9. 記者，〈新青年雜誌〉，《新潮》，1：2（1919 年 2 月），頁 345–351。

10. 《新月》創刊於 1928 年，葉公超、梁遇春、錢鍾書等人經常在該刊的「書報春秋」、「海外出版界」裡發表書評。蕭乾，《書評研究》，頁 3。

家，聞一多、朱自清 (1898–1948)、梁實秋 (1903–1987) 等盛享文名，和他們多產的批評文字不能說絕無相關。

雖然，書評一類的文體在傳統中國經常被劃分在目錄學的範圍當中，視為啟發後學讀書門徑的一種文類，新書介紹更具有指示讀者某書當讀，某書不當讀的意思，但是在新式書評裡，「新書介紹」一類的文字卻常常不被認為是具有現代意義的書評，因為這類文字即使在西方出版界，也常常跟報刊上的新書廣告混為一氣，只論某書的好，卻刻意避談某書的缺點，具有濃厚的商業氣息。然而由於書評開始出現在中國報章雜誌上時，大多帶有一種引介西學、汲取新知的性質，這一性質多少掩蓋了一些商業宣傳的味道，即便是到了 1920–1930 年代，新書評介一類的文字仍然占中國書評界極大的分量，因此本文並不把這類文字排除在討論範圍之外，這點我們會在下面有所說明。

除了新書介紹之外，民國以後的報刊也漸有一種名之為「故書新評」（或稱「古書新評」）的欄位，像是《新潮》雜誌一卷一號裡即有幾篇傅斯年評清代梁玉繩 (1745–1819) 的《史記志疑三十六卷》和宋朝郭茂倩 (1041–1099) 的《樂府詩集一百卷》的文章，傅斯年為此表示：

> 平情言之，故書亦未嘗不可讀。要必以科學方法為之條理，近代精神為之宰要，批評手段為之衛禦。人有常言：「凡眼觀真，無真不凡，真眼觀凡，無凡不真。」果其以我主，而讀故書，故書何不可讀之有。若忘其自我，為故書所用，則索我於地獄中矣。今所評者雖故書，而所以評之者非故法也。[11]

　　故書新評不像一般性的書評，評的是強調帶有新聞性的新書，這類書評可謂民國以來書評的另一種典型，其數量甚至與評介新書者不相上下。撰寫此類書評者的動機和表現形式也不盡相同，像是上述《新潮》雜誌的編者傅斯年便認為故書並非全不可讀，只要有新方法和新眼光，就能發掘並賦予某些舊書以「近代」精神，否則只是「凡眼觀真，無真不凡」，了無新意而已。此類書評的出現，和民國以來整理舊學，提倡國故研究的風氣可說有絕對的關係，因此其所評之書不在年代的遠近，而在觀點的新舊。所評的對象有重編再刊的舊籍，以及評者以為可以發掘新觀點的故書，其性質雖與評介新書不同，但是在與「古人」對話的背後，其實飽涵與「今人」論學的意味。除此之外，另有不少故書新評之作，和傳統文人的「筆記」、「書後」等文章較為接近，帶有一種讀後心得或筆記的味道，並不以批評、介紹為主要訴求，[12] 這類書評在形式上較少對話性質，反而比較接近專題式的論文，如南京高等師範大學史地研究會所出《史地學報》裡的「故書新評」即較接近此一形式。[13]

11. 孟真（傅斯年），〈故書新評〉，《新潮》，1：1（1919 年 1 月），頁 139。

12. 例如：惲毓鼎，〈讀十六國春秋〉，《中國學報》，第 3 期（1913 年 1 月），頁 9–15。倪中軫，〈讀史記〉，《國學雜誌》，第 4 期（1917 年 12 月），頁 1–3。

13. 如張其昀、鄭鶴聲以下二文即典型的「古書新評」：張其昀，〈讀《史通》與《文史通義·校讎通義》〉，《史地學報》，1：3（1922 年 5 月），頁 133–149；1：4（1922 年 8 月），頁 105–131。唯此文轉載自作者於《學術》第 5 期發表之〈劉知幾與章實齋之史學〉。鄭鶴聲，〈太史公司馬遷之史學〉，《史地學報》，2：5（1923 年 5 月），頁 57–84；2：6

　　實際上一篇具有現代意義的新式書評，絕不能只像新書介紹 (List of new books) 一樣徒有介紹之名，而無評論之實，也不能像某些故書新評之作，只是重理舊書之後的心得而已。弌純在〈書評的研究〉一文中曾經表示，一個完善的書評應該有敘述格、解題格和批評格三大項，[14] 從書的外在形式到內容介紹，以及評者的見解都涵括在內，此外，霍懷恕引社會學者許仕廉 (1896–?) 的看法說：

> 書評在體制上應當注意幾點：
>
> ㈠書評之首，包括書名，作者姓名，書數，冊數，出版地點，出版時期及價格；
>
> ㈡敘述該書之組織及其主要目的；
>
> ㈢分析該書之內容；
>
> ㈣對於該書價值之評論。[15]

　　霍懷恕認為書評之難作，不在文字，而在有沒有「卓識」，根據他的觀察，1930 年代以後「現代出版物上——無論是報紙，是什誌，是書籍——載著書評的，非常普遍」，可是要論及「卓識」恐怕就沒有這麼簡單了。這當中雖然也有「一針見血」的文字，但是大部分「實無什麼精彩」之處，「稍好一點的，總

（1923 年 8 月），頁 79–106。

14. 弌純，〈書評的研究〉，《武昌文華圖書科學季刊》，3：4（1931 年 12 月），頁 489–505，後收入：鄭慧英，《書評索引初編》「附錄一」（廣州：廣州大學圖書館，1934 年），頁 221–223。

15. 霍懷恕，〈書評的價值及其作法〉，《學風》，2：10（1932 年 10 月），頁 1–6，後收入：鄭慧英，《書評索引初編》「附錄二」，頁 232。

不過將書中一二小節，提出來談談，不管是否曾搔著癢處，只是敷衍塞責，以求聊充刊物的篇幅而已。」[16]

　　除了體例周備之外，評論者有沒有卓識是一個很關鍵的問題，但究竟什麼是「卓識」呢？蕭乾的看法或者可以提供參考，他說：

> 做書評的人應有清晰的史的概念，對於作家應有親切的認識，對於文章應有透徹的見解。……他不但要有正確的議論，並須能以活潑明顯的言語傳給大眾；他不但注意內容和意識，同時也不漠視裝幀的美觀。在主觀的理想成分之外，還要顧及物質的功利的部分。[17]

換句話說，書評家評的不光是書，還有人，把作者和書籍放在「歷史」的脈絡下，才能準確地評價一部書，「因為了解是一切評價的基礎」，任何作品皆是時代的產物，作者之見往往很難超越時代，沒有把所評之書與所評之人放在歷史脈絡下寫出來的書評，只是苛評。蕭乾做了一個十分趣味的比喻，他說書評家要「像個小學教員，他懂得的很多，卻能用忍耐和機智管住自己。解釋而不命令，陳述而不說教」。[18] 所以在蕭乾的觀念裡，「史的概念」是一切同情了解的基礎，也是建立卓識的必備條件，因此「故書新評」一類的文字根本算不上是書評，因為他認為「從書櫥底層抽出一本十八世紀末葉的傑作，在百餘年內多少聰明人的評論上，再申述自己更聰明的意見」，這種「風

---

16. 霍懷恕，〈書評的價值及其作法〉，頁 230。

17. 蕭乾，《書評研究》，頁 14。

18. 蕭乾，《書評研究》，頁 14。

雅」的事「書評家是沒份的」。姑不論故書新評與現代學術史的關係，蕭乾的看法很能反映 1930 年代愈來愈重視書評格律與寫法的新一代學人對書評的要求，舊書新評只是一種缺乏歷史脈絡的批評，充其量只能凸顯評論者的「後見之明」而已。

事實上，我並無意在此討論書評的寫法和格律，只是想呈現 1930 年代以前中國新式書評——特別是史學類書評出現之初的幾種類型。當然，如果按照 1930 年代以後學人的看法，新書介紹、舊書新評一類的文字都不能當作嚴謹的書評看待，但是在新式書評逐漸崛起的 1920 年代，這兩種類型的文字仍占有一定的比例。從知識傳播的社會意義上來看，這兩種類型的文字還是有它的功能，至於格律完整、評介深入的專業書評在 1930 年代以前畢竟還算是少數，其中原因除了與專業史學期刊出現較晚有關之外，民國以來新舊思想對立的情況嚴重，應該也是另一個值得觀察的面向。

二、新式書評與學術論辯

1930 年代以前，專業性的史學期刊除了學報之外可說少之又少，多數史學類文章刊載在綜合性的報章雜誌中。民初以來派系之間對立的情形非常明顯，在許多長期觀察書評發展的學人眼裡，民初以降至 1920 年代中國學術界思想對壘的情況嚴重，連帶地也影響了書評的表現形式，霍懷恕就曾經說道：

> 我國的學術界已經走到思想鬥爭的時代了，各有各的主張，各有各的立場，眾說紛紜，莫衷一是。真正學者不

　　能說沒有，可是很少。[19]

他認為在「國學」界，致力闡揚國學的人不是食古不化，就是
墨守舊章；稍微新進一點的，或是懂得一點國學皮毛的人，動
輒就稱他是用科學的方法來研究國故。在整理國故盛行的 1920
年代裡，幾乎任何一種學術刊物都少不了幾篇討論國故的文章，
然而其間對於如何整理國故，以及國故的內容究竟為何，言人
人殊。加上民國以來思想界新舊對立的態勢十分明顯，不同觀
點、不同派別的學人各擁陣地，以各式報刊為其發聲的管道，
因此刊物與刊物之間往往積不相能，極難接納與其觀點相左的
文字，在這樣對立的情況下，要發展出客觀公正的書評無疑十
分困難。

　　即以發刊甚早的《學衡》為例，它是一份橫跨 1920–1930
年代水準極高的綜合性學術期刊，但是在為數不多的書評裡，
撇開「舊書新評」一類的書評不論，只要所評之書是市場上新
出版的書籍，評論者大多選擇所謂「新派人物」的作品來批評，
因此在這些評論中充滿了從基本立場、基本觀點出發的辨詰，
像是繆鳳林 (1899–1958) 的〈評胡氏諸子不出於王官論〉，作者甚
至不是以「書」為評介對象，討論的只是胡適在《太平洋》雜
誌所寫的〈諸子不出於王官論〉的文章，[20] 繆氏此作旨在辯駁，

---

19. 霍懷恕，〈書評的價值及其作法〉，頁 226。

20. 胡適，〈諸子不出於王官論〉，原載《太平洋》，1：7（1917 年 4 月），
　　頁 1–7，後收入：1919 年商務版《中國哲學史大綱》卷上之附錄，
　　1921 年再收入亞東圖書館出版的《胡適文存》第一集卷二。繆鳳林，
　　〈評胡氏諸子不出於王官論〉，《學衡》，第 4 期（1922 年 4 月），頁

而非評介，實為一篇「商榷」型的文字。其他像是胡先驌
(1894–1968) 的〈評嘗試集〉、〈評嘗試集（續）〉，以及柳詒徵的
〈梁氏佛教史評〉等文章，[21] 都不免是從批判「新派人物」的
立場出發，對於所評之書，不但沒有介紹它們的外部形式和內
容，也極少批判書中引用資料的優缺點，更遑論從作品的背景
出發，把所評之書放在一個時代、文化發展的脈絡下來談。

新舊思想對立的環境，顯然有礙學術界建立一套客觀公評
的價值，綜觀整個 1920 年代，大概也只有 1928 年發刊的天津
《大公報‧文學副刊》稍能提供各方學人一個相對公開而能產
生對話機制的園地。主編吳宓在《文學副刊》創刊之初即將這
份刊物的主要內容分成四大類：一、通論及書評；二、中西新
書介紹；三、文學創造；四、讀者之通信、問答及辯難。吳宓
強調《文學副刊》中的「文學」採取的是一種廣義的定義，也
就是「包含哲理、藝術、社會、生活及國民凡百思想感情之表
現」，[22] 因此整份刊物包羅的層面是很廣泛的。其中書評、中西
新書介紹幾乎每期都有，而讀者通信和問答一欄，也首開先例
為刊物提供了一個可供對話的空間，尤能反映《文學副刊》的

106–130。

21. 柳詒徵，〈梁氏佛教史評〉，《學衡》，第 2 期（1922 年 2 月），頁 285–
294。胡先驌，〈評嘗試集〉，《學衡》，第 1 期（1922 年 1 月），頁 125–
147；胡先驌，〈評嘗試集（續）〉，第 2 期（1922 年 2 月），頁 295–
313。

22. 〈本副刊之宗旨及體例〉，天津《大公報‧文學副刊》，第 1 期（1928
年 1 月 2 日），第 5 版。

中立價值。吳宓表示：

> 本報之宗旨為大公無我，立論不偏不倚，取公開態度，
> 願以本報為國中有心人公共討論研究之地。此宗旨即《文
> 學副刊》之宗旨。《文學副刊》之言論及批評，力求中正
> 無偏，毫無黨派及箇人之成見。其立論，以文學中之全
> 部真理為標準，以絕對之真善美為歸宿。……重真理而
> 不重事實，論大體而不論枝節，評其書而不評其人。……
> 即對於中西文學、新舊道理、文言白話之體，浪漫寫實
> 各派，以及其他凡百分別，亦一例平視，毫無畛域之見，
> 偏袒之私，惟美為歸，惟真是求，惟善是從。[23]

平情而論，《大公報·文學副刊》和《學衡》兩份刊物，吳
宓都是主要的編輯者，但是這兩份刊物無論在立場和性質上顯
然有所不同，《文學副刊》雖然也是由吳宓主動找了他屬意的人
選，組成編輯群，像是浦江清 (1904–1957)、趙萬里 (1905–1980)、
張蔭麟和王庸 (1900–1956) 等人，[24] 但這份刊物顯然是一個對外
開放的刊物，一如吳宓所言，《文學副刊》的宗旨與態度「為純
然大公無我」的，而且特重「批評的精神」。因此它與 1920 年
代初期以捍衛國學立場出發的《學衡》有很大的差異。

實際上《學衡》和《大公報·文學副刊》在時間上是有所
重疊的，1927 年《大公報》主持人張季鸞 (1888–1941) 找吳宓開

---

23. 〈本副刊之宗旨及體例〉，天津《大公報·文學副刊》，第 1 期（1928
年 1 月 2 日），第 5 版。

24. 浦江清，《清華園日記·西行日記》（北京：生活·讀書·新知三聯書
店，1999 年），頁 5。吳宓，《吳宓日記》，第 3 冊，頁 451。

辦《文學副刊》的時候,《學衡》仍定期出刊,只是已處在「勉力維持」的狀態,《吳宓日記》裡曾經記載 1926 年 11 月,陳寅恪勸吳宓停辦《學衡》,因為他認為《學衡》對社會已無影響力。[25] 一年以後,同為《學衡》編輯群的胡先驌也以《學衡》太過「抱殘守缺」,「為新式講國學者所不喜」,建議吳宓停刊,以便改組為另一形態的刊物。[26] 這些記錄說明了 1920 年代末期學術環境的變化,連原本相對處於保守陣營的陳寅恪、胡先驌都已經覺察出五四以來那種新舊分庭抗禮的時代已經過去,新思想、新浪潮已經席捲了思想界,《學衡》這種以捍衛傳統文化精神為宗旨的刊物,已經不太容易為人所接受。唯《學衡》仍然在吳宓的堅持下,苦撐至 1933 年。也許我們沒有直接的史料可以證明吳宓為什麼會在張季鸞找他的時候,願意出來辦一份性質截然不同的刊物,但是我們有理由相信 1920 年代後期新舊思想的消融,以及客觀論辯的環境逐漸成熟,多少影響了吳宓的決心。

在《文學副刊》裡,我們可以同時看到前面提及的新式書評、新書介紹兩種欄位,至於舊書新評之作反而是比較少的。在新書介紹方面,《文學副刊》強調該刊是仿「歐美各大日報之文學副刊,每期必有最近一星期出版的新書書目,分類彙列,而詳記其書名、作者,及出版書局,發售價目。擇尤撮敘內容,並加評斷。新出雜誌及小說,亦在其中」。但是由於當時中國交通不便,難以盡收各地最新的出版資訊,所以「僅能就本報同

<hr />

25. 吳宓,《吳宓日記》,第 3 冊,頁 251。

26. 吳宓,《吳宓日記》,第 3 冊,頁 437。

人所見及所得知者，為讀者批評介紹」。[27] 由此可見《文學副刊》編輯群基本上把「新書介紹」當成一種流通的資訊。這類書訊除了著重介紹書籍的外部形式和內容之外，有時候也會加進一些編者的評論在其中。例如第三期介紹了羅振玉 (1866–1940) 主持編纂的《王靜安遺書初集》，編者在文中批評該書並未收錄王國維 (1877–1927) 早年的文字，如《靜安文集》和《教育世界》中介紹西洋哲學和解析《紅樓夢》等文章，因而推斷羅振玉是以「考據學者」的心態來編這本書，才會只把傳統考訂經史，闡明文字、校勘版本、著錄金石，當成「正經學問」，其他的只是「野狐禪」，「不足為作者榮」。[28] 編者並不諱言對該書編纂者提出批評，同時也清楚地表現出編輯者的史學見地。第 19 期裡還有一篇報導劉師培《左盦集》重新刻印出版的消息，副刊編輯先介紹了劉氏一生的重要代表作，及其在古文經學和校讎學上的貢獻，並述及劉氏遺稿散落的原委和歷來出現有關《左盦集》的各種版本。[29] 言簡意賅，提供讀者清晰的圖書源流面貌。其他像是介紹陳垣 (1880–1971) 的〈新刻元典章校補〉，[30] 以及日本學者鹽谷溫 (1878–1962) 選輯的《三國志平話》

---

27. 〈本副刊之宗旨及體例〉，天津《大公報・文學副刊》第 1 期 (1928 年 1 月 2 日)，第 5 版。

28. 〈王靜安遺書初集出版〉，天津《大公報・文學副刊》，第 3 期 (1928 年 1 月 16 日)，第 9 版。

29. 〈左盦集〉，天津《大公報・文學副刊》，第 19 期 (1928 年 5 月 14 日)，第 9 版。

30. 〈新刻元典章校補〉，天津《大公報・文學副刊》，第 176 期 (1931 年

等，[31] 幾乎都是在最短的時間內，刊介書市或學界的最新訊息。

　　另外《文學副刊》中還有一種類型的「新書介紹」十分普遍，就是報導一般社群雜誌或各大學期刊、學報的內容，如《燕京學報》、《史學與地學》、《新月》、《一般雜誌》等新刊簡介或各期報導。這類期刊介紹多會把當期刊物中的主要文章，做個五、六百字摘要，一方面提供重要的書訊，同時也兼具報導學界最新研究課題與研究動態的功能。

　　在書評方面，《文學副刊》也屢有精彩的內容，以下我舉幾個比較重要的例子。其一是有關馮友蘭 (1895–1990)《中國哲學史》的幾組文字：《文學副刊》裡有好幾篇書評都跟馮友蘭的《中國哲學史》有關，例如陳寅恪的〈馮友蘭著中國哲學史審查報告〉和〈馮友蘭著中國哲學史下冊審查報告書〉、張蔭麟的〈中國哲學史（上卷）〉、胡適的〈致馮友蘭〉，以及馮友蘭的答辯〈中國哲學史中的幾個問題——答適之先生及素癡先生〉。馮友蘭的《中國哲學史》上卷於 1931 年出版後，很快地引起學界的注意，陳寅恪的審查報告原不是為書評而作，但是經過《文學副刊》轉載後，接著引發了張蔭麟、胡適等人的評論，而馮友蘭也有一篇回應的文字。這幾篇論題相同的書評，非常一致地的把問題集中在《中國哲學史》的材料和觀點上。陳寅恪的評論以一種高屋建瓴之勢，從方法論的角度切入，他認為馮著在材料的運用上頗具「通識」，善於審定和運用各種真偽不同的

---

5 月 25 日），第 10 版。

31. 〈三國志與西遊記〉，天津《大公報・文學副刊》，第 13 期（1928 年 4 月 2 日），第 9 版。

材料，說明時代與思想的關係，同時對中國古代哲學能有一種了解的「同情」，避免了時人常犯的以今度古的錯誤。[32]

　　陳氏的評論出現在報紙上之後，《文學副刊》陸續接到了遠在美國的張蔭麟所寫的長評，以及胡適的書信，於是編者抱持著「學術以討論而益多發明」的態度，分期刊載了張、胡二文，同時也把馮友蘭的回應一併收入，以啟讀者興味。張蔭麟的長評主要是從歷史方面著手，他認為馮著對於先秦諸子和經傳都有很深的了解，但是缺點在於他的「歷史意識」太過薄弱，因此對於書中涉及的人物生卒年沒有深入考究，以致影響了作者對先秦社會背景和思想的理解。[33]而胡適的〈致馮友蘭書〉與其說是書評，不如說是一篇讀者通信，胡適坦承他並沒有來得及看完全書，但是他對於馮友蘭把《老子》這部書歸到戰國時代，表示不能苟同。[34]其實這是一個老問題了，從梁啟超評胡適《中國哲學史大綱》上冊開始，[35]老子生卒年的問題就已經

....

32. 陳寅恪，〈馮友蘭著中國哲學史審查報告〉，天津《大公報・文學副刊》，第 132 期（1930 年 7 月 21 日），第 11 版。陳寅恪的審查報告刊載在《文學副刊》時，馮著已列為清華大學叢書，唯尚未正式出版，一年後馮著才正式由上海神州國光社印行出版。

33. 素癡（張蔭麟），〈中國哲學史（上卷）〉，天津《大公報・文學副刊》，第 176 期（1931 年 5 月 25 日），第 10 版；第 177 期（1931 年 6 月 1 日），第 10 版。

34. 胡適，〈致馮友蘭書〉，天津《大公報・文學副刊》，第 178 期（1931 年 6 月 8 日），第 10 版。

35. 梁啟超原在北京大學哲學社的公開演講，評胡適的《中國哲學史大綱》，後來在《晨報副刊》上連載。梁啟超，〈評胡適之《中國哲學史

引起了學界不少辯論。胡適在此也只是藉著報端一角重申他對老孔先後的看法。

這幾篇論題集中的書評，呈現出幾個值得注意的面向：第一，評論者幾乎不約而同地把焦點放在史料問題上，如何看待史料、運用史料，以及因詮釋史料的角度而引發不同的歷史解釋等等。觀點容或有異，卻多是就事論事之評，不帶有什麼意氣之爭。其次，陳、張二文表明他們的評論是以同類型的著作比較而得，因此評論中所提問題，等於是類同著作之間的一種對話，而此一對話不但體現在評論者和作者之間，同時也帶有讀者與作者互動的性質。例如張蔭麟在評論馮友蘭「老子年代問題」時表示，他並不同意馮氏的看法，但此一問題應該到了可以「結算」的時候了，所以張氏討論此一問題時，略過將近十年前的梁胡之爭，逕而討論孟子和老莊的先後問題，這樣的取徑等於間接否定了胡適長期堅持「老子先於孔子」的觀點。故而胡適再商榷的文字也算是一併回應了馮、張二人的說法。而馮友蘭的答辯裡，為了要說明他的看法，又把傅斯年和顧頡剛的觀點引進來，[36] 形成一種更大的對話圈，各種不同的主張在這裡得以匯聚與交流。

當然，刊物之所以能形成這樣的對話圈，多少也是編輯刻意經營的結果，《文學副刊》非但安排了讀者通信與問答的欄位，也提供了投稿者彼此論辯的機會。一部作品、一篇文章一

大綱》，《晨報副刊》（1922 年 3 月 13、14、15、16、17 日），第 1 版。

36. 馮友蘭，〈中國哲學史中的幾個問題——答適之先生及素癡先生〉，天津《大公報·文學副刊》，第 178 期（1931 年 6 月 8 日），第 10 版。

旦發表，就不再是作者的自說自話，他必須接受來自各方的公評，也必須準備隨時應戰。蕭一山的《清代通史》上卷自 1923 年出版後，由於被視為可以和稻葉君山的《清朝全史》相抗衡，[37] 而引起各方關注，其後中下卷陸續出版，同樣研究近代史的陳恭祿在下卷出版時，特意為文撰寫書評投稿至《文學副刊》，洋洋灑灑條舉十例錯誤，嚴詞批評蕭一山「於各種史料，多未能利用，或未曾一讀」，不但未曾翻閱《三朝籌辦夷務始末》等原料，且多抄襲稻葉君山、李泰棻等「普通書籍」，引述薛福成 (1838–1894)《庸盦筆記》和各種稗史時，亦「從不問其所言來自何方」，最後更說：

> 其不能為蕭君恕者，處茲二十世紀，猶用舊史敷衍成書，既不利用本國印行之檔案，又未參看外國學者著之史書，令讀者深為失望。[38]

　　陳恭祿的批評已經涉及根本的「學術紀律」問題，就如他自己所說：「近時著書立說，莫不重視原料」，他認為蕭一山連這點基本的學術紀律都沒有遵守，不問來源，直接抄襲引用，更是嚴厲的指陳。

　　面對這樣的批評，蕭一山當然不甘示弱，立即為文置辯反駁，蕭氏表示陳恭祿拿了他在 1927 年編印大學講義的舊稿來批評他未用《三朝籌辦夷務始末》等原料，在時間上是錯置的，因為當時《三朝籌辦夷務始末》根本尚未刊行。[39] 而陳氏的諸

---

37. 李泰棻，〈清代通史·序〉，載於蕭一山，《清代通史》，頁 1–2。
38. 陳恭祿，〈評蕭一山清代通史下卷第一二冊〉，天津《大公報·文學副刊》，第 248 期（1932 年 10 月 3 日），第 8 版。

多批評也只是透露其自身的「淺薄」，他認為陳恭祿非但「未取各書與愚書對照，即愚書亦未能盡讀」，「以後來所發現之一二史料，橫加批評」，「又不審歷史之屬性，不明史學之範圍，根據其一二耳食之偏見，即妄稱全稱肯定之指摘」，「不觀前後之文，不明史料之原，捕風捉影，望文生義，強入人罪，漫無常識，此則不能為陳君恕矣。」[40]

　　這兩篇來往論辯的文字透露出蕭陳雙方都非常在意著書立說時的學術紀律問題，不能引用原料，甚至抄襲成說，幾乎已經成為 20 世紀學人治史的大忌。陳恭祿執此以批評蕭書，蕭一山也以此反擊陳氏不懂稗官野史、私家筆記的史料價值，說他沒有讀書更是令人難以忍受的批評，於是蕭氏甚至於文末反開列了一連串有關外交史的基本原料和次料，建議陳氏回家細讀。書評在這裡提供了一種鞏固基本學術紀律的功能，任何人一旦違背了這套客觀的價值標準，都有可能引發批評，報刊書評在此一方面成為學人客觀論辯的場域，一方面也成了監督學人是否嚴守紀律的學術警察。

---

39. 蕭一山表示《三朝籌辦夷務始末》刊行於 1929–1930 年間，但陳恭祿卻以他在 1929 年以前的大學講義初稿，批評他未參用《三朝籌辦夷務始末》。蕭氏自稱這份初稿流行於市面非他所願，乃是出版商拿了他在北大、師大和文史學院 1926–1929 年的舊稿私印刊行，以致來不及更正及補充材料。

40. 蕭一山，〈答陳恭祿君評拙著清代通史——致大公報文學副刊編者書〉，天津《大公報‧文學副刊》，第 252 期（1932 年 11 月 3 日），第 8 版。

　　蕭一山的回應之文刊登之後，陳恭祿仍有餘言未了，於是再度投稿《文學副刊》，舉證書中錯謬不當之處，並論史家應有的態度。[41] 此時蕭一山已出國，待其發現此文時，《文學副刊》已經停辦，於是戰火繼續延燒到《大公報・圖書副刊》上，蕭一山以連登四期的長文再答陳恭祿所舉之錯誤，同時為了證明自己決非陳氏所言「參看之書太少」，還要求《圖書副刊》影印他所蒐集的史料影本以茲為證，並聲言回應到此為止，之後「無論陳君如何感想，或老羞成怒，或從善如流，弟決不再置一辭矣」。[42] 但是《圖書副刊》為求公平起見，又再登了陳恭祿一篇回應之文，[43] 才聲明雙方論辯已「流於枝節」，容易為讀者所厭，即使再有不同的看法，「本刊恕不登載」了。

　　書評寫到這種地步，已經成了一種「論戰」了，雙方毛舉細故，各就中國近代史上的問題一一置辨，編者原意以為這樣的來往論辯應該可以引得「治史者先睹為快」的樂趣，[44] 但是到了後來，問題愈辯愈細，站在讀者的立場，確實很容易引人

....

41. 陳恭祿，〈為清代通史下卷答蕭一山君〉，天津《大公報・文學副刊》，第 269 期（1933 年 2 月 27 日），第 11 版。

42. 蕭一山，〈為清代通史卷下講稿第一二冊批評事再致大公報文副編者吳宓君書──並答陳恭祿〉，天津《大公報・圖書副刊》，第 34、35、36、37 期（1934 年 7 月 7、14、21、28 日），第 11 版。

43. 陳恭祿，〈為清代通史下卷再答蕭一山君〉，天津《大公報・圖書副刊》，第 39 期（1934 年 8 月 11 日），第 11 版。

44. 蕭一山，〈為清代通史卷下講稿第一二冊批評事再致大公報文副編者吳宓君書──並答陳恭祿〉，天津《大公報・圖書副刊》，第 34 期（1934 年 7 月 7 日），第 11 版。

生厭，而且看得懂的讀者勢必愈來愈少，也會影響市場的銷路。

對副刊編輯者而言，報刊雖然只是一個提供各方對話的場所，每篇文章的文責應該是作者必須自己負擔的，但是編輯者面對論辯雙方相持不下，愈演愈烈的時候，似乎也不能完全袖手旁觀，畢竟這些文字都是經過編者審閱，決定刊登的。特別是近代中國的報紙，自晚清以來一直就有一種文人辦報的傳統，文人學者沒有一點兒理想性，是不會出來辦報的。就拿《大公報·文學副刊》來說，當初張季鸞委交吳宓辦理時，就說好是一種「包辦」性質，也就是《大公報》每月給吳宓兩百元，由吳宓自己去找編輯群，負責副刊內所有的文字（不論內稿、外稿），包括稿酬、編輯群和吳宓自己的薪資全都包含在內。[45] 因此編輯必須保證每週定期出刊，不能脫刊。如果稿源不足的時候，編者當然必須自己動手寫，其壓力是相當大的，一如浦江清在負責編輯《文學副刊》的這段時間裡，就常常為了湊足版面字數熬夜寫作，[46] 尤其 1929 年元月以後，《大公報》版面加寬，每期必須湊足九千字，而《文學副刊》五位編輯，每位編輯一個月至少要分配到七千多字方能對付。[47] 因此如果偶有像蕭一山、陳恭祿這類來往辯論的稿子，當然省了編者不少事，

---

45. 吳宓，《吳宓日記》，第 3 冊，頁 449。

46. 浦江清於 1932 年 2 月 9 日的日記寫道：「吳先生囑撰《大公報》副刊文字數篇，久諾未動筆，甚以為苦，今日得眼頗思一了文債，而精神疲憊之至」。浦江清，《清華園日記·西行日記》，頁 41。

47. 除前述四人外，朱自清自 1929 年元月底加入《文學副刊》編輯群。浦江清，《清華園日記·西行日記》，頁 23–24。

可是編者決定每篇文章刊登與否的過程，也不是完全沒有責任的，特別是這類「包辦」性質的刊物，編輯群恐怕必須負擔絕大部分的文字。因此吳宓在擔任《文學副刊》編輯期間，他的父親就常常來信叮囑他必須小心謹慎，千萬不要得罪人，因為「批評一門最引人注目。詞氣聲口，宜格外和婉含蓄，切忌率直，以免結怨，要緊要緊」。[48]

話說回來，文人辦報有其理想性，就像吳宓想讓《大公報‧文學副刊》成為一個可以提供學人「超越黨派」的發表園地，但是中國社會傳統不喜與人針鋒相對，語多委婉，溫良恭儉才是美德，[49] 所以像《文學副刊》這種專以刊載書評、書訊為宗旨的刊物，既要考慮稿源充足與否，又要擔心登出來的文章不能太過火，其壽命自然不能長久。《文學副刊》靠著吳宓等人的熱情，出了三百多期，[50] 在同類型的刊物裡算是辦得久的，1930 年代南京國立編譯館所出的《圖書評論》甚至辦了不到兩年就夭亡了。[51] 這種現象多少說明了這類刊物在書評並不盛行

---

48. 吳宓，《吳宓日記》，第 4 冊，頁 48。

49. 吳宓於編輯《文學副刊》的過程中，就經常與浦江清、張蔭麟、趙萬里等人為了文章的「尺度」問題爭執，而這個爭執不光是編者自己寫的書評，也包括了外稿與人對辯的文章。吳宓私下常批評他們「文人意氣」，「不顧實際需要與困難」，顯見吳宓對於審訂副刊文章的尺度也頗多斟酌。見：吳宓，《吳宓日記》，第 4 冊，頁 131–132。

50. 天津《大公報‧文學副刊》自 1928 年 1 月 2 日至 1934 年 1 月 1 日，每星期一出刊，共出三百多期。

51. 南京國立編譯館所編《圖書評論》也是一份在 1930 年代很能表現對話形式的刊物，但是自 1932 年出刊後，只出到二卷十二期就停刊了

的年代裡所遭遇的困境。

三、報刊／書評與現代社群網絡關係

　　1930 年代以後，史學類的報刊明顯增多，從刊物本身的發展來看，確有走向專業化的趨勢，除了各校歷史系所、史學研究會和研究機構所出版的學報和機關刊物之外，[52] 報紙副刊也開始成為新一代學術社群的重要發表園地。例如一群由清華大學、中研院社科所學人為基本成員所組成的清華史學研究會，自 1935 年開始便利用天津《益世報》和南京《中央日報》副刊為其結合同道，拓展學術影響力的陣地。事實上，清華史學研究會的主要成員如湯象龍 (1909–1998)、朱慶永 (1909–1978)、梁方仲、吳晗、谷霽光 (1907–1993)、吳鐸、孫毓棠 (1911–1985)、

　　（1934 年）。蕭乾曾說：「不久以前，國內夭亡了一個流傳頗廣，權威極大的批評雜誌。但那停刊的消息在讀者大眾臉上並未畫出多少哀悼的神色；因為大眾對於那些教科書，那些原文專家名著及古典文學翻譯的興趣實在太薄了些。對於黨派的爭辯他們更不摸頭緒。」指的就是這份刊物。蕭乾，《書評研究》，頁 8。

52. 例如各大學出版的學報《清華學報》、《燕京學報》、《金陵學報》、《嶺南學報》、《武漢大學文哲季刊》、《光華大學半月刊》中多登載不少史學類的作品。其他機關刊物像《中央研究院歷史語言研究所集刊》、北平研究院的《史學集刊》；大學史學專刊，如燕京大學《史學年報》、中山大學研究院《文史學研究所月刊》、《文史匯刊》、《文史專刊》、中山大學《現代史學》、北京大學《史學》、《史學論叢》等皆屬專業性的史學刊物。

劉雋、夏鼐、羅爾綱 (1901–1997) 等人，[53] 幾乎同時也是中研院
社科所《中國近代經濟史研究集刊》的編輯委員。[54] 這個以提
倡社會經濟史研究為主要宗旨的社群，在其機關刊物之外另闢
園地，顯然是看中報紙副刊的影響力，可以幫助他們結合更多
志同道合的朋友，從而帶動社會經濟史研究。

　　雖然，這兩種不同類型的刊物都是出自同一批人的手筆，
但是無論就刊物的內容和形式而言，都有不盡相同之處。首先，
《中國近代經濟史研究集刊》除了一般性的論著之外，也登刊
「書籍評介」的欄位，[55] 包括 1937 年 3 月以後改名為《中國社
會經濟史集刊》之後，「書評」這個欄位仍然保留。但是天津

----

53. 清華史學研究會成立的時間在 1934 年 5 月，由湯象龍、吳晗、梁方仲
　　等人發起，參加者除羅爾綱外，多為清華前後期畢業的校友。見：羅
　　爾綱，《師門五年記‧胡適瑣記（增補本）》（北京：生活‧讀書‧新知
　　三聯書店，1998 年），頁 36–37。羅爾綱，〈中國近代海關稅收和分配
　　統計‧羅序〉，見：湯象龍編著，《中國近代海關稅收和分配統計》（北
　　京：中華書局，1992 年），頁 1。

54. 《中國近代經濟史研究集刊》最早於 1932 年 11 月在北平創刊，初為
　　半年刊，由陶孟和、湯象龍主編，為中央研究院社會科學研究所機關
　　刊物。第 4 卷第 1 期（1936 年 5 月）之後遷往南京。1937 年 3 月出第
　　5 卷第 1 期時，更名為《中國社會經濟史集刊》，並改以季刊形式出
　　版。最早由梁方仲、朱慶永擔任主編，後由張蔭麟取代朱慶永續任主
　　編。見：中國社會經濟史集刊編輯委員會，〈中國社會經濟史集刊‧出
　　版說明〉，《中國社會經濟史集刊》，5：1（1937 年 3 月）（香港：龍門
　　書店，1968 年），無頁碼。

55. 《中國近代經濟史研究集刊》除第 2 卷、第 4 卷沒有書評外，其他卷
　　期皆有書評。

《益世報‧史學》副刊和南京《中央日報‧史學》副刊,卻都明確標立不登載書評,[56] 只有少數關乎書籍資訊的「史學界消息」。[57] 除了副刊「篇幅有限」這個基本條件限制之外,[58] 應該也與刊物本身的性質有關。

綜觀《中國近代經濟史研究集刊》裡的「書籍評介」專欄,幾乎清一色是史料評介性的書評。[59] 例如湯象龍評介許地山所編的 《達衷集》 就是一部藏於英國牛津大學波得利安圖書館 (Bodleian Library) 的資料,該書原名為《尺牘類函呈文書達衷集》,是為東印度公司在廣州夷館存放各類舊函件及公文底稿,經許地山抄錄之後於 1931 年刊布。湯象龍評介此書的角度,也傾向於介紹的性質,認為該書可以提供研究鴉片戰爭以前中英

---

56. 天津《益世報‧史學》載:「本刊不登書評,不登譯稿(有特殊價值者,偶一選登)」。見:〈本刊啟事〉,天津《益世報‧史學》,第 23 期(1936 年 3 月 3 日),第 11 版。南京《中央日報‧史學》亦有「本刊不登載書評」一條。見:〈本刊啟事〉,南京《中央日報‧史學》,第 9 期(1936 年 4 月 2 日),第 3 張第 2 版。

57. 天津《益世報‧史學》自第 13 期以後,間或出現的「史學界消息」便不時以極簡短的篇幅介紹新出史料或新書,如第 15 期「中國史新書介紹」即介紹日本平凡社出版的東洋考古學、東洋古代史、東洋中世史書等。見:〈史學界消息〉,天津《益世報‧史學》,第 15 期(1935 年 11 月 12 日),第 12 版。

58. 〈編者的話〉,天津《益世報‧史學》,第 47 期(1937 年 2 月 7 日),第 12 版。

59. 除第 3 卷第 3 期吳鐸評 Gunnar Myrdal 的 *The Cost of Living in Sweden, 1830–1930* 一書算是新書評介之外,其他皆具史料評介性質。

兩國通商交涉的參考，因此是一部「中英交涉的真實史料」。[60]
另外像《諭摺彙存》、《華制存考》的評介，也是因為這兩部書
都是過去為人所忽略，具有新聞性的材料，湯象龍評介這兩部
書時，建議研究者可以將這些材料和故宮博物院文獻館、北京
大學和中研院史語所的內閣檔案互相比對，應該可以得到不少
過去人所不知的田賦資料、關稅統計、鹽課報告和釐金數目。[61]
而《東三省鹽法志》、《湖南釐務彙纂》、《萬曆會計錄》等，[62]
明清時期刊行的志書、彙編與財政收支記錄，也都因為有了經
濟史的眼光而被重新挖掘出來，評介者往往只是就著書的編輯
形式、優缺點略做批評，介紹意味非常濃厚。即便是 1933 年出
版的《張季子九錄》，形式上是一本文集，但評論者因為看中張
謇 (1853–1926) 對近代中國鹽政、紡織和水利上的貢獻，[63] 才選
介這部書，其出發點還是一種介紹史料的角度。

　　這類史料評介式的書評，因為涉及的領域非常專業，所評
介者又都是與社會經濟研究相關的史料，若非從事相關研究工

---

60. 湯象龍，〈達衷集〉，《中國近代經濟史研究集刊》，1：1（1932 年 11
　　月），頁 89–91。

61. 湯象龍，〈諭摺彙存及華制存考〉，《中國近代經濟史研究集刊》，1：1
　　（1932 年 11 月），頁 92–94。

62. 劉雋，〈東三省鹽法志〉、羅玉東，〈湖南釐務彙纂〉，見：《中國近代經
　　濟史研究集刊》，1：2（1933 年 5 月），頁 314–321、321–323。梁方
　　仲，〈萬曆會計錄〉，見：《中國近代經濟史研究集刊》，3：2（1935 年
　　11 月），頁 292–299。

63. 湯象龍，〈張季子九錄〉，《中國近代經濟史研究集刊》，1：2（1933 年
　　5 月），頁 311–314。

作者，極難有所體會。因此這類型的書評是無法刊登在報紙副刊這種較具大眾化傾向的刊物上的。然而，《益世報·史學》副刊和南京《中央日報·史學》副刊又何以沒有刊登一些較具大眾化性質的社會經濟史書評呢？我認為這與社會經濟史領域在1930 年代初仍處於剛剛起步階段有關，《中國近代經濟史研究集刊》的發刊詞曾說：

> 可是我們要知道過去的經濟最要緊的條件便是資料，而這類資料向來是異常缺乏的，在我們中國尤其如此。或者是以先的人對於經濟事實或經濟現象不加注意，沒有記載；或者有記載而不認識他的價值，未能保存。無論如何，凡是研究中國經濟史的人都感覺到資料的不易搜尋，如私人或家庭的流水帳，店鋪的生意，工料的清單，戶口錢糧的清冊，如這一類有經濟意義的文件，以先為人所拋棄的，至少不理會的，現在都變成最有趣的，最可寶貴的經濟史料了，可惜這些資料並不是俯拾即是的。[64]

因此，清華史學研究會成員在中研院社科所出版的機關刊物上，便以致力發掘這些先前為人忽略的經濟史料為要務，一方面透過研究，一方面以書籍評介的方式將這些材料儘量介紹出來，好讓社會經濟史研究逐漸脫離社會史論戰時期理論凌駕於史料的狀況。但是這些評介史料的書評並不見得適合刊登在報紙副刊上，而適合大眾閱讀且又不流於理論論爭的二手研究，在當

---

64. 〈發刊詞〉，《中國近代經濟史研究集刊》，1：1（1932 年 11 月），頁 2。

時又並不算太多，就連《中國近代經濟史研究集刊》裡也只有少數一兩篇國外研究成果的報導，直到 1937 年刊物改名為《中國社會經濟史集刊》之後，書評一欄才漸漸以評介中外二手研究為主，[65] 然此時天津《益世報・史學》副刊和南京《中央日報・史學》副刊皆已停刊，[66] 這類書評當然無跡可尋。

其次，這兩種類型不同的刊物皆呈顯出高度的社群性，不論《中國近代經濟史研究集刊》和天津《益世報・史學》副刊、南京《中央日報・史學》副刊，皆於發刊之初強調以研究社會經濟史為主，歡迎外稿來投，「只論是非，不論異同」，[67] 但是細看這幾份刊物，幾乎還是以清華史學研究會成員的稿件居多，外來稿源的比例相當低。特別是《益世報・史學》和《中央日報・史學》幾乎由史學研究會同仁包辦一切，外稿中只有袁震 (1907–1969)、黎昔非 (1902–1970)、何維凝 (1907–1958) 和曹靜華等

---

65. 《中國社會經濟史集刊》裡的書評除羅爾綱、王崇武、嚴中平等三人所著是為史料評介之作外，餘者多為新書評介。羅爾綱，〈書籍評論：太平天國叢書〉，《中國社會經濟史集刊》，5：1（1937 年 3 月），頁 125–127。王崇武，〈書籍評論：明內廷規制考〉，《中國社會經濟史集刊》，7：1（1944 年 6 月），頁 143–146。嚴中平，〈書籍評論：輯錄貿易史資料兩種著作〉，《中國社會經濟史集刊》，7：1（1944 年 6 月），頁 149–152。

66. 天津《益世報・史學》於 1935 年 4 月 30 日創刊，至 1937 年 5 月 30 日停刊；南京《中央日報・史學》於 1936 年 3 月 5 日創刊，同年 10 月 1 日停刊。

67. 〈發刊詞〉，天津《益世報・史學》，第 1 期（1935 年 4 月 30 日），第 11 版。

數篇，其中袁震、黎昔非二人又與會中部分成員有某些私人情誼，[68] 即使研究理念相近，其文稿還是多少帶點兒友誼贊助的性質。而《中央日報‧史學》甚至愈到後期，愈由羅爾綱一人獨挑大樑，其中好幾期的文字羅爾綱既用真名又用筆名發表，[69] 除此之外，別無他稿。這種現象一則透露這個刊物的稿源不足，再者也顯示出兩報的《史學》副刊是一份標準的社群性刊物。

社群性刊物的出現，與史學專業化的趨向有一定程度的關係；次學科領域漸次成形之後，各種不同類型的專業社群相繼產生，清華史學研究會的成立便是 1930 年代社會經濟史逐漸崛起之後的產物。然而這類專業史學社群往往帶有非常強烈的「我群意識」，表現在他們所辦的刊物上，最明顯的就是撰稿人幾乎與社群組成分子完全是同一批人，於是刊物成了他們發聲的管道和表現研究心得的場所，《中國近代經濟史研究集刊》發刊之始即表明：本刊是一份「披露整理結果的定期刊物」。[70] 《益世

---

68. 袁震當時為吳晗之女友，黎昔非則為吳晗和羅爾綱在中國公學時期的同學。

69. 例如第 21 期中，羅爾綱分別用真名和筆名「幼梧」發表文章，整期除此二文之外，別無他文。見：羅爾綱，〈談造象〉，南京《中央日報‧史學》，第 21 期（1936 年 7 月 30 日），第 3 版。幼梧，〈「楚軍」的界說〉，南京《中央日報‧史學》，第 21 期（1936 年 7 月 30 日），第 3 版。其他如〈陟山隨筆〉，羅爾綱也以筆名「慕婉」發表。慕婉，〈陟山隨筆〉，南京《中央日報‧史學》，第 17 期（1936 年 7 月 2 日），第 3 版；第 18 期（1936 年 7 月 9 日），第 3 版。「慕婉」之筆名為羅文起教授賜知，特此致謝。

70. 〈發刊詞〉，《中國近代經濟史研究集刊》，1：1（1932 年 11 月），頁 2。

報‧史學》副刊也說：「我們願意從大處著眼，小處著手，就各人的興趣和所學，就每一問題作廣博深湛的檢討，⋯⋯我們企圖從這一新方向努力推進，點點滴滴地，盼望能在十年二十年內有一點小成績。」[71] 其目的是希望「引起史學界的注意」，來和「我們」合作的。因此這類社群性刊物本身就帶有一種封閉性的色彩，專業而小眾，提供發表但不一定形成對話，因此與一般綜合性刊物開放大眾投稿的形式截然不同，而登載最能產生對話機制的書評數量也相對有限。以 1930 年代而言，社會經濟史研究方興未艾，不至於完全沒有其他可堪對話的社群，可是《益世報‧史學》和《中央日報‧史學》副刊非但不以書評為媒介，與其他社群展開對話，甚至連外稿都很少，刊物本身徒然只是社群內部組成分子表現研究成果的場域，由此可以看出清華史學研究會成員其實並無太大意願與其他相關社群展開對話。相對地，同一時期以社會經濟史研究為號召的社群，如陶希聖等人所辦的《食貨》半月刊和天津《益世報‧食貨》週刊、[72] 中山大學史學研究所辦的《現代史學》等刊物，在研究議題和取材上與清華史學研究會之取徑亦不盡相同，彼此之

---

71. 〈發刊詞〉，天津《益世報‧史學》，第 1 期（1935 年 4 月 30 日），第 11 版。

72. 天津《益世報‧食貨》，1936 年 12 月 6 日創刊，至 1937 年 7 月 13 日第 31 期停刊，主編為陶希聖，編輯群有：鞠清遠、武仙卿、方濟霈、曾謇生等，以刊載北京大學法學院中國經濟史研究室同仁的譯著為主，極少外人投稿和書評一類的文章。見：陶希聖，〈食貨週刊創刊的意思〉，天津《益世報增刊‧食貨》（1936 年 12 月 6 日），第 2 版。

間的對話也顯得十分薄弱。[73]

　　唯 1937 年擴大改編之後的《中國社會經濟史集刊》開始有較多的外稿，特別是書評一欄，不但在量的方面大幅增加，而且投稿者也不再限於原來清華史學研究會的基本成員，賀昌群、連士升 (1907–1973)、陳振漢 (1912–2008)、全漢昇 (1912–2001)、彭澤益 (1916–1994)、王崇武、勞榦、嚴中平 (1909–1991) 等人逐漸成為這個刊物的常客。袁永一投稿評論陶希聖、鞠清遠所著《唐代經濟史》的書評，亦刊登在五卷一期當中；[74] 張蔭麟則開始注意到留美學人冀朝鼎 (1903–1963) 的著作，[75] 國外有關社會經濟史的最新研究成果，也陸陸續續被介紹進來；[76] 羅爾綱致力

73. 據顧頡剛回憶 1935 年時，陶希聖反而希望《食貨》能和《禹貢》兩團體合辦一刊物，名之為《史學月刊》，但因時局陡變，並未實現。見：顧潮編著，《顧頡剛年譜》，頁 242。

74. 袁永一，〈陶希聖、鞠清遠：唐代經濟史〉，《中國社會經濟史集刊》，5：1（1937 年 3 月），頁 130–134。

75. 張蔭麟，"Chao-ting Chi （冀朝鼎）: *Key Economic Areas in Chinese History*, London, 1936"，《中國社會經濟史集刊》，5：1（1937 年 3 月），頁 121–125。

76. 如：連士升，"W. C. Oman, *A History of the Art of War in the Middle Ages*, Vol. I–II, Second edition, London: Methuen, 1924"，《中國社會經濟史集刊》，5：1（1937 年 3 月），頁 140–146。湯象龍，"Henri Hauser, *Recherches et Documents sur L'Histoire des Prix en France de 1500 à 1800*, Les Presses Modernes, Paris, 1937"，《中國社會經濟史集刊》，6：2（1939 年 12 月），頁 379–390。以及國外投稿如 C. P. Fitzgerald, "C. V. G. Kiernon, *British Diplomacy in China 1880–1885*, Cambridge University Press, 1939"，《中國社會經濟史集刊》，8：1

太平天國史研究多年，對於和他有相同研究興味的學人亦投以關注之情。[77] 彭澤益評趙豐田《晚清五十年經濟思想史》、勞榦評史岩 (1904–1994) 的《敦煌石室畫像題識》等文，更是典型的專業評專業之作。[78] 如就書評而論，《中國社會經濟史集刊》的確有意擺脫原先社群同仁刊物的性質，轉向涵納更大範圍的研究群體，並與之對話。此一轉變應該和抗戰之後刊物研究範圍擴大，以及社會經濟史研究隊伍的成長有密切的關係。

1930 年代以後，專業社群崛起，帶動了史學刊物走向專業化，分工分門的研究逐漸成為歷史研究的主潮，然而專業社群的大小和組織強弱卻又直接影響著刊物的對話與表現形式。社群性強的刊物，研究目標和宗旨相對比較明確，但「我群意識」所造成的封閉性，卻往往是影響他們與其他社群產生對話的關鍵。因此，在這類社群性強的刊物當中，反而不容易看到專業與專業之間的對話。相反地，如果社群組織比較鬆散，或是以聚納更多學人為宗旨的刊物，其對話性反而較高，如《大公報·史地周刊》就是一個明顯的例子。

《大公報·史地周刊》創刊於 1934 年 9 月，是一份由燕京大學教授群為主發起創辦的刊物，主要編輯有洪業 (1893–1980)、

（1949 年 1 月），頁 1234–1239。

77. 羅爾綱，〈吳繩海：太平天國史〉，《中國社會經濟史集刊》，5：1（1937 年 3 月），頁 134–136。

78. 彭澤益，〈趙豐田撰：晚清五十年經濟思想史〉、勞榦，〈史岩著：敦煌石室畫像題識〉，見：《中國社會經濟史集刊》，8：1（1949 年 1 月），頁 157–162；頁 168–175。

張蔭麟、容庚 (1894–1983)、顧頡剛、容肇祖、洪思齊與張印堂 (1903–1991)，[79] 標榜歷史學和地理學為其主要研究範疇。刊物內容涵蓋很廣，包括民族史、政治史、社會史、思想史、歷史地理、傳記、總類和書評等主要項目，另有讀書通訊、問答、新書介紹等欄位，總共發刊 146 期，至抗戰爆發以後才停刊。以社群性而言，《史地周刊》顯然與前述清華史學研究會所辦刊物有很大的不同，《史地周刊》 所代表的是一個隱性社群的集結，它不同於《益世報・史學》、南京《中央日報・史學》和《中國經濟史研究集刊》投稿者和編輯群幾乎是同一批人，《史地周刊》雖然也有部分主要稿源來自社群內部成員，但是它的涵納性是比較廣的，主要投稿人除燕京大學教授外，還包括了北京、清華、輔仁和中央大學等校教師，另外也有不少來自福建、四川甚至日本等地的稿源，投稿人並非固定同一群人，其鎖定對象是所有對歷史學、地理學有興趣的人，包括中小學歷史、地理老師，一如〈發刊辭〉上所言：

> 我們願意選擇自己或別人探討的結果，盡力之所能，做比較通俗的陳述，同時願意把本刊公開給國內同向這方面努力的人們。我們的野心是以興味的甘餌引起一般人對於史地，尤其是本國史地的注意，並且供給他們新國民應有的史地智識。我們盼望本刊的一大部分能夠成為中小學的史地教師和學生的讀物。對於教師供給他們以補充的材料；對於學生，供給他們以課外的消遣。[80]

---

79. 顧潮編著，《顧頡剛年譜》，頁 226。

80. 〈發刊辭〉，天津 《大公報・史地周刊》，第 1 期 （1934 年 9 月 21

　　因此《史地周刊》不像清華史學研究會所辦的刊物有固定的社員和投稿人，他們的稿源來自各地，任何對歷史、地理有興趣的人都可以引為同道，參與討論。加以這份刊物強調「通俗與趣味結合」，同時提供「關心或從事中小學史地教本編纂人」一個交換意見的園地，所以它的社群範圍廣義來說，可以包括整個歷史學界和地理學界。

　　《史地周刊》以橫跨歷史學和地理學兩大學科範圍的特質，造就了它的開放性，公開向所有對史地學有興趣的人徵稿，也擴大了它的參與層面，而通俗化的取徑亦使得刊物不僅限於專業範圍的討論，因此刊物內容五花八門，即以書評而論，其中不少有關史地教科書、通俗歷史讀物和本國地圖的評介，例如徐世劻的〈現行三種小學歷史教科書略評〉、童丕繩 (1908–1968) 的〈讀繆著中國通史綱要第一冊〉、杜明甫的〈評最新修訂中國形勢一覽圖〉、楊寔的〈讀張其昀著本國地理〉、郭敬輝 (1916–1985) 的〈評現在中小學通用之兩部地圖〉、楊德一的〈「春秋時代爭霸史」的讀後感〉、劉玉衡的〈讀「春秋時代爭霸史」〉、洪煨蓮的〈介紹一本愛國青年很值得看的傳記〉、侯仁之 (1911–2013) 的〈讀房龍「世界地理」〉等。這類批評有的時候還會引發作者或讀者的回應，《史地周刊》則以「通訊」欄提供這種雙向交流。此類書評很可以看做是學術界與中小學教師或史地教科書編纂者溝通對話的一種表現形式，透過批評或討論，交換彼此的看法，一如《史地周刊》最早的立意：

日），第 11 版。

（歷史地理）這兩門學問，如教科書所代表的，素以乾枯著稱，學生們一提到就頭痛的。歷史的境遇似乎好些。然而普通最引人入勝的歷史，從科學的眼光看來，多半是很壞的歷史。怎樣使科學的正確和通俗的趣味結合，這便是我們常常感覺到的問題，而打算在這周刊上作解決的嘗試的。[81]

當專史專題式研究逐漸成為 20 世紀歷史研究的主要形式之後，通史撰作相對受到忽略，學界最新研究成果不容易反映到中小學歷史教科書上，教科書的撰寫者和歷史研究者往往是兩列互不溝通的隊伍；一本風行甚廣的史地教科書，可能是二、三十年前的舊作，[82] 要不就是引用大量考據材料，[83] 不適一般

81. 〈發刊辭〉，天津《大公報・史地周刊》，第 1 期（1934 年 9 月 21 日），第 11 版。

82. 《史地周刊》上最多人提出來批評的就是童世亨原著，陳鎬基修訂的《最新修訂中國形勢一覽圖》，此書初版於光緒末年，民初以後成為各中等學校的教科書，風行一時，但是即使在 1934 年經陳鎬基修訂之後，還是錯誤百出，引起很多爭議。見：杜明甫，〈評最新修訂中國形勢一覽圖〉、〈評最新修訂中國形勢一覽圖（續）〉，天津《大公報・史地周刊》，第 10 期（1934 年 11 月 23 日），第 11 版；第 12 期（1935 年 12 月 7 日），第 11 版。邵眾抗，〈通訊〉，天津《大公報・史地周刊》，第 16 期（1935 年 1 月 4 日），第 11 版。杜明甫，〈通訊：再論中華形勢一覽圖〉，天津《大公報・史地周刊》，第 26 期（1935 年 3 月 15 日），第 11 版。

83. 楊德一投書《史地周刊》提及：市面上出版的高中歷史教科書，如呂思勉所著者即是比較被普遍採用的一種，但是他認為呂書「處處考證，

大眾或中小學生閱讀，「正確」與「趣味」之間始終不能兼顧，一流的歷史學家為了專題研究，無暇投身通史撰作的行列，史地教科書編纂者亦無力將學界研究成果反映在教材上，歷史研究徒然成為史家的自說自話。「九一八」事變之後，中小學教科書愈益需要能夠表現民族精神與愛國情操的歷史著作，以及提供一般大眾正確的國土疆域和地理邊界的知識，現有的教科書於是重新受到檢視，同時也開始吸引專業歷史研究者關注通俗歷史教育的成果。《史地周刊》抱持著將史地知識「普遍化」以「助長國家意識覺醒」的宗旨，提供雙方討論的空間。

如張其昀所寫、竺可楨 (1890–1974) 校訂的《高中本國地理》，在「九一八」事變之後不到一年半就出了七版，普遍受到書林的重視，《史地周刊》第 12 期就有中學史地教師楊寯的評論，糾舉張書中出現的部分小錯誤。[84] 第 82 期再有郭敬輝的一篇書評，郭氏批評重點放在張其昀以「天然區域」取代省界劃分的觀點上，郭氏列舉書中塞外草原、外蒙高原、黃河三角洲和海河流域、西南三大峽谷、四川盆地、西藏高原等幾個天然

考證的敘述，占篇幅的大部分」，對中學生而言，未免有點「費力不討好」。見：楊德一，〈「春秋時代爭霸史」的讀後感〉，天津《大公報・史地周刊》，第 63 期（1935 年 12 月 6 日），第 9 版。

84. 楊寯 1929 年時仍為燕京大學史學系學生，此時已畢業離校，但仍不時投稿至《史地周刊》討論中小學教科書問題。楊寯，〈讀張其昀著本國地理〉，天津《大公報・史地周刊》，第 12 期（1934 年 12 月 7 日），第 11 版。〈歷史學系十年來職員名錄〉，《史學年報》，2：5（1938 年 12 月），頁 545。

區域，認為張其昀並未兼顧實際自然條件、人文特性來分區，同時以為劃分天然區域的根據、大小、界線和漸移地帶等問題都有待討論，尤其是這樣的分區適不適合學者研究尤需斟酌。[85] 面對這樣的批評，張其昀很快地在 88 期中有所回應，他認為政治區域往往因歷史沿革而成，自然區域則純然以地理分布為標準，以自然區域取代政治區域分章撰述，正是他書的一個特色。張氏更引述法國學者白蘭士 (Paul Vidal de La Blache, 1845–1918) 的觀點表示：「地理區域其各部分之現象，皆有一共同之特點，其風土人情大多同多異少」，但「歷史區域則不然，歷史區域常雜糅許多天然單位，而成一政治單位，其於地理上之天然形勢，支離割裂，多不合理」。張氏以為：

> 我們研究地理重要任務之一，即在講明中央與地方的分際。中國在地理上與歷史上是天然統一的國家，其目前更須集中全國的物力人力，以謀全民族的生存。無論華北華中華南，任何一部皆不足抵禦外侮，何況一省。……中華民國的真正基礎在於地方的發展。但地方勢力必以國家觀念為前提，況且地方性的利害關係並不一定以省區為分界。[86]

因此發展地方勢力，與其注重政治區域，不如注重自然區域所構成的「經濟單位」來得更有意義。除此之外，張氏也特

---

85. 郭敬輝，〈對於張其昀君劃分中國為二十三「天然區域」的一些意見〉，天津《大公報・史地周刊》，第 82 期（1936 年 4 月 24 日），第 11 版。

86. 張其昀，〈關於拙著本國地理分區之解釋〉，天津《大公報・史地周刊》，第 88 期（1936 年 6 月 5 日），第 11 版。

別強調他用以劃分自然區域的標準，是兼顧人文環境而來的，因為「地理學既以研究人地關係為目的，自然環境和人文環境不能分離也不能偏廢」。張氏認為他所根據的是「世界地理學家通用的方法」，而郭敬輝的許多質疑盡是些「粗心浮氣」的話。中國地理學儘管仍處草創階段，但是已經經過許多人許多年的努力，有了一定的成果，某些「過於幼稚的話，在講堂上隨便發問猶可，正式發表還宜慎重些」。言下之意，覺得郭氏的批評是不夠專業的。

　　經過張其昀的答辯之後，郭敬輝仍有不同的看法，其論辯的重點仍放在自然區域的劃分標準上，郭氏主張「由自然環境各地理要素來畫分自然區域，則人生現象，經濟情形，便不謀而同」。以現今的研究的趨勢來看，郭氏認為地理學研究可分景象派和環境派，景象派是「根據自然環境而發展人生環境」，對於地形水道的各種情形，不只要敘述其地位，還要辨識其形態，從而發現自然環境對人生的關係；但環境派則是以「自然環境與人生關係」為研究對象，於是常常遭到景象派的攻擊，認為環境派的研究缺乏確定的對象，「所謂的環境影響，只是一種因果關係，不能算作一門科學的領域」，因為沒有其他任何一門科學只用一種因果關係作為一種領域。郭氏以此質疑張其昀「自然環境與人文環境不能分離也不能偏廢」的主張，是犯了和環境派一樣的錯誤，以一種不確定的對象來劃分自然區域，是不合「科學的地理法則的」。

　　這場討論至此結束，我們並沒有再看到張其昀進一步的看法，從地理學科發展的角度來看，雙方論辯涉及的是一個很根

本的學科界域訂定的問題，對處於起步階段的中國地理學來說，這類在實際教學與研究之後的對話無疑有其時代上的意義。

在歷史教科書方面，徐世劻曾對當時流行於市面上的三種歷史教科書提出批評，[87] 首先他認為小學歷史教科書應該從社會科中獨立出來，增加教學的時數，才能培養幼童的國家民族意識，其次，小學歷史教科書應該兼具別裁、具體等特點，取捨和取材方面要適合小朋友閱讀，否則像朱翊新 (1896–1984)、宋子俊所編的《社會課本歷史編》裡大談「朱子學說以居敬為主，以格物致知窮理實踐為用」等等，不但小學生不懂，就是高中生也未必懂得。最後他糾舉這幾本教科書上所出現的錯誤，例如朱書說「西漢時的烏孫是回族」、「上古時期的西戎是藏族、北狄是蒙族、東北方的山戎是滿族」等等，根本就是一種時代錯亂，枉顧學界研究成果的說法，在小學生記憶最好的年代裡，有了這樣根本的印象，以後就很難矯正過來。這些評論所提出來的觀點，現在看來也許都稀鬆平常，但是它所反映的確是 1930 年代小學教科書很普遍的現象。

《史地周刊》甚至有一個公開徵求中學本國史教科書的計畫，錢穆亦去函參與討論高中本國史教科書的撰寫體例問題，[88]

---

87. 徐氏所評三部教科書為：姚紹華的《小學歷史課本》(中華書局版)、朱翊新、宋子俊的《社會課本歷史編》(世界書局版)、徐映川的《復興歷史教科書》(商務書局版)。見：徐世劻，〈現行三種小學歷史教科書略評〉，天津《大公報‧史地周刊》，第 29 期（1935 年 4 月 5 日），第 11 版。

88. 錢穆，〈關於高中本國史教科書討論〉，天津《大公報‧史地周刊》，第

張蔭麟更身體力行，以趣味和通俗為目標，將其《中國史綱》第一冊中的一章〈春秋時代的爭霸史〉，首先發表在《史地周刊》上，[89] 引起很大好評，讀者楊德一來函表示：「讀著那篇文章，好像不是念歷史而是念小說，因為史實給故事化了」，「趣味下裝進了歷史的輪廓；但並不全若讀小說，因為它一字一句都含了史實的尊嚴」。[90] 劉玉衡 (1916–?) 對此文也有好評，他認為張著文體流暢，具有藝術價值，同時取材簡明扼要，只是在材料方面應該再加補充，並儘量寫出人名，省去讀者再查史實的麻煩。[91] 張蔭麟也承認這是一篇「試驗」之作，希望將來能夠據此寫出一本適合高中生閱讀的中國史，而他之所以將這篇文章發表在《史地周刊》上，就是希望能夠「徵求批評」，以為將來改進的參考。

我們在《史地周刊》上可以看到大量這類的對話，有些透過正規的書評，有些則是以讀後感言或通訊的方式表達，在撰寫教科書和通俗讀物的意見上，學術界和其他所有從事史地教育工作者，因此而有了交流的機會，所有參與討論的成員，藉由一種無形的網絡關係，交換彼此對歷史知識的看法。在學院

---

26 期（1935 年 3 月 15 日），第 11 版。

89. 張蔭麟，〈春秋時代的爭霸史〉，天津《大公報・史地周刊》，第 52 期（1935 年 9 月 13 日），第 11 版。

90. 楊德一，〈「春秋時代爭霸史」的讀後感〉，天津《大公報・史地周刊》，第 63 期（1935 年 12 月 6 日），第 9 版。

91. 劉玉衡，〈讀「春秋時代的爭霸史」〉，天津《大公報・史地周刊》，第 71 期（1936 年 2 月 7 日），第 8 版。

化與專業化愈益發展的 20 世紀，大學及研究機構裡的專職歷史家，已然成為歷史知識的主要生產者，他們所生產出來的歷史知識，透過不同的管道和媒介，傳遞給一般大眾、中小學教師或學生——也就是歷史知識的接受者，完成一種歷史知識的傳播過程。然而學院化與專業化所帶來的結果，卻往往使得歷史知識愈來愈走向專門，知識生產者所生產出來的知識一旦不能為接受者所接受時，歷史知識的正當性就可能遭到質疑，甚至形成一種斷裂。換句話說，歷史知識的接受者也並非是完全被動的，他們可以透過選擇、接納，甚至排拒的過程，向知識生產者表達他們的看法，因此一個在學術界享有盛譽的歷史學家，可能在一般大眾眼裡只是個籍籍無聞的人，在生產工具和媒介如此發達的年代裡，市場機制反映的有時候不見得是真理，而是需要。哪種歷史知識可以被一般大眾接受，哪種歷史知識只能在學院流行，往往取決於知識接受者的態度。

就如《史地週刊》編輯群所說：「我們擔任在這半張紙上作文字的表演的人都是以教學或研究為正務的，副刊的把戲只是我們業餘弄筆的結果」。[92] 一個專職的歷史學家為什麼需要「業餘的弄筆」，就是他們不能忽略歷史知識接受者在時代中的感受。如果 1930 年代的中國，已經是一個民族生存面臨重大考驗，大部分的人面對國家的未來不知何去何從，以及大部分的歷史知識接受者的歷史知識還停留在「是非對錯」無法分辨的年代裡，[93] 那麼知識生產者似乎也很難再關著門做研究了。我

---

92. 〈發刊辭〉，天津《大公報・史地週刊》，第 1 期（1934 年 9 月 21 日），第 11 版。

們從《史地周刊》的創刊宗旨和他們所開設中小學歷史教科書的討論專欄中，可以清楚地看到《史地周刊》編輯群想要透過一種集體的討論與對話，把「正確」而有助於「國家意識覺醒」的歷史觀念，灌輸到歷史知識接受者的心中。就知識和權力的關係而論，這未嘗不是一種擴張其知識影響力，形塑知識正當性的做法。《史地周刊》所籌組的「中學國史教科書編纂會」曾經表示：他們希望將來編纂出來的教科書可以成為大家「集思廣益」的結果，但是他們希望這部教科書是有一種「史觀」的，而這個「史觀」又絕不是可以解釋一切「事實因果關係的鐵則」，而是一種能「與事實融化無間」的史觀，所以他們認為「貫穿史材之最好的線索是事實本身的脈絡」，「把史觀當做歷史的鳥瞰，對於歷史眾方面的變遷和其相互關係的一個大概的

---

93. 徐世劢在檢討中國歷史教育失敗的原因時，曾經提及教科書的影響，他引述了吳晗在《獨立評論》上的一篇文章表示：四千本中學生的卷子中，有半數以上不知道「九一八」事變是什麼時候發生的。徐世劢認為這跟大部分的教科書對此都語焉不詳有關，他說有些教科書僅僅用一兩頁的篇幅平淡無奇地交待過去，有的書上說：「我們失掉了遼吉兩省，有的又說遼吉黑三省。至於我們的損失問題，所謂『滿洲國』的承認問題，更少人顧及了。」而這些教科書有些是國難以前出版的，有些是塘沽協定簽訂以前出版的，但事隔多日，難道不應該增補進去嗎？所以他贊成吳晗建議的：注意課本的編訂，並且由政府聘請歷史專家擔任撰述。由此可見，許多歷史知識的接受者對於歷史知識的「對錯是非」問題，是非常希望專業歷史學家給予關注的。見：楊寯、葛啟揚、徐世劢，〈中學史地教育問題〉，天津《大公報‧史地周刊》，第17 期（1935 年 1 月 11 日），第 11 版。

看法。」⁹⁴ 說穿了，這就是民國以後新史學家希望以材料為根據，實證研究為基礎的歷史研究態度，《史地周刊》編輯群所希望灌輸給所有歷史知識接受者的，也就是這麼一個基本態度；歷史知識的接受者如若沒有這樣的觀念，新史學家們多年在學院的努力盡付東流，沒有一般大眾、中小學教師和學生的支援，亦無由為新一代的歷史觀念塑造其正當性。《史地周刊》透過書評和讀者通訊的專欄，開闢了一個與歷史知識接受者交流的管道，無疑就是想透過學院以外的社群網絡關係，凝聚彼此共同的歷史意識，擴大歷史知識在社會上的影響力。

除此而外，《大公報・史地周刊》另有一個十分值得注意的現象，就是在「新書／刊介紹」或「史地消息」的欄位中，除了介紹一般新出版的史地專書之外，也常常刊登其他相關學術社群的出版訊息，例如 《地理學報》、《地理教學》、《史學年報》、《禹貢》半月刊和《史學消息》等刊物的介紹，以及禹貢學會出版的專書。⁹⁵ 表面上看來，這些刊物或書籍或都因為與《史地周刊》關注的歷史、地理範疇相關而被介紹進來，但實際上這些刊物的編纂者與組成社群，大多與《史地周刊》主要編輯成員有關。如《史學年報》和《史學消息》同是燕京大學

---

94. 〈關於中學國史教科書編纂的一些問題（中學本國史教科書編纂會來稿）〉，天津《大公報・史地周刊》，第 24 期（1935 年 3 月 1 日），第 11 版。

95. 如禹貢學會所出《地圖底本》、《利瑪竇坤輿萬國全圖》，皆曾經在《史地周刊》的新書介紹欄上出現，蓋與顧頡剛同時也是《史地周刊》社群組織成員有關。

歷史系所辦的刊物，前者為燕京大學歷史學會所編，以刊載燕大師生之作為主，也有部分北京其他各校的來稿，後者則為燕大歷史系的學生刊物；《禹貢》半月刊則是顧頡剛、譚其驤 (1911–1992) 等人糾集一批在北京各大學院校專研古史與地理沿革的學者，共同創辦的刊物；[96] 而《地理學報》是由翁文灝、竺可楨、顧頡剛等人在 1934 年發起的「中國地理學會」所發行的季刊；《地理教學》月刊則是北平師範大學黃國璋 (1896–1966) 所編，其作者多人如王益厓、洪思齊等人，也都是《史地周刊》上的熟面孔。[97] 把這些刊物的編者、作者集合起來，大致可以勾勒出一個北方學術社群的圖像，而這個圖像大體上是以燕京、北大、清華、輔仁和北平師範大學等幾個學校為核心，[98] 透過刊物評介刊物、社群介紹社群的方式，形成一種循環對話的網絡 (circular discussion network) 關係，發表人和評論人之間的對話，不僅僅只在同一份刊物上進行，例如謝興堯 (1906–?) 於《史學年報》第 2 卷第 1 期上發表了〈太平天國曆法考〉之後，[99]

---

96. 顧潮編著，《顧頡剛年譜》，頁 216。

97. 〈地理圖書評論〉，天津《大公報・史地周刊》，第 128 期（1937 年 3 月 19 日），第 11 版。

98. 顧頡剛在禹貢學會成立時說道：「我們覺得研究學問的興趣應當在公開討論上養成的，我們三校的同學如能聯合起來，大家把看得見的材料，想得到的問題，彼此傳告，學生的進步一定很快速。……這個刊物是以三校（即指燕京、輔仁、北大）同學的課藝作基礎的，但外面的投稿，我們一例歡迎。」顧潮編著，《顧頡剛年譜》，頁 216。

99. 謝興堯，〈太平天國曆法考〉，《史學年報》，2：1（1934 年 9 月），頁 57–106。

薛澄清見文提出不同的看法，質疑謝興堯引用《金陵癸甲摭談》之不當，並舉 W. T. Lay 所譯《李秀成親供》證明謝氏年曆推斷錯誤之處，[100] 然而此文卻不是刊載在《史學年報》上，而是發表於《大公報・史地周刊》第 26 期，[101] 因此謝興堯的回應之文，也於《史地周刊》上刊出。[102] 發表人在某一份刊物上的觀點，可能在另一份刊物上獲得回應，說明這些刊物的讀者群可能是有所重疊之外，刊物援引刊物，也帶有一種「廣告」的性質，暗示讀者可以去參看另一份性質接近的刊物，對於擴大知識社群的影響力，不無裨補的作用。

四、餘論：書評與現代史學客觀公評價值的建立

最後，我想談一談書評與學術客觀公評價值的問題。從前面的討論中，我們看到史學類書評從最早附屬在新書介紹專欄，或以故書新評的方式出現，以至 1920 年代後期漸有符合現代格律的書評產生，書評在現代學術刊物上逐漸占有一席之地。如果就專業化的角度而論，「發表」本身即帶有取得學術公評與客

---

100. 薛澄清，〈太平天國曆法質疑〉，天津《大公報・史地周刊》，第 26 期（1935 年 3 月 15 日），第 11 版。

101. 薛文沒有刊登在《史學年報》上是因為該年報在 1934 年尚未有書評的欄位。《史學年報》真正開始有書評一欄的時間甚晚，一直要到第 2 卷第 5 期（1939 年），也就是刊物出版十年之後方才有書評此一欄位。

102. 謝興堯，〈關於太平天國的曆法——並答薛澄清君〉，天津《大公報・史地周刊》，第 30 期（1935 年 4 月 12 日），第 11 版。

觀價值的意涵，針對已發表的文章加以評論的文字，則更是形
成客觀論辯的激素，書評在現代史學學科形成的過程中，最重
要的功能之一即是造就了一個可以客觀論辯的空間。一篇文章
或一部書發表以後，除了靜待相熟師友給予的口頭評價之外，
學人們最希望的當然還是識與不識之人，透過書評與之對話，
因為這種形態的對話是可以超越地界、私人情誼或既有學術脈
絡的。綜觀 1920 年代中期以後的書評，語態和婉、言辭鋒利者
兼而有之，但是這些書評幾乎都非常一致地從史學基本紀律的
角度著眼：一篇文章、一部書究竟是不是以充足的史料為根據，
這些史料是否可信，作者所用以鋪陳觀點的史料究竟是原料或
是次料，是轉手的記載，還是一手的原件，其中是否涉及抄襲
或不當引用等等，都屬於現代史學學科的基本紀律問題。任何
一個史學工作者一旦把自己的文章公諸於世，這些都無可避免
地必須被公開加以檢證。《大公報 · 史地周刊》第 94 期曾刊登
一篇署名高平所寫的〈元代福建紅鎗會始末記〉，刊出之後不到
兩期，《史地周刊》便非常迅速地發布了一篇「啟事」，聲明這
篇文章據陶孟和來函表示，是一篇全篇抄襲自他舊作〈元代的
紅槍會〉的文章，《史地周刊》藉此聲明對讀者表示失察的歉意
之外，也將作者的真實姓名與工作地點明白示出，並勸告所有
投稿者萬勿再做這種「抄襲他人之作以為己作之事」。[103] 這個例
子也許誇張了些，全篇抄襲尚有膽量投到發行量如此之大的報
紙副刊上，但也說明了在學科體制愈形確立的 1930 年代，現代

---

103. 〈本刊啟事〉，天津《大公報 · 史地周刊》，第 96 期（1936 年 7 月 31
     日），第 11 版。

史學學科基本紀律除了透過學院內部在方法論上不斷地強化之外，也在公開的發表管道裡，或是匿名進行的審查制度中完成。學院中的訓練如果被視為一種基礎規訓的培養，那麼公開發表以後的評價，就屬於反覆驗證的過程，而書評在此亦即發揮了它最大的功能。

　　陳恭祿可以振振有詞地批評蕭一山《清代通史》下卷「不能引用原料」，甚至「抄襲成說」，卻無法迴避自己出版《中國近代史》時來自各方的評價。劉黎仙表示陳恭祿這本《中國近代史》自稱是「讀書競進會選為大學組必讀之書」，但是經他「批閱十數頁，即發現三大誤點，遂廢然止而未讀，不知其後尚有錯誤否」。[104] 張延舉書評也說：「近讀該書變法運動一篇，覺著其中頗多可以商榷的地方」，「一篇裡便有這些可訾議的地方，雖然是『六十萬言的鉅著』，然而，未免有點太不精細」。[105] 劉、張二人所指之錯誤，有些涉及解釋上的差異，而這些差異又無一不與史料解讀是否正確，或是引用史料是否得當等問題相關。此外，像是傅斯年為應國難之需而於倉促之間寫成的《東北史綱》，主要目的是為說服國聯李頓調查團相信東北自古以來即為中國領土，捍衛國家民族尊嚴，動機可憫，卻免不了在發表之後，遭到繆鳳林、鄭鶴聲 (1901–1989) 和邵循正等人的嚴詞批評。[106] 繆鳳林謂「傅君所著雖僅寥寥數十頁，其缺漏紕繆，

---

104. 劉黎仙，〈陳著中國近代史紏繆〉，天津《大公報・圖書副刊》，第 126 期（1936 年 4 月 16 日），第 11 版。

105. 張延舉，〈中國近代史商榷〉，天津《大公報・圖書副刊》，第 136 期（1936 年 6 月 25 日），第 11 版。

殆突破任何出版史籍之紀錄也」。[107] 繆氏批評的重點擺在傅斯年立論之際欠缺充分的史料作依據，同時忽略日本長期以來有關滿蒙研究的成果，以及各式史籍記載東北與中國和日本的關係。邵循正的批評語氣雖然較為和婉，但也實實在在的舉出三條「材料未充」、「證據薄弱」的事例，說明傅著有待商榷之處。[108] 鄭鶴聲更以一種求全責備的口吻說：傅斯年是「吾國學術界上有地位之人物，而本書又含有國際宣傳之重要性，苟有紕繆，遺（按：貽）笑中外，總以力求美備為是」。[109] 由此可見，不管是誰，其著作一旦發表，都逃不過來自不同陣營、不同地域、不同身分讀者的批評。現代史學學科的基本紀律與公評價值，透過書評獲得進一步檢證的機會，而史學這門學科的基礎正當性，也因此而得以更加確立。

當然，在我們討論書評建構史學學科正當性的功能時，不能不考慮書評的表現方式，以及承載書評刊物的社群性，綜觀1930 年代的書評，仍然保留不少 1920 年代初期新書介紹和故書新評等形式的文章，唯其表現方式和目的已有很大的不同。像

---

106. 王汎森，〈思想史與生活史有交集嗎？——讀「傅斯年檔案」〉，見：王汎森，《中國近代思想與學術的系譜》，頁 501–504。

107. 繆鳳林，〈評傅斯年君東北史綱卷首〉，《國立中央大學文藝叢刊》，1：1（1933 年 11 月），頁 131–163。

108. 邵循正，〈評傅斯年東北史綱第一卷古代之東北〉，天津《大公報・文學副刊》，第 278 期（1933 年 5 月 1 日），第 11 版。

109. 鄭鶴聲，〈傅斯年等編著東北史綱初稿〉，《圖書評論》，1：11（1933年 6 月），頁 17–18。

是《中國近代經濟史研究集刊》、《大公報·圖書副刊》等刊物中史料評介式的書評，就某種意義上來說即屬於舊書重評的性質，然其評論角度則漸漸脫離整理舊學的範疇，帶有史料評析的眼光，預示一種新的研究方向，並提點過去為人所忽略的史料在現代學術研究上的價值，因此這類書評顯然對於新研究領域的開拓和形塑現代史學方法的正當性仍有一定程度的幫助。

此外，書評刊物的社群性也是影響書評表現形式的重要因素，一般而言，成員固定、稿源相同的社群，往往具有一定程度的封閉性，而一個封閉的社群，儘管比較容易塑造其專業形象，但與其他社群之間對話的機率必然降低。1920 年代史學界紛紛出現不少屬性鮮明的社群，有些是以研究社會經濟史為號召，有些以古史研究為核心，[110] 更有為數眾多的歷史地理研究團隊和推廣通俗讀物的社群。[111] 這些社群的出現，一方面反映各種次學科領域的形成，同時也說明了史學分工愈來愈趨於專門。只是這些屬性鮮明的社群彼此之間的對話顯然不多，刊載書評的比例也相對有限。其中原因固然很複雜，但或多或少和

---

110. 例如《大美晚報·歷史週刊》即是一個由上海光華大學師生為主，以古史研究為主要核心所集結而成的社群，主要成員有：楊寬、鄭師許、李希三、蔣大沂、吳宣易、胡懷琛、黎協萬、顧言是、胡道靜和杜華等人。《大美晚報·歷史週刊》自 1935 年 11 月 11 日創刊，1937 年 4 月 19 日停刊，總共發行 72 期。見：〈發刊詞〉，《大美晚報·歷史週刊》，1935 年 11 月 11 日，第 3 頁。楊寬，《歷史激流中的動盪和曲折》（臺北：時報文化，1993 年），頁 101。

111. 如禹貢學會和通俗讀物編刊社。

該社群成員固定、組織色彩鮮明有關，因為這類社群經常帶有明確的宗旨和態度，因此其刊物即便刊登了最能表現對話機制的書評，亦很難不流於觀點和意氣之爭。要不就是這類封閉性的社群太過專注於開發自己的研究領域，或以呈現最新的研究成果為目標，難以顧及和其他性質相似的社群對話，因此其書評最多只能以史料評介或新書介紹的形式表現，只以流通書訊或報導研究狀況為務。然而，書評作為一種作者與讀者之間對話的文體，評介史料或介紹新書，嚴格說來都不能充分表現書評所具有的對話特質。因此相對來說，一個涵納性較廣，或是稿源對外開放的刊物，其社群屬性雖然不夠明顯，卻反而比較容易造就一個可以對話的空間，其書評可能因此引進不同類型的人加入討論，甚至與其他刊物發表的文章對話，形構更大範圍多層次的討論空間，包納更多讀者的意見，各種新的學術眼光和現代史學所欲形塑的基本規範，也可以比較容易透過書評對話的形式體現出來，對於推動和建立學術客觀公評的價值，容或具有更大的意義。

第五章
學術社群與中國社會經濟史研究的興起

　　從今天的角度來看，社會史、經濟史無疑是歷史學相當重要的次學科領域，唯在學科體制形成之初，社會史、經濟史不但經常為學人交互混用，或以「社會經濟史」連稱的方式出現。今日不少研究者將中國社會經濟史研究的發端推遲到 1930 年代中國社會史論戰之後，認為這場以馬克思主義、唯物史觀為依據的論辯，由於缺乏足夠的史料和硬套公式的毛病，難以取得「正統」歷史研究者的認同，但論戰中種種懸而未決的議題，卻在論戰結束後持續發酵，間接開闢了中國社會經濟史研究的沃土。

　　類此看法幾乎在論戰告一段落之後幾年旋已出現，[1] 後來的研究者亦多依循此說。[2] 某種程度上，我並不完全反對這樣

1. 顧頡剛，《當代中國史學》，頁 100。

2. 臺灣早期研究中國社會史論戰的學者如逯耀東、趙慶河，以及曾經留意中國社會經濟史興起的學者如杜正勝、梁庚堯等均持此見，此外大陸學者陳峰、李根蟠等也不例外。逯耀東，〈從「五四」到中國社會史大論戰〉，《中共史學的發展與演變》（臺北：時報文化出版公司，1979年），頁 29–53。趙慶河，《讀書雜誌與中國社會史論戰 (1931–1933)》（臺北：稻禾出版社，1995 年），頁 417–419。杜正勝，〈中國社會史

的看法，至少就擴大中國社會經濟史的研究版圖而言，中國社會史論戰確實扮演了重要的角色，可是中國社會經濟史研究，是不是真的起源於社會史論戰之後的 1930 年代，卻是有待商榷的。在我看來，這樣的論點或多或少帶有一些後見之明的意味，特別是 1949 年馬克思主義成為官定意識形態之後，社會史論戰之於中國社會經濟史研究的前導性意義尤其受到闡揚，因此很長一段時間裡，似乎只有從社會分配的角度和階級意識出發的研究，才能排比入列中國社會經濟史研究的隊伍之中，早於中國社會史論戰的社會調查 (Social Survey) 和實證研究便相對難以受到研究者關注。有意思的是，這樣的情形在海峽兩岸皆然，在史學史研究的脈絡中，談到中國社會經濟史發端的研究者無不追溯至 1930 年代的社會史論戰，極少人將視角再往前移至 1920 年代即已展開的社會調查和實證研究路線。

　　我認為 1930 年代的中國社會史論戰與其說是導致中國社會史、經濟史研究的「因」，不如說它是 1920 年代社會氛圍逐漸轉向「社會問題」下的產物可能更為合宜。在我看來，此一社會問題必須放在清末至 1920 年代中國知識分子如何從「喚醒社會」走向「調查社會」的脈絡下來理解。質言之，自晚清

研究的探索──特從理論、方法與資料、課題論〉，收入：國立中興大學歷史學系編，《第三屆史學史國際研討會論文集》（臺中：青峰出版社，1991 年），頁 25–76。李根蟠，〈二十世紀中國古代經濟史的研究〉，《歷史研究》，1999 年第 3 期，頁 126–150。陳峰，《民國史學的轉折──中國社會史論戰研究 (1927–1937)》（濟南：山東大學出版社，2010 年），頁 109–119。

士人將「群」及「社會」(society) 概念引入中國後，社會就與「新民」與「國民」產生聯繫，成為打造新國民、建立新國家的動員論述之一。就如沈松僑指出：此一時期與新民、國民相銜的「社會」，並不是一個獨立於國家支配權威之外的市民社會 (civil society)，而是一個與國家、民族緊密結合為有機整體的「國族社會」(national society)，[3] 而且此一時期的知識分子雖然經常以思想先覺者的姿態「喚醒」他們想像中的社會與國民，但社會和國民的具體樣貌究竟為何?實際上他們還是很陌生的。及至 1920 年代，隨著歐戰後經濟蕭條、失業嚴重、罷工崛起、女權開始伸張、學生運動勃發，如何理解失序的社會、如何建立新的社會秩序，成為人們日益關注的課題。於是在人們嘗試了解各種社會問題的同時，「社會」的具體輪廓也因此逐漸成形，而社會調查就成了時人掌握社會問題並進一步理解社會的重要手段。就像德里克 (Arif Dirlik, 1940–2017) 指出的，1925 年「五卅」事件後，自由主義者和激進主義者均同意政治變革需

---

3. 沈松僑，〈國權與民權：晚清的「國民」論述，1895–1911〉，《中央研究院歷史語言研究所集刊》，73：4（2002 年 12 月），頁 685–734；沈松僑在 2012 年將此文改寫成〈近代中國的「國民」觀念，1895–1911〉時，另增添了有關國民和軍國民，以及族群與國民論述之關係的內容，收入：鈴木貞美、劉健輝編，《東アジアにおける近代諸概念の成立》（京都：国際日本文化研究センター，2012 年），頁 189–220。沈松僑此處所指與國家、民族結合而成有機整體的「國族社會」，實與本書從「集體同一性」角度所論之「民」可相互呼應，而本章所論之社會經濟史研究，正是藉長時段的歷史書寫，為有機整體的「國族社會」提出的結構性視角。

視社會變革的情況而定，「社會學和社會問題的課程進入大學甚至中學的課程設置。政府機構和新興的社會學組織開展深入的社會調查，這不僅提供了關於中國社會的具體資料，而且揭示了中國社會問題的深度」。[4] 從這個角度來看，史學史的研究脈絡之所以忽略 1920 年代社會調查帶動社會史、經濟史研究的這條線索，其中一個原因就在於伴隨社會調查而來的中國社會史、經濟史研究，一開始並不是以歷史學科次領域的姿態出現，而是社會學、經濟學研究的重要取徑之一，並且以研究機構和社群組織為核心逐漸發展起來的學科。而這兩方面的原因也是使得中國社會經濟史極不同於前文提及的中國上古史、中國近代史等以「學院」為啟始的學科形態。

事實上，學科既是一種學術範疇、研究領域，也是一種組織結構：以學科命名的系，冠有學科之名的學術刊物，按學科分類的藏書、出版品，以及根據學科概念成立的學術團體與學會，都可以視為學科組成的一部分。[5] 因此討論學科專業化的問題，除了必須考慮學院本身的建制之外，研究機構、社群組織和學術報刊等，往往也是構成學科體制不可忽略的重要環節。而本章所論之中國社會經濟史，即正是這樣一種從研究機構、社群組織所發展起來的學科。目前學界但凡提到 1930 年代社會

4. 阿里夫‧德里克 (Arif Dirlik) 著，翁賀凱譯，《革命與歷史：中國馬克思主義歷史學的起源，1919–1937》（南京：江蘇人民出版社，2005年），頁 29。

5. 伊曼紐爾‧沃勒斯坦 (Immanuel Wallerstein) 著，王昺等譯，《知識的不確定性》（濟南：山東大學出版社，2006年），頁 104。

經濟史的研究者，大多不會忽略以下三個社群：一是食貨學會，一是清華史學研究會，以及廣州中山大學歷史系組織的史學研究會。這三個不同的學術社群各有其特點，其中由陶希聖主導的《食貨》研究群，歷來學界已累積不少相關研究成果，這些成果雖不一定從學科專業化的角度出發，但對《食貨》半月刊和陶希聖等人早期的觀點已有相當深入的研究，[6] 因此本章除論述上的需要，不擬對其再做全面性的討論。而另一個與《食貨》研究群同一時期創建的中山大學史學研究會，則屬於學院建制內的封閉性社群，其出版刊物《現代史學》標榜以社會經濟史研究為主力發展方向，很可以代表南方幾個大學歷史系社會經濟史學人的看法，學界對此社群的討論相對來說比較缺乏。至於清華史學研究會，在現有研究成果中也是屬於較少人關注的社群，由於參與成員與北平社會調查所（以下簡稱社調所）人員疊合頗多，因此研究者往往比較容易忽略它的社群性。

　　不過上述三個社群中，清華史學研究會之所以特別引起我的注意，正是因為其參與成員和社調所的關係，不僅僅是一個社會經濟史研究者的同好集結，也是一個最能體現 1920 年代以來即已展開的中國社會經濟史研究路線。換句話說，清華史學研究會的參與成員，多數任職於 1926 年成立的社調所和後來的中研院社科所，這些研究機構安置中國社會經濟史的方式，多

----

6. 梁庚堯，〈從《讀書雜誌》到《食貨》半月刊——中國社會經濟史的興起〉，收入：周樑楷編，《結網二編》（臺北：東大圖書股份有限公司，2003 年），頁 285–340。黃寬重，〈禮律研社會——陶希聖研究中國社會史的歷程〉，《新史學》，18：1（2007 年 3 月），頁 169–195。

少刺激了在此任職的研究者思考社會經濟史問題的取徑，於是而有清華史學研究會這樣的社群組織集結。基於此，本章既著意於中國社會經濟史崛起之初的面貌，故而兼採此學術社群及多數成員所屬之研究機構，以期呈顯中國社會經濟史如何從原本是社會學、經濟學的研究取徑，逐漸轉變為歷史學次學科領域的過程。

一、社會史、經濟史的出現

前已述及，在一般人的印象中，中國社會經濟史研究受到 1920–1930 年之交中國社會史論戰的影響而逐漸壯大，然而就學科建構的角度而論，社會史、經濟史的出現一開始可能並不見得和歷史學有絕對的關係。換句話說，社會史、經濟史等課程在學院建制中最初未必在歷史系的講授範圍之列，[7] 特別是 1920 年代中期以前，大學歷史系開設經濟史者屈指可數，社會史則幾乎完全不見蹤跡。即以北大中國史學門而言，1917–1918 年間確由蔣觀雲開設過經濟史一課，唯其講授內容已難追索。[8] 1920 年代中期以後雖漸有暨南大學、廈門大學之歷史社

---

7. 民國初成，1913 年教育部公布《大學規程》，大學法科有法律、政治、經濟三學門，其中經濟學史、經濟史等科目此時皆列為經濟學門的必修科目之一。〈教育部公布大學規程〉（1913 年 1 月 12 日部令第 1 號），見：璩鑫圭、唐良炎編，《中國近代教育史資料匯編》，頁 702。

8. 〈文科本科現行課程〉，《北京大學日刊》，第 1 分冊（1917 年 11 月 29 日）。國立北京大學，《國立北京大學規程》（北京：國立北京大學，

會系開設過社會進化史、西洋社會運動史和本國經濟史等科目，[9] 不過這多少是因為該系名為「歷史社會系」，開課方向必須遷就「社會學組」的需要。

　　事實上，民國以後很長一段時間裡，歷史學逐漸向社會科學 (social science) 靠攏，社會學、經濟學也被視為歷史系的輔助學科之一。北大史學系於 1919 年配合學校「廢門改系」和「選科制」的實施，就在系主任朱希祖的規畫下，將課程全面朝社會科學的方向調整。他強調：「學史學者，先須習基本科學，蓋現代史學，已為科學的史學；故不習基本科學，則史學無從入門」。[10] 這裡所謂的基本科學，指的就是政治學、經濟學、社會學和社會心理學等學科。朱希祖將史學「社會科學化」的主張，雖然影響了北大史學系的設科理念，但在實際操作時，史學系本身卻不見得開得出這些課程，史學系學生往往必須透過選科制，到其他學系去修習這些科目。[11] 這些現象多少說明

1918 年），頁 86–87。1920 年北大史學系亦曾開設過本國經濟史、外國經濟史兩科，唯開課教師不詳。見：《北京大學日刊》，第 6 分冊（1920 年 9 月 25 日）。

9. 1924–1925 年間，廈門大學歷史社會系第四學年課程中，曾開設過本國經濟史和英國經濟史各三小時。〈史學門課程表〉，收入：廈門大學編，《廈門大學佈告》，第 2 卷第 2 冊（1924–1925 年），頁 65。暨南大學歷史社會系則於 1928 年開設過西洋社會運動史、社會進化史等課。〈歷史社會學系課程指導書〉，《暨南大學十七年度教務一覽》（1928 年），頁 35–37。

10. 國立北京大學，《國立北京大學史學系課程指導書》（北京：國立北京大學，1925–1926 年），頁 1–2。

了至少在 1920 年代中期以前，歷史學雖有意朝社會科學的方向發展，但實際上只能採取跨系選修的方式解決歷史系輔助學科的問題，[12] 至於經濟史、社會史的講授在歷史學科中也是非常有限的。根據教育部高等教育司於 1928 年所做的調查顯示：各大學歷史系唯大夏大學、暨南大學和光華大學等三校開設社會史或經濟史的相關課程，而其中以中國社會史之名設課者，亦僅光華大學一校而已。[13] 經濟史、社會史於 1930 年以前於大學歷史系開設的情形大抵可見一斑。

　　設科形式與分科架構一般而言可以反映時人的知識觀，在歷史學科分支次領域相繼出現的 1920 年代，經濟史、社會史似乎仍不被認為是史學次領域裡不可或缺的要項，特別是社會史，更是極少出現在歷史學相關撰述或學術分科的架構下。1923 年胡適在〈國學季刊・發刊宣言〉中提到國學研究系統時，主張以中國文化史的十大領域作為未來重理國學的綱本，在這個架構下，同樣沒有社會史，其中勉強算得上是社會史領域的也只有風俗史一項。[14] 同年，東南大學國學院所提整理國學計畫書，

11. 劉龍心，《學術與制度：學科體制與現代中國史學的建立》，頁 135–138。

12. 北大史學系早期即不開設外交史、經濟史、政治思想史等專史科目，唯允許三、四年級的同學到政治系、經濟系去選修。新晨報叢書室編，《北平各大學的狀況》（北京：新晨報營業部，1929 年），頁 26–27。

13. 暨南大學、大夏大學當年度列有社會思想史和西洋經濟思想史等課程。教育部高等教育司編，《高等教育概況——大學之部》，上冊（1928–1929 年），頁 4。

14. 胡適認為理想的中國文化史至少應包括：民族史、語言文字史、經濟

在洋洋灑灑二十二項擬造作之專史長編中，中國社會史一樣付之闕如。[15] 20 世紀學科分化的結果，使得許多新興學門的學科史未被納入史學領域之內，梁啟超所擔心的「史科次第析出」，史學或無「獨立成一科學之資格」的情形，此時看來恐非杞人憂天之語。[16]

社會史、經濟史在 1920 年代前期未能成為歷史學科的次領域，多少和研究人才缺乏，以及次領域的分科尚未成熟有關。中山大學歷史系的朱謙之 (1899–1972) 在〈經濟史研究序說〉一文中對於歷史學者不負擔經濟史研究的情形提出了他的觀察，他說：

> 經濟史從來為經濟學者研究的專門題目，歷史家似乎不應過問才好，……經濟史研究是在怎麼一種情形之下呢？無疑乎直到現在，經濟史仍為經濟學者研究的專門題目；我們只看見許多經濟學者如歷史學派 Schmoller, Sombart, Bücher 等，制度學派如 Thorstein Veblen 等關于經濟史的著作，很少是歷史家的著作，如 Henri Sée 所

史、政治史、國際交通史、思想學術史、宗教史、文藝史、風俗史、制度史等十項。胡適，〈國學季刊·發刊宣言〉，收入：《胡適文選》，頁 241。

15. 東南大學國學院的計畫書中，列有中國經濟史、中國商業史、中國農業史、中國工業史和中國風俗史等大項，唯獨缺中國社會史一項。顧實起草，國文系通過提出，〈國立東南大學國學院整理國學計畫書〉，《國學叢刊》，1：4（1923 年 12 月），頁 122–124。

16. 梁啟超，《中國歷史研究法（附補編）》，頁 29–30。

著《近世資本主義發展史》(*Les origines du Capitalisme moderne*) 可算很例外的了。[17]

他還援引了巴奈斯 (Harry Elmer Barnes, 1889–1968) 在 1925 年的觀察說:「美國各大學中關于古今中外之政治史、外交史及憲法史皆設許多講座,唯經濟史講座則到現在通美國各大學的史學系只有一個」。[18] 朱謙之強調這種情形不光外國如此,中國也不遑多讓,北京大學史學系雖設有西洋經濟史,但其他各大學「有意識的以經濟史研究為現代史學之一大目標,恐怕一個也沒有罷!」朱謙之說這話的時候,已經邁入 1930 年代,他認為現代已經是「經濟支配一切的時代」,我們需要的不再是政治史、法律史,而是「為敘述社會現象的發展,社會之史的形態,社會形態的變遷之社會史或經濟史,尤其的是經濟史」。[19] 這時歷史學界似乎還沒有體認到社會史、經濟史應該是歷史學科重要的分科次領域。

---

17. 引文中的經濟學者全名及基本資料如下:Gustav von Schmoller (1838–1917) , Werner Sombart (1863–1941) , Karl Wilhelm Bücher (1847–1930) , Thorstein Veblen (1857–1929) , Henri Sée (1864–1936)。朱謙之,〈經濟史研究序說〉,《現代史學》,1:3–4(1933 年),頁 1–2。

18. 巴奈斯提到美國唯一設有經濟史的大學是指明尼蘇達大學,該校設有 N. S. B. Gras (1884–1956) 講座。 巴奈斯強調 1920 年代美國絕大多數的經濟史研究者都是經濟學出身, 而 Gras 所寫的 *Introduction to Economic History* 一書,則是一本動態的及具有社會學傾向的經濟史著作。Harry Elmer Barnes, *The History and Prospects of the Social Sciences* (New York: A. Alfred Knopf, 1925), p. 47.

19. 朱謙之,〈經濟史研究序說〉,《現代史學》,1:3–4(1933 年),頁 1。

　　事實上，歷史學界之所以沒有意識到社會史、經濟史是歷史學的次學科領域，除了像朱謙之指出的尚未體認到社會史、經濟史的重要性之外，也在於長久以來社會學、經濟學和歷史學在學科建制化之前相互糾結纏擾的關係。換句話說，社會科學在 19 世紀中葉以前還是一個非常模糊的概念，社會學的建制化更多是 20 世紀以後的事， [20] 因此就像柏克 (Peter Burke) 在追溯社會學和歷史學的分合關係時指出：社會學（或廣義的社會科學）在很長一段時間非常仰賴「過去」所提供的資料，作為理解現狀的依據。社會學和歷史學一直有很密切的關係，從亞當斯密 (Adam Smith, 1723–1790)、馬爾薩斯 (Thomas Robert Malthus, 1776–1834) 到 19 世紀的馬克思 (Karl Marx, 1818–1883) 等人的著作都充滿了大量的歷史材料和歷史視角。例如亞當斯密的《國富論》討論財富的生產過程，無異就是一部有關歐洲經濟的簡史；馬克思的《資本論》探討勞工立法、從手工生產走向機器生產的轉變，以及對農民的剝削等等，亦無一不取材於歷史。這些為後世歸類為經濟學家、社會學家的人，在學科建制化之前寫成的著作幾乎都和歷史有極為密切的關係。[21]

　　19 世紀後半葉更多新興的社會科學領域開始關注長時間的趨勢，特別是時人所謂演化 (evolution) 的概念，例如孔德 (Auguste Comte, 1798–1857) 的三階段論將過去劃分為神學時代、

----

20. 伊曼紐爾・沃勒斯坦 (Immanuel Wallerstein) 著，王昺等譯，《知識的不確定性》，頁 95。

21. Peter Burke, *History and Social Theory* (Cambridge: Polity Press, 1992), pp. 4–8.

形而上學時代和實證科學時代，就是把社會放在「演化」的階梯上，從中了解社會的變遷。社會科學從過去的脈絡中尋找社會發展、經濟變遷規律的習性，持續到 20 世紀初都還是如此，巴烈圖 (Vilferdo Pareto, 1848–1923)、涂爾幹 (Émile Durkheim, 1858–1917) 和韋伯 (Max Weber, 1864–1920) 對於歷史依然嫻熟。[22] 然而明顯的變化出現在 1920 年代以後，柏克強調經濟學家開始漸漸遠離「過去」，朝一種純數學模式的經濟理論發展，有關邊際效用和經濟均衡的理論家，愈來愈無暇顧及歷史研究的取徑。社會學者也開始從當代社會攫取他們想要的資料，社會調查、問卷調查逐漸成為社會學的主要方法，那些從「過去」理解人們當下行為的動機變成無稽之談。各種社會科學漸次獨立且愈來愈專業化，在此過程中他們急於和歷史脫鉤，18–19 世紀從歷史角度提出有關風俗和社會體制的種種解釋，如今都成了玄想與推測，在物理學、生物學的推波助瀾之下，社會學愈來愈傾向功能論 (functionalism) 的解釋方式，強調組成分子的社會功能及其對維繫整體結構所產生的作用。[23]

　　差不多就在社會學家逐漸對「過去」喪失興趣的同時，歷史學界卻開始檢討 19 世紀以來以蘭克 (Leopold von Ranke, 1795–1886) 為代表的政治史研究路線。其中的代表人物蘭普瑞希特 (Karl Lamprecht, 1856–1915) 一方面抨擊蘭克史學過於重視政治史和大人物的研究，一方面提倡從其他學科汲取概念的集體歷史 (collective history)。蘭普瑞希特的觀點不久之後在美國、法國

----

22. Peter Burke, *History and Social Theory*, pp. 9–11.

23. Peter Burke, *History and Social Theory*, pp. 11–14.

產生了迴響，社會史逐漸受到一部分人的重視，如美國的透納 (Frederick Jackson Turner, 1861–1932)，以及提倡「新史學」的魯賓遜 (James Harvey Robinson, 1863–1936)，主張從人類學、古物學、經濟學、心理學和社會學當中汲取各種理念。在法國，布洛克 (Marc Bloch, 1886–1944) 和費布爾 (Lucien Febvre, 1878–1956) 為代表的年鑑學派也主張以更廣泛的社會經濟史代替傳統政治史，歷史學在此反而積極地向社會學家招手，社會史因而日漸受到關注。[24]

　　就在西方社會科學和歷史學逐漸分道揚鑣之際，中國的歷史學、經濟學和社會學卻開始朝建制化的方向發展。[25] 其中比較值得注意的現象包括：一、歷史學科建制中的經濟史、社會史都屬於相對晚成的次學科領域；二、社會史、經濟史在學科平行移植的過程中，反而較早成為社會學、經濟學的分支學科；三、由於社會學的建制相對晚成，因此社會史、經濟史研究最早並不以學院為基礎，而是從學科外緣的研究機構和社群組織建構起來的學科。然而必須強調的是，這些學科在不同時期的

24. Peter Burke, *History and Social Theory*, pp. 14–17.

25. 19 世紀末以來，西方社會學、經濟學實已透過日本翻譯書籍傳入中國，並於 20 世紀初逐漸在教會大學和國立大學設科，成為建制化的一環。然而社會學在大學設科的時間，卻明顯晚於經濟學，最初多由教會大學提倡社會工作之需而設立，如聖約翰大學、滬江大學、燕京大學等皆有社會學系之設。有關社會學在中國的興起可參考：許仕廉，〈中國社會學運動的目標經過和範圍〉，《社會科學》，2：2 （1931 年），頁 6。閻明，《一門學科與一個時代：社會學在中國》（北京：清華大學出版社，2004 年）。

學術觀點和研究取徑，原是由長時間的發展脈絡而成，卻在移植過程中，因時空壓縮而出現了時代錯置 (anachronism) 的狀況。最明顯的例子莫過於後面會提到的社調所，該所的社會學研究方向同時涵蓋了 1920 年以後盛行的社會調查路線及 19 世紀以來的歷史取徑。此外，歷史學方面也有類似的現象，1920 年代的歷史學界既推崇蘭克史學，同時又對批駁蘭克專重政治史研究的蘭普瑞希特和魯賓遜的「新史學」青睞有加。不過，此一時期中國學界鍾情於蘭克的，更多是關於他運用檔案、史料的方法和概念，而不在他以國家為主體的政治史研究方向。而魯賓遜在《新史學》中一再申陳的某些觀點，如歷史並非教訓，而是提供我們了解現在問題的依據，以及歷史學必須「注重普通人、普通事」，[26] 並廣泛應用各種天然定律——特別是馬克思的「經濟決定論」，[27] 極受時人好評。這些看似「去脈絡化」的研究同時出現在 1920–1930 年代的中國，使得中國社會經濟史從社會學、經濟學的研究取徑逐漸移轉至歷史學次領域的過程中，往往根據中國社會自身問題和研究所需提出極不相同的策略。

例如蘭克史學在伯倫漢 (Ernst Bernheim, 1850–1942) 和朗格羅瓦 (Charles-Victor Langlois, 1863–1929)、塞諾博斯 (Charles Seignobos, 1854–1942) 等人的輾轉引介下傳到中國，同一時期，朱希祖、何炳松也介紹了蘭普瑞希特和魯賓遜等人的史學著作到中國來，

---

26. James Harvey Robinson 著，何炳松譯，《新史學》(上海：商務印書館，1924 年)，頁 19–21。

27. James Harvey Robinson 著，何炳松譯，《新史學》，頁 48–51。

這使得原本在西方學術脈絡中一前一後且相互抵觸的史學路線一齊湧現在中國。然而由於中國史學界對於蘭克一系只看重他們在檔案史料和史學方法上的見解，強調歷史研究的第一先決要件便是懂得利用原始材料 (primary source)，因此當歷史學有意成為社會科學的一支，並期待從歷史中找到可以解釋現狀來源的因素時，這些研究中國社會經濟史的學者，並不像同一時期西方的社會學、經濟學家一樣想要擺脫歷史學的影響，反而是急切想要歷史提供它更多有關過去的原始資料。以下這段話某種程度上應該可以看出社會學家、經濟學家這樣的想望：

> ……要認識現在的人類生活的任何方面我們便不得不追溯到他的歷史的過去。因此有的人便說社會科學的大部分都是歷史。社會科學的大部分都是歷史的說法固然未免過於誇大，但是社會科學的研究的確離不開歷史，卻是不容否認的，而且自從各種社會科學發展以來，向來所公認的歷史範圍逐漸擴大，包括人類生活的各方面而形成所謂的文化史或社會史或分演成為個別的社會制度史，也是人所共見的事實。[28]

這是《中國近代經濟史研究集刊》1932 年發刊時的一段話，很能代表社調所成立以來在社會史、經濟史方面一貫的主張。雖然這個時候社調所也同時進行社會調查工作，試圖以當代社會為研究素材，但他們並不排斥把觸角伸向過去，以歷史作為理解當代社會的根源。

----

28. 〈中國近代經濟史研究・發刊詞〉，《中國近代經濟史研究》，1：1（1932 年），頁 1。

　　從這個角度來看，歷史學原以研究過去為目標，然而在社會問題的帶動下，當前的社會問題經常成為歷史學者探求過去的動機，而歷史則成了社會學、經濟學家解釋現實問題的來源。中國社會史論戰某種程度上便體現了這樣的社會關懷與訴求。王禮錫 (1901–1939) 曾經表示：要找出中國社會的前途，就要理解中國的經濟結構，「要理解中國的經濟結構，必須從流動的生成中去理解，而不能專作無機物的靜的分析。從流動中去理解中國經濟的結構，必須從中國歷史上的經濟的演變與世界經濟的聯繫，闡明其規律性並擷住其特殊性」。[29] 社科所研究員陳翰笙 (1897–2004) 也說：「然欲明現在，當知過去；欲知中國，亦必需以世界各國之情狀為參考」。[30] 所以在他主持「社會學組」期間，該組一方面著手農村實地調查，一方面也從中外書報文獻中，「探求過去中國社會演進之軌跡」，用以解釋當前問題之所從來。社會學、經濟學和歷史學在 1920–1930 年代的中國並沒有壁壘分明的鴻溝，在歷史逐漸擺脫教訓和鑑戒意義之後，社會和經濟問題成為新一代歷史學者關注的焦點，歷史學向社會科學過渡的可能性也因此升高。或許基於這樣的原因，社會經

29. 王禮錫，〈中國社會史論戰序幕〉，《讀書雜誌》（中國社會史論戰專號），第 4–5 期合刊（上海：神州國光社，1932 年），收入：民國叢書編輯委員會編，《民國叢書》，第 2 編 79 冊（上海：上海書店出版社，1990 年），頁 3。

30. 國立中央研究院文書處編，《國立中央研究院總報告》，第 3 冊，第 19 年度（南京：國立中央研究院總辦事處，1928–1939 年。以下 1–6 冊出版項同），頁 359。

濟史在中國反而成為橋接社會科學和歷史學的重要渠道。

　　中國社會經濟史研究的出現，雖不能排除西方社會學、經濟學和歷史學的影響，卻也有它自身的脈絡與關懷。清華大學政治系畢業的湯象龍在投入經濟史研究之後表達了他的看法，他認為經濟史在中國可謂一門全新的次學科領域，由於它所涉及的面向橫跨歷史學和經濟學兩大學科，不論其方法或材料都不是單一學科所能獨立完成的，所以他把經濟史稱為一種「騎牆」的研究。因為它「一方面牽扯到縱的歷史，而一方面牽扯到橫的經濟社會各方面。史事的批判與資料的審定需要比較放大的眼光，現象和問題的分析復需要經濟法律統計等科的知識，非比一種普通的單純研究」。[31] 湯象龍認為中國的經濟史研究還在起步階段，證諸外國研究經濟史學者，如英國的烏恩 (George Unwin, 1870–1925) 和美國的蓋伊 (Edwin Francis Gay, 1867–1946) 在資料充裕的前提下，尚且只有幾篇零星的作品，坎寧漢 (William Cunningham, 1849–1919) 的 *The Growth of English Industry and Commerce* 也是花了二十年才寫成的。[32] 因此中國如果能在二十年內找著中國經濟史的頭緒，三十年內寫出一部像樣的經濟史，就算很不錯了。[33] 湯象龍說這話的時間已經邁入 1930 年代

---

31. 湯象龍，〈對於研究中國經濟史的一點認識〉，《食貨》半月刊，1：5（1935 年 2 月），頁 1。

32. *The Growth of English Industry and Commerce*，分為兩部：*The Growth of English Industry and Commerce in Modern Times* 於 1882 年出版，*The Growth of English Industry and Commerce during the Early and Middle Ages* 則於 1890 年出版，俱由 Cambridge University Press 出版。

中期，可是在他的心目中，中國經濟史仍然在材料和方法上都還有很大的成長空間，而他和後面即將談到的清華史學研究會在實證研究上的努力，或許可以提供我們觀察中國社會經濟史崛起之初的面貌。

二、社會調查與社會經濟史研究

在社會史、經濟史書寫權還掌握在社會學、經濟學者手裡的階段，最直接影響社會史、經濟史研究方法的應該還是社會學、經濟學本身的傳統。不過就如西方社會學在大學建制化的時間相對較晚一樣，社會學在中國設科當不早於 1920 年代初。今天被大家視為中國第一代社會學者的陶孟和，在英國倫敦政治經濟學院 (London School of Economics and Political Science) 讀的是社會學和經濟學，但他在 1913 年取得經濟學博士回國以後，卻是在北大文科哲學門研究所任教。[34] 直到 1930 年北大的教職員名錄上，陶孟和都還是政治系而非社會系的教授。[35] 理由很簡單，因為北大在 1982 年以前始終都沒有成立社會系。[36]

---

33. 湯象龍，〈對於研究中國經濟史的一點認識〉，《食貨》半月刊，1：5（1935 年 2 月），頁 1。

34. 陶孟和當時在文科哲學門研究所開社會哲學史一課。〈現任職員錄〉，收入：王學珍、郭建榮主編，《北京大學史料》，第 2 卷，1912–1937，頁 347、358。

35. 文牘課編印，〈國立北京大學職員錄〉（1930 年 5 月），收入：王學珍、郭建榮主編，《北京大學史料》，第 2 卷，1912–1937，頁 363。

另一個例子是費孝通,他在 1930 年從東吳大學轉到北平燕京大學就讀前,根本沒有聽過有社會學這門學科。[37] 社會學建制化時間之晚,由此可見一斑,所以後來燕京大學社會系的許仕廉才說:「中國社會學運動的起源,是受了中國社會崩壞民生痛苦的刺激來的」。[38]

社會學系建制的晚,因而許多與社會學相關的課程,大多開設在政治系或經濟系,[39] 這點倒是和西方大學的設科情況非常類似。「五卅」慘案發生後,許多人開始意識到影響中國社會的根源是經濟問題,因此如果要了解當前中國社會面臨的困境,便不能不先了解中國的經濟。在這樣的認知基礎下,社會、經濟問題往往連袂並稱。即以中國第一代社會學者而論,他們留學西方時正值社會學由歷史視角向當代研究轉化的當兒,因此在西方實證主義的影響下,他們大多相信社會現象有如自然現象,客觀存在於現實世界中,可以透過「科學的方法」觀察社會、解釋社會,並從中探尋社會發展的軌跡,以為解決問題的方案,其中社會調查便是此一時期最常見的科學方法。

....

36. 北京大學在 1982 年以前一直沒有成立社會學系,唯在 1937 年抗戰爆發後,北大、清華、南開三校合併南遷時,才因地制宜設立了歷史社會系。

37. 費孝通,〈從事社會學五十年〉,見:費孝通,《費孝通社會學文集》(天津:天津人民出版社,1983 年),頁 1。

38. 許仕廉,〈中國社會學運動的目標經過和範圍〉,《社會科學》,2:2(1931 年),頁 3。

39. 蔡毓驄,〈中國社會學發展史上的四個時期〉,《社會學刊》,2:3(1931 年),頁 10–11。

　　陶孟和進入北大教書之後，即開始大力鼓吹社會調查的重要性，主張以社會調查推動立法，改造社會。他強調中國各地方的人互相隔閡，個人往往只知其中一小方面，而非社會之全體。中國人又都是些「啞國民」，人民的歡樂、冤苦，一般生活的狀態，除了詩歌小說之外，絕少留下記錄。[40] 即便歷史典籍中留下少部分有關社會底層的描述，不是太過籠統，就是只能從政府、國家、社會菁英的角度觀察紀錄，其目的不在了解社會、認知社會，只為主政者統御人民的工具。[41] 陶孟和認為如果真要了解社會，就必須從事社會調查，把觸角深入民間，以科學的方法了解中國社會的問題與性質，建立一套本土的社會學研究模式。而他自己在回國之初，即曾利用北京青年會下設之社會實進會對北京人力車夫所做的調查資料，寫出一份調查報告，分析社會底層勞動人口的年齡、婚姻、收入、工時、娛樂等面向，作為政治改良、社會再造的依據。[42]

　　「五卅」事件後，各種社會衝突和社會問題急劇增加，社會調查的需要更顯迫切，於是漸有專職社會調查的研究機構出

40. 陶孟和，〈社會調查㈠導言〉，《新青年》，4：3（1918 年 3 月 15 日），頁 223。

41. 陶孟和，〈社會調查㈠導言〉，《新青年》，4：3（1918 年 3 月 15 日），頁 221。

42. 陶孟和，〈北京人力車夫之生活情形〉，《孟和文存》，卷 2（上海：亞東圖書館，1925 年），收入：民國叢書編輯委員會編，《民國叢書》，第 5 編，綜合類 92 冊（上海：上海書店出版社，1996 年），頁 101–121。

現，其中最為人稱道者，一是社調所，一是中研院社科所。社調所的前身為中基會之附屬機構社會調查部，經費來源除中基會所管理運用的庚子賠款之外，並接受美國紐約社會宗教研究院 (The Institute of Social and Religious Research) 的捐款，是為 1920 年代最早專事社會調查研究工作的機關。1926 年社會調查部成立，由陶孟和、李景漢 (1895–1986) 主持，紐約社會宗教研究院三年資助期滿後，中基會改組續辦，1929 年改名為社會調查所，由原本擔任社會調查部秘書的陶孟和出任所長。[43]

社調所在陶孟和的帶領下，主要研究工作集中在經濟史、工業經濟、農業經濟、勞動問題、對外貿易、財政金融、人口、統計等項目，[44] 側重現地調查與統計方法，其中「經濟史組」主要以近代經濟史為範圍，利用故宮博物院文獻館（簡稱「故宮文獻館」）保存之清代軍機處檔案和北京大學等處所藏清代檔案，及各地保存之民國以後資料，整理分析兩百年來中國經濟發展狀況。據《社會調查所概況》所載，該組主要工作項目分為：(1)抄錄史料及編製索引；(2)清季海關五十年稅收統計及其分配；(3)清代釐金統計；(4)道光朝以後之鹽務；(5)編纂《近代經濟史研究集刊》。[45] 而這幾項工作無一不根據前清遺留下來之檔案、海關報告、各省釐金報告為材料，寫成專刊或論文，為

43. 社會調查所編，《社會調查所概況》（北平：社會調查所，1933 年），頁 3。楊翠華，《中基會對科學的贊助》（臺北：中央研究院近代史研究所，1991 年），頁 95。

44. 社會調查所編，《社會調查所概況》，頁 8。

45. 社會調查所編，《社會調查所概況》，頁 8–9。

該所主要從事之社會調查路線提供歷史向度的觀察。

　　事實上，社調所各類研究項目中，包括都市、農村、勞工、人口、貿易、財政、金融、貨幣、生活費指數統計等研究，無不以現狀調查分析為取向，唯中國近代經濟史研究一項上溯至明、清兩代。其部分原因固然是故宮博物院和北京大學、清華大學、中央研究院歷史語言研究所等處檔案史料的適時發現與開放，同時也是因為社會學在實踐社會調查的過程中，除了需要累積大量現實分析的樣本之外，更必須追本溯源，從歷史材料和前人生活經驗中，了解形成社會現狀的淵源，觀察中國社會發展的特質，因此社會史研究在此成為翼助社會現狀分析的重要依據，而經濟問題又是社會問題的核心，於是社調所從一開始便有了經濟史研究的項目，將歷史研究和社會調查合而觀之，頗能契合 1920 年代社會學處於轉型時期的思路，在此過程中，陶孟和的觀點應該有決定性的影響。

　　陶孟和在一篇名為〈新歷史〉的文章中曾經提到：「歷史不是我們的借鑑」，[46] 因為古代情形與現代不同，人類生活情狀極其複雜，我們不能以古事為今事之榜樣，更不能以孟子所說五百年一治一亂之語包括歷史上所有的變象。陶孟和強調我們應該從「進化論」的眼光重新評估歷史的用途。他說：

> 現代與過去相銜接，明古代過去之事，即可幫助我們明白我們的現在，我們自身和我們同胞，明白人類現在的問題和將來的希望。簡言之，歷史是與人一種看法。[47]

46. 陶孟和，〈新歷史〉，《孟和文存》，卷 2，頁 135。
47. 陶孟和，〈新歷史〉，《孟和文存》，卷 2，頁 135–136。

歷史的功能不在鑑往知來，而是幫助我們了解現在，陶孟和進一步表示：

> 改良現在的社會，絕對不能用古時社會做參考，更不能因襲固有的制度或社會的習慣，應該先求明白現在的情形和現在的思想。但是要求明白現在的情形和現在的思想，須先知道他們有怎樣的經過，過去的事實說明現狀何以如此。歷史所研究的，不是過去的事實若何，是怎樣會產出那樣的事實，這就叫「歷史的觀念」。[48]

陶孟和的看法幾乎和魯賓遜在《新史學》中提到的觀念如出一轍；魯賓遜強調歷史不是教訓，只是提供我們了解現在的依據，正如陶孟和說：「要想明白現狀，必須對過去具有充分的知識」。[49] 陶孟和並沒有因為從事社會調查、現狀分析，就此放棄歷史的視角，這和他在英國接觸社會學、經濟學的當兒，正值西方社會科學由歷史方法轉向實證調查應有密切關係，對他來說，「過去」正是說明「現在」最好的證據，而社調所之兼採社會調查與歷史研究兩條路線，某種程度上即反映了此一時期社會科學的取向。

　　上面也提到，社調所從事的社會史研究，並不以全體的社會發展、社會生活為對象，他們關心的是社會發展中的經濟問題，因而帶有明顯的經濟史取向，〈中國近代經濟史研究集刊·發刊詞〉中有一段話很能表達他們的看法：

> 近年來關於社會各方面的歷史的新題目日見增多，家庭，

---

48. 陶孟和，〈新歷史〉，《孟和文存》，卷 2，頁 136。
49. 陶孟和，〈新歷史〉，《孟和文存》，卷 2，頁 137。

經濟，風俗，技術，信仰，都闢出專門的特殊的歷史的
研究。其中以經濟方面的歷史更顯出長足的發展。在以
先歷史的範圍僅限於政治的時候，英國的有名的歷史家
Freeman 說過，「歷史是過去的政治」，在我們認識經濟
在人類生活上的支配力並且現代經濟生活占據個人，民
族，國際的重要地位的時候，我們便不得不說歷史的大
部分應該為經濟史的領域。[50]

因為意識到經濟在人類歷史活動中，對個人、民族、國際的重
要性，社調所從事的歷史研究工作，幾乎全然集中在經濟史的
領域，他們花了大量的時間精力，派人到故宮博物院、北京大
學、中研院史語所，抄錄軍機處和明清內閣大庫檔案中的司法
文件二千餘袋、奏摺報銷冊十萬餘件，並長期整理抄錄有關錢
糧、關稅、釐金、鹽稅、耗羨、參票、地丁、銀庫、漕白、兵
馬錢糧、易知由單、前清商店帳簿等史料，並且編纂搜集史志、
類書、文獻中的有關社會經濟史的材料，企圖以實證研究為基
礎，以分工合作的方式，建立「一時代、一方面的歷史」。

除社調所之外，另一個從事社會調查的研究機構為社科所，
該所自 1927 年中央研究院籌辦期間即已成立，最初分民族學、
社會學、經濟學及法制學等四組，蓋皆以實地調查及歷史研究
為主要方向。長期以來與社調所時有合作，人員之間亦多所流
通。自 1928 年社科所第一次調查工作──浙江杭嘉湖屬之農村

---

50. 〈中國近代經濟史研究集刊・發刊詞〉，《中國近代經濟史研究集刊》，
　　1：1（1932 年 11 月），頁 1–2。引文中的 Freeman 為英國史家 Edward
　　Augustus Freeman (1823–1892)。

調查,即與社調所共同進行,[51] 在社調所陶孟和指導下,由社科所的曲殿元負責前往杭嘉湖三府二十縣地方,進行實地調查工作。[52] 其後清苑縣農村經濟調查、保定農村調查皆循此模式,其他像工資理論研究、外人在華採礦權、生命表編製法,以及中國近代經濟史史料抄錄與編目等研究項目,也都有社調所人員一同參與,[53] 兩所關係極為密切。

中研院社科所成立以來,各組皆致力於實地調查與現狀分析。首先,在社會學組方面,由陳翰笙主導的黑龍江流域中國地主與農民調查、[54] 無錫、保定兩地農村經濟調查、山東、河南難民流亡東北考察、上海楊樹浦工廠調查、西北農村經濟調查、[55] 寶山田產移轉調查、上海工廠包身制調查,以及有關中國租佃問題、中國商業資本高利貸資本問題研究,無一不是調查方法的運用。[56] 其次,經濟組方面有:六十五年來中國國際

51. 國立中央研究院文書處編,《國立中央研究院總報告》,第 6 冊(1933–1935 年度),頁 162。

52. 國立中央研究院文書處編,《國立中央研究院總報告》,第 1 冊(1928 年度),頁 235。

53. 社會調查所編,《社會調查所概況》,頁 12、19、34。國立中央研究院文書處編,《國立中央研究院總報告》,第 6 冊(1933–1935 年度),頁 162。

54. 國立中央研究院文書處編,《國立中央研究院總報告》,第 1 冊(1928 年度),頁 234–235。

55. 國立中央研究院文書處編,《國立中央研究院總報告》,第 2 冊(1929 年度),頁 307、310。

56. 國立中央研究院文書處編,《國立中央研究院總報告》,第 4 冊(1931

貿易統計、中國國際貿易手續調查、楊樹浦工人住宅及工業調查、以揀樣調查法研究中國人口問題等項目。[57] 社會學組和經濟組經常採取合作方式，先由社會學組進行調查，再將調查所得交經濟組進行統計分析，如楊樹浦工業調查即以此分工方式進行。[58]

　　除社會調查之外，社科所亦從事有關社會經濟史方面的研究，例如前已提及史語所購得明清內閣大庫檔案六千麻袋，社科所從中取得其中有關司法內閣檔案二千餘袋後，隨即展開整理、分類與編纂等工作。[59] 此外，經濟組從事歷史方面研究者如：中國國際關係史、編纂釐金史料和上海各項統計彙編等項目。其中中國國際關係史，由特約研究員蔣廷黻負責，探討道光十四年（1834 年）英國政府派代表來華，至 1927 年國民政府奠都南京期間的外交關係，前此有關這方面的研究非常稀少，因材料適時開放，蔣廷黻便以北平故宮博物院所藏籌辦夷務始末稿件、前清軍機處檔案，以及外交部藍皮書等新材料，從事開拓性研究。[60] 此外，經濟組為配合政府裁撤釐金政策，便以

年度），頁 312、316、317；第 5 冊（1932 年度），頁 323。

57. 國立中央研究院文書處編，《國立中央研究院總報告》，第 3 冊（1930 年度），頁 362、356；第 2 冊（1929 年度），頁 315。

58. 國立中央研究院文書處編，《國立中央研究院總報告》，第 2 冊（1929 年度），頁 316。

59. 國立中央研究院文書處編，《國立中央研究院總報告》，第 3 冊（1930 年度），頁 44。

60. 國立中央研究院文書處編，《國立中央研究院總報告》，第 2 冊（1929 年度），頁 303。

財政部檔案和其他散見於各種書籍、雜誌之材料,編纂釐金史料,也屬於新史料的整理與運用。[61]

事實上,社科所歷年來有相當多研究項目,皆因探究當前社會、經濟問題必須上溯該問題之歷史脈絡,故而採行社會調查與歷史研究相結合的視角。如法制組的上海公共租界制度研究,便明白將該項研究分為歷史的、現狀的和法理的考察等三方面。在歷史考察方面,著重在近代租界之設立與發展,土地章程之訂定與修改,面積擴充和越界築路之經過情形;而現狀考察和法理考察方面,則是把現行租界制度在立法、行政、司法等三方面之事實加以分析評述,並探討其法律性質及法律根據,[62] 凸顯出上海公共租界問題既有歷史縱深,且具現實意義。其他如租借地研究、上海各項統計彙編,以及法制組的中華民國外交史、民族組的中國史乘中諸民族等,[63] 也都以類似方式進行。

由於社會史、經濟史與現實的關係極為密切,現實中的社會、經濟問題經常是研究社會經濟史的動機,而社會經濟史也往往成為時人了解當前社會、經濟問題的重要取徑。以時間向度區辨社會學(現在)與歷史學(過去)的研究範疇,幾乎是

---

61. 國立中央研究院文書處編,《國立中央研究院總報告》,第 3 冊(1930 年度),頁 363。

62. 國立中央研究院文書處編,《國立中央研究院總報告》,第 4 冊(1931 年度),頁 315。

63. 國立中央研究院文書處編,《國立中央研究院總報告》,第 4 冊(1931 年度),頁 314–316;第 3 冊(1930 年度),頁 361。

社調所和多數社科所學人最普遍的視角，唯陳翰笙及社會學組的理解卻有別於此。

陳翰笙認為歷史學和社會學都是「以至周密之方法整個觀察社會生活之全部者」，唯二者之間區別在於：史學是以「追求且敘述某一時代、某一地方社會生活之全部」，而社會學則專事「應付普遍問題」，[64] 例如：何謂社會？社會發展與衰落之基本原因何在？各種社會現象如經濟的，法律的，科學的，有何相互關係？各種社會現象之演進作何解釋？歷史上社會形式有幾種？各種形式又如何轉變等問題，都是社會學研究的範圍。因此，在陳翰笙的觀念裡，歷史學和社會學之間的區別，不僅僅在於研究對象一屬過去，一屬現在的差別而已，他表示：

> 社會學探討人類進化之原則，以為研究史學之方法，故可稱為社會科學中最概括，最抽象之科學；史學則整理可靠之史實，以供研究社會學之材料。史學固當以社會學之哲理為指南而後可得正確之方法，社會學亦須築於歷史的事實上面而後可免錯誤之論斷。[65]

從這個角度來看，歷史學和社會學更存在著一種「事實」與「理論」的關係；也就是說，歷史學和社會學的研究對象可以同屬於過去，歷史學提供社會學研究過去的材料，而社會學則必須對過去存在的各種現象，提出一種具有理論高度的解釋，找出

---

64. 國立中央研究院文書處編，《國立中央研究院總報告》，第 2 冊（1929年度），頁 304。

65. 國立中央研究院文書處編，《國立中央研究院總報告》，第 2 冊（1929年度），頁 304。

人類發展進化的規律與原則,以之為「研究史學之方法」。

在這層意義上,陳翰笙及社會學組同仁早期所從事的工作,並不以歷史學敘述某一時代、某一地方社會生活之全部為滿足,為了追索 19 世紀資本主義入侵之後, 中國農村社會的經濟問題,以及當前中國社會的性質,他們更傾向以理論駕馭事實,運用社會學的方法(社會調查)對中國社會建立全面性的了解,就如該組在工作報告中強調的:

> 本組工作以分析社會結構,闡明社會發展之必然經過為目的。[66]

希望對中國社會提出一種「結構」式的分析,闡明社會發展的「必經過程」,使得陳翰笙和社會學組同仁的研究取徑和基本假設,自始即與社調所及社科所其他小組之工作旨趣迥然異途。

雖然,陳翰笙及社會學組同仁和當時研究中國社會問題的學者一樣,認為經濟是構成近代中國社會問題的核心,強調「經濟的事實」是組織社會學之基礎,不過今日中國社會出現的問題,大多來自資本主義發達以前的社會,關於這方面的情況中國人自己所知甚淺,該組在研究報告中表示:

> 吾人所謂都市,其性質不似 City;吾人所謂鄉村,其性質不似 County。即與歐洲前資本主義社會相較,都市之來歷非 Polis 及 Communis 可比;鄉村之組織亦非 Mir 及 Manor 可比。中國社會調查與統計尚在極幼稚時代,研究社會學者苦無可靠可用之材料;除參考關於歐洲前資

---

66. 國立中央研究院文書處編,《國立中央研究院總報告》,第 3 冊(1930年),頁 358。

本主義社會已有之出版品，如 J. Salvioli, M. Kovajowsky, Max Weber, P. Vinogradoff 等氏之著作外，目前急須從事中國社會之調查與統計。[67]

事實上，陳翰笙等人此時已隱然意識到像韋伯和維諾葛蘭道夫 (Paul Vinogradoff, 1854–1925) 這些人所描述的歐洲前資本主義社會和中國並不完全相同。然而中國過去究竟是一種怎麼樣的社會形態，卻沒有充分的資料可以說明。為了回答這個問題，陳翰笙及社會學組才會主張積極從事社會調查，因為只有透過大規模的調查，才能理解中國社會如何從過去走向現實的基礎，了解中國社會的性質，並據之與歐洲社會發展的模式相互對照，找出中國革命應走的道路。

基於此，社會學組成立之初，陳翰笙即陸續聘用了王寅生 (1902–1956)、錢俊瑞 (1908–1985)、薛暮橋 (1904–2005)、張錫昌 (1902–1980)、張稼夫 (1903–1991)、孫冶方 (1908–1983) 等人，分赴各地展開都市及農村調查，一開始他們鎖定上海附近紗廠林立的楊樹浦區以及鄰近農村。他們發現如要了解中國都市的勞工問題，必須連帶注意勞工的鄉村經濟背景，因為中國今日社會「農村實重於都市」。[68] 社會學組強調在此之前雖然並不是沒有人對中國農村做過實地調查工作，但這些調查若不是以慈善救濟為名，就是只重視農業改良，或停留在社會表象，並不以了

---

67. 國立中央研究院文書處編，《國立中央研究院總報告》，第 2 冊（1929 年度），頁 304。

68. 國立中央研究院文書處編，《國立中央研究院總報告》，第 3 冊（1930 年度），頁 358。

解整體「社會結構」為目標。[69] 例如民初北京農商部所做的農村經濟調查統計，以及金陵大學美國教授卜凱 (John Lossing Buck, 1890–1975) 主持的農村調查就出現了類似的問題。陳翰笙及社會組同仁指出：卜凱調查農村時所用表格大都不適於當地情形，「對於各種複雜之田權及租佃制度未能詳細剖析，甚至對於研究農村經濟所絕不容忽之僱傭制度、農產價格、副業收入、借貸制度等等，亦都非常忽略。由此觀之，美國教授對於中國農村經濟之尚無深刻認識」。[70]

　　為了補強卜凱的調查分析，社會學組選定無錫和保定（及後來的廣東）作為主力調查的對象，因為這兩個地方是 19 世紀中葉資本主義入侵後，農業最繁盛、工商業最發達的地區，在中國經濟工業化和農產品商業化深入農村，逐漸改變中國農村原有結構和生產關係時，調查這些地方，應該最能看出帝國主義和封建勢力如何聯手破壞農村經濟，改變中國社會整體結構。調查過程中，社會學組同仁首先把重點放在各種調查表中度量衡單位的換算，確定各戶的田權關係，並計算各戶對於農田的投資與收穫，最後再根據各戶之田權關係和當地農田之單純再

69. 國立中央研究院文書處編，《國立中央研究院總報告》，第 3 冊（1930 年度），頁 358。陳翰笙，〈中國的農村研究〉，原載英文《太平洋季刊》，錄自《勞動季刊》，1：1（上海國立勞動大學出版，1931 年），收入：中國社會科學院科研局組織編寫，《陳翰笙集》（北京：中國社會科學出版社，2002 年），頁 33。

70. 國立中央研究院文書處編，《國立中央研究院總報告》，第 2 冊（1929 年度），頁 307。

生產費，確定各村戶究竟是純粹地主、經營地主、富農、中農、貧農或雇農，及至村戶分類完成後，即可從土地和資本兩方面了解農村生產關係。[71]

這份調查顯然是針對卜凱所忽略的問題而設計的，我們從社科所的年度工作報告中可以很清楚看出，社會學組在調查過程中，相當看重土地和生產關係對農村經濟的影響，強調生產關係是了解社會問題的本質。[72]陳翰笙對於社會學組的調查方向有決定性的影響，他認為：一切生產關係的總和，構成了社會的基礎結構。在中國，絕大部分的生產關係是屬於農村的；農村土地的占有和利用，以及農業生產的手段，往往決定了農村的生產關係，以及由此而產生的社會組織和社會意識。因此如果只側重生產力而忽視生產關係，便無法深入了解社會基本結構，以及由此衍生的問題。[73]

我們可以說，陳翰笙和社會學組同仁所做的調查，從一開始就設定了階級分析的立場，因此相當注意土地分配和生產關係在資本主義入侵後的變化。例如他們在無錫從事田權調查時發現：

> 無錫田權正在近代化之過程中：無錫田產買賣，日趨自

71. 國立中央研究院文書處編，《國立中央研究院總報告》，第 3 冊（1930年度），頁 358–359。

72. 國立中央研究院文書處編，《國立中央研究院總報告》，第 3 冊（1930年度），頁 359。

73. 陳翰笙，〈中國的農村研究〉，收入：中國社會科學院科研局組織編寫，《陳翰笙集》，頁 32。

由；租佃期限，逐漸縮短。因此田權更易集中。無錫農
民所有農田，僅占全縣田畝之半數。地主多不自經營，
其所有農田百分之八八俱屬出租；農民耕地不足，多向
地主零星租入，租地占農田百分之五二。[74]

在上海寶山的調查，側重者亦復如此：

全縣百分之六十以上之耕地為不滿全人口百分之三十之
地主所掌有。農田極為分碎。但西鄉多經營五十至一百
畝之富農，彼此俱採取與工償制相似之「腳色田」制度
以吸收勞動力。[75]

　　社會學組基本上假設造成農民貧困的原因，最主要在於農
村土地大部分集中在少數人手裡，田權分布不均，多數農民手
上沒有土地，無法擁有生產所得，因此調查過程中，他們特別
注意農村中的田權、租佃、僱傭關係和村戶分類等問題，希望
透過土地分配和農村生產關係，了解地主和農民之間的矛盾，
以及貧農、雇農受壓迫的狀況。這樣的觀點實即日後經濟學者
所謂「分配論」 (Distribution theory) 的視角，他們認為農村原
有土地分配不均的問題，在資本主義入侵之後更加惡化；地主
階級以各種不合理的地租、賦稅、高利貸等方式剝削農民，導
致農民生活日益貧困，被迫出售土地，而帝國主義則使得農村
經濟對國內外市場的依賴度升高，隨著景氣變動而難以安定，

---

74. 國立中央研究院文書處編，《國立中央研究院總報告》，第 4 冊（1931
　　年度），頁 312。

75. 國立中央研究院文書處編，《國立中央研究院總報告》，第 4 冊（1931
　　年度），頁 313。

失去土地的農民等於受地主階級和帝國主義的雙重剝削。因此如要改變這樣的生產結構，唯一的辦法就是革命，只有打倒專制政權，實施土地改革，才有可能改變土地分配不均的狀況。

陳翰笙及社會學組以階級分析的立場，在馬克思主義理論指導下所做的農村經濟調查，在在和「技術論」(Technological theory) 者從人口、資源、產量、價格、產銷方式著眼的觀點大相逕庭。[76] 特別是其側重生產關係的角度，揭露中國農村社會的性質，對日後中共發動土地改革並提出「半殖民地半封建社會」的論斷，建立了重要的理論基礎。唯該組所作社會經濟史研究多從社會調查的角度出發，認為社會調查觀察到的不僅僅只是當前的現象，還可以用來解釋 19 世紀以來受資本主義影響下的社會變貌，與社調所以檔案、帳冊、海關報告、地方志等材料為基礎的研究取向有很大的不同。社調所從事社會調查時，往往從總體經濟的角度出發，注重國家財政、政府稅收及商業活動等問題，影響所及，經濟史組所從事的中國近代經濟史研究也常常聚焦於晚清以來的稅收、財政、外債、賠款等方面的

---

76. 技術論者卻認為近代中國大部分土地均為中、小業主所有，真正的大地主甚少，農業危機的根源其實並不是土地問題和剝削，而是人口相對既有資源而言實在太多了，農場過小、耕作和農產品銷售的方式落後且不科學。解決之道則是引進新的知識和技術，只有這樣才能改善品種，恢復地利，提高生產力。張瑞德，〈中國近代農村經濟的發展與危機──晚近一些議題的評述〉，收入：中央研究院近代史研究所編，《中國農村經濟史論文集》（臺北：中央研究院近代史研究所，1989年），頁 724–725；734、744。

研究，以及與商業活動和流通有關的糧價、物價和帳冊等等。
然而陳翰笙及社會學組始終將重心放在土地、勞工、生產工具
與生產關係等問題上，即便曾經使用「中外書報文獻，探求過
去中國社會演進之軌跡」，[77] 或利用其他現成可用材料，如官署
案卷、地方志、各種機關報告、個人著作及當代書報等材料，[78]
在早期研究中亦累積無多。同樣是實證研究，基本假設不同，
研究取徑和關注的問題自然有所差異。

　　整體而言，社會學組以社會調查法所從事的社會經濟史研
究，由於受到馬克思主義影響而帶有明顯的理論框架，因而有
別於從時間向度出發，由歷史材料所推導的社會經濟史研究。
而其強烈的理論取向與左派色彩，最終難以見容於中研院社科
所，因此 1934 年 7 月當社科所和社調所合併之後，陳翰笙及社
會學組一系帶有明顯馬克思主義及階級分析立場的社會調查路
線便攔腰斬斷，[79] 社會學組成員一一星散。[80] 兩所合併後，民

....

77. 國立中央研究院文書處編，《國立中央研究院總報告》，第 3 冊（1930
　　年度），頁 359。

78. 陳翰笙，〈中國的農村研究〉，收入：中國社會科學院科研局組織編寫，
　　《陳翰笙集》，頁 34。

79. 1933 年傅斯年接任中研院社科所所長後，對於左派以及陳翰笙的社會
　　調查路線十分不滿，在陳翰笙以及錢俊瑞等人的回憶中，均將矛頭指
　　向傅斯年，認為傅打壓左派成員，使得社會學組成員陸續遭到解職，
　　再加上楊銓被刺案的刺激，陳翰笙對陶孟和及卜凱有關中國農村調查
　　的方法及結論均不表苟同，使他不得不離開社科所。這方面的討論可
　　參見 ： Yung-chen Chiang, *Social Engineering and the Social Sciences in
　　China 1919–1949* (Cambridge: Cambridge University Press, 2001), pp.

族組畫歸中央研究院歷史語言研究所，[81] 法制組停辦，留下社會學、經濟學組為主力發展方向，人員統一，實地調查路線不變。按千家駒 (1902-2002) 的看法，所謂的「兩所合併」，形式上是社調所取消了，「實際上是社會調查所把社會科學研究所吃掉了」。[82] 所謂的合併，其實是北平社會調查所「改名」為中央研究院社會科學研究所，而原來的社科所等於解散了。其後，中

167, 182, 201–205.

80. 合併前後，陸續離開中研院社科所的人如王寅生、錢俊瑞、張稼夫等人，而王際昌、張輔良、廖凱聲、李澄等四人則於 1930 年先離職。陳翰笙辭職後，改為社科所通訊研究員，而其所從事的農村調查工作，則轉移陣地至中國農村經濟研究會繼續進行。見：國立中央研究院文書處編，《國立中央研究院總報告》，第 3 冊 （1930 年度），頁 352–353。國立中央研究院文書處編，《國立中央研究院總報告》，第 6 冊 （1933–1935 年度），頁 157。

81. 1933 年初，中研院社科所曾一度研議與史語所合併，由傅斯年、李濟短暫兼任所長、副所長之職，並且將兩所合併之後的分組改為史料組、語言組、考古組 （將史語所考古組和社科所之民族組合併）、經濟組 （著重統計學）。但至 1934 年 4 月決定改與社會調查所合併，改聘陶孟和為所長。而民族組就此改隸中研院史語所。見：國立中央研究院文書處編，《國立中央研究院總報告》，第 6 冊 （1933–1935 年度），頁 157。〈歷史語言研究所與社會科學研究所合併事談話會紀錄及有關文件〉 （1933 年），中國第二歷史檔案館藏，全宗號：393，案卷號：1486。個人認為其中變化除了人事上的考慮之外，應該也與民族學、社會學、歷史學的學科定位仍處於游移狀態有關。

82. 千家駒，《從追求到幻滅：一個中國經濟學家的自傳》（臺北：時報文化出版社，1993 年），頁 89–90。

研院社科所在研究議題和調查方式上，除少部分未完成的工作外，大體接續了原來社調所的基礎，由陶孟和接任所長，社調所成員——包括近代經濟史組，從此併入中研院社科所，[83] 而社會經濟史研究項目則持續以實證研究方式進行。原社調所發行刊物《中國近代經濟史研究集刊》，也於 1937 年擴大範圍，改名為《中國社會經濟史集刊》，確立日後社會經濟史的研究路向，成為 1930 年代社會經濟史研究的重鎮。

三、史料的蒐求與整理

在社會學者和經濟學者的帶動下，中國社會經濟史研究或以社會調查、或以歷史研究的方式逐漸受到學界重視。社會史論戰之後，中國革命問題日趨嚴重，左派經濟學者更急切地想從中國社會發展的進程中，了解中國社會的性質，以確立革命的對象、路線與方針，從而吸引更多對中國社會經濟史有興趣的學人加入討論的行列。然而，大學歷史科系對於中國社會經濟史的關注仍顯不足，特別是歷史學科開設此次領域的學校仍然十分有限，部分大學以跨系合班的方式開設中國社會史、中國經濟史等科目，如北大史學系從 1932 年開始，與政治系合開中國社會史，由政治系的陶希聖講授；[84] 同年清華大學歷史系

---

83. 中研院社科所於 1934 年與社調所合併後，又於 1945 年元月再改名為社會學研究所（簡稱「社會所」），研究路線與人員不變。

84. 國立北京大學，《國立北京大學史學系課程指導書》（北平：國立北京大學，1932 年至 1933 年適用），頁 3–5。

也請陶希聖開授同一門課。其內容採分期方式講授：上古期由商至周，著重在氏族社會及其轉變的過程，古代指的是秦漢時期，所述者為奴隸社會，中古期由三國至五代，內容偏重於農奴社會，近世期由宋至清，清末以後為現代。其授課重點基本上延續著社會史論戰中未完的議題，以「尋求中國社會組織之發達過程，依於每一時代之社會組織，說明其時之政治制度，政治現象，及主要的思潮」。[85] 此外，武漢大學歷史系於 1930 年以後也由李劍農 (1880–1963) 斷斷續續開設過中國經濟史，[86] 其講授內容除敘述「殷周以來，各時代經濟變遷的大勢」之外，「搜求各時代關於經濟發展的史料」，也是另一項重點。[87] 整體而言，各大學歷史系開始出現較多中國社會史、經濟史課程，大約是 1933 年以後的事，其中又以 1934 年和 1936 年的比例最高。[88]

85. 國立清華大學，《國立清華大學本科暨研究院學程一覽》（北京：國立清華大學編印，1932–1933 年度），頁 46–47。

86. 〈各學院概況學程內容及課程指導書〉，收入：吳相湘、劉紹唐編，《國立武漢大學一覽》（1935 年），《民國史料叢刊》，第 6 種，頁 25–28。

87. 〈各學院概況學程內容及課程指導書〉，《國立武漢大學一覽》（1930–1931 年），頁 51–57。

88. 以筆者寓目所及，1934 年開設中國社會經濟史相關課程的歷史學系有：北平師範大學歷史系（中國社會史）、大夏大學歷史社會系（社會調查）、河北省立女子師範學院史地系（中國經濟史）、武漢大學史學系（中國經濟史）、廈門大學歷史社會學系（社會變遷、社會調查）、中山大學史學系（中國社會史、中國近代經濟史）。1936 年開設者有：

　　事實上社會史論戰之後，中國社會經濟史的研究隊伍逐漸成軍，不過無論是大學講授的課程，或是社調所和社科所的研究，此時都同樣面臨著材料不足的問題。長期以來社會經濟史的書寫權並不掌握在歷史學者手中，中國到底有哪些相關材料可以運用，多數學者並不熟悉。於是蒐集史料、整輯史料就成了此新興學科現階段首要的任務。曾經參與社會史論戰的陶希聖對此即有極深的體會，他說：

> 史學不是史料的單純的排列，史學卻離不開史料。理論雖不是史料的單純排列可以產生，理論並不是儘原形一擺，就算成功了的。方法雖不是單純把材料排列，方法卻不能離開史料獨立的發揮功用。有些史料，非預先有正確的理論和方法，不能認識，不能評定，不能活用；也有些理論和方法，非先得到充分的史料，不能證實，不能精緻，甚至不能產生。[89]

為了蒐集更全整的中國社會經濟史材料，陶希聖於北大政治系任教期間，特別成立了北大經濟史研究室，動員學生一同參與史料整編的工作；並且在《食貨》半月刊上發起搜讀地方志的提議，獲得不少迴響。他認為從歷史文獻中蒐集社會經濟史的

　　光華大學歷史系（中國經濟思想史、中國經濟制度史）、暨南大學歷史地理系（中國經濟史、中國社會史）、中山大學史學系（中國經濟文化史）。王應憲編校，《現代大學史學系概覽 (1912–1949)》上冊，頁152、264、414、250、279；下冊，頁 488、600、604。

89. 陶希聖，〈編輯的話〉，《食貨》半月刊，1：1（1934 年 12 月 1 日），頁 29。

材料，固然以二十四史為先，但在整理社會史的材料「稍有頭緒」之後，擴大範圍到地方志去，也是很必要的。只是地方志的數量大過二十四史好幾倍，所以他建議先讀大都會地區的地方縣志，再用分工合作的辦法，「以本省人讀本省的地方志」。[90] 因著他的提議，鞠清遠認為地方志還可以依著都市、交通線、工業與礦業區為中心來讀，[91] 而吳景超 (1901–1968) 則建議以都市為核心，串聯與此相關的工商業或交通線一步步研究。[92]

因為中國社會經濟史的材料分布過廣，其中又有太多是前人沒有整理、發掘過的，因此當食貨學會發起蒐讀整理社會經濟史材料時，有人主張從正史著手，[93] 有人主張由方志中挖掘，

90. 陶希聖主張搜讀地方志的提議，最早是來自於顧頡剛，他們認為經濟是「社會的基礎和歷史的動力」，二十四史裡藏著許多最基本的中國社會經濟史材料，如果要寫一部「中國社會經濟通史」，不能不先從這裡著手。陶希聖，〈搜讀地方志的提議〉、〈編者的話〉，《食貨》半月刊，1：2（1934 年 12 月 16 日），頁 70–71、76。

91. 鞠清遠，〈地方志的讀法〉，《食貨》半月刊，1：2（1934 年 12 月 16 日），頁 71–75。

92. 吳景超，〈近代都市的研究法〉，《食貨》半月刊，1：5（1935 年 2 月 1 日），頁 159–160。

93. 陳嘯江在回答陶希聖搜求資料的方法時，提出一個整理二十五史文化史的計畫，創立十二大類別，分門別類整理中國文化史，而其中一個門類即是經濟史。他認為經濟史可依生產、流通、分配、消費等四大項整理，並以經濟思想附從之。其詳細細目可參見：陳嘯江，〈二十五史文化史料搜集法〉，《食貨》半月刊，1：5（1935 年 2 月 1 日），頁 161。

也有人提出閱讀筆記文集。而在此之前即已從事檔案史料整理工作多年的社科所學人，此時更站出來大聲呼籲不可忽略政府檔案資料，湯象龍說：

> 我們研究經濟史的資料浩如煙海，尤其關於近代的，除了一部二十四史，幾千部的地方志之外，要搜讀的資料不知有多少，其中許多的價值比起書本來或者還要高一些，而且是研究中國經濟史的人不可不涉獵的。[94]

湯象龍這裡指的「不可不涉獵」的材料包括：一、明清兩代中央政府的檔案，他認為整理這些檔案「數量之多，頭緒之繁」，十倍於搜讀數千部的方志，但這卻是研究「中國近代財政經濟社會法律的頭等資料」，它既可以改正許多以往書籍上的錯誤，二三百萬件的「司法案件」，更是研究「中國經濟社會背景、人民的痛苦、社會上的爭端的癥結、以及社會制度的缺點的好資料」。二、各地方政府的卷宗檔冊，這是研究各地方財政、經濟、社會情況的重要資料，其價值可與中央政府檔案齊等。三、各種帳簿，如農民或家庭的流水帳、店鋪的生意帳、公司的營業帳，以及其他關於量的性質的記載，這些資料可以看出「各時各地的農民經濟、物值、生活程度、工商發達的情形，以及社會組織」。[95]

　　湯象龍所介紹的這批史料，正是社調所自 1930 年以來，從

---

94. 湯象龍，〈對於研究中國經濟史的一點認識〉，《食貨》半月刊，1：5（1935 年 2 月 1 日），頁 158。

95. 湯象龍，〈對於研究中國經濟史的一點認識〉，《食貨》半月刊，1：5（1935 年 2 月 1 日），頁 158。

故宮文獻館、北大研究所國學門和中研院史語所整理抄錄得來的資料。相較於食貨學會此時主張從二十四史、地方志裡搜求中國社會經濟史的史料，社科所學人似乎更早投注精力於此，他們在社會史論戰大戰方酣吵得沸沸揚揚之際，並沒有參與其中任何一場討論，對於亞細亞生產方式、奴隸社會、封建社會、資本主義社會的討論，一概視而不見，專注地投入檔案史料的整理抄錄工作，因此到了 1935 年前後已經累積出大量可資運用的材料，並且依據這些材料寫成有關近三、四百年中國社會經濟史的相關論著。當陶希聖和食貨學會研究群開始高呼不能「以方法當結論」，應當注重社會經濟史史料的時候，社科所學人有感於大家對這批政府檔案的陌生，特別在《中國近代經濟史研究集刊》上，以整期的篇幅介紹這批材料。[96]

這批檔案史料，除故宮文獻館所藏的內閣大庫檔案、軍機處檔案和內務府檔案，為故宮原有未移出之檔案外，其他檔案多因光緒、宣統年間內閣大庫倒塌遷移，民國時期幾經輾轉傳賣之後，才被北大、清華和史語所收購的。其中，與近代社會經濟史最攸關的，就是黃冊、題本、報銷冊一類的材料，這類材料又以北大和故宮文獻館典藏最富，[97] 史語所因收購所得的

---

96. 《中國近代經濟史研究集刊》刊行「明清檔案專號」的時間在 1934 年 5 月，與陶希聖等人在《食貨》半月刊開始呼籲蒐集地方志和閱讀二十四史的時間相當。

97. 黃冊一般是指由內閣收存，各部院隨題本、奏本等進呈的附件，除錢糧報銷冊之外，還有河工工程圖、鄉會試題名錄、試錄、欽天時憲書式等。其中錢糧報銷冊部分，又以北京大學所藏最多，約六千八百餘

材料破損散佚最為嚴重，所以這類材料的數量反不如前者。
1933 年以前，故宮文獻館在整理內閣大庫檔案時，「以整理黃
冊致力最多」，包括中央吏、戶、禮、刑、工、理藩院、都察
院、太常寺、光祿寺等衙門進呈者總計 2,998 冊，[98] 以及兵部
錢糧黃冊、京外各省黃冊約兩千餘件，[99] 都是有關經濟史和各
省財政方面的原始史料；而軍機處檔冊、奏摺中更有八分之一
以上是有關財政經濟的史料；此外，故宮文獻館在整理內務府
檔案時，也以經濟方面的材料為首要急務，其工程銀兩報銷冊、
估價單等，都是研究皇室經費的最好材料。[100]

　　在北大方面，根據北大 1934 年的概算，該校所藏題本約五
十萬件，報銷冊約九千餘件，其中五十萬件的題本雖然封存甚
好，且富藏許多近代社會經濟史的資料，但因經費與人手不足，
尚只能依朝代區分，未能就內容做充分的整理；[101] 而已經整理

冊，故宮文獻館約四、五千冊，史語所則有二千餘冊，但大部分殘碎
破爛。史語所和北大在整理時，皆將此分為歲入、歲出和雜項三類，
歲入有戶口丁賦、地丁錢糧、漕白錢糧、屯丁屯糧、鹽、牙商雜稅、
各省倉庫、中央倉庫等類，歲出則分各部寺用款、軍用餉糈、俸餉工
價等類。見：徐中舒，〈中央研究院歷史語言研究所所藏檔案的分析〉，
《中國近代經濟史研究集刊》，2：2（1934 年 5 月），頁 190–194。

98. 單士元，〈故宮博物院文獻館所藏檔案的分析〉，《中國近代經濟史研究
　　集刊》，2：2（1934 年 5 月），頁 271–272。

99. 單士元，〈故宮博物院文獻館所藏檔案的分析〉，《中國近代經濟史研究
　　集刊》，2：2（1934 年 5 月），頁 278。

100. 單士元，〈故宮博物院文獻館所藏檔案的分析〉，《中國近代經濟史研究
　　集刊》，2：2（1934 年 5 月），頁 280。

的社會經濟史史料又以明清實錄和報銷冊最多。根據趙泉澄的分析，北大之所以能夠首先處理報銷冊這類有關社會經濟史的材料，主要是因為報銷冊原本在封面上，就已經「按內容標其名目」了，所以北大只要按著各種不同名目的報銷冊，分別出許多不同的種類，就可以「不期然而然的近乎內容的分類了」。[102] 這種不期然而然的結果，正好給了社調所學人方便抄錄整理的機會，自 1930 年開始，社調所分別在故宮文獻館和北大等地，抄錄金融、財政、海關、釐金、鹽務、通商、礦政、交通、捐輸等項片，共計十萬件左右，或用表格填寫，或用節略方法，作有系統有計畫之蒐集，甚至與中研院社科所合併之後，此項計畫仍持續進行。

其實，只要仔細分析《中國近代經濟史研究集刊》上所刊載的論文與北大、故宮典藏的檔案，不難發現社調所學人所從事的社會經濟史研究，幾乎都是從這些檔案、報銷冊中發展出來的。如羅玉東 (1910–1985) 的釐金制度研究，[103] 劉儁、吳鐸所寫有關清代鹽法、鹽務問題，[104] 湯象龍的海關稅收與貿易問

---

101. 趙泉澄，〈北京大學所藏檔案的分析〉，《中國近代經濟史研究集刊》，2：2（1934 年 5 月），頁 239。

102. 趙泉澄，〈北京大學所藏檔案的分析〉，《中國近代經濟史研究集刊》，2：2（1934 年 5 月），頁 240–243。

103. 羅玉東，〈釐金制度之起源及其理論〉，《中國近代經濟史研究集刊》，1：1（1932 年 11 月），頁 4–37。以及之後據此擴大寫成的專書《清代釐金稅收及其用途》。

104. 劉儁，〈道光朝兩淮廢引改票始末〉，《中國近代經濟史研究集刊》，1：2（1933 年 5 月），頁 123–188。劉儁，〈清代雲南的鹽務〉、〈咸豐以

題，[105] 道光、咸豐時期的銀價問題，以及 1934 年後才入社科所
的梁方仲所從事的明代稅法和田賦研究，[106] 都是其中的顯例。
政府檔案的適時開放與發現，或許就如社調所學人所說是一種
巧合，是一種「無意發現的寶藏」，[107] 但是如果沒有這樣的眼
光，即便這些材料早早公諸於世，也未必會獲得研究者的青睞。

　　就如北大最初整理這批檔案的過程中，因為從未有過整理
檔案的經驗，面對數量如此龐大的史料，特別成立了「檔案整
理委員會」，多次討論整理的步驟和方法，因此得到許多人的意
見。其中一位曾經是歷史博物館在國子監時代任職的職員胡綏
之 (1858-?)，就寫信建議北大，在取得檔案之後，應先去塵垢、
鋪平、挨直，按年月日分別插架之後，再請「有學識者閱之，
如為編年史，須去其無大關係者，如為紀事本末或別為類纂，
則須將事標明，分別插架」，他認為：

後兩淮之票法〉，《中國近代經濟史研究集刊》，2：1（1933 年 11 月），
　　頁 27–142。吳鐸，〈川鹽官運之始末〉，《中國近代經濟史研究集刊》，
　　3：2（1935 年 11 月），頁 143–261。
[105] 湯象龍，〈光緒三十年粵海關的改革〉，《中國近代經濟史研究集刊》，
　　3：1（1935 年 5 月），頁 67–74。湯象龍，〈道光時期的銀貴問題〉及
　　〈道光朝捐監之統計〉，則刊載在北平社會調查所另一刊物《社會科學
　　雜誌》，1：3（1930 年 9 月），頁 432–444，以及 2：4（1931 年 12
　　月），頁 1–31。
[106] 梁方仲，〈明代「兩稅」稅目〉、〈明代戶口田地及田賦統計〉，《中國近
　　代經濟史研究集刊》，3：1（1935 年 5 月），頁 50–66；75–129。
[107] 〈中國近代經濟史研究集刊・發刊詞〉，《中國近代經濟史研究集刊》，
　　1：1（1932 年 11 月），頁 3。

> 其中大率命盜案居多，如遇巨案，可將東華錄一勘，倘
> 有異同，可記出，以備考證。餘似無甚大用，惟中有私
> 事，又有非檔案各件，是宜留意耳。……[108]

照胡綏之的看法，檔案中數量最多的可能只有「命盜案」，除去
命盜案中的「巨案」之外，其他大概也都沒有什麼可資存留的
價值。而且胡氏的分類方式，也是按著傳統分年、紀事的編排
方法，在這個架構下，移放北大的檔案——尤其是報銷冊一類
的社會經濟史資料，大概都可以棄之紙簍。北大對於這種建議
自是沒有採納，在趙泉澄的筆下，甚至很具體地用「我們」和
「他們」來區別新舊兩派看待材料的態度，[109] 他說：

> 我們的眼光既不同，他們認為要件的，在我們也許不是
> 要件，他們所不要的，在我們看來或者倒是很寶貴的案
> 件。[110]

趙泉澄強調：「當用我們的眼光去觀察時，這種要件很少是要件
的了」，除開軍事上的報告之外，五十多類的要件中，不是「專
制帝王私人之事」，就是「忠臣孝子的個人記載」，他認為這些
「不是堂皇虛飾的官樣文章，即是升官登科的題名簿冊」，直接
跟社會經濟史有關的材料可說是沒有的。

---

108. 趙泉澄，〈北京大學所藏檔案的分析〉，《中國近代經濟史研究集刊》，
    2：2（1934 年 5 月），頁 227。
109. 王汎森，〈什麼可以成為歷史證據——近代中國新舊史料觀點的衝
    突〉，收入：王汎森，《中國近代思想與學術的系譜》，頁 343–367。
110. 趙泉澄，〈北京大學所藏檔案的分析〉，《中國近代經濟史研究集刊》，
    2：2（1934 年 5 月），頁 239–240。

　　或許就如〈中國近代經濟史研究集刊·發刊詞〉上所說：
經濟的資料「向來是異常缺乏的，在我們中國尤其如此。或者是
以先的人對於經濟事實或經濟現象不加注意，沒有記載；或者有
記載而人們不認識他的價值，未能保存」。[111] 要能看到題本報銷
冊、流水帳、戶口錢糧清冊的史料價值，甚至認為要高過書籍典
冊的史料價值，不能說不是現代史料觀念的一種重大變化。

四、清華史學研究會與中國社會經濟史研究

　　在整理這批明清時期所遺留下來的檔案時，北大、清華、
故宮文獻館、史語所、社科所都各自動員了不少人力，北大、
清華由老師帶領學生邊做邊學，故宮文獻館、史語所和社科所
也有專司其職之人，社科所更早在社調所時期，便以培訓研究
生的方式，招募各大學成績優良的畢業生參與其事，湯象龍、
羅玉東、劉雋等人，都是社調所時代就進到近代經濟史組協助
抄錄檔案的學生。[112] 而湯象龍在 1930 年代以後接任社科所社會
經濟史組組長之職，主持並指導選抄整理檔案等事宜。[113] 雖然，
各學校、單位最後整理、分類檔案的原則與方法不盡相同，但
是藉著這次整理檔案的過程，反而讓許多原本分屬不同單位、

111.〈中國近代經濟史研究集刊·發刊詞〉，《中國近代經濟史研究集刊》，
　　 1：1（1932 年 11 月），頁 2。

112. 社會調查所編，《社會調查所概況》，頁 5。

113. 羅爾綱，〈中國近代海關稅收和分配統計·羅序〉，見：湯象龍編著，
　　 《中國近代海關稅收和分配統計》（北京：中華書局，1992 年），頁 1。

不同學科背景的人就此有了更深一層的聯繫。

可能是這個機緣的關係，1934 年 5 月湯象龍、吳晗邀集了一批當時或是參與過檔案整理工作，或是對歷史研究有興趣的學人，組織了清華史學研究會。研究會成員以清華大學校友為基底，包括社科所的湯象龍、梁方仲、朱慶永、羅玉東、劉雋，清華的吳晗、孫毓棠、夏鼐、南開大學經濟研究所的谷霽光，和當時正在北大研究所考古研究室工作的羅爾綱，以及後來加入的張蔭麟、楊紹震和吳鐸。[114] 這是一批年輕史學工作者的集結，主要結合的動力來自於對中國社會經濟史的共同興趣。他們一方面在各自的工作領域上從事類同方向的研究，一方面定期進行聚會討論、舉辦年會，[115] 並另外以報紙副刊作為社群組

---

114. 有關清華史學研究會成員，各家晚年回憶說法不一，有說十人（羅爾綱），有說十二、三人（湯象龍），有說九人者（梁方仲）。回憶不同的緣故，蓋因清華史學研究會成員在不同時期分別有人出國或離開，因而有所異動。例如最初成會時，夏鼐還是清華大學歷史系學生，原想研究中國近代史，旋因公費留考出國，改行學考古學，回國後在中研院史語所工作，仍列名《中國社會經濟史集刊》編輯委員。羅爾綱，〈中國近代海關稅收和分配統計・羅序〉，見：湯象龍編著，《中國近代海關稅收和分配統計》，頁 1。湯象龍，〈湯象龍自傳〉，收入：晉陽學刊編輯部編，《中國現代社會科學家傳略》，第 4 輯，頁 121–122。湯明檖、梁承鄴、黃啟臣，〈梁方仲傳略〉，收入：晉陽學刊編輯部編，《中國現代社會科學家傳略》，第 4 輯，頁 380。夏鼐，《夏鼐日記》，卷 1（上海：華東師範大學出版社，2011 年），頁 240。

115. 如谷霽光的〈崔浩「國史」之獄與北朝門閥〉，天津《益世報・史學》，第 11 期（1935 年 9 月 17 日），就是一篇原本在 1935 年 5 月 27 日第

織成員發表的園地，前後主編過天津《益世報‧史學》副刊和南京《中央日報‧史學》副刊，[116] 由湯象龍擔任總務，吳晗、羅爾綱先後出任刊物編輯，谷霽光擔任會計。[117] 據湯象龍晚年回憶，1937 年中研院社科所發行的《中國近代經濟史研究集刊》改名為《中國社會經濟史集刊》時，所有清華史學研究會的會員都納入了編輯群的行列，[118] 由此可以看出《中國社會經濟史集刊》並不完全只是社科所發行的一份「機關刊物」，在更大程度上，它反而更接近《益世報‧史學》副刊、《中央日報‧史學》副刊，有如清華史學研究會成員的社群刊物。

不同於陶希聖等人所組的食貨學會，清華史學研究會基本上是一個非常典型的「封閉性」專業社群，[119] 它除了有極為固定的社群組織成員外，也有可供社群發表的園地，更重要的是刊物上的撰稿人和社群組成分子幾乎全是同一批人。他們主張以「分工合作」的方式，對中國歷史上的問題「從大處著眼，

一次年會時所發表的報告。

116. 天津《益世報‧史學》，於 1935 年 4 月 30 日創刊，至 1937 年 5 月 30 日停刊，共發行 54 期。南京《中央日報‧史學》，創刊於 1936 年 3 月 5 日，至 1936 年 10 月 1 日停刊，共發行 30 期。

117. 湯象龍，〈湯象龍自傳〉，收入：晉陽學刊編輯部編，《中國現代社會科學家傳略》，第 4 輯，頁 122。另一說表示谷霽光為文書。羅爾綱，〈中國近代海關稅收和分配統計‧羅序〉，見：湯象龍編著，《中國近代海關稅收和分配統計》，頁 1。

118. 湯象龍，〈湯象龍自傳〉，收入：晉陽學刊編輯部編，《中國現代社會科學家傳略》，第 4 輯，頁 123。

119. 有關封閉性社群和開放性社群的討論，請參見第四章。

小處下手，就各人的興趣和所學，就每一問題作廣博深湛的檢討」。天津《益世報·史學》副刊「發刊詞」上有一段話說：

> 在另一方面，零爛的，陳舊的，一向不被人們所重視的
> 正史以外的若干紀載，我們也同樣地加以注意，這裡面
> 往往含有令人驚異的新史料。反是，在被裝進象牙之塔
> 裡去的史籍，往往有極可珍惜的史實被掩置在一副古典
> 的面具之下，或被化裝成另一事物，或被曲解為另一意
> 義，我們也要作一番極審慎的搜剔工夫，給還以原來的
> 位置和面目。[120]

這段由吳晗執筆，[121] 清華史學研究會成員集體討論修改的聲言可以很清楚地看出，該會成立的宗旨和目的，實際上和社調所成立以來近代經濟史組努力的方向並無二致，一樣是以發掘新史料，重新看待舊典籍為基礎。唯一不同的是，他們把成員擴大，容納了更多非社科所工作的同仁進來；拜整理明清檔案之賜，不同學科背景的人，在此集結，基於相同的眼光，相同的方向，組織共同的社群。湯象龍、梁方仲、朱慶永、羅玉東、劉雋、吳鐸等——原本處在以社會調查為核心的邊緣人，和一群立志探尋新史學路線的史學工作者，因著對「一時代」、「一方面」歷史的興趣和歷史「求真」的共同信念，集結成群；在宣告「帝王英雄的傳記時代已經過去了，理想中的新史當是屬於社會的，民眾的」聲言中，[122] 找到了交集。清華史學研究會

---

120. 〈益世報·史學·發刊詞〉，天津《益世報·史學》，第 1 期（1935 年 4 月 30 日）。

121. 蘇雙碧、王宏志，《吳晗傳》（北京：北京出版社，1984 年），頁 66。

在這層意義上，不但是一個社會經濟史研究社群的集結，更是社會學、經濟學、歷史學在學科界面上的交會：蒐求史料、整理史料的過程，讓社會經濟史的書寫權，轉移到了史學家的手中，經濟學者所擅長的計量分析與統計方法，[123] 因此帶進了歷史研究的領域，社會經濟史不再只是社會學和經濟學的研究視角，更是史學學科分支下的一門重要次學科領域。

清華史學研究會從表面看來是一群志同道合的朋友，以私人情誼為基礎的結合，但是如果不是在研究取徑和方法上，有著極為近似的看法，無由出現這樣的社群。歷史研究是他們之間最大的公約數，社會發展與經濟的動因，則是形成交集的核心。一如梁方仲談到他自己的專題研究時表示，他做的是一種「小題大做」的工夫，「小題」的意思是指從個別的研究著手，選題具體，但求對「歷史上各種經濟制度或政策的各別研究」；「大做」的意思則是指大量的收集材料，並且置某一制度和政策本身於當時的社會中，去作綜合的考察，在大量積累資料的基礎上，反覆探索，求得對整個社會經濟狀況的認識。[124] 這個

122. 〈益世報・史學・發刊詞〉，天津《益世報・史學》，第 1 期（1935 年 4 月 30 日）。

123. 湯象龍於晚年表示：當年在社會調查所和中研院社科所時，所從事的清宮檔案抄錄工作，「有一半以上實行了統計表格化，形成了半成品，可供研究之用」。他認為這是中國史學界最早大量發掘和利用清代政府檔案的創舉，也是「我國史學研究運用統計方法整理大量史料工作的開始」。見：湯象龍，〈湯象龍自傳〉，收入：晉陽學刊編輯部編，《中國現代社會科學家傳略》，第 4 輯，頁 120。

124. 湯明檖、梁承鄴、黃啟臣，〈梁方仲傳略〉，收入：晉陽學刊編輯部編，

方向可以說是對吳晗在天津《益世報‧史學》副刊「發刊詞」上所說「大處著眼，小處下手」觀念最具體的闡釋。在這個前提下，《益世報‧史學》副刊宣稱：「凡對歷史上某一種形態作專門的敘述，或提出歷史上的新問題，以及對史案作考證的試探」，[125] 都是他們歡迎的行列。因此，我們看到登載在《益世報‧史學》副刊和《中央日報‧史學》副刊上的文章，並不像社科所發行的《中國近代經濟史研究》一樣，那麼一致地像是整理明清檔案史料的成果報告，更沒有以評介新舊史料為務的書評專欄。而 1937 年 3 月以後改名的《中國社會經濟史集刊》，也因社科所整理明清檔案的階段性任務告一段落，為容納清華史學研究會成員更廣泛的社會經濟史論題，而有更多元的面貌出現。

像是谷霽光的〈府兵制度的起源〉、〈北魏均田制之實施〉、〈中正九品考〉、〈漢末魏晉間之流民〉等文，[126] 研究範圍全都集中在漢魏至隋唐之間，吳晗的〈煙草初傳入中國的歷史〉、〈明代的農民〉、〈元明兩代之「匠戶」〉等文，[127] 用的不是正

《中國現代社會科學家傳略》，第 4 輯，頁 389。

125. 〈本刊啟示〉，天津《益世報‧史學》，第 8 期（1935 年 8 月 6 日）。

126. 谷霽光，〈府兵制度的起源〉，天津《益世報‧史學》，第 2 期（1935 年 5 月 14 日）；谷霽光，〈北魏均田制之實施〉，天津《益世報‧史學》，第 7 期（1935 年 7 月 23 日）；谷霽光，〈中正九品考〉，天津《益世報‧史學》，第 25 期（1936 年 3 月 31 日）；谷霽光，〈漢末魏晉間之流民〉，天津《益世報‧史學》，第 34 期（1936 年 8 月 2 日）。

127. 吳晗，〈煙草初傳入中國的歷史〉，天津《益世報‧史學》，第 3 期（1935 年 5 月 28 日）；吳晗，〈明代的農民〉，天津《益世報‧史學》，

史、會典、實錄、方志，就是從《物理小識》、《水東日記》、《石隱園藏稿》、《樓山堂集》等文集、雜著裡找材料，此外，像張蔭麟的〈三國的混一〉、[128] 童書業的〈漢代的社稷神〉等文，[129] 更無一是利用政府檔案寫成的文章，其討論範圍當然更不以明清為限。而經濟學出身的學人則一仍其舊，以其擅長的計量分析，研究社會經濟史的議題，如湯象龍的〈輪船招商局的創立〉，[130] 即非常嫻熟地運用了招商局成立第一年的總帳，說明招商局成立之後對清代漕運和商務的影響。朱慶永的〈晚明流寇與遼東戰爭的關係〉，[131] 也是很典型的經濟史取向，他統計了萬曆三十八年到天啟七年遼東各鎮所欠京運銀，說明遼餉加重逼迫農民轉為流寇的原因。而陳暉的〈中國鐵路外債數額的估計〉一文，[132] 則利用郵傳部、舊交通部、鐵道部及各路局所編印之《各路外債合同》、《各路債欵節略》、《各路債欵分類詳

....

　　第 13 期（1935 年 10 月 15 日）；吳晗，〈元明兩代之「匠戶」〉，天津《益世報・史學》，第 44 期（1936 年 12 月 20 日）。

[128]. 張蔭麟，〈三國的混一〉，天津《益世報・史學》，第 45 期（1937 年 1 月 12 日）。

[129]. 童書業，〈漢代的社稷神〉，天津《益世報・史學》，第 16 期（1935 年 11 月 26 日）。

[130]. 湯象龍，〈輪船招商局的創立〉，天津《益世報・史學》，第 8 期（1935 年 4 月 8 日）。

[131]. 朱慶永，〈晚明流寇與遼東戰爭的關係〉，天津《益世報・史學》，第 17 期（1935 年 12 月 10 日）。

[132]. 陳暉，〈中國鐵路外債數額的估計〉，天津《益世報・史學》，第 32 期（1936 年 7 月 5 日）。

表》所提供的數字，估計中國自光緒十三年（1887 年）以後所舉外債之總額，說明各國在華勢力的消長，並反駁外國學者耿愛德據各國合同推算統計之誤。

不同的學科背景，顯然各有擅場。清華史學研究會既是一個涵納經濟學、歷史學出身學人的社群，彼此之間自然不可能沒有跨學科性的對話。如張蔭麟在《中國社會經濟史集刊》中曾發表的〈北宋的土地分配與社會騷動〉，想用量的統計方式，探討北宋承平時期和五次動亂發生時，土地是否有大量集中的現象。他認為如要討論農業社會的經濟問題，土地分配幾乎占了生產關係的全部，然而中國歷史上可以提供較為詳細地主、佃客統計資料的，只有北宋，因此他把《太平寰宇記》、《元豐九域志》和畢仲衍的《中書備對》等三種資料，列表統計之後，分析宋代主戶（地主、自耕農）、客戶（佃客）的比例，說明北宋時期土地集中的問題。由這些統計數據張蔭麟得到幾項結論：一、在北宋相對和平穩定的時期，土地集中的程度不但沒有增加，反而有顯著退減的現象；二、土地集中的程度與地理分布的狀況並沒有直接的關聯性；三、從太平興國至元豐年間的五次動亂，實際上也未造成土地集中的現象。[133]

對於這樣看法，當期主編湯象龍表示：張蔭麟這篇以量的統計所做的文章是「有趣的嘗試」，特別適用在研究社會經濟史方面，但是在運用的時候也有其危險性，因為「統計可以證明一切，同樣的量的資料可以同時證明完全相反的事情」，而且量

---

133. 張蔭麟，〈北宋的土地分配與社會騷動〉，《中國社會經濟史集刊》，6：1（1939 年 6 月），頁 35–38；59–63。

的資料必須「精確」、「完整」，並且依據現代統計原理設計，乃得其用，可是我們在歷史上可以看到的量的資料，常常都是「官廳行政所用的記載」或是「時人認為有意義的數字」，像張蔭麟文章中所用的統計數字，都是當時政府征收田賦的記錄，是不是可以拿來從中推斷當時土地分配的實際狀況，是「大有商榷的地方」。湯象龍強調：歷史研究者必須「認清每個歷史事實都是單獨的，特別的，沒有兩個歷史現象是相同的」，因此利用統計資料所得的結論，有時很難「類推或佐證其他的歷史事項」，還必須要參照許多其他相關資料才能得到印證。[134] 當歷史學者在學習運用統計學的方法時，經濟學者的經驗往往是很好的借鑑，湯象龍的觀點非常切要地說明了統計數字在歷史研究上的助益與限制，對於歷史學如何運用量化資料提供了很好的參照。

　　然而不管清華史學研究會成員在研究範圍或選題上存在著多少的差異，強調社會與經濟之間的互動關係仍是他們共同關注的焦點；換句話說，經濟因素對社會變遷的影響，或政治、制度的變化與底層社會、民眾生活的關係等，都是他們最常討論的課題。最典型的例子莫如梁方仲有關田賦、稅制的研究，他的〈明代糧長制度〉、〈一條鞭法〉、〈易知由單的起源〉等文，所關心的問題不僅僅是制度本身施行的內容，及其興衰變化的過程，他更重視的是施行這些制度背後的社會經濟條件。另外，像谷霽光的〈崔浩「國史」之獄與北朝門閥〉一文，藉著崔浩因「國史」案被誅的事實，闡釋北魏的門閥勢力與皇權消長的

---

134. 張蔭麟，〈北宋的土地分配與社會騷動〉，《中國社會經濟史集刊》，6：1（1939 年 6 月），頁 63–64。

關係，以及異族統治下的舊文化勢力對種族和文化的看法。[135]
此外，以考證太平天國史事見長的羅爾綱所寫〈金田發難〉、
〈太平天國天朝田畝制度實施問題〉，或是〈太平天國革命的性
質及失敗的原因〉等幾篇文章，[136] 無不是從底層民眾的角度出
發，分析太平天國革命最後失敗的社會因素。他的〈陟山隨筆〉
所介紹的史料，亦不乏留意像汪士鐸 (1802–1889)《乙丙日記》
這樣的材料，藉著汪士鐸的人口論指出乾隆以後人口暴增是為
社會動亂的來源。[137]

　　當然，有些時候社科所學人因為在所內利用檔案史料工作
時，注意到明清社會的某一問題，進而引發對類同問題的興趣，
這時他們也會把文章投稿到社群刊物裡來，例如劉雋曾經利用
清代檔案研究過道光、咸豐兩朝的鹽法、鹽務問題，在《益世
報‧史學》副刊上，他就把焦點轉到漢代，因而寫成〈東漢的
鹽政制度〉、〈西漢時代的國家專賣鹽法〉等文章。[138] 要不就是

---

135. 谷霽光，〈崔浩「國史」之獄與北朝門閥〉，天津《益世報‧史學》，第
　　 11 期（1935 年 9 月 17 日）。

136. 羅爾綱，〈金田發難〉，天津《益世報‧史學》，第 2 期（1935 年 5 月 14
　　 日）。羅爾綱，〈太平天國天朝田畝制度實施問題〉，天津《益世報‧史
　　 學》，第 19 期（1936 年 1 月 7 日）。羅爾綱，〈太平天國革命的性質及
　　 失敗的原因〉，南京《中央日報‧史學》，第 9 期（1936 年 4 月 2 日）。

137. 羅爾綱，〈陟山隨筆〉，南京《中央日報‧史學》，第 17 期（1936 年 7
　　 月 2 日）。

138. 劉雋，〈東漢的鹽政制度〉，天津《益世報‧史學》，第 4 期（1935 年
　　 6 月 11 日）。劉雋，〈西漢時代的國家專賣鹽法〉，天津《益世報‧史
　　 學》，第 5 期（1935 年 6 月 25 日）。

因為經濟史統計數據龐大，據以為文，不見得適合刊載在具有通俗化傾向的報紙副刊上，所以像湯象龍在研究外債問題時，一方面在《中國近代經濟史研究集刊》上發表〈民國以前關稅擔保的外債〉一文三萬多字，[139] 之後在《益世報‧史學》副刊上就改以較通俗的形式，寫成〈中國第一次外債〉和〈左宗棠與外債〉等文，[140] 以適合一般大眾閱讀。

畢竟報刊發表的形式與論證嚴密的學術論文之間，還是有一段距離，《益世報》和《中央日報》史學副刊儘管標榜以發掘「正史以外的記載」為務，但受限於刊物的形式，勢必不太可能登載太多專業而小眾的文字，因此有些帶有趣味性而兼具保存價值的史料，反而得以在此披露，例如孫星樞所撰〈庚子從軍記〉，[141] 即是一篇記錄友人遲程九在庚子事變發生時，鎮守榆關，力諫宋慶保護京津鐵路、護送洋員的口述記錄，日記從光緒二十六年五月初十開始，到七月二十一日兩宮鑾輿出京為止，無一日間斷，清楚記錄了一個中級軍官在庚子事變發生時在京的所見所聞。此外，清華史學研究會成員孫毓棠，也因先祖兩代在同光宣三朝為官，經常行走內廷，與曾國藩、李鴻章、廖壽恆等均為至親，從甲午戰前到庚子事變之間前後十年間，大

139. 湯象龍，〈民國以前關稅擔保之外債〉，《中國近代經濟史研究集刊》，3：1（1935 年 5 月），頁 1–49。

140. 湯象龍，〈中國第一次外債〉、〈左宗棠與外債〉，天津《益世報‧史學》，第 4 期（1935 年 6 月 11 日）；第 24 期（1936 年 3 月 17 日）。

141. 孫星樞撰，〈庚子從軍日記（未刊稿）〉，天津《益世報‧史學》，第 15、16 期（1935 年 11 月 12 日、11 月 26 日）。

小政事無不參與其中,因此對晚清史蹟知道許多不見於文獻、傳聞的回憶,孫毓棠乃援筆為之記錄,以為將來撰寫清史者的參考。[142]

再有一例,就是當時在社科所工作的魏澤瀛,因研究所需無意間注意到《大公報‧圖書副刊》上刊載了一篇萬斯年所寫〈鴉片戰爭時代史料的新發現〉,介紹了一間從乾隆年間由榮姓商人所開設的雜貨鋪「昇記統泰」,因經營得法,歷嘉慶、道光而不墜,直到同治年間才因種種原因宣告歇業,但是長達數十年所留下來的店鋪資料、帳簿等皆妥善保存,這些在當時看來只是一堆廢紙的史料,經後人榮孟源捐贈北平圖書館而獲典藏。魏澤瀛從中發現許多有關當時銀價、物價、利貸等記錄的資料,因此藉以寫成〈中國舊式簿記的一個探討〉,推論中式簿記發展成複式簿記的可能性,以及舊式商店經營的模式。[143] 這些從未刊行或經口述而得的歷史材料,藉由報端一角發表,不但達到了清華史學研究會所欲推廣社會經濟史研究的目的,同時也示人一種眼光,說明這些看似不起眼的材料在社會經濟史研究上的價值。

相較於《食貨》半月刊和左派社會經濟史學人的研究來說,清華史學研究會所辦刊物是較不具現實色彩和受意識形態影響的,但隨著世局的變化,該會早期標榜的「專業研究」路線,

---

142. 棠(孫毓棠),〈晚清史話〉,天津《益世報‧史學》,第 8、10 期(1935 年 8 月 6 日、9 月 3 日)。

143. 魏澤瀛,〈中國舊式簿記的一個探討〉,南京《中央日報‧史學》,第 23 期(1936 年 8 月 13 日)。

不得不有所調整，他們於 1936 年 3 月在南京開闢《中央日報‧史學》副刊為另一發表園地時，即表示：「一年來國事愈加迫切，使我們感到史學研究更應積極的與種種實際問題緊接。因為目前一切現象的形成和問題的發生，都是由於過去多少年的錯誤堆積而來的。人們欲求這些現象和問題的解決，無論是全部的或是部分的，大家總不能忽視或離開目前現象和問題所由成的過去事實。簡單說，我們此後的研究裡更要儘量的與種種民族社會問題打成一片」。[144]

　　這種改變可以從兩方面看得出來：一是與現實關懷切近的議題增多，二是通俗化的色彩增強。關於前者，很可以湯象龍的〈清初的經濟政策〉為代表。湯象龍於綜述滿清入關後十年，也就是順治一朝的經濟政策時表示，他所關懷的問題是：「一個文化較低的民族怎樣來統制一個文化較高的民族的經濟生活？」以及「明末清初的經濟凋敝到極點，當時用何種政策走到復興之路？」他認為清初整頓財政經濟的方法不外三端，一是清理丁地，屬行易知由單制度；二是編造黃冊，嚴定考成；三是編纂賦役全書，責成戶部調各省地畝人丁，以為日後徵收賦役的準則。[145] 這些問題的提法很顯然都與現實問題攸關。另外，《中國社會經濟史集刊》更於 1937 年 3 月和 6 月，分兩期連刊「兵制史研究專號」，清華史學研究會成員幾乎半數以上出動，包括

---

144. 〈中央日報‧史學發刊詞〉，南京《中央日報‧史學》，第 1 期（1936 年 3 月 5 日）。

145. 湯象龍，〈清初的經濟政策〉，南京《中央日報‧史學》，第 1 期（1936 年 3 月 5 日）。

孫毓棠、谷霽光、張蔭麟、吳晗、梁方仲、羅爾綱和主編朱慶永，外稿只有賀昌群一篇〈漢初之南北軍〉，兩期專號幾乎從西漢、西魏、北周、隋唐，一直談到宋、明、清三代，[146] 這項研究固然延續早期整理清華檔案時富藏兵制史料而有的路線，吳晗、朱慶永等人，在此之前也寫過〈明初衛所制度之崩潰〉和〈明代衛所制破壞的原因及其補救方策〉等文，[147] 但如此大規模，上下兩千年的兵制研究，一齊發表在戰爭一觸即發的 1937 年，不能說不帶有強烈的現世關懷。

在通俗化的色彩方面，也是愈接近抗戰愈是明顯，自 1937 年 2 月開始，更一改刊物成立初期的風格，應讀者要求希望刊載更多通俗化的論著，於是出現了不少袁震、張蔭麟等所寫的人物傳記。這個時期負責編輯副刊的是羅爾綱，他在晚年回憶時也說：「人們認為這個會（史學研究會）對中國史學曾有所貢獻，但卻有一事還不為世人所知，那就是這個會很重歷史知識普及工作，在成立時會友們就曾經擬定並通過《中國歷史小叢書》的計畫和題目，只因為當時印刷條件困難，無法實現」。[148]

146. 兩期刊載的文章有：孫毓棠的〈西漢的兵制〉、賀昌群的〈漢初之南北軍〉、谷霽光的〈西魏北周和隋唐間的府兵〉，以上在《中國社會經濟史集刊》，5：1（1937 年 3 月）；張蔭麟的〈宋史兵志補闕〉、吳晗〈明代的軍兵〉、梁方仲〈明代的民兵〉、羅爾綱〈清季兵為將有的起源〉，以上在《中國社會經濟史集刊》，5：2（1937 年 6 月）。

147. 吳晗，〈明初衛所制度之崩潰〉，南京《中央日報‧史學》，第 3 期（1936 年 3 月 19 日）。朱慶永，〈明代衛所制破壞的原因及其補救方策〉，南京《中央日報‧史學》，第 13 期（1936 年 6 月 4 日）。

148. 羅爾綱，〈中國近代海關稅收和分配統計‧羅序〉，見：湯象龍編著，

《中國歷史小叢書》計畫雖無由實現，但《益世報》和《中央日報》上倒是刊登了不少這類作品，像是袁震的〈于謙〉、〈宗澤與孟珙〉、〈文天祥〉、〈戚繼光〉等等，[149] 都是發表在 1937 年 1 月之後。這些人物傳記幾乎非常一致地選擇了歷史上主張對抗外敵的「民族英雄」作為著墨的對象，其反映現世的意態可說十分明顯。而張蔭麟的〈三國的混一〉等文，也是他從事《中國史綱》這類通俗性著作的初試之作。

五、餘論——學術社群與學科次領域的形成

也許，當我們從社群組織的角度觀察 1930 年代中國社會經濟史研究興起的過程時，清華史學研究會並不見得是第一個為人想起的社群，至少，它的實際運作狀況並沒有留下太多材料，如果跟《食貨》研究群相比，它專業而小眾的性質，以及封閉性的色彩，都使得這個學術社群相對受到忽視。加上參與成員時而脫隊、時而歸隊，部分中堅分子即便堅守崗位，但和《食貨》半月刊相比，主編者留在報刊上與讀者之間的對話也十分稀少，讓人較難掌握這個社群的意態和宗旨；極為淡薄的意識

《中國近代海關稅收和分配統計》，頁 1。

[149.] 袁震，〈于謙〉，天津《益世報・史學》，第 46 期（1937 年 1 月 24 日）；袁震，〈宗澤與孟珙〉，天津《益世報・史學》，第 50 期（1937 年 3 月 21 日）；袁震，〈文天祥〉，天津《益世報・史學》，第 52 期（1937 年 4 月 26 日）；袁震，〈戚繼光〉，天津《益世報・史學》，第 54 期（1937 年 5 月 30 日）。

形態，也一定程度地造成了他們在拓展社群認同時的限制。但是當我們從學科發展的角度觀看這個社群時，不得不承認清華史學研究會確實有著高度的代表性。

首先，我們可以從研究方法來看這個問題。成熟而自主的方法意識，對任何一門具有獨立性格的學科而言，都是不可或缺的要素；[150] 而充分的證據和正確無誤的史料，又是現代中國史學在方法紀律上最基本的要求。在社會經濟史研究尚未形成氣候的 1930 年代初期，大學歷史系設科的情況還不普遍，社會史論戰在一群非學術中人手上開打，理論方法勝於材料的情形比比皆是，就像陶希聖所說：「談罷了『先秦』時代，接下來便是鴉片戰爭」，[151] 中國歷史最重要的問題，莫過於分期，弄清楚了分期問題，才可以為每一個歷史階段定調，歷史材料只不過是裝點理論的工具。

然而這個時候，清華史學研究會多數成員早已藉著參與明清檔案的整理工作，接觸並掌握到歷史研究不可或缺的材料，這個經驗讓他們對於研究中國社會經濟史的切入取徑，有著不同於一般人的看法。他們對於社會史論戰中提出的問題興趣不高，關心時事，但與現實保持一定程度的距離，反映在學術研究上，較不容易出現明顯的政治意識形態和理論溢於實際的問題。[152] 他們甚至認為中國經濟史的寫成，決不是現階段短期可

---

150. 劉龍心，《學術與制度：學科體制與現代中國史學的建立》，頁 265。

151. 陶希聖，〈讀者的話〉，《食貨》半月刊，1：2（1934 年 12 月 16 日），頁 46。

152. 吳晗在一封寫給胡適的信中，談到剛從北大經濟系畢業的千家駒，當

以完成的，「蒐集史料」和「整理史料」才是奠定中國社會經濟史研究最根本的基礎。湯象龍即使到了晚年，回憶起這段歷史時，仍然堅持一樣的看法，雖然他也承認這個看法在當時「一度遭到人們的非議，也與當時老一輩的史學工作者在治學方面的傾向不同」，但他認為「這種治學方法今天看來仍是有意義的」。[153] 湯象龍如此，一路被胡適培養起來的羅爾綱就更不用說了，他刊載在天津《益世報》和南京《中央日報》上的文章，如〈「九命奇冤」的本事〉、〈「九命奇冤」凶犯穿腮七檔案之發現〉、〈封神演義的時代及作者問題〉、〈此園自序跋〉、〈虎穴生還記跋〉，[154] 無一不是遵循胡適教他的考證方法完成的撰作，他的《太平天國史綱》出版時，十分自信地表示他的著作「都是

時吳晗對他的評價不差，認為他是一個會用新觀點來嘗試研究的人，嘗試雖不一定成功，但「似乎比時下一般自命為唯物史觀之生吞活剝趾就履來得強一些」。根據上下文推斷，此信寫就時間應為 1932 年，由此可以看出吳晗此時對於唯物史觀的看法。見：〈吳春晗致胡適函〉，中國社會科學院近代史研究所藏，「胡適檔案」，卷宗號：1343。

153. 湯象龍，〈湯象龍自傳〉，收入：晉陽學刊編輯部編，《中國現代社會科學家傳略》，第 4 輯，頁 119。

154. 羅爾綱，〈「九命奇冤」的本事〉，天津《益世報·史學》，第 35 期（1936 年 8 月 16 日）；〈「九命奇冤」凶犯穿腮七檔案之發現〉，天津《益世報·史學》，第 43 期（1936 年 12 月 6 日）；〈封神演義的時代及作者問題〉，天津《益世報·史學》，第 38 期（1936 年 9 月 27 日）；〈此園自序跋〉，天津《益世報·史學》，第 45 期（1937 年 1 月 12 日）；〈虎穴生還記跋〉，南京《中央日報·史學》，第 15 期（1936 年 6 月 18 日）。

曾經過詳徵博考，然後據以寫作」，「自信沒有一處地方是根據不曾考訂過的史料來寫的」。[155] 羅爾綱對於胡適考證方法的推崇，即使到了抗戰結束之後仍不改其舊，認為「乃萬世不朽的法則」，[156] 1948 年羅爾綱的寫作計畫裡，還把《胡適之先生考證學》列入其中，而向胡適求索寫作大綱。[157] 就這個層面來說，清華史學研究會成員對於史料的講求和方法紀律的堅持，是有高度自覺意識的。

其次，在研究範圍上，清華史學研究會成員幾乎非常一致地認為歷史研究必須以「分工合作」的方式進行，每個學者必須在各自限定的範圍裡，或以區域分工、年代分工、專題分工的方式從事研究工作，他們認為歷史研究的關鍵在於實質問題的解決，而中國社會經濟史就是他們立定的專史研究方向。1936 年 4 月天津《益世報・史學》副刊創刊周年的致辭上，清華史學研究會編輯群對於一年來各界的來稿說明曾有這樣一段話：

> 本刊對於來稿的標準，雖然我們不能有一個絕對的準則，但我們卻有兩個重要的權衡，便是審查來稿「題材的選擇」與「立論的態度」，一個明辨精深的作者，可以使人

155. 羅爾綱，〈太平天國史綱・自序〉，《太平天國史綱》（上海：商務印書館，1936 年），頁 2。

156. 〈羅爾綱致胡適〉（1945 年 11 月 2 日），中國社會科學院近代史研究所藏，「胡適檔案」，卷宗號：1433 (15)。

157. 〈羅爾綱致胡適〉（1948 年 5 月 30 日），中國社會科學院近代史研究所藏，「胡適檔案」，卷宗號：1434 (7)。

　　　　從他所寫作的題材與態度中知其學識的素養，與他對於
　　　　某一問題認識的程度。[158]

這裡所謂「題材的選擇」和「立論的態度」，指的就是研究範圍
的問題。編輯群表示，一年來他們所收到的稿件，大多不能符
合這兩個條件，因為這些稿件充其量只能稱之為「綱要式的論
文」。至於什麼是「綱要式的論文」？編者還特舉一例說明：像
是〈兩漢面面觀〉和〈東漢以後中國政制的變革〉這類的文章，
「往往選擇一個大題目以三五千字草草完卷」，實際上這種題材
「都非幾十萬字的大著不能寫得詳盡，而著者只以三五千字了
之」，完全不能符合刊物「大處著眼，小處下手」的主張。從這
個例子我們可以看出，清華史學研究會成員對於研究範圍上的
堅持。事實上，這類大題小作的論文，在 1930 年代還是相當普
遍的，不論是教育部的升等審查著作，或是研究生的論文習作，
缺乏問題意識，拉大研究範圍的題目還是隨處可見，一個時代、
一個方面的歷史，對很多不熟悉學院書寫形式的人來說，仍是
有待學習的課題。

　　當然，如此坦白的批評和嚴格把關的結果，自然造成清華
史學研究會所辦刊物的封閉性，就拿《益世報・史學》副刊來
說，一年之間共發表四十篇論文，其中外稿來投的就有六十多
篇，可是雀屏中選的只有七篇，其他三十三篇全是會員的「特
約稿」。靠著會員只有十來人的特約稿，支撐一份學術期刊、兩
份報紙副刊，確實有些沉重。如果就社群組織的社會基礎來說，

----

158. 〈周年致辭〉，《天津益世報・史學》（1936 年 4 月 14 日）。

清華史學研究會的影響力，自是不如其他開放性社群。但是如果就社群組織的專業性而言，清華史學研究會反而因為目標明確、我群意識強烈，更容易凸顯它的特質。

再者，清華史學研究會可說是一個非常典型的經濟學者和歷史學者結合的團體。原本分屬不同學科背景，受到不同專業學術訓練的學人，藉著社群組織交換彼此的看法；習於從歷史流變的視角觀察社會、經濟變遷的學人，一旦和重視檔案、史料且急欲社會科學化的歷史學者相遇，便有了共同關注的焦點，一種從歷史發展脈絡下觀察經濟活動與社會變遷的研究取徑就此出現。乾隆嘉慶年間清朝官員洪亮吉 (1746–1808) 在 1793 年的《意言》中發表的人口論，塵封在歷史塵埃中，一百三十年後才為張蔭麟所注意，拿來與馬爾薩斯的人口論等量齊觀；[159] 靠著考證學起家的羅爾綱自稱，他的《太平天國史綱》如果沒有湯象龍的指點，無以完成有關財政、經濟問題的篇章。[160] 社會科學與歷史學在 20 世紀的交會，讓歷史學找到了不一樣的觀點，中國社會經濟史研究的興起，正是這種學科交會之後的結

----

[159] 洪亮吉的《意言》二十篇，發表於 1793 年，其人口論主要集中於〈治平〉、〈生計〉兩篇，他認為社會安定，人口自然增加，但是物產卻會因開墾荒地的減少而受到限制，不能與人口增加的速度相適應，人口愈多，勞力愈賤，物價愈高，生計愈難，失業與游手好閒的人口增多，自然造成社會動亂的來源。洪亮吉，《洪北江詩文集》，上冊（上海：商務印書館，1935 年），頁 48–50。張蔭麟，〈洪亮吉及其人口論〉，《東方雜誌》，23：2（1926 年 1 月 25 日），後收入：《張蔭麟先生文集》下冊，頁 997–1003。

[160] 羅爾綱，〈太平天國史綱・自序〉，《太平天國史綱》，頁 3。

果。清華史學研究會不但像一般學術社群一樣，以報刊作為社群組成分子的發表園地，並且進一步將社群活動與學院及研究機構聯結，1937 年以後的《中國社會經濟史集刊》幾乎成了清華史學研究會的社群刊物，同年，吳晗、孫毓棠也陸續在清華歷史學系開設明代社會史、中國社會史等課程，[161] 進一步將研究所得反饋於課堂之中。從事社會經濟史研究的學人，反倒愈來愈像中研院社會所的邊緣人，羅爾綱幾度憤憤不平自己在社會所的待遇，不滿社會所其他組同仁對其研究路線的譏諷，[162] 說明了 1940 年以後的中國社會經濟史愈來愈向歷史學陣營靠攏，中研院社會所從事社會調查路線的經濟學、社會學者愈發與社會經濟史學者殊途異路，某種程度上或可說明中國社會經

161. 《國立清華大學一覽》（1937 年），收入：王應憲編校，《現代大學史學系概覽》，上冊，頁 343–344、346。

162. 中研院社科所已於 1945 年改名為社會所，羅爾綱自 1945 年開始就不斷寫信給胡適，表示自己不適合待在中研院社會所，他認為社會所研究對象為「現代問題」，而他的工作在社會所只是「附庸」，不但「研究對象不同，其方法亦異，故所資望於師友之指導切磋很為困難」。尤其令他憤憤不平的是：他所寫的〈太平天國史叢考〉雖然受到史學界的好評，但在社會所除了「少數幾位」同仁有興趣讀得下去之外，其他人反而以他所寫的通俗讀物《洪秀全》來評量他的學術成果，令他十分不滿。特別是 1942 年湯象龍離開社會所之後，他在社會所的處境就更為艱難，甚至年度加薪也受到裁減，令他幾度萌生辭意。見：〈羅爾綱致胡適〉（1945 年 11 月 2 日；1946 年 11 月 15 日；1948 年 5 月 30 日），中國社會科學院近代史研究所藏，《胡適檔案》，卷宗號：1443 (15)；1434 (1)；1434 (7)。

濟史在此過程中已逐漸轉為歷史學之下的一門次學科領域。

從學科發展的角度來看，專業社群的出現與學術專業化的趨勢存在著一定程度的關聯，1930 年代以後，愈來愈多的史學專業社群崛起，說明了分工專門的研究路線逐漸成為歷史研究的主要潮流。作為史學分支學科的中國社會經濟史，一方面以專史研究的形態確立了它在學科範圍上的疆界，一方面也以高度自覺的方法意識，取得了它在史學學科中的正當性，社會經濟史的書寫不再是社會學者、經濟學者的事；歷史學者從社會科學中汲取愈多的資源，社會經濟史似乎反而愈向歷史學靠攏。1940 年部定歷史系必修科目中，中國經濟史、中國社會史正式被列為專史選修項目之一，[163] 愈來愈多大學歷史系紛紛開始設置相關課程，西南聯大從 1940 年開始，由吳晗、孫毓棠兩人或以輪開，或以合授方式開設兩漢社會、中國經濟史、中國社會史、中國社會經濟史，分期討論中國歷史上的社會經濟問題，[164]

---

163. 教育部，《大學科目表》（南京：正中書局，1940 年），頁 48–50。

164. 西南聯大歷史系自 1940 年由孫毓棠講授兩漢社會開始，之後歷年皆有相關課程，如 1941 年孫毓棠的中國社會經濟史（迄六朝），1942 年由孫毓棠、吳晗合開的中國社會經濟史（迄明代），1944 年前後吳晗還單獨開設過中國經濟史（宋元明）、中國社會史（明）。見〈國立西南聯合大學各院系必修選修學程表（1939 年至 1940 年度）〉，收入：北京大學、清華大學、南開大學、雲南師範大學編，《西南聯合大學史料》，（三）教學、科研卷，頁 180–181；208–209；239–240；276–277；344。西南聯大北京校友會編，《國立西南聯合大學校史——1937 至 1946 年的北大、清華、南開》（北京：北京大學出版社，1996 年），頁 150–153。

中國社會經濟史在專業學術社群的帶動下，逐漸從學科建制的外緣進入核心，從某個角度來說，中國社會經濟史分科次領域的出現，正是社會學、經濟學、歷史學走向獨立化與專業化之後，在學科邊界的一種重合。

　　而以專史形態作為歷史學分支次領域的中國社會經濟史也和第一篇所論斷代史一樣，偏好從長時段的視角尋找該時段的「集體同一性」。就像〈中國近代經濟史研究集刊‧發刊詞〉上強調：「在我們認識經濟在人類生活上的支配力」，以及「現代經濟生活占據個人、民族、國家的重要地位」時，「我們便不得不說歷史的大部分應該為經濟史的領域」。陳翰笙也說：史學是以「追求且敘述某一時代、某一地方社會生活之全部」。對社會經濟史學者而言，「經濟」是構成社會及歷史能夠產生「集體同一性」的核心領域，因為不論個人或地方的經濟活動，皆會因各種市場交換與流通的形態而被勾連成一個經濟的群體；而引動近代中國社會變遷的「經濟問題」更幾乎是一切問題的核心，他們認為只有了解資本主義入侵之後對中國社會所產生的影響，才能找到當前社會問題的癥結。唯其不同的是，社調所和清華史學研究會一系學人，更多是從總體經濟的角度出發，以奏摺、檔案、帳冊、海關報告為材料，試圖與社會學者、經濟學者所作的社會調查和統計資料相結合，著重國家財政、政府稅收和商業活動等方面的變化；而社科所早期如陳翰笙等一系學人，則更傾向於以社會學理論概括歷史發展的進程，直接以社會調查的方法解釋現狀生成的原因，從階級的角度出發，看重土地分配不均，以及生產關係失調所帶來的變化。

這兩種不同的切入取徑，雖然一樣看重經濟動因對長時段社會變遷所帶來的影響，但他們對於處理理論和事實的基本態度卻有很大的不同：在左翼學者的眼中，歷史事實必須在社會學的理論指導下才能看出人類發展進化的軌則，生產力與生產關係的改變既是導致社會變遷最根本的因素，那麼探討資本主義對近代中國社會所造成的問題，其目的便不僅僅在於了解過去，更重要的是如何改變現狀並走向未來，左翼學者眼中所見的歷史必與「未來」的目的相銜。相對於此，社調所及清華史學研究會一系學人，雖然也將社會史看成是長時段發展變遷的過程，但歷史對他們而言卻只是了解現狀來源的依據，過去與今日相連，卻不肩負指向未來的責任。然而這樣的社會經濟史對左翼史家而言，不但欠缺理論高度，更無法指出中國社會該往何處去。

「中國社會該往何處去」的問題，在 1930 年代以後吸引了許多研究社會經濟史學者的目光，如何在救亡日迫的年代裡，為大多數受資本主義和地主階級壓迫的人民找到一條出路，並使中國免受帝國主義侵凌的方案，無疑更具有「致命的吸引力」。換句話說，經濟的動因與長時段的視角固然是形構中國社會經濟史「集體同一性」的特質，然而高漲的民族主義卻使經濟問題與國族未來的前景扣連；對左翼學者而言，中國社會經濟史研究除了要找出中國逐漸淪為半殖民地半封建社會的原因，更重要的是為中國未來發動「無產階級革命」提出理論上的依據。而社調所及清華史學研究會一系側重總體經濟的角度，以描寫農工商業的經濟活動及國家財政為目標的社會經濟史研

究，雖然一樣看重經濟的動因和歷史長時段的變化，卻因缺乏未來的指向性而在 1949 年以後很長的一段時間裡，逐漸淡出中國馬克思主義者的視域，然而他們以經濟的角度書寫國民與國家的歷史，則是另一種從國族內部勾勒經濟共同體的嘗試，這種只為尋找當下問題根源的取徑，卻對 1949 年以後臺灣的社會經濟史產生了深遠的影響。或許，近代以來歷史書寫所形構的「集體同一性」，正是體現歷史「本真性」最為有效的方式。尋找歷史上的「啞國民」，對中國社會經濟史而言，無疑是迫切且需要的，然而那些千年沒有人為其發聲的「啞國民」究竟是什麼形貌，今人所知畢竟無多，因此當這些「啞國民」一旦能為當代國族有所獻替時，認同就可能成為決定如何書寫過去的關鍵，以及形構「集體同一性」的來源。從這個角度來看，強調「長時段」的社會經濟史，某種程度上正落實了晚清以至民初知識人對「國族社會」的想像。

第六章
通俗讀物編刊社與戰時歷史書寫

　　注意到通俗讀物編刊社這個社團，是我研究學術社群時延伸出來的課題；大凡研究顧頡剛或現代中國史學發展的學者，大多會注意這個因應抗日環境需要和通俗大眾化走向而出現的社團。通俗讀物編刊社的成立，固然可以放在「九一八」事變之後整個大時代的環境下加以察考，把它看做是抗日救亡意識主潮的一環，但是從學術社群和歷史書寫的角度審視此一社群，似仍有許多可以討論的空間，這也是本章立意之所在。

　　目前學界有關通俗讀物編刊社的討論，多半仍環圍在顧頡剛身上，如美國學者施耐德 (Laurence A. Schneider) 所寫 *Ku Chieh-kang and China's New History: Nationalism and the Quest for Alternative Traditions*，多處提及 1930–1940 年代顧頡剛在通俗讀物和推廣大眾文化上的努力，並且概述了顧氏本人在「九一八」事變之後，企圖透過歷史地理和通俗讀物，為民族搏成的現實問題提出檢討；而西北考察之行，更使得顧頡剛體認到民族問題與大眾文化對於抗敵宣傳的重要性。[1] 施耐德的研究有

---

1. Laurence A. Schneider, *Ku Chieh-kang and China's New History: Nationalism and the Quest for Alternative Traditions* (Berkeley: University of California Press, 1971), pp. 279–300.

著許多發人深省的論述，只可惜對通俗讀物的討論，可能受限於資料問題，無法有比較全面的觀照。其次如劉起釪於 1986 年所著《顧頡剛先生學述》一書，對於顧氏編寫民眾讀物的緣由經過不乏著墨，但所述仍以顧氏個人回憶為限。[2] 另外相關的作品，如洪長泰的 *War and Popular Culture: Resistance in Modern China, 1937–1945* 一書，亦與本章討論的問題多有相關。洪氏一書由於受到文化史理論的影響，導入了不少新的視野，重新探討戰時大眾文化的本質與功能，甚至有一整章是討論「舊瓶裝新酒」的創作和相關的文學論辯，不過洪長泰的關注焦點側重在中華全國文藝界抗敵協會，如老舍（舒慶春，1899–1966）和老向（王向辰，1898–1968）等人為代表的通俗讀物創作上，較少論及通俗讀物和歷史書寫之間的關係。[3] 此外，李孝悌的《清末的下層社會啟蒙運動，1901–1911》[4] 和洪長泰於 1985 年出版的 *Going to the People: Chinese Intellectuals and Folk Literature, 1918–1937*，[5] 雖與本章所探討的通俗讀物編刊社沒有直接的關係，但仍提供了極為重要的參照背景。前

2. 劉起釪，《顧頡剛先生學述》（北京：中華書局，1986 年），頁 235–238。

3. Chang-tai Hung, *War and Popular Culture: Resistance in Modern China, 1937–1945* (Berkeley: University of California Press, 1994), pp. 187–220.

4. 李孝悌，《清末的下層社會啟蒙運動，1901–1911》（臺北：中央研究院近代史研究所，1992 年）。

5. Chang-tai Hung, *Going to the People: Chinese Intellectuals and Folk Literature, 1918–1937* (Cambridge: Council on East Asian Studies, Harvard University Press, 1985).

書從白話報刊、閱報社、宣講所、演說會和戲曲改良運動等方面，討論清末最後十年間下層社會的啟蒙運動；而洪氏在 *Going to the People* 一書中，則探討五四以降民間文學研究者在徵集研究歌謠、民間傳說、諺語和兒童文學上所做的努力。此二書使本章在分析通俗讀物編刊社的角色和創作理路時，得以對清末以來知識分子透過各種通俗大眾化的表現形式啟迪大眾的這一脈絡，有更深一層的認識。

事實上，一直以來對於通俗讀物編刊社的研究，最大的困難恐怕還是出在資料的問題上。就其編輯出版的項目而言，大體可分成：定期刊物、叢書、畫刊、戰時國民讀本等類別。定期刊物如《大眾知識》、《民眾周報》、《求生之路》，以及上海《申報》副刊的「通俗講座」、《包頭日報》、《綏邊日報》上的「通俗論壇」等；叢書類則有甲、乙兩種，甲種是以舊小說體裁編寫的民族英雄故事和亡國慘痛史，乙種叢書是以大鼓詞、歌曲、快板書的形式寫成的通俗小冊子；再一種則是年畫、連環畫等畫刊，以及代地方政府編印的戰時國民讀本等。[6] 這些出版品往往以極低廉的售價打進下層社會和民眾的日常生活中，保守估計，通俗讀物編刊社自 1933 年成立以來，至 1940 年為止，總共發行過六百多種書籍，發行量高達五千萬冊之多，而此尚不包括各種圖畫和翻印的讀物在內。[7]

---

6. 劉克讓，〈介紹通俗讀物編刊社〉，《秦風日報》（1937 年 12 月 1 日）見：顧頡剛，《顧頡剛日記》，第 3 卷 (1933–1937)，頁 737–741；邵恆秋，〈顧頡剛創辦通俗讀物編刊社所起作用〉，收入：王煦華編，《顧頡剛先生學行錄》（北京：中華書局，2006 年），頁 119–120。

　　如此龐大的出版品，對研究者而言，無疑是沉重的負擔，更何況這些出版品多半已十分難以查找。筆者多次前往中國大陸找資料的過程中，不時留意相關材料，但除少數定期發行的刊物之外，各種當年銷售量極廣的小冊子、大鼓書和畫刊等，已極難看到。也許從某個角度來看，這類極為通俗的大眾讀物如此徹底地消失，其本身就是一個非常值得思考的問題：長期以來，各大圖書館對於收藏這類通俗讀物的意願不高，一如中小學教科書或宣傳品般，不被知識菁英或文化人認為有典藏的價值，即便日後觀念改變，如果不是有人當下收藏，也極難回流到二手市場或公私立圖書館。加以這類書籍售價便宜，讀者不是隨看隨丟，就是輾轉傳閱，民眾的閱讀習慣，可能也是造成這類讀物難以存留的另一個原因。再者，更根本的原因也可能和這類出版品的屬性有關，通俗讀物編刊社所編寫的這批通俗讀本，絕大多數和抗日救亡的題旨相關，具有鮮明的時代特色，推出之時自然極受讀者歡迎，可是一旦時空轉換，事過境遷，一般民眾對於保留這類書籍的意願自然相對遞減。這種現象尤其在通俗大眾化的作品中，表現得最為明顯，一如許多民間文學研究者發現，民間歌謠只有在被社會普遍接受的情況下，才能持續保持其生命力，並逐漸成為民間共同的作品流傳下去，反之，則可能自然消失。[8] 而通俗讀物編刊社所出版的這類具

---

7. 顧潮編著，《顧頡剛年譜》（北京：中國社會科學出版社，1993 年），頁 301。

8. 相關議論可參見 Chang-tai Hung, *Going to the People: Chinese Intellectuals and Folk Literature, 1918–1937*, pp. 4–5.

有高度抗日救亡意識的通俗讀本，極可能是在這種情況下遭到
自然淘汰的命運。因此，日本學者小倉芳彥在 1980 年代介紹通
俗讀物編刊社的出版品時，也只能針對他所能看到 1930 年代的
十一種小冊子而論。[9] 所幸，近幾年來陸陸續續出現了一些史
料，使得通俗讀物編刊社可以有較為完整的面貌，一補過去學
界對此論題的不足與限制，其中又以近來出版的《顧頡剛日記》
最具代表性。此一日記的問世，配合早年通俗讀物編刊社成員
的回憶，使得顧頡剛對於大眾讀物的看法、政治立場，及其與
通俗讀物編刊社的關係等，都有了比較清晰的輪廓。

　　本章在此基礎上，將以通俗讀物編刊社現階段所能找到的
期刊、小冊子和參與成員的日記、回憶等材料為根據，分析
1930–1940 年代通俗讀物編刊社如何在通俗化和大眾化的訴求
下，發展出一套「舊瓶裝新酒」的書寫策略，並討論此一因應
戰時需要而重新改造的歷史書寫方式，對於重塑現代歷史意識
和國民現代性的影響，以及通俗讀物編刊社在這方面的努力及
其所遭遇的困境。

一、從三戶書社到通俗讀物編刊社

　　根據顧頡剛的說法，通俗讀物編刊社的成立大會應該在
1934 年的 7 月 27 日，[10] 與會者包括顧頡剛、徐炳昶、范文瀾、

9. 小倉芳彥，〈通俗讀物編刊社の出版物──1930 年代の抗日ペンフレッ
ト 11 種──〉，《調查研究報告》（學習院大學東洋文化研究所），第
17 期（1983 年 3 月），頁 61–112。

孫楷弟 (1898–1986)、吳其昌、謝國楨 (1901–1982)、王庸、劉節、
容庚、李一非和王守真（1905–1989，又名王受真、王真、王日蔚）
等二十餘人，當天的會議除了討論該社的章程之外，並決定了
職務分配和分頭募款的辦法。[11] 然而在此之前，通俗讀物編刊
社在「九一八」事變之後即以三戶書社為名，編寫並發行過不
少通俗讀物。1933 年燕京大學中國教職員抗日會成立，洪業出
任宣傳組組長，顧頡剛任宣傳幹事。最初該會商議宣傳辦法時，
顧頡剛曾於會中提議以懸賞徵求大鼓詞和劇本之法，推廣抗日
民眾讀物，獲得與會者一致的贊同。[12] 與此同時，由燕大學生
組成的燕大學生抗日會赴戰區慰勞隊適從熱河勞軍歸來，表示
熱河戰區普遍缺乏戰時讀物，而熱河義勇軍又十分盼望燕大教
師們能為其編寫教科書。為此，顧頡剛便與國文系教授郭紹虞
(1893–1984) 商議，於國文系加開一門「通俗文學習作」課程，
一面編寫教科書，一面結合學生創作唱本、戲劇、小說和大鼓
書等通俗讀物，[13] 並成立三戶書社出版唱本、編印畫片，是為

---

10. 洪長泰根據賀龍及老向的說法表示：三戶書社於 1938 年成立於漢口，
    而通俗讀物編刊社成立的時間則在 1931 年 9 月。此與後來出版的《顧
    頡剛年譜》、《顧頡剛日記》和通俗讀物編刊社成員的回憶皆有不同。
    見：Chang-tai Hung, *War and Popular Culture: Resistance in Modern
    China, 1937–1945*, p. 216.
11. 顧頡剛，《顧頡剛日記》，第 3 卷 (1933–1937)，頁 216；顧潮編著，《顧
    頡剛年譜》，頁 222。
12. 顧潮編著，《顧頡剛年譜》，頁 205。
13. 王煦華，〈顧頡剛先生學術紀年〉，收入尹達、張政烺等編，《紀念顧頡
    剛學術論文集》，下冊（成都：巴蜀書社，1990 年），頁 1036–1037。

燕大教職員與學生抗日會的附屬機關。同年 6–7 月間，更開辦
金利書莊，專門銷售三戶書社刊印的出版品。[14]

　　在三戶書社期間，燕大教職員、學生抗日會首先擬定了幾
個題目，再以登報徵求文稿的方式，向大眾公開徵稿，鼓勵創
作。[15] 這次的徵稿意外地獲得了廣大的迴響，兩個月之間陸續
收到六、七十本稿件；[16] 收齊來稿之後，再由教職員和學生抗
日會組成評審小組，由顧頡剛、洪業、馬鑑 (1883–1959)、郭紹
虞、高君珊、吳世昌 (字子臧，1908–1986)、鄭德坤 (1907–2001)
等人，負責審閱這批稿件。[17] 最後獲獎的作品無一不是取材自
真實故事，並且是以切近時局的抗日救亡為題材。[18] 燕大教職
員抗日會為了達到宣傳的目的，將得獎作品與後來刊印的《宋
哲元大戰喜峰口》、《二十九軍男兒漢》、《義勇軍女將姚瑞芳》、

---

14. 顧潮編著，《顧頡剛年譜》，頁 210。

15. 顧頡剛，《顧頡剛日記》，第 3 卷 (1933–1937)，頁 51–52。

16. 如《傀儡皇帝坐龍庭》、《胡阿毛開車入黃浦》、《二十九軍大戰喜峰口》
　　等。顧頡剛，〈編印通俗讀物的經過〉，見：顧頡剛，《西北考察日記》，
　　收入：中國人民政治協商會議甘肅省委員會文史資料研究委員會編，
　　《甘青聞見記》(蘭州：甘肅人民出版社，1988 年)，頁 365。

17. 顧潮編著，《顧頡剛年譜》，頁 209–210。

18. 比賽結果分三等，第一等 3 名，第二等 7 名，第三等 37 名。其中由趙
　　伯庸以義勇軍抗日的真實故事《杜泉死守杜家峪》，獲得了第一名，第
　　二名《翠紅姑娘殉難記》則主要是描寫瀋陽陷落之後的慘狀，第三名
　　以下則有劇本形式的《淞滬戰》、牌子曲的《嘆朝鮮》和彈詞體的《義
　　勇軍女將姚瑞芳》等等。參見：顧潮編著，《顧頡剛年譜》，頁 209；
　　劉起釪，《顧頡剛先生學述》，頁 236。

《漢奸報》、《胡阿毛開車入黃浦》、《嘆朝鮮》等，[19] 均交三戶書社出版。出版時，三戶書社還特意模仿了地攤上暢銷小書的形式，以紅綠套印的封面，加插一張戲裝照片吸引群眾。最初，三戶書社對於這些書籍的銷量並沒有太大的把握，所以每種只印了五千本，銷到小書鋪，再由小書鋪分散到各個書報攤上販賣；沒想到這些小書不但在很短的時間內就賣完了，有些小書鋪甚至為了賺錢，便把銷得快的冊子都再自行翻印，像是《宋哲元大戰喜峰口》，據說半年之內就加印了七萬冊之多。[20]

小書鋪大量翻印，雖有良好的銷售量，卻沒有為三戶書社帶來太多利潤，金利書店不得不在第二年（1934 年）因營運不佳宣告倒閉。[21] 此時三戶書社為了擴大經費來源，獲得政府補助，[22] 開始向教育部社會教育司請款。當時的教育部長王世杰

---

19. 王真，〈記顧頡剛先生領導下的通俗讀物編刊社〉，收入：王煦華編，《顧頡剛先生學行錄》，頁 107；小倉芳彥，〈通俗讀物編刊社の出版物——1930 年代の抗日ペンフレット 11 種——〉，《調查研究報告》，第 17 期（1983 年 3 月），頁 86–89。

20. 顧頡剛，〈編印通俗讀物的經過〉，見：顧頡剛，《西北考察日記》，收入：《甘青聞見記》，頁 365。《宋哲元大戰喜峰口》究竟由小書鋪翻印了多少冊，說法不一，顧氏在〈編印通俗讀物的經過〉中表示印了七萬冊，但通俗讀物編刊社在戰時檢討「舊瓶裝新酒」的座談會上，卻說由舊式書店翻印行銷了七十萬冊。兩者數字差距極大，大概與調查統計之時間點有關。見：顧頡剛，〈關於「舊瓶裝新酒」的創作方法座談會記錄〉，收入：顧頡剛，《通俗讀物論文集》（漢口：生活書店，1938 年），頁 110。

21. 顧潮編著，《顧頡剛年譜》，頁 215。

(1891–1981) 對此表示贊同，唯建議三戶書社之名必須有所變更，[23] 因「三戶」之名具有「三戶亡秦」的寓意，明顯的抗日意圖，不但與政府當時的外交政策牴觸，也容易遭受日本抗議。為此，三戶書社在 1933 年 10 月脫離燕大教職員與學生抗日會，正式更名為通俗讀物編刊社，同時向外招募社員，[24] 成為一獨立的學術社團，而教育部也同意每月撥款一百元補助出版（不久之後增加到二百元）；中山文化教育館亦通過月給稿費五百元資助。[25] 1936 年 7 月，顧頡剛再透過朱家驊和葉楚傖 (1887–1946) 的協助，取得國民黨中央黨部補助款二萬元，[26] 通俗讀物編刊社的經濟問題暫獲解決，摩拳擦掌準備展開推廣通俗大眾化讀物的工作。

二、「舊瓶裝新酒」── 通俗化與大眾化

通俗讀物編刊社成立之後，由顧頡剛出任社長之職，基本社員最初仍以燕大教職員和學生居多，如吳世昌、鄭侃嬚、連

22. 王受真（王守真），〈再論「為什麼要把新酒裝在舊瓶裡」〉，收入：顧頡剛，《通俗讀物論文集》，頁 22。

23. 顧潮編著，《顧頡剛年譜》，頁 212；顧頡剛，《顧頡剛日記》，第 3 卷 (1933–1937)，頁 92、98。

24. 顧頡剛，《顧頡剛日記》，第 3 卷 (1933–1937)，頁 103。

25. 顧頡剛，〈編印通俗讀物的經過〉，見：顧頡剛，《西北考察日記》，收入：《甘青聞見記》，頁 366。

26. 顧潮編著，《顧頡剛年譜》，頁 255。

士升、楊繽[27]（1905–1957）等，皆為顧頡剛在燕大的學生，此後陸陸續續加入的成員有王守真、[28]李一非、陳軾（字仙泉）、趙紀彬[29]（1905–1982）、邵恆秋（1916–2006）、張秀亞（1919–2001）、郭敬堂、王柳林、李景辰、王冰洋等人。取得教育部補助款後，雖然暫時解決了經濟上的難題，但接踵而來的問題是：通俗讀物編刊社所出版之書刊，因不再能堂而皇之地以「抗日」為號召，以致其編刊路線不得不有所調整，而所出書刊亦不能再有「抗日」一類的字眼；其次，三戶書社時期所出版以抗日為訴求的鼓詞書，雖然在市場上頗受歡迎，但這類創作畢竟不是出身學院的燕大教職員、學生所擅長，因此編刊社決定暫時放棄鼓詞寫作，轉而致力於通俗故事叢書的編纂。[30]

只是初初成立的通俗讀物編刊社，此時並沒有固定的期刊作為宣傳陣地，對於如何推廣通俗讀物也還處於摸索狀態。為此，顧頡剛運用了個人學術資源與人脈關係，先後介紹社員將稿件投到當時已頗具規模的報刊雜誌上去，如天津《大公報·史地周刊》[31]以及葉聖陶（1894–1988）在上海所辦《中學生》等，

----

27. 原名楊季徵，筆名楊剛。

28. 根據王真回憶，1936–1940 年間在編刊社工作者唯他與李一非二人。王真，〈記顧頡剛先生領導下的通俗讀物編刊社〉，收入：王煦華編，《顧頡剛先生學行錄》，頁 104–106。李一非曾為首都平津救亡團成員（1937–1938）。

29. 字象離，筆名向林冰。

30. 顧頡剛，《顧頡剛日記》，第 3 卷（1933–1937），頁 330–332；顧潮編著，《顧頡剛年譜》，頁 229–230。

31. 該專欄創刊於 1934 年 9 月，是一份由燕大教授群為主所創辦的刊物，

並於 1936 年 2 月與上海《申報》館取得聯繫，商定自 3 月 19 日開始，在《申報》副刊上設連續性的「通俗講座」專欄，並取得月付一百二十元的稿費，[32] 是為通俗讀物編刊社最早刊行的一份定期出版品。[33] 有了固定宣傳陣地之後，顧頡剛亦重新修訂了通俗故事的編寫方向，認為必先從人物著手，因為人物是歷史的主角，也是最能引起大眾共鳴的題材。可是怎麼去描寫人物，以及應該描寫哪些人物，才不會像三戶書社時期以真實抗日人物為對象，而遭日本政府的抗議呢？顧頡剛說：「他們不許我們抗日，難道抗遼、抗金、抗元、抗清的故事都不許我們重提嗎？我們何嘗不能借了近古的史事來提倡現代應有的民族意識」。[34] 因此，選擇歷史上具有抵抗意識的人物，便成了通俗讀物編刊社此一階段創作的重要題材。而上述報章雜誌登載的文章，即幾乎清一色以歷史人物傳記為書寫對象，他們盡可能地避開了與當前局勢有關的現實題材，選擇了像勾踐、子產、岳飛、史可法、鄭成功、黃宗羲、顧炎武、王夫之、關天培、

主要編輯有洪業、張蔭麟、容庚、顧頡剛、容肇祖、洪思齊與張印堂等人。顧潮編著，《顧頡剛年譜》，頁 226；美國中文資料中心編，《史地周刊》(Washington: Center of Chinese Research Materials Association of Research Libraries, 1974).

32. 顧頡剛，〈編印通俗讀物的經過〉，見：顧頡剛，《西北考察日記》，收入：《甘青聞見記》，頁 366。

33. 通俗讀物編刊社主編之上海《申報・通俗講座》，於 1936 年 3 月 19 日發刊，每週一刊，至 1937 年 8 月 5 日為止，共發刊 72 期。

34. 顧頡剛，〈編印通俗讀物的經過〉，見：顧頡剛，《西北考察日記》，收入：《甘青聞見記》，頁 366。

張季直等寓涵民族意識的英雄人物，[35] 規避日人的挑釁與詰難。

因應抗日環境的需求，通俗讀物編刊社此時一方面從大量的「歷史書裡找尋可用的材料」，一方面也開始重新檢討「除了提倡民族意識外」，還應該灌輸民眾什麼樣的知識。對此，通俗讀物編刊社於《申報・通俗講座》〈發刊詞〉上所揭櫫的「喚起民眾」之意，指出了他們思考的方向：

> 「喚起民眾」的目的，不僅要使他們知道自己生活的貧乏，應當努力求知能來改進，同時要使他們了解此刻國家的危機，他們對於國家的責任，應當怎樣為自己為國家打開險惡的環境，努力奮鬥。並且在這個世變日亟的時代，尤其應當知道做一個現代國民必須有的基本常識。[36]

他們認為中國民眾不僅在物質生活上匱乏，同時在精神生活上亦因智識技能的不足而顯愚昧，數千年來因襲傳統思想，養成「愚妄，誇大，依賴，盲從，自私，信命運，不團結」和對政

---

35. 由鄭侃嬚代顧頡剛所作之〈黃宗羲〉、〈顧炎武〉、〈王夫之〉，於 1935 年 11 月時交《中學生》發表。見：顧潮編著，《顧頡剛年譜》，頁 230、242；賀光，〈鄭成功〉，上海《申報・通俗講座》，第 2 期（1936 年 3 月 26 日），第 5 張；周源，〈史可法〉，上海《申報・通俗講座》，第 38 期（1936 年 12 月 3 日），第 5 張；李季珍，〈岳飛的少年時代〉，上海《申報・通俗講座》，第 39 期（1936 年 12 月 10 日），第 5 張；蘇子涵，〈關天培將軍〉，上海《申報・通俗講座》，第 37 期（1936 年 11 月 26 日），第 5 張。

36. 通俗讀物編刊社，〈發刊詞〉，上海《申報・通俗講座》，第 1 期（1936 年 3 月 19 日），第 4 張。

治冷漠的積習，使中國老百姓完全失去了作為現代國民的資格。而造成這種現象的原因，主要是來自於在市面上流傳甚廣的通俗讀物。[37] 他們認為這些一般民眾所熟悉的唱本、鼓詞、彈詞和評話小說等，傳遞了太多陳腐封建的觀念，支配了一般老百姓的生活習慣、思想行為、娛樂，甚至是死後的喪葬習俗。[38]

顧頡剛和王受真[39] 認為五四運動以來所倡導的白話文學、

37. 洪長泰指出：五四以降的知識分子和民間文學家，認為存在於傳統文化中陳腐的價值觀，才是導致中國長期處於貧困落後的根本原因。所以像顧頡剛一類的學者，雖然對民間文學抱持著浪漫主義的色彩，但終不免走向「改革工具論」的觀點，把民間文學當成是改良社會的利器；相信從民間文化入手，洗滌傳統社會封建的價值觀，改變民眾的生活觀念和方式，才能建設一個新型態的社會。見：Chang-tai Hung, *Going to the People: Chinese Intellectuals and Folk Literature, 1918–1937*, pp. 166–170.

38. 通俗讀物編刊社，〈發刊詞〉，上海《申報・通俗講座》，第 1 期，1936 年 3 月 19 日，第 4 張。

39. 戰前通俗讀物編刊社成員，除顧頡剛外，大部分的社員都以筆名或化名發表文章，蓋因躲避日人的追查，王守真便經常化名為王受真，發表其對通俗讀物的看法，而其刊載於《禹貢》半月刊之文，則常用王日蔚之名。事實上，顧頡剛有非常多的文章是由社員代作，經其修改後再以顧氏之名發表，因此〈為什麼要把新酒裝在舊瓶裡〉一文，刊載在《民眾周報》，1：5（1936 年 10 月 30 日）時，署名為顧頡剛，抗戰爆發後，生活書店將戰前《民眾周報》上有關通俗讀物創作理論的文字收錄起來重新出版時，才將作者正名為王受真。見：王受真，〈為什麼要把新酒裝在舊瓶裡〉，收入：顧頡剛，《通俗讀物論文集》，頁 13–17。

普羅文學，雖然讓文字通俗化了，但是影響所及，仍然只在都市和受過新式教育的知識分子身上，大部分的下層民眾依舊與此不相干。[40] 他們認為有些在五四新文化運動時期被視為以白話文創作的經典，在文學上雖然有其可取之處，但是思想內容上，卻充滿了因果報應、神仙鬼怪等封建意識，這些「阻礙社會進化」、「違反科學精神」的內容，無疑是新文化運動深入大眾的最大勁敵。所以通俗讀物編刊社自 1936 年開始，創辦自己的發表園地《民眾周報》時，即喊出了「舊瓶裝新酒」的口號，提出通俗讀物應該用大眾所熟悉的舊形式，灌注新國民應有的意識，使現代科學常識、革命思想、國家觀念和民族精神，取代舊讀物中迷信、妄誕、淫猥的成分；[41] 並且繼續五四以來啟蒙主義的精神，用通俗的口調教育國民，激發民眾的向上意志，提高民族的智能。[42]

在通俗讀物編刊社成員的概念中，五四運動以來所謂的通俗化作品，始終與大眾化的觀念存在著一定程度的矛盾與衝突，向林冰稱此為「通俗化的反大眾化」，以及「大眾化的不通俗化」，[43] 意即許多流傳民間的作品，雖然極為通俗，但內容卻陳

----

40. 顧頡剛，〈通俗讀物的時代使命與創作方法〉，原載《民眾周報》，1：1（1936 年 10 月 2 日），頁 15。王受真，〈為什麼要把新酒裝在舊瓶裡〉，收入：顧頡剛，《通俗讀物論文集》，頁 13。

41. 通俗讀物編刊社，〈發刊詞〉，上海《申報·通俗講座》，第 1 期（1936 年 3 月 19 日），第 4 張。

42. 顧頡剛，〈通俗讀物的時代使命與創作方法〉，《民眾周報》，1：1（1936 年 10 月 2 日），頁 5、16–17。

腐不堪；而內容前進的大眾化作品，卻往往囿於形式，不易為大眾接受，失去了通俗化的可能。[44]「前者形式上抓住了大眾，內容上失掉了大眾；後者是內容上代表了大眾，形式上不能接近大眾」。[45] 因此所謂「舊瓶裝新酒」的概念就是要確認：「健全的大眾化，是通俗化；合理的通俗化，是大眾化的」。[46]

在發展「舊瓶裝新酒」的創作理論過程中，通俗讀物編刊社在某種程度上受到 1930 年以來中國左翼作家聯盟（簡稱左聯）所提出「文藝大眾化」理論的影響；1934 年文藝界有關文學「新舊形式」和「大眾語」的討論，對通俗讀物編刊社的「舊瓶裝新酒」路線也有所啟發。不少左聯作家紛紛強調，要用「勞動群眾自己的言語」，「去創造革命的大眾文藝」，即如左聯重要成員瞿秋白 (1899–1935) 認為新文化運動之後，中國同時存在著「古文的文言、梁啟超式的文言、五四式的白話和舊小說式的白話」；雖然舊小說式的白話仍有其缺點，但要比抄襲歐、日文法的五四式白話來得接近群眾，[47] 而且是群眾讀慣了的。因此

---

43. 向林冰，〈「舊瓶裝新酒」釋義〉，收入：顧頡剛，《通俗讀物論文集》，頁 35–36。

44. 向林冰，〈舊形式的新評價〉，收入：顧頡剛，《通俗讀物論文集》，頁 60。

45. 向林冰，〈「舊瓶裝新酒」釋義〉，收入：顧頡剛，《通俗讀物論文集》，頁 36。

46. 向林冰，〈「舊瓶裝新酒」在文化發展史上的任務〉，收入：顧頡剛，《通俗讀物論文集》，頁 72。

47. 瞿秋白認為新的文學革命不但要肅清文言的餘孽，更要推翻「白話的新文言」，一切都以新興階級的話來寫。而他所謂的新興階級，指的不

「革命的大眾文藝」在開始的時候，必須利用「舊形式」的優點，逐漸加入「新的成分」，養成群眾的新習慣，運用說書、灘簧、小唱、文明戲等，創造群眾容易接受的新形式。像是利用流行的小調，夾雜著說白，編成紀事的小說，或是創造新式的歌劇；利用純粹的白話創造有節奏的大眾朗誦；利用演義的體裁創造短篇小說，和最通俗的論文等等。瞿秋白強調革命的大眾文藝「可以是舊的題材的改作」，也可以是革命鬥爭的「演義」，所以像《新岳傳》、《新水滸》，或是洪楊革命、「五卅」罷工、香港罷工等都是很好的題材。[48] 而魯迅 (1881–1936) 在討論新舊文藝表現形式時，也認為大眾化的作品必須「採取」某些舊形式，只是舊形式的採取，並不意味著將舊形式「整個」捧來，在此過程中舊形式「必有所刪除，必有所增益」，而其結果應該是「新形式的出現」。[49] 魯迅此一觀點，亦即日後向林冰所謂的「因襲即創造」、「服從即征服」的概念。向林冰認為運用舊形式的目的，不是為了迎合大眾的落後意識，或向舊形式投降，而是要在量的改造中，爭取舊形式質的轉化，並且以肯定

是一般的鄉下人或農民，因為鄉下人的言語是原始的、偏僻的；他主張應該用在五方雜處的大都市裡，各省人互相談話、演講、說書的「中國的普通話」來寫，才能創造最淺近的新興階級的文學。見：宋陽（瞿秋白），〈大眾文藝的問題〉，《文學月報》創刊號（1932 年 6 月 10 日），頁 3–5。

48. 宋陽，〈大眾文藝的問題〉，《文學月報》創刊號，頁 5–6。

49. 魯迅，〈論「舊形式的採用」〉，魯迅，《且介亭雜文》（北京：人民文學出版社，2000 年），頁 16–18。

舊形式為起點，導出舊形式的自我否定。[50] 在這些基本態度上，通俗讀物編刊社「舊瓶裝新酒」的創作理念，可說延續了左聯部分代表人物的觀點。

雖然，1930 年代初期有關文藝大眾化的討論，仍有著許多不同的見解，對於通俗文學和民間文學對抗日救亡工作究竟能不能有所助益，也充滿了歧見，但就如洪長泰指出的：戰爭一方面強化了通俗文學的地位，卻也改變了其所關注的焦點。隨著「九一八」事變的爆發，整體抗日救亡意識的展開，通俗大眾化作品漸漸在「抵抗文化」的主流聲浪下，將焦點轉向政治和民族主義的訴求上。[51] 從某個角度來看，1930 年代以來文藝界對於新舊形式的討論，即反映了這個轉向。質言之，在救亡日亟的年代裡，期待舊形式能為新文化注入能量，其背後即寓涵了一個相當重要的命義，即對於新民族文化形式的探索。通俗讀物編刊社在推廣通俗讀物的過程中，秉持了顧頡剛從事民俗學研究以來，把大眾文化和傳統聯繫起來的一貫態度，[52] 企圖透過存藏在民間文化中的巨大能量，為五四以來的新文化運動找到更具民族特色的文化表現形式。[53] 他們認為五四新文化

---

50. 向林冰，〈舊形式的新評價〉，收入：顧頡剛，《通俗讀物論文集》，頁 67–68。

51. Chang-tai Hung, *War and Popular Culture: Resistance in Modern China, 1937–1945*, pp. 189–190.

52. Laurence A. Schneider, *Ku Chieh-kang and China's New History: Nationalism and the Quest for Alternative Traditions*, pp. 148–156.

53. 洪長泰亦認為顧頡剛是從肯定通俗文學對抗日救亡工作有益的立場出

運動對於西洋文化的全盤接受，和對中國固有文化遺產的籠統反對，不但不能使西洋文化和中國傳統文化產生有機的聯繫，而且對於中國固有文化的積極部分，也未能加以「批判的攝取」與「揚棄的繼承」。[54] 面對日益嚴峻的抗日形勢及抗戰建國運動，他們相信唯有從民間文化中汲取養分，才能更為積極有效地創造具有民族形式的新文化。[55]

事實上，從通俗故事的編寫到「舊瓶裝新酒」創作理論的成形，通俗讀物編刊社也是透過邊學邊做的方法一步步摸索。為了深入了解通俗讀物為大眾接受的情形和喜好程度，通俗讀物編刊社首先針對民間銷售通俗讀物的管道和購買力進行調查。1936 年通俗讀物編刊社派出孫祥林，在北平市區一帶調查舊式讀物的流通管道和銷售量，並據此寫成〈民眾讀物流通情況的調查〉報告，[56] 他們發現舊讀物的流通方式和一般圖書很

發，而其「舊瓶裝新酒」的主張，也是結合了書寫與口傳兩種形式，以通俗文學和民間文學並用的方式，創作具有抵抗意識的通俗讀物。見：Chang-tai Hung, *War and Popular Culture: Resistance in Modern China, 1937–1945*, pp. 191–192.

54. 向林冰，〈「舊瓶裝新酒」在文化發展史上的任務〉，收入：顧頡剛，《通俗讀物論文集》，頁 70–71。

55. 有關中國民族形式的問題，一直持續到 1940 年代，周揚、艾思奇、何其芳、冼星海等人先後在延安的《新中華報》、《文藝突擊》、《中國文化》等報刊上為文討論，並舉辦座談會，內容涉及文學、詩歌、戲劇、音樂、美術等方面。向林冰和通俗讀物編刊社「舊瓶裝新酒」的觀點此時受到不少來自左翼陣營的批判。參見唐弢、嚴家炎主編，《中國現代文學史》（北京：人民文學出版社，1992 年），第 3 冊，頁 36–46。

不一樣，以北平一地來說，舊讀物的批發，除了幾家較具規模
的書店外，大街上隨處可見的行販和地攤也是主要的管道。此
外，糖販、雜物販和下層民眾常聚會的茶館等地，亦不時兼賣
或兼營租閱書籍的生意。至於北平以外的地方，通俗讀物編刊
社透過一場全國性的大調查發現，北平幾家主要書局的勢力甚
至深入江浙、豫皖、陝甘、東北等地，形成一個幾乎遍及全國
的發行網。透過此次的調查，通俗讀物編刊社才驚覺到通俗讀
物在民間的影響力，及其特殊的行銷管道。[57] 在這個行銷網中，
一般人是很難介入的，通俗讀物編刊社如果不利用這些舊有的
發行網，幾乎根本打不進各省、各縣及各鄉鎮，書籍自然到不
了民眾的手中。因此，如果真要利用這個發行網代銷讀物，就
不得不採用「舊瓶裝新酒」的辦法，改造形式、裝幀都與舊式
通俗讀物一樣的書籍，因為在這個發行網之下，一般人是不太
能接受新形式書籍的。[58]

　　在民眾購買力方面，通俗讀物編刊社在調查行銷網的同時
發現，一本大約四、五頁厚薄的舊通俗讀物，一分錢大概可以
買到三本，一角錢可以買個三十幾本，一塊錢可以買到三、四
百本，平均下來三塊錢可以買到一千多本。這中間再經過商販

---

56. 王真，〈記顧頡剛先生領導下的通俗讀物編刊社〉，收入：王煦華編，
　　《顧頡剛先生學行錄》，頁 109–110。

57. 王受真，〈為什麼要把新酒裝在舊瓶裡〉，收入：顧頡剛，《通俗讀物論
　　文集》，頁 14–15。

58. 王受真，〈再論「為什麼要把新酒裝在舊瓶裡」〉，收入：顧頡剛，《通
　　俗讀物論文集》，頁 20–22。

的盤剝取利，到讀者手上時，一本大約也不過一到兩分錢。而且舊讀物根本沒有版權，每千本的成本不過兩塊七、八角錢，書商賣這類的書，基本上賺的只不過是包紮工料費，為的是吸引顧客上門，來買他們主要營業的字帖、尺牘和私塾教本等等，[59] 所以只要價錢一提高，大眾的購買力根本無法配合，買得起的人就不多了。因此通俗讀物編刊社做了這項調查之後，盡其可能地壓低價錢，像是抗戰初期委託生活書店發行的《大眾抗敵劇叢》每本定價四到八分不等，最貴的《黃家莊》開價一角錢，而《戰時通俗讀物》系列，也差不多是二分錢到五分錢不等。[60] 另外像是五彩通俗圖畫每張零售價三分錢，為達宣傳效果，批發五百張十元，一千張十八元。[61] 戰前發刊的《民眾周報》每期篇幅高達四十頁，零售價是三至四分錢，半年二十四期六至八角，全年四十八期售一元到一元五角。[62] 發刊三個月之後，直接訂戶就有四千六百戶，零售每月可達二千份。[63]《大眾知識》的單價看似較高，可是以半月刊的形式出刊，每期售價一角六分錢，半年十二期一元六角，全年二十四期二元八角，和《民眾周報》相比，價錢相差不大，篇幅也有七、八

---

59. 王受真，〈再論「為什麼要把新酒裝在舊瓶裡」〉，收入：顧頡剛，《通俗讀物論文集》，頁 19。

60. 顧頡剛，《通俗讀物論文集》，「生活書店廣告」。

61. 《民眾周報》，2：6（1937 年 2 月 5 日），廣告頁。

62. 《民眾周報》，2：3（1937 年 1 月 15 日），廣告頁。

63. 紀彬，〈為本刊革新敬告讀者〉，《民眾周報》，2：4（1937 年 1 月 22 日），頁 10。

十頁之多。

　　然而，無論如何壓低售價，通俗讀物編刊社出版的雜誌、書籍仍然無法像舊讀物一樣可以用一到二分的價錢賣出，[64]《民眾周報》的訂戶看來不少，零售業績也不算壞，四十多頁一本賣四分錢，看來也比舊讀物划算，可是訂閱戶還是以學生居多，[65] 真正下層民眾的購買力仍然薄弱。[66] 造成這種現象的原因，最主要還是因為通俗讀物編刊社出版的各類出版品，都是新創作的作品，稿費開支往往形成不小的負擔，就以〈徵稿啟事〉上的訂價來看，每千字稿費一到三元，[67] 一本十萬字的章

64. 顧頡剛，〈編印通俗讀物的經過〉，見：顧頡剛，《西北考察日記》，收入：《甘青聞見記》，頁 366。

65. 王日蔚，〈學生讀者與本刊的革新〉，《民眾周報》，2：4（1937 年 1 月 22 日），頁 12。

66. 抗戰前國內物價雖有波動，但一般而言，躉售物價和零售價格都尚算平穩，根據《申報年鑑》所調查之各業男性工資，以 1933 年之「普通工資」為例，其中製釘業每月工資 37.5 元，居各業之冠，柳器業工資最差，每月所得僅 3 元；其他如棉織業 7 元，紡紗業 14.5 元，碾米業 10 元，麵粉業 12 元，榨油業 7.95 元，紙煙業 18.5 元，造紙業 6.35 元。詳見：秦孝儀主編，《中華民國經濟發展史》（臺北：近代中國出版社，1983 年），第 1 冊，頁 443–454。而戰前一般日常生活開銷，亦可參考《吳宓日記》中之記載，如修理眼鏡費用約 2 元，搭乘北平市政府公共汽車，由城中赴香山價約 8 角，東興樓宴客四人，花費 7 元，《吳宓詩集》一部價約 2 元等等。見：吳宓著，吳學昭整理，《吳宓日記》，第 6 冊，頁 38、8、47、51。

67. 〈通俗讀物編刊社徵稿啟事〉，《民眾周報》，1：1（1936 年 10 月 2 日），封底。〈改訂投稿簡則〉，《民眾周報》，1：10（1936 年 12 月 4

回小說就要一百至三百元不等；彈詞、舊劇、故事之類的讀物每冊大約四千至一萬字，每冊稿費也要四至三十元，加上印刷、出版、行銷，開銷不可謂不大；即便是社員創作不取稿費，經濟上的負擔仍然很吃力，難怪顧頡剛在通俗讀物編刊社成立之初四處籌錢，幾度心灰意冷，想「令其自滅」。[68] 尤其是國民黨中央黨部後來懷疑通俗讀物編刊社左傾，停發補助經費，[69] 導致 1936 年出刊的《大眾知識》只出了十二期，便不得不走上停刊之途。[70]

為了打進下層社會，通俗讀物編刊社對讀物的內容和形式，也不時調整方向。基本上「舊瓶裝新酒」的創作理念是針對下層民眾的，但是「下層民眾」指的究竟是誰？是城市裡的勞動階級，還是鄉下老百姓？通俗讀物編刊社對此其實並沒有十分清楚明確的定義。對照晚清以來知識分子所從事的「開民智」運動，[71] 或五四之後知識分子下鄉所展開的民間文學調查工作來看，近代以來知識分子所指稱的「下層民眾」，若不是粗通文

日），無頁碼。

68. 雷文景輯，〈顧頡剛致鄭德坤信函輯錄〉，《檔案與史學》，2002 年第 4 期，頁 6。

69. 顧潮編著，《顧頡剛年譜》，頁 266。

70. 顧潮編著，《顧頡剛年譜》，頁 273。

71. 李孝悌認為晚清時人在從事啟蒙大眾的運動時，對於何謂下層／下流／下等社會，只有一種約定俗成的說法，並沒有十分嚴格的界定。一般而言，白話報所針對的基本上是一些粗通文字的人，而戲曲、宣講、演說等，則是針對不識字的人而設計的。見：李孝悌，《清末的下層社會啟蒙運動，1901–1911》，頁 11、19–21。

字的人，就是處於社會底層、不識字的文盲、鄉下人或農民。[72] 如果按著這個脈絡來看，通俗讀物編刊社所謂的「下層民眾」，指的大約也是同一批人；然而為了解決下層民眾不識字（或粗通文字）的困境，通俗讀物編刊社則希望藉助所謂「中介人」的力量，把所欲傳遞的新知傳達給多數不識字、不讀書的老百姓。而這裡所謂的「中介人」，指的就是「一般舊知識分子，半知識分子，說評書的，唱大鼓的」和青年學生。王受真強調：一切知識必須經過他們的理解、消化，才能傳達給一般民眾。[73] 因此通俗讀物編刊社絕大部分的創作品，包括定期刊物、章回小說、鼓詞、戲曲、通俗故事等都是以中人為對象的，由這些中人把「讀」來的東西，或說或唱給不識字的老百姓「聽」，[74] 進而改造下層社會。

　　確定了讀者的對象之後，[75] 讀物的形式和內容才得以確立。

- -

72. 洪長泰的研究指出：1920–1930 年代中國民間文學研究者對於「民眾」的定義，大體上接受了歐洲學者的概念，即泛指生活在文明邊緣、風俗陳舊的人，一般指的不是農民，就是居於社會底層的文盲、鄉下人。見 Chang-tai Hung, *Going to the People: Chinese Intellectuals and Folk Literature, 1918–1937*, pp. 8–9.

73. 王受真，〈為什麼要把新酒裝在舊瓶裡〉，收入：顧頡剛《通俗讀物論文集》，頁 13。

74. 顧頡剛，〈我們怎樣寫作通俗讀物〉，《抗戰文藝》，2：8（1938 年 10 月 29 日），頁 116。

75. 通俗讀物編刊社對於讀者對象的掌握，也時常處在調整與摸索的狀態，《民眾周報》發行四期後，編者應讀者投書時回答，他們假定的閱讀對象是「鄉師學生、初級中學學生、鄉村小學教師、都市中店員工

經過幾年經驗的累積,通俗讀物編刊社對於「舊形式」的把握愈來愈嫻熟,他們從最早的鼓詞、劇本、彈詞創作,到後來發現了民間各種多樣化的體裁,如章回小說、平書、鼓書、唱曲、舊劇、小調、歌謠、相聲、雙簧、拉洋片、連環畫、年畫等等。[76] 這些體裁為了適應各個地方環境而存在,故而表現出濃厚的地方性。通俗讀物編刊社在推廣和創作的過程中發現,舊形式的讀物除了圖畫之外,文字的作品只有極少數(如章回小說)是供閱讀的,其他大部分多屬於演奏說唱的形式,其中說的東西(如平書、相聲)又比唱的東西來得少。[77] 因此通俗讀物編刊社為求作品能唱,便開始著手分析平劇、鼓書、戲詞、曲詞、歌謠的用韻方法和詞句構造,以求創作出更適合大眾說唱的形式。[78] 為此,1937 年通俗讀物編刊社還特別成立了「大鼓書訓練班」,聘請著名的盲人鼓書演唱者翟少屏來上課,並修改他們的創作作品。[79]

人,及能看《七俠五義》的舊知識分子」。《民眾周報》,1:4(1936年 10 月 23 日),頁 48–49。

76. 顧頡剛,〈我們怎樣寫作通俗讀物〉,《抗戰文藝》,2:8(1938 年 10月 29 日),頁 116。

77. 屬於民間文藝的戲劇、鼓書,甚至文字讀物(小說)都是向大眾講說的,極少是個人獨賞的性質,因此這種有聲的告白形式,必然又與音樂結合,轉化成一種具有宣傳意味的綜合藝術。見:向林冰,〈舊形式的新評價〉,收入:顧頡剛,《通俗讀物論文集》,頁 64–65。

78. 顧頡剛,〈大鼓詞怎樣作法〉,《民眾周報》,3:3(1937 年 4 月 16日),頁 2–7;顧頡剛,〈我們怎樣寫作通俗讀物〉,《抗戰文藝》,2:8(1938 年 10 月 29 日),頁 116。

　　「舊瓶裝新酒」的創作路線，在通俗讀物編刊社推廣多年之後，逐漸取得知音同好的認同。抗戰爆發後第二年，遠從濟南奔赴後方參加抗戰行列的老舍，與茅盾 (1896–1981)、郭沫若、馮乃超 (1901–1983)、夏衍 (1900–1995)、胡風 (1902–1985) 等支持抗日的文藝界人士，於 1938 年 3 月在漢口組成了「中華全國文藝界抗敵協會」（簡稱文協）。[80] 與此同時，老舍擱置了新文學小說寫作，開始嘗試以「舊瓶裝新酒」的概念，從事鼓詞創作。為了寫出合韻能唱的作品，老舍特別請教由北方逃出來的大鼓書藝人富少舫 (1896–1952) 和董蓮枝，了解北平大鼓書和山東大鼓書的作法；也由馮玉祥 (1882–1948) 收容的唱墜子藝人那裡，學習了河南墜子的唱法，[81] 根據這些寫成了《王小趕驢》、《張

---

79. 由羅少屏訓練出的九位大鼓書演唱者，在 4 月 9 日徐炳昶宴請傅作義時受邀演唱，傅作義聽了之後很是喜歡，便請他們到部隊裡去演唱《百靈廟》，頌揚傅作義部隊的戰績，因其表演生動，感動了不少在場的聽眾。顧頡剛，〈編印通俗讀物的經過〉，見：顧頡剛，《西北考察日記》，收入：《甘青聞見記》，頁 367。

80. 1938 年 3 月 27 日，「中華全國文藝界抗敵協會」成立，到會者百餘人，大會推舉蔡元培、周恩來、羅曼・羅蘭 (Romain Rolland, 1866–1944)、史沫特萊 (Agnes Smedley, 1892–1950) 等 13 人為名譽主席團；邵力子、老舍、馮玉祥、郭沫若、陳銘樞、田漢、張道藩、胡風等十餘人為主席團。並由周恩來、郭沫若、鹿地亘、馮玉祥、邵力子、吳組緗共同起草〈中華全國文藝界抗敵協會宣言〉。甘海嵐編撰，《老舍年譜》（北京：書目文獻出版社，1989 年），頁 92。

81. 老舍，〈我怎樣寫通俗文藝〉，《老舍曲藝文選》（北京：中國曲藝出版社，1982 年），頁 33–36。

忠定計》、《打小日本》等大鼓書詞，和以京戲為表現形式的《新刺虎》、《忠烈圖》、《王家鎮》、《薛二娘》，以及舊小說《兄妹從軍》等。他認為這些作品，不論是大鼓書、小說、京劇，形式雖各不相同，但目的都是為了通俗與激發民眾抗戰熱情。[82]

1938 年 8 月，文協總會遷往重慶之後不久，隨即展開通俗讀物的編寫、出版工作，[83] 並獲得國民黨中宣部和教育部補助款，陸續開辦通俗文藝講習會，延請在通俗讀物創作上已有相當經驗的通俗讀物編刊社成員參與，如向林冰、王澤民等均前往支援講授理論與方法課。[84] 文協成員老向發表鼓詞創作《募寒衣》，經平音大鼓手山藥旦（即富少舫）修改後試唱，還特別邀請了顧頡剛、張道藩 (1897–1968)、張默生 (1895–1979) 等人前往參加。[85] 此時，雙方成員對於「舊瓶裝新酒」的理念雖不盡

---

82. 老舍，《忠烈圖》，收入：老舍，《三四一》（重慶：獨立出版社，1938年），頁 42。

83. 文協接受了國民黨中宣部的委託，代為編寫街頭劇、大鼓詞、兒童讀物、通俗小說、軍歌民歌和民眾游藝指導法等，並交由中宣部印刷發行。見：總務部，〈中華全國文藝抗敵協會會務報告〉，《抗戰文藝》，1：11 (1938 年 7 月 2 日)，頁 144；總務部，〈中華全國文藝抗敵協會會務報告〉，《抗戰文藝》，2：6 (1938 年 10 月 15 日)，頁 96。分別收入：老舍，《老舍文集》（北京：人民出版社，1991 年），第 15 卷，頁 607–608；613–615。

84. 總務部，〈中華全國文藝抗敵協會會務報告〉，《抗戰文藝》，2：9 (1938 年 11 月 5 日)，頁 143，後收入：老舍，《老舍文集》，第 15 卷，頁 616–617。

85. 總務部，〈中華全國文藝抗敵協會會務報告〉，《抗戰文藝》，2：8

完全相同，但時有交流往來。顧頡剛對於老舍、老向等文協成員一面編鼓詞，一面開辦講習會，教育新一代鼓詞創作者的做法，感到十分欣慰，認為「這個工作已經有人繼續去做，擴大去做」了！[86]

老舍等文協成員，在實際從事「舊瓶裝新酒」的創作之後，發現所謂的「舊形式」，不能只在體裁上講究，內容和思想上也要運用老百姓所熟悉的形式，像是《秋胡戲妻》、《武家坡》、《汾河灣》等戲，用的都是同一個套子——也就是故事結構，可是老百姓並不因為缺少變化而討厭他們。老舍以為有了相同的套子，思想上也得「差不多」，可以把原來講「忠君」的故事，改為「忠國」，把平日俠腸義膽的舊道德思想，改成捨身成仁的例子；利用舊套子來裝故事，也利用舊思想把民心引到抗戰上來，重寫新的《連環套》與《投軍別窰》，讓「故事既像舊的，又是新的；思想既像舊的，又是新的」，這樣才容易被大眾接受，達到宣傳的效果。[87]

事實上，文協此一推廣「舊瓶裝新酒」的做法，也是通俗讀物編刊社多年下來累積的經驗。編刊社成員在實際進行通俗

....

（1938 年 10 月 29 日），頁 117，後收入：老舍，《老舍文集》，第 15 卷，頁 615–616。甘海嵐編撰，《老舍年譜》，頁 111。

86. 顧潮編著，《顧頡剛年譜》，頁 289。

87. 老舍，〈製作通俗文藝的苦痛〉，原載《抗戰文藝》，2：6（1938 年 10 月 15 日），頁 91–92，後收入：老舍，《老舍曲藝文選》，頁 10；老舍，〈談通俗文藝〉，原載《自由中國》，第 2 號（1938 年 4 月），頁 130，後收入：老舍，《老舍曲藝文選》，頁 5。

讀物流通調查之後即發現，只有民眾懂得的，或聽過、見過的，他們才會感興趣，才肯花錢來購買；凡是在名目上使民眾感到陌生與茫然的，多半銷路都不好。有的時候創作者必須站在民眾的立場，想像他們熟悉的題材，再去改換其中的內容。例如，介紹新疆史地時，就不能老老實實地用這個題目，否則根本引不起老百姓的興趣，可是換上一個《新西遊記》的名字，[88] 老百姓就願意掏錢買了。所以像是《彭公案》、《連環套》裡大名鼎鼎的竇爾敦，到了通俗讀物編刊社的手裡，便從一個嘯聚山林、行俠仗義的綠林豪傑，變成了一個不願委身日本特務機關的現代英雄。[89] 蹦蹦戲名劇《馬寡婦開店》，原來是描寫唐代狄仁傑進京趕考，遇上小孤孀的故事，[90] 民間無人不曉；通俗讀物編刊社深諳此劇流傳甚廣，於是便把馬寡婦的身世，從一個名門之後，換成了在「九一八」事變中喪生的義勇軍的遺孀，為報家仇國恨，計誘漢奸的故事。[91] 其他像《王二姐思夫》、《小寡婦上墳》等，[92] 也是一樣，都是民眾最熟悉、最感興趣

---

88. 王大真，〈新西遊記〉，《民眾週報》，1：1（1936 年 10 月 2 日），頁 36–41。

89. 李克，《竇爾敦破案》（武昌：通俗讀物編刊社，1938 年），乙種叢書，新刊第 21 種。

90. 《（雜腔唱本）馬寡婦開店》，石印本，雙紅堂——戲曲 190，見：東京大學東洋文化研究所藏漢籍善本全文影像資料庫。

91. 石鳴九，《新馬寡婦開店》（武昌：通俗讀物編刊社，1938 年），乙種叢書，新刊第 24 種。

92. 《（雜腔唱本）王二姐思夫》，雙紅堂——戲曲 190；《（唱本 190 冊）大鼓段詞——小寡婦上墳》，雙紅堂——戲曲 189，見：東京大學東洋

的題材，可是其內容卻毫無「新酒」的成分；通俗讀物編刊社就換了個法子另外創作，說王二姐的丈夫正參與抗戰，小寡婦的丈夫是抗日死的，然後把他們的歌哭詞句作為《新王二姐思夫》和《新小寡婦上墳》的內容，這麼一來，銷路就大了。此外，通俗讀物編刊社還有一種更省便的做法，就是翻印舊劇。他們發現老百姓對戲劇是最有癮頭的，多數人買唱本，為的是消遣、娛樂，所以他們便大量翻印許多舊劇，並在舊劇之後附上一段新鼓詞，讓民眾在無意的消遣中，受到有意的教育。[93]在「喚起民眾」的目標下，「舊瓶裝新酒」的創作路線，無疑延續了 20 世紀初以來以「國民教育」為宗旨的啟蒙路線；[94]而救亡抗日的思潮則刺激了通俗作品的轉向，把一部部描寫閨怨、俠義、果報、神仙鬼怪的篇章，改扮成宣揚民族大義、國家思想的國民讀本，利用舊形式導出新主題，藉此教育下層民眾。

　　整體來說，通俗讀物編刊社的寫作對象十分廣泛，他們寫領袖、政府、指揮官、士兵、戰役、民運、傷兵、婦女、難民、游擊隊、漢奸、偽軍、敵國民眾等等，不一而足。這些豐富而多樣的通俗讀物推出之後，很受各界好評。1937 年抗戰爆發，顧頡剛得知日人所列逮捕名單之中，赫然有他的名字，於是只好倉皇出奔，前往綏遠，並且把通俗讀物編刊社遷往綏遠工作。

　　文化研究所藏漢籍善本全文影像資料庫。

93. 顧頡剛，〈編印通俗讀物的經過〉，見：顧頡剛，《西北考察日記》，收入：《甘青聞見記》，頁 368–369。

94. Chang-tai Hung, *Going to the People: Chinese Intellectuals and Folk Literature, 1918–1937*, pp. 174–175.

到了那裡之後，顧頡剛才知道他們所編寫的大鼓書、劇本和年畫等，在當地很受歡迎。[95] 太原、蘭州等地甚至大量翻印他們所編印的鼓書，[96] 或仿習他們的做法，成立類似的團體，編寫通俗民歌，作為抗敵的宣傳。[97] 此外，因歌詠 1937 年 7 月由林彪 (1907–1971) 指揮的平型關戰役而編寫的鼓詞《大戰平型關》，雖然遭到國民黨中央黨部和軍事委員會警告，卻因此受到八路軍的好評與同情。[98] 由此可見通俗讀物編刊社在西北邊地推廣通俗讀物的成績。

三、戰時歷史知識的建構與國民現代性的重塑

筆者目前可以掌握有關通俗讀物編刊社的出版品，大體可分三類：一是通俗讀物編刊社在戰前出版的定期刊物，分別是 1936 年 10 月 2 日創刊的《民眾周報》，同年 10 月 20 日創刊的《大眾知識》和 12 月發刊的《求生之路》；二是上海《申報》副刊的定期專欄「通俗講座」；以及第三類，也就是目前已很難

---

95. 顧潮編著，《顧頡剛年譜》，頁 277。

96. 顧頡剛，〈編印通俗讀物的經過〉，見：顧頡剛，《西北考察日記》，收入：《甘青聞見記》，頁 367。

97. 蘭州當地青年設立類似團體，名曰「老百姓」，並請顧頡剛出任社長，出版旬刊。顧頡剛，〈西北考察日記・序〉，見：顧頡剛，《西北考察日記》，收入：《甘青聞見記》，頁 4。

98. 顧頡剛，〈西北考察日記・序〉，見：顧頡剛，《西北考察日記》，收入：《甘青聞見記》，頁 4。

看到，在當時卻有相當大影響力的甲、乙種叢書數種。以下的分析將主要集中在這些材料上。

這些刊物、出版品發行的時間雖然差距不大，但最初設定的讀者群顯然有所不同。如《民眾周報》最具多樣性，其所設定的閱讀群顯然較廣，即所謂的「民眾讀物」，內容與乙種叢書最為接近，不乏以「舊瓶裝新酒」創作的彈詞、鼓書、墜子和章回小說。最初由顧頡剛掛名擔任主編，第 2 卷以後改由徐炳昶接任，實際靈魂人物則是王受真、向林冰和李一非。而幾乎同一時期發行的《大眾知識》，在內容上就顯得中規中矩許多，其風格明顯與稍早在上海《申報》定期發刊的「通俗講座」接近，帶有濃重的學院性格，內容包括論文、傳記、書評和通信等；主編掛名為顧頡剛，實際負責人是燕京大學國學研究所畢業，時任北平研究院史學研究所編輯的吳世昌，以及當時在燕大、輔仁國學研究所、經濟系和英文系就讀的學生鄭侃嬡、連士升、楊繽、張秀亞等人。[99] 另外，由山東省教育廳承印，北平通俗讀物編刊社主編的《求生之路》，[100] 編刊內容明顯是以小朋友為對象，特別是針對讀過短期小學的學生，其文字內容更為淺白易懂，每期篇幅不超過二十頁。

顧頡剛在〈舊瓶裝新酒的創作方法論〉上曾說：「舊瓶裝新酒」的創作方法只適合民眾，學生是不必要的。[101] 他認為前者

---

99. 顧潮編著，《顧頡剛年譜》，頁 259。

100.《求生之路》，於 1936 年 12 月創刊，1937 年 5 月停刊，共發行 5 期。

101. 顧頡剛，〈舊瓶裝新酒的創作方法論〉，收入：顧頡剛，《通俗讀物論文集》，頁 10。

是通俗文化運動，後者是青年運動，兩者所需的形式和內容是不相同的。按照這個標準，《民眾周報》和乙種叢書實可看做是宣揚通俗文化的出版品，[102] 而《大眾知識》和《申報》「通俗講座」則是以學生群為對象，[103] 完全沒有任何「舊瓶裝新酒」的色彩。換句話說，這種雙軌並行的方式，雖然都以「通俗」為取向，但是在路線上還是可以清楚地區分出民眾和青年學生（知識分子）兩條線。顧頡剛始終相信「改造中國歷史即可以改造一般民眾的歷史觀念」，[104] 戰前他努力開辦各種各樣的刊物，為的就是改造一般人的歷史觀念；《大公報‧史地周刊》專欄、《禹貢》半月刊、《民眾周報》、《大眾知識》等刊物幾乎同時間開辦。他曾不止一次對人說：「弟之野心，欲使中國上層階級因此刊（按：《禹貢》）而認識中國，又欲使中國下層階級因通俗讀物而知道自己是中國人」。[105] 蓋欲同時改造上層階級和下層階

---

102. 1937 年 5 月《民眾周報》停刊後，直到 1947 年 5 月顧頡剛才又重新開辦（第二期之後改名為《民眾週刊》），再度強調這是一份「給農民、市民、工人看的通俗刊物」，但其只辦了七個月後，就再度停刊了。見：蘇州國立社會教育學院民眾讀物社編，《民眾週刊》，1：1 至 1：29–30（1947 年 5 月 24 日至 1947 年 12 月 14 日）；顧潮編著，《顧頡剛年譜》，頁 332。

103. 《大眾知識》出刊僅 12 期即停刊，戰後顧頡剛發起史地通俗叢書編輯社，出版《中國名人傳》及《中國歷史故事小叢書》等，即為此一路線之延續。顧潮編著，《顧頡剛年譜》，頁 314；顧頡剛，〈編輯中國名人傳說明書〉，《上游集》（上海：合眾圖書館，1949 年），頁 7。

104. 顧潮編著，《顧頡剛年譜》，頁 200。

105. 顧潮編著，《顧頡剛年譜》，頁 237；顧頡剛，《顧頡剛日記》，第 3 卷

級的歷史觀念。

　　即就下層階級的改造而言，顧頡剛亟欲傳達給下層民眾的，正是要認知自己在國家及國民上的屬性及定位，透過大量改寫的人物傳記、歷史故事、地理知識，告訴一般老百姓作為一個「現代國民」應有的常識及應盡的義務。一如《民眾周報》徵稿啟事上所說，其目的在「啟發民眾知識，激發民眾向上意志，提高民族意識，培植民族自信力」。[106] 在國難當頭之際，「把最大多數的民眾都叫醒來， 大家來擔負 『救亡圖存』 的重擔子」。[107]

　　既以「救亡圖存」為號召，通俗讀物裡最普遍的題材自然莫過於民族英雄人物，而這些民族英雄所包納的範圍異常寬廣，如《民眾周報》裡的史可法、沈雲英、楊黑虎、大刀王五、苗可秀，〈平倭記〉裡的戚繼光，〈順昌府大破金兵〉的劉錡，《大眾知識》裡的李廣、郭子儀，《民眾週刊》裡的林則徐、荀灌娘，〈夫人城〉 裡東晉太守朱序的母親及其所率領的一批娘子軍，以及《申報‧通俗講座》裡的蒙恬、李廣、班超、祖逖、郭子儀、岳飛、鄭成功、馮子材；也有強調實業救國的張謇，寧可毀家紓難以救國的卜式，明代開邊英雄蕭雲仙，以及大漠女英豪訶額侖。晚清時期革命黨人或改良派人士，各自以「種

(1933–1937)，頁 376。

106. 〈通俗讀物編刊社徵稿啟事〉，《民眾周報》，1：1 （1936 年 10 月 2 日），頁 68。

107. 編者，〈民眾周報‧開場白〉，《民眾周報》，1：1 （1936 年 10 月 2 日），頁 2。

族」或「國族」為界所書寫的民族英雄系譜，[108] 至此也隨著國族界域 (boundary) 的外移，共同敵人的改換，而匯聚一爐；具有高度抵禦外族意識的英雄人物，和能夠揚威異域、拓土開邊的民族英雄，在抗日民族統一戰線裡，不分彼此，一同「為國效力」。為此，在英雄人物之外，忠臣與漢奸，也都在近代國家、國民統合的需要下，一系包納在形構國族意識的書寫體系之下，好比《民眾周報》裡〈澶淵盟〉的主角寇準、《大眾知識》裡的諸葛亮、王安石，《申報‧通俗講座》裡死不降清的閻應元、不肯出仕異族的傅青主、寧死不屈的方孝孺，都是典型的忠君愛國之士；而顧頡剛在《大眾知識》裡寫的負面人物石敬瑭、趙德鈞、趙延壽、杜重威，以及《民眾周報》裡〈真龍天子造天書〉的王欽若，則是「人人得以唾面」的漢奸賣國賊。[109] 忠奸之辨的對照，凸顯的不只是正反兩面的人物評價，更是國族疆界重劃過程中對於敵我、異己書寫的再造。

當然，在民族危亡的年代裡，不見得只有男子可以稱之為英雄，能報國的也絕不止於成人，婦女、小孩、官差、強盜，

---

108. 相關論述請參見沈松僑，〈振大漢之天聲——民族英雄系譜與晚清的國族想像〉，《中央研究院近代史研究所集刊》，第 33 期（2000 年 6 月），頁 107–143。

109. 王乃堂，〈真龍天子造天書〉，《民眾周報》，2：6（1937 年 2 月 5 日），頁 17–24。此外，流傳甚廣的乙種叢書中，亦不時可見漢奸的題材，如方白，《槍斃韓復榘》（武昌：通俗讀物編刊社，1938 年），乙種叢書，新刊第 29 種；佚名，《活捉白堅武》（西安：通俗讀物編刊社，1937 年），乙種叢書，新刊第 10 種。

人人都是該被「喚醒」的對象，人人也都有報效國家的機會。蘇子涵的〈王義士〉，寫的就是明末的王姓官差，為了營救不肯薙髮留辮的許博元夫婦，不惜犧牲自己；而深明大義的王妻，甚至願意冒名代替許博元之妻充軍，為婦女立下忠義的楷模。[110] 鄭侃嬿的〈王孫賈的母親〉，講的是戰國時期燕齊兩國相爭的故事，但她不寫齊宣王、不寫燕昭王，也不寫名將樂毅、鄒衍或劇辛，反而著眼於一個 15 歲的少年——齊國大夫之子王孫賈，描寫他在齊國只剩下莒和即墨二城時，如何在母親的鼓舞下，號召民間忠義之士四百多人，成功消滅了前來趁火打劫的楚國，挽救齊國於危亡之中。[111] 在鄭侃嬿的描繪中，恃強凌弱的霸道，終不敵眾志成城的力量，深明大義的婦女、幼小羸弱的少年，一樣可以貢獻一己之力。同樣地，縣官的妻子、不識字的乞丐、善於製弓的匠人以及赤手空拳的百姓，[112] 看似毫無抵抗的能力，團結起來卻可以匯聚巨大的能量，產生無比的勇氣。通俗讀物的作者們，極力在每一個故事中，營造強與弱、勝與負的對照，

110. 蘇子涵，〈王義士〉，上海《申報・通俗講座》，第 8 期（1936 年 5 月 7 日），第 4 張。

111. 鄭侃嬿，〈王孫賈的母親——孩子懂得自強，齊國不亡了〉，上海《申報・通俗講座》，第 15 期（1936 年 6 月 25 日），第 5 張。

112. 子人，〈李侃妻——一個勇於抗敵的婦人〉，上海《申報・通俗講座》，第 44 期（1937 年 1 月 14 日），第 3 張；韓德溥，〈行乞興學的武訓〉，上海《申報・通俗講座》，第 25 期（1936 年 9 月 3 日），第 5 張；季珍，〈晉弓人〉，上海《申報・通俗講座》，第 36 期（1936 年 11 月 19 日），第 5 張；蘇子涵，〈蘇州五義士〉，上海《申報・通俗講座》，第 8 期（1936 年 5 月 7 日），第 4 張。

用以凸顯堅忍團結的志氣，和勇於對抗的精神，試圖以此「喚醒」民眾，勇於承擔時代的責任。

只是，同樣寫歷史人物，一樣是民族英雄，強調以青年學生為對象的《大眾知識》、《申報》的「通俗講座」，和以通俗文化運動為訴求的《民眾周報》、乙種叢書，二者的著墨方式顯然有很大的不同。《大眾知識》和《申報》的「通俗講座」，寫英雄人物著重的是一個人的行誼，強調的是他的功績、事業和情操，寫漢奸說的是他的惡行，以及罪不可逭、兩面不討好的下場。主旨明確，角色性格鮮明是共同的特色，淺白易懂，文字流暢則是最基本的要求，偶爾穿插對話體，以增加故事的通俗性，也是常用的手法。為顧頡剛稱許文筆「有民眾氣而無學生氣」的鄭侃嬚，[113] 寫郭子儀和李光弼相忍為國，盡釋前嫌，寫郭氏孤身深入回紇大營，單騎退敵，筆調通俗，卻無一字無來歷。[114] 前面提到的〈王孫賈的母親〉，除了生動緊湊的文字之外，鄭侃嬚也不忘在故事最後，清楚列出《孟子》、《戰國策》、《史記》、《列女傳》等書，表示這是一個出典有據的真實故事，使讀者產生共鳴。其他如王崇武寫訶額侖遭也速該搶婚時的哀怨，寫她帶領族人在斡難河畔生活的艱難，寫她怒責鐵木真兄弟的內鬩等，不到五頁的篇幅，用了七個註釋，強調全文是以《元秘史》為主要材料，還參考了《元史》、《元史譯文證補》、《蒙兀兒史記》、《新元史》、《蒙古源流》及《聖武親征錄》，更

---

113. 顧潮編著，《顧頡剛年譜》，頁 208。

114. 鄭侃嬚，〈郭子儀〉，《大眾知識》，1：9（1937 年 2 月 20 日），頁 30–37。

引王國維〈蒙古史札記〉裡的考證，以為徵信。[115] 署名剛子所寫的〈李廣〉，讓人一看就可以感受到作者歌詠抵抗、抨擊苟安的用意，可是單單只為了解釋清楚文中的人名和事件，作者一口氣就引了八個註釋。[116] 楊蓮生寫玄奘，寫的是玄奘取經、譯經的驚人毅力，行文之間作者卻不放棄說明佛教的基本教義，以及佛教東傳的過程，[117] 少掉了學院式的考證，卻沒有省略傳達歷史事實的深意。

　　通俗讀物編刊社所寫的歷史故事，是給青年、學生、半知識分子看的，生動流暢之餘，也強調符合史實，選擇的歷史人物既有耳熟能詳的中外聞人，也有名不見經傳的小人物，然人物不論大小，必有所本。作者講述故事時，並不加入太多個人的觀點，即使意有所指，敘事筆法也極為含蓄，意在言外之詞，往往留給讀者自己去領會。這些略帶文學性的筆調，雖然是通俗歷史故事的特色之一，但書寫對象顯然不是針對工農大眾或不識字的老百姓。

　　可是《民眾周報》和乙種叢書寫歷史、寫人物就不是這樣了，除了普遍用鼓詞、唱本、蹦蹦戲、皮簧等創作形式外，內容和敘述方式也有很大的不同。如民間原有的《十杯茶》、《十杯酒》、《花鼓詞》和《鳳陽花鼓》等小曲，說的無非是男女偷

---

115. 王崇武，〈訶額侖〉，《大眾知識》，1：3（1936 年 11 月 20 日），頁 26–32。

116. 剛子，〈李廣〉，《大眾知識》，1：7（1937 年 1 月 20 日），頁 31–37。

117. 楊蓮生（楊聯陞），〈玄奘法師〉，《大眾知識》，1：6（1937 年 1 月 5 日），頁 20–26。

情、望君早歸等內容，[118] 或是為了諧韻，把歷史上的一些人物串成一句句像這樣的順口溜：

> 寫下一字一條街，姜太公穩坐釣魚臺，關老爺本是磨豆腐，劉備西川打草鞋（嗳呀嗳子嗳）；（又一句）寫下二字二條紅，常山上出了趙子龍，跨海征東薛仁貴，李靖王起兵入中原（嗳呀嗳子嗳）；（又一句）寫下三字三條灣，趙匡胤偷稅去撞關，力大無存〔按：窮〕李存孝，蕭何丞相遇張良（嗳呀嗳子嗳）；（又一句）寫下四字四面方，楊四郎失落在番邦，他在番邦為駙馬，不在朝中伴君王（嗳呀嗳子嗳）；（又一句）寫下五字五盤根，楊五郎本是修行人，隋煬皇帝就把廣陵上，欺娘奸妹是昏君（嗳呀嗳子嗳）；（又一句）寫下六句六面山，吳拎〔按：磷〕大戰仙人關，宋高宗金陵來接位，宮門掛帶小秦王。[119]

這類看似前言不搭後語的小調，只為好唱易懂，沒有一點現實色彩；可通俗讀物編刊社用了「舊瓶裝新酒」的方法，大幅改寫這類作品，重編了像《抗日十杯茶》、《新花鼓》、《國難十二月》、《民國廿六年》和《抗戰歌謠》等，與現實攸關的歌謠，[120] 這類歌謠有些一樣仿《十杯茶》的十段敘事方式，寫的

---

118. 《（雜腔唱本）十杯茶》，民國排印本，雙紅堂──戲曲 190；《（雜腔唱本）新出改良十杯酒》，雙紅堂──戲曲 190，見：東京大學東洋文化研究所藏漢籍善本全文影像資料庫。

119. 《（雜腔唱本）新出花鼓詞》，石印本，雙紅堂──戲曲 190，見：東京大學東洋文化研究所藏漢籍善本全文影像資料庫。

卻是打漢奸、保中華的調。好比《抗敵時令歌謠》裡說：

> 一月水仙白帶黃，東洋倭子好瘋狂，奪了東北尚不夠，
> 還要逞凶黃浦江。
>
> 二月茉莉白如霜，東洋倭子多死傷，打了一月無勝敗，
> 落得損兵又折將。
>
> （註：「一二八」時敵將白川被炸身死）
>
> 三月桃花紅粉粉，倭子和我講和平，那知和平是騙局，
> 轉眼又攻承德城。
>
> 四月薔薇白又赤，倭子肚裡懷鬼事，東北演了傀儡戲，
> 又向華北鬧自治。
>
> 五月石榴紅如火，大家抵制東洋貨，倭子生意不能做，
> 只怨軍閥野心多。
>
> 六月荷花白帶紅，倭子國內本是空，失業工人成千萬，
> 鄉村農民也鬧窮。
>
> 七月鳳仙紅似火，倭寇居心實在野，七月八日蘆溝橋，
> 宛平城內又遭劫。
>
> 八月桂花黃如金，倭寇專喜動刀兵，進攻北平還不夠，

---

120. 佚名，《民國廿六年》（西安：通俗讀物編刊社，1938 年），乙種叢書，
新刊第 14 種；佚名，〈新刊抗戰鼓詞目錄〉，《抗戰歌謠》（武昌：通俗
讀物編刊社，1938 年），乙種叢書，新刊第 11 種，頁 7；江妝，《抗敵
時令歌謠》，上、下冊（漢口：生活書店，1938 年）。顧頡剛在 1938
年到甘肅卓尼成德學校參觀時，見學生化妝演唱通俗讀物編刊社所編
《十杯酒》等小曲，很受感動。見：顧頡剛，《西北考察日記》，收入：
《甘青聞見記》，頁 68。

八月十三又挑釁。

九月菊花紅又黃，中華英雄好雄壯，機槍大刀一齊用，
倭官倭兵齊驚慌。

十月芙蓉紅帶紫，到處都是鬼子屍，五次總攻都失敗，
三易司令無法子。

十一月裡茶花紅，倭寇飛機到處轟，不管民房或醫院，
屍橫遍地血成河。

十二月裡臘梅黃，中國全面來抵抗，倭寇到處受打擊，
怕見中華好兒郎。[121]

論者以為，這類從一月唱到十二月的唱本形式，早在六朝時就
已出現，唐五代以後在民間大為盛行，更開啟了宋代「十二月
鼓子詞」的先河，而這些出自民間的俗曲小調，更在清末知識
分子、官紳、志士推展下層社會啟蒙運動之際，廣為運用。[122]
然而必須強調的是，過去民間流傳的五更調、十二月曲，所述
內容儘管活潑多樣，可是這種從一更嘆到五更，一月唱到十二
月，或是像《十杯酒》、《十杯茶》、《花鼓詞》這類具有「數字」
體裁的小調，多半是為了配合聲韻節拍，區隔敘事段落，所以
歌曲裡的時序、節氣、月份通常是沒有多大意義的；反觀這時
通俗讀物編刊社卻是依著時間順序，一月一月地表述現實生活
中所發生的家國大事，寫下像《抗敵時令歌謠》這樣的詞曲。

更有意思的是，強調可以用大鼓墜子演唱的《國難十二
月》，遠從中華民國建立，推翻帝制行民主開始，一路寫到抗戰

121. 江牧，《抗敵時令歌謠》，上冊，頁 1–12。
122. 李孝悌，《清末的下層社會啟蒙運動，1901–1911》，頁 184–191。

前夕；再從西安事變往下，一月一月地寫盡日寇侵華百態。由於全文內容太長，這裡只引一兩段以為說明：

> 正月擱下且不表，再把二月明一明：二月裡來龍抬頭，西安事變不罷休，眼看著和平將成就，又誰知那漢奸從中破壞火上加油，下邊煽惑眾兵士，上邊鼓動于孝侯。他想要挑撥離間起內亂，自己來把漁利收。這鬼（按：詭）計有些人們沒有看透，居然上了他的鉤。特務團長孫銘九，喪心病狂太混頭！二月三日大叛變，殺害了王以哲將軍命歸幽。從此後漢奸陰謀全暴露，和平成功國家元氣得保留。
>
> 七月裡來七月七，小日本蘆溝橋上動殺機，二十九軍男兒漢，要與此橋同休戚。一連打了好幾仗，打得那小鬼子卸甲丟盔直拉稀。最可嘆統兵將官沒有主意，事到臨頭還發迷。他跟那小日本開了談判，妄想和平誤軍機。誰知道中了敵人緩兵計，大軍入關來進逼。二十八日天上午，進攻南苑真緊急。趙登禹將軍竟戰死，五千健兒成了血泥。接連著北平天津都失守，實在令人太痛惜！幸賴我委員長決大計，領導著全國軍民舉起了抗日的旗。全面抗戰將發動，要和日本見高低。[123]

在《國難十二月》裡所敘述一月到十二月發生的事，沒有一件不和時事相關，像是三月的日船上海走私銅元事件，四月鄭州破獲董方城間諜案，五月天津日租界海河浮屍案，六月察哈爾

---

[123]. 李克，《國難十二月》（武昌：通俗讀物編刊社，1938 年），乙種叢書，新刊第 14 種，頁 1–7。

北部國民自衛軍和蒙古軍政府交戰，以及八月的上海「八一三」淞滬戰役，九月察哈爾、晉北失守，八路軍收朔縣、淶源，攻打平型關，十月蔣委員長發表國慶談話，十一月西北戰場失利，上海淪陷，十二月南京失守。大鼓詞裡每個月份都有確切的時間意義，緊緊扣合中日戰事裡每件動人心魄的史實，與舊日五更調、十二月曲裡可以一再反覆、重來、互換的時間秩序，有很大的不同。在這樣一種新的書寫形式裡，我們看到了通俗讀物編刊社一方面試圖翻轉老百姓過去的休閑趣味，同時也有意無意把一種具有時間先後脈絡和因果關係的線性歷史敘事方式，帶進一般大眾的腦海裡，讓民眾在哼哼唱唱之餘，不知不覺間知道了國家的處境和國民應有的態度，一點一滴地改造民眾的歷史觀念。

此外，在歷史人物書寫方面，《民眾周報》或乙種叢書也有很不一樣的表現。如王澤民的〈平倭記〉是藉明朝嘉靖年間倭寇來犯，戚繼光率眾抵抗的故事，隱寓抗日之志。作者在文中不光寫日寇入侵時的殘忍，同時花了很大的筆墨描寫「家賊」汪直。這裡引一段鼓詞原文：

> 常言說沒有家賊也勾不進野鬼，
>
> 這家賊的頭目本姓汪，
>
> 他本是安徽省徽州人氏，
>
> 姓汪名直一個大流氓。
>
> 他手下帶了一批地痞無賴，
>
> 駕船過海到東洋，
>
> 先不過勾通外國做買賣，

到後來公然成了海上王，

招一些亡命之徒徐海、陳東做大將，

勾結著倭奴頭目多田大島屎尻郎，

佔據著豐前豐後通明巨甲三十六島，

造了些兵船戰艦名叫大聯舫。[124]

在民族大義的前提下，通俗讀物的人物書寫通常顯得十分扁平，漢奸一定與英雄相對，抵抗與妥協誓不兩立，人物的性格必須有鮮明的對照，不能給讀者任何模稜兩可的空間。汪直在這段敘述裡沒有任何其他的形象，既不是一個帶領沿海流民出海貿易的商人，更不可能成為殖民海外的英雄，他只是一個地痞流氓。這篇鼓詞全文上下沒有一處提及日本，自然是因為受限於官方「敦睦邦交」的態度，可是不點明，又怕民眾不懂，所以日本倭寇在這裡成了「多田大島屎尻郎」，替日本人取個奚落的名字，開個無傷大雅的玩笑，通俗讀物在這裡，似乎又不必太過要求必得符合史實。

　　當然，寫抗戰、寫抵抗，絕不能只有將領，只有主帥，民眾才是抗暴的主角，失去了民眾群起響應的劇情，何以喚起民眾的抵抗之意。王乃堂 (1898–1967) 的〈澶淵盟〉裡，力主宋真宗御駕親征的當然是寇準，藉著意志堅強的寇準說出：「水來土堰，兵來將擋是正理，國家有難不該怕死又貪生。誰勸我主不抵抗，這個人，就該問罪正典刑」。可是如果只有寇準一人絕對無法成事，所以御駕發兵到澶州之後，一定要來上一段：

124. 王澤民，〈平倭記〉，《民眾周報》，2：5（1937 年 1 月 29 日），頁 24。

百姓道旁呼萬歲，

人山人海喊連天！

這個說只說皇上是個膿包貨，

誰想到竟敢領兵到邊關？

那個說說他膿包一點也不錯，

一聽打戰心膽寒！

這個說他平常愛聽小人話，

這些人勸他逃跑到南邊。

……

這個說假使皇上不抗戰，

眾百姓也要起來保國權，

團結民眾抵抗韃子，

為國殺身理當然！

那個說政府既然要抗戰，

我們也要發民團，

軍民聯合一起幹，

殺敵衛國勇往直前！[125]

透過「這個說」、「那個說」，老百姓的抗敵意志才得以彰
顯，政府不抵抗的時候，民眾也可以自組民團義軍。鼓詞、唱
本的書寫方法絲毫含蓄不得，「老百姓」是誰不必細究，是不是
真實人物也無所謂，重要的是要讓民眾知道，抗敵不只是政府、
軍隊的事，老百姓只要意志堅定，一樣可以從被壓迫者的角色

125. 王乃堂，〈澶淵盟〉，《民眾周報》，2：5（1937 年 1 月 29 日），頁 29–
32。

中站起來。

這些描寫古代抵抗外敵入侵的歷史故事，雖然意在教導民眾領略古人行誼，進而起效尤之心，但究竟不如現實戰役裡的抗敵故事來得直接，或更能引起讀者共鳴。九一八事變之後，參加東北民眾抗日自衛軍的苗可秀，《大鬧王家庄》裡因妻孥受辱，家毀人亡，毅然決定加入義勇軍行列的王大遠，《收商都》裡三十五軍傅作義 (1895–1974) 部隊的陳世治、沈仲英，以及《血戰蘆溝橋》裡 19 歲殺敵無算的小伙子趙金標，[126] 容或不是全國知名的人物，但不妨礙其為民表率的義行。曾經感動傅作義部隊的鼓詞〈百靈廟〉，作者野民大力歌頌的「眾健兒」，可以叫老張，可以叫老趙，可以是王長勝，也可以是李得標。[127] 這些面目模糊，性格又極其一致的人物，和傅作義、孫師長、張連長混同一氣，真假莫辨；在現實世界裡可以是任何一個鬥志高昂的勇士圖像，也可以是戰場上每一個為國捐軀的英雄縮影，[128]

---

126. 佚名，《抗日英雄苗可秀》（西安：通俗讀物編刊社，1937 年），乙種叢書，決定版第 1 種；老白，《大鬧王家庄》（武昌：通俗讀物編刊社，1938 年），乙種叢書，決定版，新刊第 28 種；佚名，《收商都》（西安：通俗讀物編刊社，1937 年），乙種叢書，新刊第 4 種；佚名，《血戰蘆溝橋》（西安：通俗讀物編刊社，1937 年），乙種叢書。

127. 〈百靈廟〉唱詞有云：「眾健兒熱血沸騰殺氣高，老張開言叫老趙，王長勝又叫李得標，奶奶的洋鬼子太胡鬧，他拿著俺們都當草包，……。」野民，〈百靈廟〉，《民眾周報》，1：12（1936 年 12 月 18 日），頁 36。

128. 沈松僑在探討晚清民族英雄系譜時也指出：英雄人物與過去民族的光榮事蹟，在族群團體邁向國族建構的過程中，往往成為強化群體的重

透過說書人的演唱，歷劫歸來的戰士在這裡找到了撫慰心靈的知音。同樣地，描寫現實戰役的通俗讀物，民眾的面貌又比「歷史上的民眾」來得更為清晰、具體，不只士農工商一舉網羅，拉洋車的、叫花子、學生、看護隊、參戰團，誰都可以為抗日救亡盡一份心力，老百姓從鼓詞說書人的口中，看到了群眾，也看到了自己。

可是「喚起民眾」不能只是喚起民眾起來抗日，如果沒有足夠的現代知識、生活知能、國家概念、歷史常識，又如何能夠成為一個具有現代意識的公民？通俗讀物編刊社成立之初，所出版的《打虎》、《白面客嘆五更》等，即是針對這方面加以著墨的作品。《打虎》一文說的其實是霍亂防治的辦法，霍亂(cholera) 之日文漢字音讀為「虎咧拉」，故以《打虎》為名，吸引老百姓的注意。作者刻意創造了一個祁州城王家莊鬧霍亂的故事，先把感染霍亂時的各種症狀，如「吐瀉肚疼腿抽筋，舌乾口渴小便不順，手腳冰涼汗滿身。不思食來不思飲，通身無力頭發昏。十個病人倒有九個死，十家準有九家有病人」等，[129]

要力量，然而這些民族英雄是否真有其人，其事蹟是否確切可考則無關宏旨。以此對照抗戰時期通俗讀物的歷史書寫，也有類似的情形，但凡能夠激發民族意識的當代／歷史人物——即便是虛擬的，在通俗歷史書寫裡經常被一再放大其英勇的形象，而此一現象以「舊瓶裝新酒」的創作類型中，又要比寫作對象是「中人」的通俗歷史書寫來得更為明顯。參見：沈松僑，〈振大漢之天聲——民族英雄系譜的晚清國族想像〉，《中央研究院近代史研究所集刊》，第 33 期（2000 年 6 月），頁 85、87–88。

[129.] 小倉芳彦，〈通俗讀物編刊社の出版物——1930 年代の抗日ペンフレッ

編成好唱易懂的曲調，再藉著王家莊村民迷信求神問卜、誤信庸醫，造成疫情蔓延、全村遭難的劇情，提醒世人要有科學的觀念和正確的衛生常識，才能有效防堵霍亂的流行。其中告誡老百姓不吃生冷食物，安置紗門紗罩防蠅，妥善處理病人的嘔吐物、燒水、消毒，保持環境清潔等內容，活脫脫像一部基礎衛生教戰手冊。而《白面客嘆五更》則是一部改良大鼓詞，由一名染上鴉片毒癮的白面客，從一更嘆到五更，訴說自己無盡的悔恨。作者極有層次地不斷擴大、升高白面客的情緒，從愧對父母親朋、結髮妻子，嘆到對不起家國社會，如謂：「想人生百年剎那終須死，總應該成名立業不虛生，要學那五典三墳安家國，要學那六韜三略立勳功，要學那取義成仁真烈士，要學那捐軀報國大英雄」。白面客最後不忘提醒世人：鴉片、嗎啡、白面、金丹紅丸都是「洋人害我」的毒計，「苦害了多少同胞受折磨」，五更裡來月西沉，白面客輾轉神傷，感嘆：「我中華地大物博稱富庶，最可憐東北四省歸敵人，每個人應該挺身去爭戰，為什麼還貪戀著大煙白面嗎啡針？身成病夫風吹倒，那能夠衝鋒陷陣殺敵人？」「只願舉國同胞速覺醒！下決心戒除嗜好作新民！」[130] 此一文本巧妙地把過去多數描寫女子閨怨的五更調，轉換成吸毒男子的悔罪書，將毒害和國難勾連一處，藉作

卜 11 種——〉，《調查研究報告》，第 17 期（1983 年 3 月），頁 99–103。

130. 小倉芳彥，〈通俗讀物編刊社の出版物——1930 年代の抗日ペンフレット 11 種——〉，《調查研究報告》，第 17 期（1983 年 3 月），頁 111–112。

新民的期許，帶出現代國民對國家的責任與義務。

　　隨著抗日情勢的轉變，通俗讀物編刊社更不斷修正早期作品中「救亡八股」的老套，[131] 在歌詠抵抗、戰爭與英雄人物之餘，他們也適時加入各種現代知識，強化民眾基本的抗戰知能。為鼓勵民眾主動求知，通俗讀物編刊社不斷以武訓討飯興學的故事為範本，顧頡剛首先在《民眾周報》上刊出〈武訓討飯興學〉的大鼓詞，勸諭民眾不可忽視讀書，才是「救己救人」之道；即便像武訓這樣的小人物，不求做官，不求聞達，可是如果連基本的識字能力都不具備時，就連數數、計帳、貼春聯這樣的小事，都不免受人欺侮。[132] 作者告訴老百姓，武訓花了三十年的光陰，忍受殘羹冷炙的討飯生涯，只為了「提倡教育掃除文盲」，實現替窮人興義學的夢想，所以「同胞救己救國要圖自強」，讀書識字才是第一樁要緊的事。這個故事後來一再為通俗讀物編刊社以各種形式刊載，[133] 甚至到了戰爭結束之後，又

131. 向林冰，〈通俗讀物編刊社的自我批評〉，收入：顧頡剛，《通俗讀物論文集》，頁83–84。

132. 顧頡剛，〈武訓討飯興學〉，《民眾周報》，2：3（1937年1月15日），頁31–40。

133. 相隔數月，武訓行乞興學的故事，又再以人物傳記的書寫方式，刊登在上海《申報‧通俗講座》上，見：韓德溥，〈行乞興學的武訓〉，上海《申報‧通俗講座》，第25期，1936年9月3日，第5張。抗戰爆發，通俗讀物編刊社轉進綏遠，出任分社長的段繩武，因軍旅生涯時期曾駐守山東，不時到武訓所辦的義學參觀，因此興起了表揚武訓精神的想法，並於1933年籌建河北新村時，興辦了武訓小學。綏遠分社後來還根據段繩武所提供的資料，繪製編印了《武訓興學》等畫傳、

再度被米寶順選中，改編成歷史故事的形式，登在《民眾週刊》上，[134] 加進了更為明確的時間、地點和故事情節，以「真人真事」的版本重行刊出。

此外，《民眾周報》自 1 卷 2 期之後，以連載的方式刊出說唱鼓詞〈賽金花〉，首度嘗試改編晚清名妓賽金花的故事。通俗讀物編刊社為了忠實呈現故事的真實性，還特別前往探訪已被人稱之為賽二爺的傅彩雲，[135] 作者趙之中選擇這個大家耳熟能詳的故事，以說詞、唱詞相間的方式、流利的筆調，把一段原本充滿淫豔色彩的民間傳說，改編成一個具有現代思想的歷史故事。首先，作者藉著傅彩雲被迫為娼的情節，告訴大眾「娼妓生活，本來是社會上一件極端不合理的現象，也是在這男女不平等社會裡應有的結果」，「希望大家認清這種不合理的制度，想個解決的辦法」。[136] 寫到傅彩雲的第一任丈夫洪鈞時，作者充分利用這個機會大力教育民眾，告訴讀者洪鈞原不過是個只會搖頭晃腦、死讀書的糊塗狀元郎而已，如果不是同鄉前輩馮景亭指點

連環畫和年畫。郭敬，〈為悼念顧頡剛先生──記北平通俗讀物編刊社和綏遠分社〉，收入：王煦華編，《顧頡剛先生學行錄》，頁 114–117。

134. 米寶順，〈行乞興學的武訓〉，《民眾週刊》，1：2（1947 年 5 月 31日），頁 6–9。

135. 王煦華，〈顧頡剛先生學術紀年〉，收入：王煦華編，《紀念顧頡剛學術論文集》，下冊，頁 1038。1934 年 5 月 4 日顧頡剛特別到劉半農住處，相約同訪年已 60 的賽金花，謂之美人遲暮。見：顧頡剛，《顧頡剛日記》，第 3 卷 (1933–1937)，頁 185。

136. 趙之中，〈賽金花〉（第二回），《民眾周報》，1：3（1936 年 10 月 16日），頁 45。

他「留意世界大勢和外國的學問」，洪鈞仍然相信「五經四書就能打退外國兵」。只是這樣「半通不通的外交人才」，在清朝末年已屬難得，[137] 所以才會在當時外派出使俄、德、奧等國。

趙之中在第四回「觀海景引起求知慾，談時事呼出反抗聲」中，藉洪鈞帶傅彩雲北上赴京述職時，在船上大談世界地理，向民眾說明歐、亞、美、非、大洋洲的位置，並以世界近代史闡明「弱肉強食，優勝劣敗」的民族進化觀；當然，這中間不免提到中國與日本的關係，批評日本「趁火打劫」，侵略中國。[138] 作者還藉傅彩雲之口，向洪鈞追問一句「中國既是天朝大國，從什麼時候起，才受外國人的氣呢？」導出了一段中國近代史。在這段中國近代史的敘述中，洪鈞綜述鴉片戰爭以後，領土割讓、關稅不能自主，丟失了外藩、領土的過程，口吻完全不像一個「不知世界大勢」的腐儒，而其批評清廷辦外交、設同文館、練海軍和慈禧挪用軍費大修頤和園的話語，更是明顯地在傳遞一種後設的現代化史觀。[139] 第五回以後，作者描寫洪鈞出使前夕，李鴻章來訪，一面要求洪鈞儘量拉攏俄國，以抗衡日本，一面希望洪鈞在德國能多購買一些新發明的科學器物，好給慈禧放在頤和園裡玩賞，[140] 用此塑造李鴻章顢頇迂腐

---

137. 趙之中，〈賽金花〉（第三回），《民眾周報》，1：4（1936 年 10 月 23 日），頁 39–40。

138. 趙之中，〈賽金花〉（第四回），《民眾周報》，1：5（1936 年 10 月 30 日），頁 48–49。

139. 趙之中，〈賽金花〉（第四回），《民眾周報》，1：5（1936 年 10 月 30 日），頁 50–51。

的形象；而「學商各界代表」一同來見時，作者更巧妙地利用老紳士閉關自守的主張，和商界代表想要依賴大國以圖自保的言辭，一氣烘托出守舊派和苟安派的心理。至於洪鈞提出想要藉出使俄國之際研究西北地理的構想，作者也沒有好評，反而說是「連本國的情形都認識不清，怎能談到調查別國的國情呢？」作者最後告訴讀者，只有那位把清朝政府臭罵一頓的年輕「學界代表」，稍具一點「進步」思想，而這種進步思想「在那時雖然得不到大多數人的了解和擁護，可是從那時以後，卻漸漸的發榮滋長起來，終於得到了辛亥革命的結果」。[141]

〈賽金花〉的故事連載了八期之後，實際上並沒有寫完，可能因為篇幅過長的關係，後來也不見單行本發行，可是作者意圖在文中傳達的現代化史觀卻極其鮮明，趙之中藉著家喻戶曉的故事，大量翻新內容，試圖讓民眾在不知不覺中了解世界地理、中外關係，和一段由國恥、國難所串聯起來的中國近代史。在細部的描述上，他更不放過任何可以利用的情節，向民眾宣示一種新的道德觀念和民族思想；像是作者藉著傅彩雲和洪鈞元配的緊張關係，批判舊禮教，[142] 或是透過二人途經新加坡購物時，發現當地住民雖同為中國人，卻無法了解彼此語言，

---

140. 趙之中，〈賽金花〉（第五回），《民眾周報》，1：7（1936 年 11 月 13 日），頁 39。

141. 趙之中，〈賽金花〉（第六回），《民眾周報》，1：8（1936 年 11 月 20 日），頁 44–46。

142. 趙之中，〈賽金花〉（第四回），《民眾周報》，1：5（1936 年 10 月 30 日），頁 45–46。

說明方言所造成的隔閡，乃是民族不能團結的要因，[143] 類此情節，都是作者精心安排的橋段。而這些元素又無一不是通俗讀物編刊社所欲形塑現代國民的特質，透過通俗歷史讀物的撰寫及說唱藝人的傳唱，希望一點一滴地傳播給庶民大眾。

四、餘論——內外困境

通俗讀物編刊社自 1933 年成立三戶書社開始，學術同儕多表觀望的態度，[144] 社會上的接受度也不很高，平津一帶幾乎找不到願意承印的書商，後來只好往上海方面找去。[145] 顧頡剛曾感嘆：「民眾自身無求智識的興趣，真束手矣！」[146] 不過，1930年代通俗讀物的編印和推廣，自始就與國難有著不可分離的關係，「喚起民眾」的目標，也說明了民眾此時確實處於相對被動的角色。通俗讀物編刊社缺乏民間的挹助，自然只能求助於政府機構、國民黨中央黨部的補助款，[147] 以及個人的捐獻，運作

143. 趙之中，〈賽金花〉（第八回），《民眾周報》，1：11（1936 年 12 月 11日），頁 38–41。

144. 顧頡剛曾經表示，他辦下層階級的刊物「不知為什麼，向我表同情的只有青年，而前輩與同輩則皆視若無睹，甚且目笑存之」。見：顧潮編著，《顧頡剛年譜》，頁 237。

145. 1936 年 8 月 4 日上海亞東圖書館承諾顧頡剛，每月可印通俗讀物二十萬字，及半月刊每期七、八萬字。顧頡剛，《顧頡剛日記》，第 3 卷(1933–1937)，頁 513。

146. 顧頡剛，《顧頡剛日記》，第 3 卷 (1933–1937)，頁 125。

147. 顧頡剛，《顧頡剛日記》，第 3 卷 (1933–1937)，頁 380。

過程不時出現各種艱難。顧頡剛多次抱怨教育部的社會教育經費，明明編列有改良民眾讀物的預算，卻不願意給予補助，[148] 1936 年甚至一度因陳立夫 (1900–2001) 認為通俗讀物編刊社內有共產黨員，而差點宣告關閉；[149] 出版刊物不斷宣揚抗日的主張，也使該社的編刊路線始終受到日本刁難和政府當局的警告。《民眾周報》3 卷 8 期一萬多冊已經編印完成，卻在上海遭巡捕房查抄，只因內容「妨礙邦交」無法上市，最後不免遭到停刊的命運；[150] 而《大眾知識》從第 6 期開始就出現了動搖的跡象，勉強支撐到 12 期之後也不得不停刊。顧頡剛表示：「過去這六期是費了很大力氣掙扎出來的，當然，假使我們願意放棄我們原來『不合時宜』的主張，經濟的困難會立刻解除」。[151] 這裡所謂「不合時宜」的主張，指的就是他們堅持抗日的態度。

定期刊物相繼停刊之後，他們只能靠繼續編印通俗讀物支持運作。戰爭爆發後，標舉抗日之名雖然不再受到政府干預，但補助款一樣難以取得，加以戰爭期間通貨膨脹、生活書店被封，社員星散，通俗讀物編刊社至 1940 年僅存其名，教育部、行政院的補助款雖持續領到 1944 年，但實際上已是名存實亡了。[152]

　　個人認為通俗讀物編刊社在戰爭中期不得不結束的原因，

---

148. 顧頡剛，《顧頡剛日記》，第 3 卷 (1933–1937)，頁 442、501、504。

149. 顧潮編著，《顧頡剛年譜》，頁 247。

150. 查抄時間在 1937 年 5 月 19 日。見：顧頡剛，《顧頡剛日記》，第 3 卷 (1933–1937)，頁 644、648。

151. 顧潮編著，《顧頡剛年譜》，頁 273。

152. 顧潮編著，《顧頡剛年譜》，頁 301。

可以從內外兩方面的困境來談。在外部困境上，積極抗日的主張所導致上述經費不足、社團運作困難，只是表面原因，實際上左傾的抗日路線，才是通俗讀物編刊社始終得不到政府及國民黨中央黨部支援的重要因素。這裡牽涉到一個非常根本的問題，就是包括顧頡剛在內的通俗讀物編刊社成員們的政治立場，以及顧頡剛個人與通俗讀物編刊社的關係，這些問題在《顧頡剛日記》出版後，有了一個比較清楚而完整的輪廓。

一如前面所討論的，1930 年代的「文藝大眾化」和通俗讀物的編寫，實與九一八事變之後的國難有著密不可分的關係。即就顧頡剛個人而言，通俗讀物的編寫，雖不能說和他早期的研究脈絡毫無聯繫，但在他的生涯規畫中，通俗讀物編刊社卻不屬於他預期中的學術事業，而是歸類在「社會服務」項目之下。[153] 國事蜩螗，原來躲在書齋象牙塔中的學術人，很難再做「自了漢」，[154] 挺身而出鼓吹抗日，本是極自然的選擇，可偏偏國共雙方皆把抗日當成政治角力的戰場，支持與反對的背後，牽涉了複雜的政治因素。例如三戶書社成立之初，時任教育部長的王世杰，對於通俗讀物的編刊路線原是大表贊同的，[155] 然

---

153. 1934 年 6 月 30 日，顧頡剛在日記上檢討其生活內容時，很明確地將通俗讀物編刊社、技術觀摩社、引得校印所、黎明中學、樸社、景山書社等所擔任的職務，當成是社會服務的範圍。顧頡剛，《顧頡剛日記》，第 3 卷 (1933–1937)，頁 204。

154. 顧頡剛，《顧頡剛日記》，第 3 卷 (1933–1937)，頁 667–668。

155. 據顧頡剛所言，王世杰於 1935 年還一度想找顧氏前往南京編通俗讀物。見：顧頡剛，《顧頡剛日記》，第 3 卷 (1933–1937)，頁 92、87、

而隨著熱河淪陷、長城戰役、綏遠戰役的開打，通俗讀物編刊社所大力歌詠的二十九軍宋哲元 (1885–1940) 部隊和駐守綏遠的傅作義部隊，[156] 在中原反蔣大戰中，原為馮玉祥和閻錫山 (1883–1960) 舊部，與中央軍的關係本就不睦，加上抗日主張不同，力持抗日立場的通俗讀物編刊社，當然難以得到來自中央的經濟奧援。相對於此，中國共產黨卻因同情抗日與反蔣的立場，而與站在第一線上的二十九軍和傅作義部隊產生惺惺相惜之情，於是連帶地通俗讀物編刊社就成為其拓展抗日宣傳版圖的重要陣地。

在此過程中，南京國民政府一概將主張抗日者打為左傾分子，顧頡剛也不斷受到來自各方的壓力，或謂顧氏左傾，或謂其為共黨分子包圍之說甚囂塵上。1936 年底傅斯年自南京來，私下告訴顧頡剛，他來北平一星期，聽見北大、清華說他壞話的至少三十人，說的大多都是思想左傾和受共產黨包圍之類的話，[157] 傅斯年為此也忍不住勸他，勿「助冀察以罵中央」。[158] 幾個月之後，北平學界甚至有謠言傳出，說西安事變是顧頡剛所鼓動的。面對這些謠傳，顧頡剛憤懣異常，認為是「曾參殺人」

365–366。

156. 通俗讀物編刊社歌頌馮玉祥舊部在抗戰中表現的作品有：《宋哲元大戰喜峰口》、《趙登禹南苑殉國》、《血戰蘆溝橋》、《郝夢齡抗敵殉國》、《飛將軍》、《戰平郊》、《大戰天津衛》等；而《收商都》、《張子青誘敵》、《張仰賢大戰百靈廟》等則是歌詠傅作義部隊之作。

157. 顧頡剛，《顧頡剛日記》，第 3 卷 (1933–1937)，頁 577。

158. 顧頡剛，《顧頡剛日記》，第 3 卷 (1933–1937)，頁 599。

之謠,「直將坐予以槍斃之罪矣!」對顧頡剛而言,辦通俗讀物是「不忍民族之覆亡」,[159] 無關乎政黨,戴上一頂左傾的大帽子,乃不可承受之重;可客觀情勢和現實觀感卻未必如此簡單,對國民黨及中央政府而言,顧頡剛私訪張學良 (1901–2001)、楊虎城 (1893–1949),[160] 接受孫科 (1891–1973)、馮玉祥等人的金錢援助,或是歌詠宋哲元、張自忠 (1891–1940)、傅作義部隊,以及刊行馮玉祥詩文等作為,[161] 無異於拿了中央的錢,卻「助冀察以罵中央」,非但沒有為國民黨的民眾政策宣傳,反而間接幫助了共黨勢力的坐大。

不過,話說回來,顧頡剛雖然極力想要撇清自己的左派色彩,可是環顧通俗讀物編刊社的重要成員,國民黨的指控也非空穴來風;主導通俗讀物編刊路線的三個人王受真、李一非和向林冰不用說,皆與共產黨組織有密切的關係。王受真晚年回憶,社員大約十五、六人,這些人的來歷顧頡剛極少過問,充分授權給他們自己安排;所以社員中有些人是因為投稿到社裡,從特約撰稿人變成了正式職員,有些則是因為大批訂購了

159. 顧頡剛,《顧頡剛日記》,第 3 卷 (1933–1937),頁 518。

160. 1936 年 11 月 15 日顧頡剛與徐炳昶、李書華等人往訪西安,曾與張學良、楊虎城、邵力子等人同宴。見:顧頡剛,《顧頡剛日記》,第 3 卷 (1933–1937),頁 560。

161. 《民眾周報》刊有馮玉祥詩文,而乙種叢書亦曾以單刊方式發行馮玉祥的《抗戰詩歌》。1937 年 1 月顧頡剛赴孫科宴中,孫允諾援助通俗讀物編刊社每月 500 元。見:顧頡剛,《顧頡剛日記》,第 3 卷 (1933–1937),頁 644、579–581。馮玉祥,《馮玉祥抗戰詩歌》(西安:通俗讀物編刊社,1937 年),乙種叢書,新刊第 11 種。

編刊社的出版品，被認為志同道合而吸收進來，有些社員即使不是共產黨員，也是民族解放先鋒隊的成員，[162] 或是左傾態度明顯的年輕人。如燕大英文系學生楊繽，1930 年加入了中國共產黨，北方左聯（中國左翼作家聯盟北平分盟的簡稱）成立後，被推舉為常務委員，在校期間即已積極參與燕京大學左翼社團的組織工作，畢業後到了上海，又進入左聯上海總盟，1936 年重回北平，才擔任《大眾知識》的編輯。《大大小小一齊幹》的作者馬昌實，是陶行知 (1891–1946) 的得意門生，早在 1927 年就加入了共產黨，從 1928 年開始參加共產黨在皖北的地下活動，1936 年回到上海，在生活教育社擔任編輯工作，抗戰期間編過《抗戰兒童報》和《兒童晨報》等刊物。此外，像《八路軍出馬打勝仗》的作者楊晉豪、為《大戰平型關》畫插圖的邵恆秋、寫《梨膏糖》的榮千祥 (1912–2006)、《八百好漢死守閘北》的作者趙景深 (1902–1985) 等，[163] 當時皆是具有左傾思想的文藝青年。

　　這些人的集結，有很大一部分原因是為了抗日，國民黨在戰前打壓抗日言論的做法，反而刺激他們轉而同情共產黨的處境，對於馬克思主義和階級革命論所抱持的理想色彩，他們也

---

162. 如《杜泉死守杜家峪》的作者趙伯庸，即是三戶書社時期因投稿而加入編刊社行列的；後來擔任社會科學出版社社長的郭敬，則是大批訂購了出版品，並對編刊社的工作產生濃厚的興趣。王真，〈記顧頡剛先生領導下的通俗讀物編刊社〉，收入：王煦華編，《顧頡剛先生學行錄》，頁 104–106。

163. 邵恆秋，〈顧頡剛創辦通俗讀物編刊社所起作用〉，收入：王煦華編，《顧頡剛先生學行錄》，頁 120–121。

有一定程度的認同；只是這些態度和主張無一不與國民黨相左，所以即使「七七」事變之後，「抗日」不再是中央政策上難以啟齒的禁忌話題，可是通俗讀物編刊社從戰前歌詠二十九軍、五十九軍奮勇殺敵的故事，轉而愈來愈露骨地直接歌頌八路軍在抗戰中的英勇行徑，並且一再形塑中央軍軍紀敗壞、八路軍紀律嚴整的形象，[164] 就再也不是中央政府及國民黨中央所能容忍的了。經濟無法自立，社員生活無以為繼，通俗讀物編刊社的

---

164. 盧溝橋事變後，通俗讀物編刊社的寫作題材明顯地轉向，由先前歌誦二十九軍轉而歌詠八路軍戰績，如《大戰平型關》、《八路軍出馬打勝仗》、《陽明堡火燒飛機場》、《丁方上前線》等，皆是其一印再印的刊本。這類作品許多以虛擬小人物為主角，以現身說法的語氣，描寫「有些個抗日部隊」不是隨意抽壯丁，就是擾民劫舍，用以映照八路軍所到之處軍民一家，萬民擁戴的形象。如署名方白所寫的《大戰平型關》有謂：「從前家家躲軍隊，如今不躲也不藏，⋯⋯都只為八路軍的紀律強。公買公賣不欠賬，好借好還有主張，從那裡來的還往那裡放，弄壞了東西要賠償，未曾說話面帶笑，好言好語來商量。」見：方白，《大戰平型關》（武昌：通俗讀物編刊社，1938 年），乙種叢書，新刊第 13 種，頁 3。《八路軍出馬打勝仗》也是歌詠平型關戰役的作品，與《大戰平型關》有類似的故事結構，描述出自瀋陽的虛擬人物老朱，先投效二十九軍抗日不成，轉赴陝北投紅軍，參加八路軍打勝平型關一役的故事。見：楊晉豪，《八路軍出馬打勝仗》（漢口：通俗讀物編刊社，1939 年），大眾讀物乙種之 3。有關平型關戰役最初涉及毛澤東與八路軍領袖之間的路線之爭，以及中共如何自抗戰初期開始，建構八路軍與平型關戰役的集體記憶之研究，可參考：瞿志成，〈集體記憶與歷史真實：「平型關大捷」的建構與解構〉，《中央研究院近代史研究所集刊》，第 51 期（2006 年 3 月），頁 131–186。

滅亡，也只是早晚的事。

　　事實上，顧頡剛對於通俗讀物編刊社內部的情形並非一無所悉，他自己也很清楚問題是出在自己的個性和盛名之累，才使其陷入進退維谷之境。1937 年顧頡剛在抗戰爆發，從北平出逃綏遠之際，做了一番沉重的檢討，很能說明這種心情，他說：

> 余以愛才，為青年所附集，能成事在此，而敗事亦在此。蓋大多數之青年為衣食計，就余謀出路，使余不得不與各方交接，旁人不知，以為我有意造自己勢力，於是「顧老闆」、「顧大師」之綽號紛然起矣。又有一般青年，自己有所圖謀，無如未得社會之信仰，力不足以號召，謀推戴余，為彼等之傀儡，成則彼得其利，敗則我受其禍，於是「顧頡剛左傾」、「顧頡剛為共黨包圍」之傳說宣揚於道路間矣。[165]

對顧頡剛來說，教育民眾是其難捨的社會責任，但實際上卻沒有太多時間兼顧於此，放任且信賴部屬，似乎成了他唯一的選擇。顧頡剛並不諱言自己成了傀儡，多少說明了他在通俗讀物編刊社所處的位置及其真實意態。從《顧頡剛日記》裡可以清楚地看出，學術志業始終是顧頡剛念茲在茲的選擇；七七事變後，面對「國土大塊分裂」，文化前途堪虞，顧氏雖憂心忡忡，可是聽聞自己登上了日人緝捕的黑名單，不得不出逃時，卻反而慶幸自己有了一個可以「跳出重圍，別尋遨翔」的機會，內心的矛盾和衝突，以及亟欲擺脫名實不符之累的心情躍然紙上。

---

165. 顧頡剛，《顧頡剛日記》，第 3 卷 (1933–1937)，頁 673。

　　只是事情並不如預期，顧頡剛抵達蘭州之後，八路軍派人與之聯繫，顧氏對此顯得既驚訝且惶恐，一方面擔心一旁的人因此造謠，[166] 陷其於不義，一方面卻又十分相信「民眾教育」之事，「惟彼方能識之，亦惟彼方敢為之」。這種態度和他多次想要「跳出社會運動」的圈子，卻不忍眼見社員孤軍奮戰的矛盾，可說是極其一致的。[167] 而這種來回的拉鋸，也令顧頡剛終究不得不放手通俗讀物編刊社的事務。1938 年 4 月顧頡剛出任中英庚款會之補助西北教育設計委員，因不堪李一非總是把他「牽入思想問題之漩渦」，[168] 使他進退維谷，只好狠下心來，結束了客串六七年的「傀儡生活」，[169] 正式辭去社長之職，在此之後，他就極少再過問通俗讀物編刊社具體的事務。

　　《顧頡剛日記》的披露，幫我們還原了不少顧頡剛與通俗

---

166. 顧頡剛，《顧頡剛日記》，第 3 卷 (1933–1937)，頁 748；顧潮編著，《顧頡剛年譜》，頁 281。這兩條史料對於此一段記載略有不同，後者將《顧頡剛日記》裡「適農校校長王爾黻在，其將為我造謠言乎？」一段話節略，語意大有不同。

167. 顧頡剛，《顧頡剛日記》，第 4 卷 (1938–1942)，頁 282、345。

168. 事發的真正原因是，1937 年 8 月顧頡剛接受了中英庚款會的委託，和陶孟和、戴樂仁、王文俊等人，前往甘、青、寧三省考察西北教育，任補助西北教育設計委員。次年 4 月李一非自蘭州前往臨洮找顧頡剛商討社務，並向中英庚款會請求補助，但申請地址留的卻是補助西北教育設計委員會會址，此舉使得中英庚款會的杭立武生疑，通俗讀物編刊社蘭州分會只好因此結束，顧頡剛辭去社長之職，以擺脫嫌疑。見：顧潮編著，《顧頡剛年譜》，頁 283–284。

169. 顧頡剛，《顧頡剛日記》，第 4 卷 (1938–1942)，頁 59。

讀物編刊社的關係，相對釐清了一些顧頡剛當時複雜的心態，對於理解通俗讀物編刊社的出版及編刊路線，也有了較為清晰的輪廓。此處姑不論通俗讀物編刊社到底貫注了多少顧頡剛的意志與觀念，唯可確定的是顧氏當時的心態和遭遇，應是很多1930–1940 年代知識分子的縮影。顧頡剛不滿有人拿《大戰平型關》鼓詞，當作他是「異黨」的鐵證，甚至曾語帶賭氣地說：「抗戰之中，國共合作，八路軍固由共產黨統率，其軍隊非屬國家者乎！平型關之勝利獨非吾國家之勝利乎！今日指予為共產黨，不足以殺我，曷不鍛煉我以漢奸罪耶！」[170] 這樣的例子絕非個案，前面提到的老舍，在從事「舊瓶裝新酒」鼓詞創作時，遭到一樣的批評和質疑，老舍憤而反唇相譏，認為大敵當前，對方的說法根本是「分裂抗日戰爭」。[171] 也許對很多身處國難的學人而言，國民黨硬是把他們的愛國熱忱說成是「異黨」，或是刻意區分國共之間的抗日壁壘，反倒是致使他們倒向共產陣營一個很重要的理由，對通俗讀物編刊社來講，又何嘗不是如此！

　　如果說國共兩黨對於抗日領導權之爭，為通俗讀物編刊社帶來了無可避免的外在困境，那麼 1930 年代以來有關「新舊形式」的論辯，所涉及的就是文化界對於民族特殊性和普遍性認同的另一種爭持；而此一爭持，多少也造成了通俗讀物編刊社在內部的創作路線和編刊對象上難以突破的困境。

　　如同前面所討論的，通俗讀物編刊社以「舊瓶裝新酒」的

---

170. 顧潮編著，《顧頡剛年譜》，頁 284。

171. 甘海嵐編撰，《老舍年譜》，頁 130。

理念推廣通俗讀物的過程，實際上是企圖把大眾文化和傳統聯繫起來的一種做法。他們修正了五四以來對於傳統文化所採行全盤批判的態度，希望從更廣闊的民間文化中，吸取更豐沛的能量，積極創造更具民族特色的新文化。然而此一創作理念，到了1939年初，在延安發起的「民族形式問題」討論中，卻受到來自各方極大的批評。這場論辯持續將近兩年，陸續在重慶、桂林、昆明、成都、香港、上海等地延燒，引起許多政治立場不同的文化界人士，對於「文藝大眾化」路線的大規模討論。在此過程中，較早嘗試「文藝大眾化」路線的通俗讀物編刊社即成了各方批評的焦點。不少批評者認為通俗讀物編刊社所提出的「舊瓶裝新酒」的主張，太過注重以民間形式為中心，並且把「舊形式」當成是大眾化的唯一途徑，造成許多作品出現了生搬硬套的現象。而通俗讀物編刊社強調用大眾所熟悉的舊形式，「灌注」新國民意識的主張，也被視為是一種知識分子俯身低就的態度，並非真的從一般大眾的角度創作與思考。[172]

通俗讀物編刊社的理論大將向林冰，在這場有關「民族形

---

[172] 向林冰，〈論「民族形式」的中心源泉〉，重慶《大公報·戰線》，第508號（1940年3月24日），第4版。有人認為通俗讀物編刊社的大眾化路線，在某種程度上，還是把大眾當成被教育的對象，而非積極地加入大眾的行列，從大眾的角度創作與思考，因此他們的創作充其量只能稱之為「化大眾」，而非「大眾化」。有關此一方面的討論，請參見：王愛松，〈「大眾化」與「化大眾」——三十年代一個文學話語的反思〉，《南京大學學報》，1996年第2期，頁27–28；劉忠，〈中國現代文學話語形式的三次論爭〉，《社會科學研究》，2004年第6期，頁137–143。

式」的論戰中成為眾矢之的。他在 1940 年發表有關「民族形式」中心源泉的系列文章中，一再為「舊瓶裝新酒」的創作路線辯護。首先，他歸結了當時對於「民族形式」討論的兩種意見：一是主張「民族形式」必須以五四新文藝為起點，[173] 一是如通俗讀物編刊社所主張的，「民族形式」必須要以「大眾所喜見樂聞的民間文藝形式」為起點。[174] 在向林冰的觀念裡，「民族形式」這一命題並不是個「既成的存在」，而是一個尚在發展的過程，因此民間文藝雖然帶有一定程度的封建殘餘，但它卻也是封建社會矛盾的產物，而最終也將是崩解封建社會的利器。他說：

> 新質發生于舊質的胎內，通過了舊質自己否定過程而成為獨立的存在。因此，民族形式的創造，便不能是中國文藝運動史的「外鑠」的範疇，應該以先行存在的文藝形式的自己否定為地盤。[175]

　　向林冰以一種極為辯證的方式，斬釘截鐵地強調民族的新形式絕不能以五四新文藝為中心，因為五四新文藝乃是一種「缺乏口頭告白性質」，和「畸形發展的都市產物」，是「大學教授，

----

173. 此一主張可以葛一虹為代表。見：葛一虹，〈民族形式的中心源泉是在所謂「民間形式」嗎？〉，重慶《新蜀報・蜀道》，第 29 期（1940 年 4 月 10 日）。

174. 向林冰，〈論「民族形式」的中心源泉〉，重慶《大公報・戰線》，第 508 號（1940 年 3 月 24 日），第 4 版。

175. 向林冰，〈論「民族形式」的中心源泉〉，重慶《大公報・戰線》，第 508 號（1940 年 3 月 24 日），第 4 版。

銀行經理，舞女，政客及其他小『布爾』的適切形式」，所以在創造民族形式的起點上，頂多只能居於「副次」的位置。[176] 相反地，「存在決定意識」，向林冰認為一切的「喜聞樂見」當以「習見常聞」為基礎，民間形式由於是大眾習見常聞並切合文盲大眾口頭文學的形式，所以反而是創造新「民族形式」的鎖鑰。

　　從 1930 年代新舊形式的討論，到 1940 年前後有關「民族形式」的論戰中，各方的觀點及勝負始終是一個見仁見智的問題，個人無意對此多做討論，我只想指出在這場有關舊形式是否可以成為「民族形式」起點的論辯中，無論是主張民族形式應以五四新文藝為中心，還是以民間文藝為中心，其背後所牽涉的，其實是文化界對於現代民族的普遍性和特殊性認同的問題。[177] 值得注意的是，在民族主義的語境下，通俗讀物編刊社及「舊瓶裝新酒」的創作理論，重新肯定了民間文藝所代表的「舊形式」，並試圖以此與「傳統」相連，用以對抗五四新文化

---

176. 此處為向林冰借用黃繩的說法，說明五四新文藝缺乏大眾欣賞的基礎。見：向林冰，〈論「民族形式」的中心源泉〉，重慶《大公報·戰線》，第 508 號（1940 年 3 月 24 日），第 4 版。

177. 郭沫若在〈「民族形式」商兌〉中即曾提到：「民族形式」問題的提出，乃是受到蘇聯的影響，不同的是，蘇聯「民族形式」論辯的目的，是要以「內容的普遍性揚棄民族的特殊性」，但中國對此問題的討論，則圍繞在「中國化」和「大眾化」的問題上，企圖以「民族的特殊性以推進內容的普遍性」。郭沫若，〈「民族形式」商兌〉，原載：重慶《大公報·星期論文》(1940 年 6 月 9 日)，第 2 版；(1940 年 6 月 10 日)，第 3 版，後收入：郭沫若，《郭沫若全集》(北京：人民文學出版社，1992 年)，文學編，第 19 卷，頁 31–47。

運動中不斷向西方傾斜的文藝色彩。我們於此再度看到了「傳統」被賦予一種全新的形象，它不再是五四時期所批評的山林文學，也不再泛指五四一代知識分子所欲打倒的舊道德和舊文化；「傳統」的定義隨著「現代」意義的轉化而出現截然不同的面貌，在此之前，傳統是保守的象徵，此時，傳統卻代表了蘊蓄巨大能量的民間文化，甚至肩負了再造新民族的重責大任。

　　當然，這樣的轉變絕對和抗日動員的語境相關，向林冰說：「民族形式的提出，是中國社會變革動力的發現在文藝上的反映」，而「人民大眾」則是中國社會變革的動力所在。[178] 為了戰爭動員，人民大眾的地位因此提升，連帶地，人民大眾的力量、喜好、文化表現形式，也因而比城市小資產階級來得有分量、有價值、有特色。五四時期為求和西方接軌而一再宣揚的普世價值，到了戰爭年代，彷彿都成了阻礙民族發展自我特色的絆腳石。戰爭所需的是敵我立判、旗幟鮮明，誰具有更高的辨識性，誰就能出任民族主義的代言人；所以只有少數人能懂，曾積極尋求現代文學表現形式的五四新文藝，當然只能敗下陣來，由那個過去從不被知識分子、小資產階級青睞的民間大眾文藝取得代言的寶座。

　　在民族主義的語境中，民族特殊性的強調顯然高過了現代性的追求，為了戰爭動員，沒有人再敢輕忽老百姓的力量，而

---

178. 向林冰，〈論「民族形式」的中心源泉〉，重慶《大公報・戰線》，第508 號（1940 年 3 月 24 日），第 4 版；向林冰，〈封建社會的規律性與民間文藝的再認識——再論民族形式的中心源泉之一〉，重慶《新蜀報・蜀道》，第 101 期（1940 年 4 月 21 日），頁 4。

民間文藝也成了最具特色的傳統文化。通俗讀物編刊社不斷致力「舊瓶裝新酒」的創作方式，為的就是要以老百姓所熟悉的舊形式，灌注新國民的意識，使之成為一個具有現代思想觀念的新國民。只是，通俗讀物編刊社一方面在形式上，堅持採取傳統民間文藝的表現方式，一方面在創作內容上，卻又希望可以將現代國民應有的知識傳達給民眾，在形式與內容之間，通俗讀物編刊社其實是交雜著對民族特殊性的要求，以及對現代性普遍價值的認同；這樣的矛盾與衝突，其實多多少少反映了他們對於創作形式和創作內容之間的聯繫，存在著一種想當然耳的推論。好比向林冰說：

> 民間形式，只在其與封建內容相結合（如過去中國民間文藝），或與帝國主義思想相結合（如目前日寇在游擊區的通俗宣傳品）的場合，才是反動的；如果和革命的思想結合起來，就是有力的革命武器。[179]

對向林冰而言，形式是由內容來決定的，所以只要內容正確，形式必跟著轉化。[180] 這樣的推論，仍然是把「舊瓶」和「新酒」當成是兩個互不相屬的敵體，新酒的內容為何，是由知識分子決定的，舊瓶只是工具；一般大眾的思想和趣味完全是受知識分子被動的牽引，兩者之間並不存在任何轉化上的困難。對於

---

179. 向林冰，〈論「民族形式」的中心源泉〉，重慶《大公報‧戰線》，第508 號（1940 年 3 月 24 日），第 4 版。

180. 向林冰，〈封建社會的規律性與民間文藝的再認識──再論民族形式的中心源泉之一〉，重慶《新蜀報‧蜀道》，第 101 期（1940 年 4 月 21日），頁 4。

這樣的看法，實際從事「舊瓶裝新酒」創作的老舍，卻有完全不同的體會。

老舍認為「舊瓶裝新酒」的寫作方式，根本是一個極為痛苦甚至是不可能的任務。他在 1941 年初正式宣布放棄「舊瓶裝新酒」創作路線時，曾語重心長地表示：「新的是新的，舊的是舊的，妥協就是投降！」老舍承認一開始從事舊形式創作的時候，以為那就像「描紅模子」般地簡單，但實際嘗試之後才知道非常不容易。因為這些舊劇、鼓詞看來陳舊，但都還活生生地在民間傳唱，所以寫作之前必須先學會許多套子，再斟酌舊的情形，加入新的成分，並設法使新舊協調；而且為了抗戰，不得不有「教訓」，為了文藝，又得使之「美好」。老舍認為這還不是最難的，最難的地方在於必須「用別人定好的形式和語言去教訓，去設法使之美好」，而那些別人規定好的形式和語言，看來如此的「精巧生動」，可是換成了自己用同樣的形式和語言寫作時，「就感覺到喘不出氣來」。這種格格不入的感覺，說到底，就是欠缺生命力的問題，知識分子無法體會老百姓真實的生活、情感，就難以寫出可以感動自己、感動別人的作品。所以老舍也承認自己的舊劇、鼓詞是在都市裡學來的，「離真正的民間文藝還很遠很遠」。他認為如果要寫出真正有生命力的民間文藝，非得「寫家和演員一處，隨寫隨演隨改才行」，否則「在都市裡閉門造車，必難合轍」。[181]

老舍對於形式和內容之間難以協調的體會，和向林冰有很

181. 老舍，〈我怎樣寫通俗文藝〉，原載：《抗戰文藝》，7：1（1941 年 1 月），頁 51–53，後收入：老舍，《老舍曲藝文選》，頁 33–36。

大的不同。雖然他對向林冰「內容決定形式」的觀點和 1939 年以來「民族形式」的討論，始終沒有正面的回應，但老舍強調：放棄舊形式的寫作，「這個否定就是我對民族形式的爭論的回答」。[182] 事實上，老舍的創作經驗同樣是從知識分子的立場出發，只是依樣畫葫蘆之後，才發現民間文藝其實是一般大眾生活經驗的積澱，老百姓的喜好與關懷，並不見得會隨著知識分子的牽引而有所變化；知識分子試圖改變民間文藝之前，如果不能先懂得老百姓，創作出的作品一定和一般大眾之間有嚴重的隔閡。老舍說：「因舊生新易，突變急轉難。一蹴而成，使大家馬上成為最摩登的國民，近乎妄想」。[183] 或許通俗讀物編刊社「舊瓶裝新酒」的創作理念，始終在民族的特殊性和普遍性之間擺盪，從而過分簡化了形式和內容的關係，以及知識分子和民眾之間的距離，期待因舊生新，所有的老百姓都能一夕成為現代化的新國民。從某個角度來看，通俗讀物編刊社在理論上否定了五四新文藝作為「民族形式」中心論的看法，等於變相消解了五四新文藝在現代文學脈絡中的位置，這樣的態度為他們招致了許多來自同儕知識階層的責難；而「舊瓶裝新酒」堅

---

[182] 1940 年 11 月 23 日，文協在重慶舉行「1941 年文學趨向的展望」座談會，老舍在這次座談會上正式宣布放棄「舊瓶裝新酒」的創作路線。見：老舍，〈1941 年文學趨向的展望〉，原載：《抗戰文藝》，7：1（1941 年 1 月），頁 3–11，後收入：老舍，《老舍文集》，第 15 卷，頁 439–441。

[183] 老舍，〈談通俗文藝〉，原載：《自由中國》，第 2 號（1938 年 4 月），頁 130，後收入：老舍，《老舍曲藝文選》，頁 5。

持採行的民間文藝形式，又因知識分子的本位立場，輕忽了老百姓的主觀能動性，致使他們的創作又未必能贏得一般大眾的喝采。徘徊在民眾與知識分子之間的通俗讀物編刊社，看似無限抬升了一般大眾的地位，可卻又因為無法精準抓到民眾語彙的特性，進而了解民眾真實的情感和喜好，傳遞他們的觀念，導致其內在創作上的困境，恐怕也是致使其消亡不可忽略的因素之一。

結　論

　　書寫是一種力量，只有書寫，才能記憶，也才能遺忘。

　　這本書絕大部分談的都是歷史書寫，而另一部分則是講這些歷史書寫是在什麼樣的條件下，讓我們覺得它是真的！

　　過去的事情，今天的想法，未來的計畫，常常都是靠書寫留下記憶，不過更多時候，書寫也幫助我們遺忘，遺忘那些從記憶的指縫中流出去的事，或那些不論昨天、今天、明天都不願意再想起的人。歷史書寫展現的力量，便常常在這記憶和遺忘之間，因為歷史上那些被留下來和被遺忘的，常常都是歷史書寫造成的結果。好比在我追索什麼是近代歷史的「本真性」表述時，感受到民族國家強大的力量，而現代史學往往受其影響而不自知，實際上這「不自知」正是歷史書寫所展現的最大力量，因為它讓我們習以為常。

　　如果說現代史學是一門探討在特定時間、空間範圍內，社會人群發展各個面向的學科，[1] 那麼時間、空間和人（事）便是左右歷史變化的主角，而受到現代民族國家影響下的歷史書

---

1. 學科概念的出現代表了一種以知識性質做分類依據的學科意識已經成形，而內部的分類亦往往與學科本身特有的性質息息相關。有關現代歷史學學科特質的討論請參考：劉龍心，《學術與制度：學科體制與現代中國史學的建立》，頁 177–181；195–204。

寫，顯然也可以從這三方面觀察它的特質與變化。

首先，從時間和空間角度來看，近代歷史學和時間、空間概念的變化有絕對密切的關係。一般來說最顯而易見的變化，就是從朝代分期轉向時代分期，上古、中古、近古等時代分期的方式取代了傳統朝代分期的概念，而致成此一變化的關鍵性因素便是民族國家的出現。為了要說明民族國家從古到今一以貫之的歷史，必須上溯歷史的源頭，找到民族國家的起源，也要向下延伸，說明民族國家的歷史不只是碎片化的過去，或是一個個單一不連貫的事件，在民族國家清楚的目的導向下，歷史必然是前後相連，有計畫、有意義，也有目標的線性發展過程，而且最重要的是，這個過程還帶有明確的未來指向，讓我們相信一切都會朝著進步和美善 (good in all time) 的方向前行。此外在空間方面，由於每個國家向近代民族國家轉型的道路各不相同，以中國而論，既有著由帝國轉化而來的痕跡，也有民族主義外鑠的力量。因此近代中國史學在空間觀念上便出現了一種由「相對空間」向「絕對空間」轉化的軌跡，也就是強調中心衰落之後，邊緣的鞏固和地方的崛起；過去王朝國家由中心看向邊緣的視角逐漸破除，取而代之的是一個由主權國家所清楚界定的領土和邊界，以及相對於中心的地方概念。而此一空間概念的轉換，很大程度上也是在抵禦外侮的民族意識中漸次累積成形的。

其次，從人（事）的角度來看，近代史學延續了傳統歷史書寫中的要角——人，不過這個「人」不再只是過去的帝王將相、外戚、黨錮、忠良、酷吏、叛臣、儒林、文苑、孝友、列

女裡的一個個「人」，而是以集合式姿態出現的「民」；這些「民」可以是上古時期來源不一的「民族」，可以是近代史書寫中有待凝聚國族意識的「中國人」，也可以是承受百年國恥、國難的「中華民族」，或是加入反帝反封建行列裡的「人民」，當然也可以是社會經濟史裡那些千年沒辦法發聲的「啞國民」，或是社會調查報告中受生產力、生產關係制約的「勞工」與「農民」，還有無數由這些「人」所串聯構成的眾多歷史事實。這些在今天的歷史書寫裡，對我們而言一點都不陌生的對象，實際上是這一百多年來才逐漸躍然紙上的人群。從知識轉型的角度來看，近代歷史學在時間、空間和書寫對象上的轉變，清楚體現在各式各樣的歷史書寫當中。

在史學史極端不受學界重視的今天，多數歷史書寫者對於近代歷史學受民族國家影響下所出現的改變渾然不覺；學院中生產的歷史知識不斷順理成章地生產著各種為民族國家所綁架的「過去」。歷史學者時而用「民族國家是一種西方的產物」，企圖消解所有的問題，或盡力避開相關領域，便以為可以永不碰觸為民族國家所形構的意識形態，再不就是盡力在傳統歷史書寫中找到類同的元素，用以證明民族國家古已有之，深恐「中國」只是一種被「建構」出來的「想像共同體」。事實上，這樣的恐懼，正是民族國家對歷史帶來最大的鉗制力量。因為「建構」不是無中生有，不是虛構，也不是捏造，所有的歷史知識都是在特定的時間、空間條件與脈絡下生成的，因此當我們去追索任何一個歷史問題時，正是要去問這樣的知識或觀念是在什麼樣的時空條件和脈絡下生成並使我們視其為真，抑或是有

哪些時空條件和脈絡變化之後，才導致那些原本支撐它為真實的條件遭到破壞或就此改變。所以進一步了解因民族國家而生成的歷史，並不是就此否定歷史的真實，而是希望發掘更多為民族國家所掩蓋的歷史事實和歷史觀念，並提醒我們：沒有一種知識不是社會建構的產物。

而本書所欲呈現的，正是盡力剝除那些包裹在近代歷史書寫中的國族因素，並討論不同的次學科領域如何建構各式各樣的「民史」，以及這些「民史」又是在什麼樣的科學信仰和權力機制中逐漸上升為近代國族書寫中的主角。從今天的角度來看，20世紀上半葉最受歷史學者矚目的領域，非中國上古史和中國近代史莫屬。首先，在民族國家的框架下，中國上古史以其帶有探尋國族起源的意義，尤受歷史書寫者重視。唯此學科自始即因強烈質疑傳統古史同出一源的系譜，以及清末以來中國人種西來說的挑戰，逐漸發展出本土多元的民族史觀，其中又以蒙文通、徐炳昶的三元論和傅斯年的夷夏東西二元說最具影響力。他們將原本按「時間」序列排定的古史系統，轉化為帶有當代國族空間意涵的「地域」，以多元「民族」的活動取代三皇五帝夏商周一脈相承的系譜，這種中心衰落、地方崛起的思維，以及「相對空間」朝「絕對空間」轉化的痕跡，在在說明了「多元」是為中國上古史的時代表徵。然而上古茫昧難稽，中國上古多元民族活動的軌跡，往往必須靠後來的文獻推證而得，考古發掘的地點、各民族的起源以及不同集團的屬性，無不與時人所欲建構的國族想像有密切關係；「本土多元」的上古民族活動，固然解構了漢族同出一源的論述，卻也代表了他們對中國

人種西來說的回應，一個從當代國族空間範圍出發的民族起源，仍然框限著他們對於古代民族活動的想像。民族與文化的多元表徵，最終不免要回到政治空間的一元論述中，當中國上古史必須納入國史書寫的脈絡時，線性發展的歷史最後還是必須以統合的方式呈現。而日本的侵略和現實民族國家的危機，某種程度上也使得國史最終必須強調它集體同一的特質。

相對於國族起源的探索，中國近代史則因與當代國族的合理性攸關而成為另一個備受重視的次學科領域。如果從時代分期的角度來看，當鴉片戰爭為起始的觀點獲得多數學人認同時，中國近代史所欲形塑的「集體同一性」即已顯露無遺。1930 年代初期中國近代史即因日本的挑釁與侵略，勾起研究者上溯中國百年來遭逢外力入侵的史實，中國近代史便與當代國族的命運緊緊扣連，一套以國恥、國難為主體的敘事結構就此成形，民族主義更成為串聯中國近代史不易的主軸，帝國主義是為所有感時憂國的學人想像國族界域時共同的「他者」。

其後隨著國內政治情勢的變化，中國近代史的論述方式也開始有所分梳：一方面蔣廷黻等人運用「現代化」理論作為凝聚國族意識的方案，強調帝國主義入侵不是導致近代中國落後的根本因素，而是中國本身的內部因素使然；由於中國社會還保有中世紀思想，受家族、家鄉觀念束縛，保守排外、不思變革、欠缺獨立創造的精神。因此中國如要走向現代化必須先從內部做起，先讓中國具備能夠成為現代民族國家的制度與條件，以及作為現代國民應有的知識和素養。據此看法，以摶成內部意識為目標的「現代化」論述，便以朝向未來理想的國族為藍

本，反向重構一套有關近代中國的論述體系，成為日後人們理解當代國族來源的基本框架。而另一方面，左翼史學家則延續著從國恥、國難一路發展下來的民族主義論述模式，以「反帝反封建」鬥爭作為中國近代史的敘事主軸，再度召喚帝國主義作為界別中外的「他者」，試圖藉外部力量凝合內部意識。抗戰後期，范文瀾更呼應毛澤東「新民主主義革命」的主張，以階級概念區分敵我，透過不同階級所代表的民族意識，重新建構中國內部各階級與帝國主義的關係，將中國近代史全盤改寫成一部「侵略和反侵略的鬥爭史」。

如果說遺忘也是書寫造成的結果，那麼中國社會經濟史最初在中國出現的過程，似乎就說明了這個現象。後來以馬克思主義為正統的社會經濟史研究者，往往在追溯此一次學科領域的起源時，大多只記得 1930 年代的中國社會史論戰，幾乎遺忘了在此之前中國已經出現了以實證方法為基礎的中國社會經濟史研究。事實上，這一系的研究基本上可以社調所、中研院社科所到清華史學研究會為代表。他們的研究方法幾乎和同一時期西方社會學、經濟學和歷史學的發展相互呼應，頗能說明早期的中國社會經濟史研究如何從社會學、經濟學轉為歷史學的過程。在時間方面，中國社會經濟史和中國上古史、近代史一樣，強調長時段的變化，希望從中找出中國社會、經濟變遷的內在動因，以及各種社會現狀的淵源，而社會調查則是他們經常採用的方法。不過一樣是社會調查，以陶孟和為代表的北平社會調查所基本上認為「過去」是說明「現在」最好的證據，因而其社會調查工作便常常帶有歷史的眼光，希望藉著歷史了

解各種現狀的淵源。而另一系以陳翰笙為代表的中研院社科所社會學組，雖然一樣採用了社會調查的方法理解近代農村與都市問題，唯其不同的是，他們認為歷史學和社會學之間更存在著一種「事實」和「理論」的關係，因此其社會調查工作更傾向於以理論駕馭事實，希望從中找到近代中國社會變遷的規律與通則。而這兩種方向基本上也預示了日後中國社會經濟史研究兩條截然不同的路徑。

從專史的角度來看，社會經濟史較前兩大次領域更看重有關「民」的書寫，而社會調查與統計分析便成為他們了解人民生計與社會狀況非常重要的取徑。不過此時社會經濟史學者所討論的「民」並不以單一個別的方式呈現，更多時候這些「民」往往隱身在整體經濟結構中，在各種檔案、錢糧、釐金、關稅、帳簿，以及社會調查報告裡，以複數的勞工、農民、地主、佃戶、資本家、階級之名出現，多數時候他們只是社會經濟學家分析社會經濟問題時眾多不知名的主角，只有在社會經濟史學者為了通俗報刊的需要，才會把他們從背景或群相中拉出來，以比較清晰具體的面貌重新改寫他們。近代中國社會經濟史自始就沒打算為這些千年沒有人為其發聲的「啞國民」繪製個人圖像，社會經濟史學者受社會學、經濟學的影響，著墨更多的還是整體的趨勢、結構和脈絡。

或許，不僅僅是社會經濟史如此，近代歷史學和傳統史學的重要差別之一，的確是「人的消失」。[2] 多數時候，學院裡的

---

2. 王汎森，〈人的消失?! 兼論二十世紀史學中「非個人性歷史力量」〉，收入：王汎森，《思想是生活的一種方式：中國近代思想史的再思考》

歷史不是寫給一般人看的，抽象的理論、結構，失去細節描述的分析，歷史上人和事的面目都愈來愈模糊。歷史學家只有在真切感受到讀者的重要性時，才願意為他們改變書寫策略，而戰爭動員，往往是最常見的理由，1934 年成立的通俗讀物編刊社便是因為這樣才組織起來的社群。為了喚起民眾、宣揚抗日理念、打進下層社會，原本只會寫分析、論證式文字的歷史學者開始學著怎麼用一般大眾熟悉的鼓詞、唱本、皮簧、蹦蹦戲，講一套老百姓能夠聽得懂的故事，從中「灌輸」抗敵意識和現代思想。把一部部描寫閨怨、俠義、果報和神仙鬼怪的篇章，改寫成宣揚民族大義、國家思想的國民讀本，利用舊形式導出新主題，教育下層民眾。這時候歷史書寫文本才又回到了一個個的人。不過，這一個個的人不見得再是以前的英雄烈女、忠臣漢奸，為了讓老百姓能夠「置入性」的想像，具典型、表率性的人物不見得會使人產生「起而效尤」之心，抗敵、愛國不但需要群體的力量，更需要讓人先意識到自己是這個國家的國民，於是通俗歷史書寫裡經常出現一批面目模糊、性格接近，可以叫老呂，可以叫小劉的人物，使讀者從中意識到「國民」的群相，從而置入自己的角色。只是這些改寫歷史的過程，對於學院史家來說並不是件輕鬆容易的事，許多實際參與的文史工作者，在改寫過程中才發現自己並不真的那麼懂得老百姓的語言、喜好和情感。在民族主義的語境中，通俗歷史的創作存在著鮮明的目的，國民意識的塑造亦不能脫離民眾原有的習慣，

（臺北：聯經出版事業公司，2017 年），頁 353–391。

通俗歷史書寫不但存在著「舊瓶新酒」的困境，似乎也難以避免在現代民族的普遍性和特殊性之間擺盪的問題，國族意識之於歷史的制約由此亦隱然可見。

接下來我想談一談形構歷史知識的外在條件。一個學科的形成除了學院本身的建構之外，同樣以學科分類為組成原則的學術機構、社群組織和學術報刊等，也是極為重要的一部分。即以本書所論而言，中國上古史研究的推進，中研院史語所和北平研究院都是不可忽略的研究機構，而中國社會經濟史研究的萌起，在學院建制出現之前，社調所和中研院社科所也都扮演了重要的角色。這些研究機構往往有比較豐富的資源，可以從事較大規模的研究、調查，例如傅斯年和徐炳昶因為史語所和北平研究院考古組的支持，才能動員人力、物力、金錢等資源從事歷次考古發掘工作。對於一樣提出民族多元觀點的蒙文通而言，因為缺乏地下考古發掘的證據，他所提出來海岱、河洛、江漢三元說在當時的影響力相對就小得多。同樣的，社會調查在西方國家也是 20 世紀初才逐漸受到重視的研究方法，而陶孟和、陳翰笙及其團隊成員之所以能夠在 1920 年代中後期展開大規模的社會調查和檔案的整理抄錄，沒有社調所和中研院社科所的支持亦不可能為之。

現代學術社會的特徵之一就是知識和權力之間的關係，擁有了學術資源，某種程度上也意味著掌握了解釋知識的權力。傅斯年協助中基會審查科學研究補助案，在通過與不通過的案件中可以看出他認為合乎現代「史學研究」標準的必須是窄而深「專題式」的研究，即使像吳晗的研究計畫寫的語焉不詳，

傅斯年還是可以憑著熟知他的研究路數而破格拔擢，評上甲等，而不符合這種窄而深形態的著作，寫得再好也只能「參考」，這樣的研究在傅斯年眼裡或根本「不足名為研究」。然而，這種原屬見仁見智的看法，一旦透過審查機制成為補助的標準時，一種學術價值或標準很可能就此建立，希望獲得補助的學人無論如何都會盡量朝這樣的方向趨近，對於日後的研究形態往往產生莫大的影響。當然，解釋知識的權力，有的時候不一定在審查機制中才會展現，當某種學術觀點逐漸成為主流時，往往也能左右知識的解釋權，1934 年陳翰笙在中研院社科所從事的農村調查，因帶有明顯的馬克思主義色彩，難以見容於當時的主流學術界，最後只好分道揚鑣，離開中研院。只不過陳翰笙等人所做的農村調查，認為近代中國已經進入半殖民地半封建的社會，農村經濟不斷受地主、商業資本家和高利貸者剝削的結論，卻為日後中國共產黨的革命運動提供了相當重要的理論與實證基礎。

　　手上握有學術資源，怎麼用又是另外一回事。除了學術機構之外，傅斯年良好的私人網絡關係，也為他在學術制度草創的年代裡，做到了很多人、很多年都不見得能夠做到的事，所以有人說他是「學霸」，但即使是學霸，如何運用手上的人際網絡和學術資源才是重點。抗戰時期居延漢簡出版延宕之事，最後由傅斯年出面解決，今天典藏在史語所「傅斯年檔案」裡，傅斯年和眾人來來往往的信函，說明了傅斯年為了處理此事，不但得出面寫信給當事人袁復禮、袁同禮和馬衡釐清事情原委，也要和商務印書館的王雲五、李澤彰等人來回磋商，還要為西

北科學考察團的沈仲章、徐鴻寶等人籌措赴港期間的生活費，並向中英庚款會的朱家驊、杭立武請款補助，更得向該會董事葉恭綽解釋出版進度。此事嚴格說來和傅斯年或史語所都沒有直接關係，而他之所以甘冒大不韙插手此事，不外乎因為他認為：「此物乃國家之公器，任何人不得而私之」，如果手上握有的學術權力只能公器私用，再好的人際關係，再多的資源也是枉然。

傅斯年是一個民族主義者，有著強烈的國家觀念，他認為一切的學術資源、成果、聲譽，背後代表的都是國家，為了這點他甚至可以很霸道的和袁復禮等人往復爭辯，或是相當主觀的向葉恭綽保證勞榦為居延漢簡所作的考釋絕對是最好的，甚至不避「包攬」之名，與教育部協商以史語所的名義加入國聯出面邀請的國際歷史學會，並由胡適代表史語所出席年會並發表演講。傅斯年執意由史語所和胡適代表中國加入國際組織的原因，不外乎他極為在乎「誰可以代表國家」，也就是說，國家的學術成就可以由誰代表？怎麼代表？以及如何詮釋的問題。這個時候傅斯年最想讓國際間認知中國的學術成就，當然是他念茲在茲，最能與西方學術界爭勝的成果。綜觀傅斯年的諸多作為，既可以看到他如何動用常為現代社會所詬病的私人關係，也會看到依循學術體制所運行的權力機制如何發揮它的作用，然而在他運用這些新舊交替的網絡關係時，最終左右傅斯年取捨判斷的標準，往往是他的國家觀念以及對「學術社會」的想望。

除了學術機構，社群組織也是形構學科知識另一個非常重要的力量。前述中國社會經濟史早期形成的過程就是相當典型

的例子。社調所早期幾乎都是社會學者、經濟學者的天下，湯象龍、羅玉東、梁方仲、劉雋等人所屬的「經濟史組」之所以設立，只是因為社會學、經濟學自 18 世紀以來在西方學界就一直帶著觀察過去的視角，而 1920 年代又正值學術研究典範轉型的當兒，以社會調查直接觀察當代社會的研究取徑初初成形，社調所成立之初即同時兼容了這兩種研究取徑。因此，此一時期的經濟史、社會史研究基本上還是延續了西方早年經濟學、社會學的傳統，是為了解現狀淵源而存在的。可是當歷史學的學科意識愈來愈強，學科與學科之間的界域愈來愈清楚的時候，這些原本被視為社會學、經濟學的學者自然更希望從歷史學本身的視角出發。換句話說，他們希望從事的歷史研究，不再只是作為社會學了解現狀的方法，也不只是解釋社會學理論的材料，社會經濟史其實可以轉為歷史學的一個次學科領域，一切的材料、方法和解釋，都可以回到歷史學本身的脈絡裡。因為有了這樣的轉變與訴求，湯象龍、羅玉東、梁方仲等原在社調所和後來中研院社科所的研究者，才會和清華其他校友如吳晗、夏鼐、張蔭麟等人共同籌組清華史學研究會，而此社群組織的集結，無異說明了社會經濟史研究從社會學、經濟學轉向歷史學的過程，以及社群組織對於形構學科知識的意義。

當一門次學科領域還沒有足夠強大的動能在學院設科時，很可能先藉社群組織蘊積足夠的能量，當研究方法、材料漸趨成熟之後才可能在學院中普遍設科，中國上古史和中國社會經濟史便是此例。不過，中國上古史的情形比較特殊，涉及知識系統從破壞到建設的過程，好比顧頡剛早年不斷推辭在大學任

教的機會，一方面出於謙虛，一方面也是認為自己沒有教授中國上古史的能力，因為他認為中國上古史和「古史」不同，前者更需要集體同一的脈絡及前後相連的次序，在根本懷疑古史系統的前提下，顧頡剛並不認為自己適合站上講臺教授中國上古史。不過顧頡剛此時並沒有籌組社群，但他編寫《古史辨》匯聚與此課題相關的人才和見解，某種程度上也是一種集結。此外，中國社會經濟史亦是如此，1920 年代中國社會經濟史無論在學科意識和研究方法上，都還沒有達到獨立成科的時機，加上政治意識形態的干擾，許多「主流」大學缺乏設科的意願，這時社群組織便先從集結研究人員和研究動能開始，儲備日後走向學院建制的能量與機緣，這是從社群走向學院之例。當然，也有從學院往外組織社群的例子，本書所言通俗讀物編刊社便是一例。學院之外的社群集結往往有多種可能，有些是研究人才基於某種目的的橫向集結，有些有跨學科的性質，有時候也可能是社群組織的目的和性質更適於在學院之外發展，而通俗讀物編刊社更接近於後者。不過無論是從社群到學院，抑或從學院到社群，學科知識與社群組織之間交互展現的作用力都是清晰可見的，而經常附屬在社群之下的書評，尤其可以看出這種雙向作用的痕跡。

　　書評在大部分的刊物中占有的篇幅都不算大，有些刊物甚至沒有書評的欄位，不過也有專門登載書評的刊物。許多時候，書評附屬在某個社群刊物之中，社群組織的性質就會對書評產生一定程度的影響。從表面上來看，書評是一個「盡各言爾志」的場域，讀者可以在上面發表不同的意見，然而實際上當任何

人想要在公開的書評中對他人的著作提出批評、建議或讚賞之詞時，他都必須先有相應的學術論據，以及一套基本上符合這個學科／領域的「客觀價值」，而這套價值與標準又往往是學科內部組成分子與學科知識之間相互詰辨構築而成的。因此書評撰寫者基於某種立場或秉持某種觀念提出的批評，既是一種學術內在理路的體現，也反映了某一學科／領域所信持的價值及其能夠容忍的邊界。在書評也必須經過雙向匿名審查的今天，此一價值與邊界尤清晰可見；過去是書評撰寫者和作者之間的對話，漸漸變成書評撰寫者和審查者之間的問難，而經過此一過程所刊載出來的書評，恐怕更多只在發言而非對話。制度化的書評所反映的學科危機又是什麼，或許值得我們思考。

而史學史之所以重要的原因亦即在此。從事史學史研究多年，最大的感受是多數的史學工作者都不重視它。當然，每個史學工作者都不喜歡被別人認為自己是有偏見的，因為我們一直以為自己是以追求客觀為職志，但與此同時，我們又創造了各種各樣的學術機制來降低各種可能導致不客觀的情形發生。到底是誰捆綁了我們的手腳，讓我們既不敢這樣又不敢那樣？其實是我們自己，當我們把所有的研究工作都對象化 (objectification) 之後，我們以為自己就可以置身事外。事實上，就像布迪厄說的：社會學家只想把自身以外的東西當成研究對象，但只有自己不能。[3] 歷史學家何嘗不是呢？因為我們早早就把追求客觀當成是「祖訓」。佩基 (Charles Pierre Péguy, 1873–

---

3. Pierre Bourdieu, *Homo Academicus*, trans. by Peter Collier, Stanford: Stanford University Press, 1988, p. 5.

1914) 說的更直白：「歷史學家們並不想寫一部關於他們自己的歷史，卻很樂意全心全意投入歷史無盡的細節當中。因為他們不想自己成為歷史細節的一部分，就像醫生不想生病或死亡一樣。」[4] 我們習慣和研究對象保持一定程度的距離，然而實際上我們仍然「身在此山中」，特別是近代史學史，其實我們自己和我們的研究對象都在同一座山頭，當我們在說傅斯年和顧頡剛有什麼不同，說梁啟超善變，或爭辯傅斯年和陳寅恪誰比較依靠誰的時候，我們看到了多少屬於這一整個時代的「集體同一性」？我的意思不是說差異不重要，而是更想從「趨同性」的角度了解這一個時代的史學究竟和傳統有什麼不同？而這些不同又讓我們看到了什麼？或許這也是我這本書以及自己多年來的一點思考吧！

4. 轉引自：Pierre Bourdieu, *Homo Academicus*, p. 1.

徵引書目

報　刊

《大公報》（天津），「文學副刊」，第 1, 3, 13, 19, 132, 176, 177, 178, 248, 252, 269, 278 期（1928 年 1 月 2 日 –1933 年 5 月 1 日）。

《大公報》（天津），「史地周刊」，第 1–146 期（1934 年 9 月 21 日 – 1937 年 7 月 23 日）。（據美國中文資料中心編，《史地周刊》。Washington: Center of Chinese Research Materials Association of Research Libraries, 1974）.

《大公報》（天津），「圖書副刊」，第 34, 35, 36, 37, 39, 126, 136 期（1934 年 7 月 7 日 –1936 年 6 月 25 日）。

《大美晚報》，「歷史週刊」（1935 年 11 月 11 日）。

《大眾知識》，1：1–1：12（1936 年 10 月 20 日 –1937 年 5 月 20 日）。

《中央日報》（南京），「史學」，第 1–30 期（1936 年 3 月 5 日 – 1936 年 10 月 1 日）。

《北京大學日刊》，第 1、6、8 分冊（北京：人民出版社，1981 年）。

《民眾周報》，1：1–1：12（1936 年 10 月 2 日 –1936 年 12 月 18 日）；2：1–2：12（1937 年 1 月 1 日 –1937 年 3 月 19 日）；3：1–3：6（1937 年 4 月 2 日 –1937 年 5 月 7 日）。

《民眾週刊》，1：1–1：29–30（1947 年 5 月 24 日 –1947 年 12 月 14 日）。

《申報》（上海），「通俗講座專欄」，第 1–72 期（1936 年 3 月 19 日 –1937 年 8 月 5 日）。

《求生之路》，1：1–1：5（1936 年 12 月 –1937 年 5 月）。

《益世報》（天津），「史學」，第 1–54 期（1935 年 4 月 30 日 –1937 年 5 月 30 日）。

《晨報》，「副刊」（1922 年 3 月 13、14、15、16、17 日），第 1 版。

檔案、史料（輯）

St. John's University, *Courses of Study, from 1938 to 1949*.（上海檔案館藏）。

〈國內五大學歷史系學程一覽〉，《史地學報》，2：7（1923 年 11 月），頁 147–150。

〈歷史語言研究所與社會科學研究所合併事談話會紀錄及有關文件〉（1933 年），中國第二歷史檔案館藏，全宗號：393，案卷號：1486。

〈歷史學系十年來職員名錄〉，《史學年報》，2：5（1938 年 12 月），頁 545–546。

《（私立）大夏大學一覽》（出版項不詳，1929、1930、1931、1933、1936 年）。

《（唱本 190 冊）大鼓段詞——小寡婦上墳》，雙紅堂——戲曲 189。東京大學東洋文化研究所藏漢籍善本全文影像資料庫。

《（雜腔唱本）十杯茶》，民國排印本，雙紅堂——戲曲 190。東京大學東洋文化研究所藏漢籍善本全文影像資料庫。

《（雜腔唱本）王二姐思夫》，雙紅堂——戲曲 190。東京大學東洋文化研究所藏漢籍善本全文影像資料庫。

《（雜腔唱本）馬寡婦開店》，石印本，雙紅堂——戲曲 190。東京大學東洋文化研究所藏漢籍善本全文影像資料庫。

《（雜腔唱本）新出改良十杯酒》，雙紅堂——戲曲 190。東京大學

東洋文化研究所藏漢籍善本全文影像資料庫。

《（雜腔唱本）新出花鼓詞》，石印本，雙紅堂——戲曲 190。東京
　　大學東洋文化研究所藏漢籍善本全文影像資料庫。

《私立齊魯大學文理學院一覽》（濟南：私立齊魯大學編印，1932
　　年）。

《河南大學一覽》（出版項不詳，1930 年）。

《南開大學一覽》（出版項不詳，1929 年）。

《國立北平研究院五週年工作報告》，收入：張研、孫燕京主編，
　　《民國史料叢刊》（文教、文化概況）第 1117 冊（鄭州：大象
　　出版社，2009 年）。

《雲南大學志》，第 1 卷（人物傳）（昆明：雲南大學出版社，2000
　　年）。

《暨南大學一覽》（出版項不詳，1935 年）。

《暨南大學十七年度教務一覽》（出版項不詳，1928 年）。

「胡適檔案」，中國社會科學院近代史研究所藏，卷宗號：1343；
　　1443(15)；1434(1)；1434(7)。

「傅斯年檔案」，中央研究院歷史語言研究所藏

　　I：56；58；64；66；74；77；90；239；256；257；262；
　　　263；266；462；467；493；497；514；596；597；610；
　　　711；730；797；905；910；913；1244；1248；1249；
　　　1257；1261；1275；1419；1449；1475；1477；1506；
　　　1518；1519；1520；1521；1637。

　　II：36；86；265；295；344；452；672。

　　III：110；239；635；789；802；917；1003；1061；1067；
　　　1069；1212；1248；1329；1330；1334；1335；1460；
　　　1461；1465。

Ⅳ：378–13；378–28；378–29；378–52；530；532；533；534；535；536；537；539；550；1059；1250。

中央研究院歷史語言研究所編，《中央研究院歷史語言研究所七十年大事記》（臺北：中央研究院歷史語言研究所，1998 年）。

方白，《大戰平型關》，乙種叢書，新刊第 13 種（武昌：通俗讀物編刊社，1938 年）。

方白，《飛將軍》，乙種叢書，新刊第 6 種（武昌：通俗讀物編刊社，1937 年）。

方白，《槍斃韓復榘》，乙種叢書，新刊第 29 種（武昌：通俗讀物編刊社，1938 年）。

王汎森、杜正勝編，《傅斯年文物資料選輯》（臺北：中央研究院歷史語言研究所，1995 年）。

王汎森、潘光哲、吳政上等主編，《傅斯年遺札》，第 2、3 卷（臺北：中央研究院歷史語言研究所，2011 年）。

王學珍、郭建榮主編，《北京大學史料》，第 2 卷 (1912–1937)，第 3 卷 (1937–1945)（北京：北京大學出版社，2000 年）。

王應憲編校，《現代大學史學系概覽 (1912–1949)》，上、下冊（上海：上海古籍出版社，2016 年）。

北平私立燕京大學，《北平私立燕京大學一覽》（北平：私立燕京大學編印，1937–1938 年）。

北京大學、清華大學、南開大學、雲南師範大學編，《西南聯合大學史料（三）教學、科研卷》（昆明：雲南教育出版社，1998 年）。

北京大學編，《北京大學規程》（北京：北京大學，1914 年）。

左丘明，《國語》〔據《四部備要》排印清代士禮居翻刻明道本為底本〕（臺北：里仁書局，1981 年）。

石鳴，《陽明堡火燒飛機場》，乙種叢書，新刊第 7 種（武昌：通俗
　　讀物編刊社，1937 年）。

石鳴九，《新馬寡婦開店》，乙種叢書，新刊第 24 種（武昌：通俗
　　讀物編刊社，1938 年）。

朱有瓛主編，《中國近代學制史料》，第 1 輯下冊（上海：華東師範
　　大學出版社，1986 年）。

江籹，《抗敵時令歌謠》，上、下冊（漢口：生活書店，1938 年）。

老白，《大鬧王家庄》，乙種叢書（決定版），新刊第 28 種（武昌：
　　通俗讀物編刊社，1938 年）。

西南聯大北京校友會編，《國立西南聯合大學校史——1937 至 1946
　　年的北大、清華、南開》（北京：北京大學出版社，1996 年）。

佚名，《丁方上前線》，乙種叢書，新刊第 17 種（武昌：通俗讀物
　　編刊社，1938 年）。

佚名，《民國廿六年》，乙種叢書，新刊第 14 種（西安：通俗讀物
　　編刊社，1938 年）。

佚名，《收商都》，乙種叢書，新刊第 4 種（西安；通俗讀物編刊
　　社，1937 年）。

佚名，《血戰蘆溝橋》，乙種叢書（西安：通俗讀物編刊社，1937
　　年）。

佚名，《抗日英雄苗可秀》，乙種叢書，決定版第 1 種（西安：通俗
　　讀物編刊社，1937 年）。

佚名，《抗戰歌謠》，乙種叢書，新刊第 11 種（武昌，：通俗讀物編
　　刊社，1938 年）。

佚名，《活捉白堅武》，乙種叢書，新刊第 10 種（西安：通俗讀物
　　編刊社，1937 年）。

佚名，《張子青誘敵》，乙種叢書，新刊第 27 種（武昌：通俗讀物

編刊社，1938 年）。

佚名，《張仰賢大戰百靈廟》，乙種叢書，新刊第 22 種（武昌：通俗讀物編刊社，1938 年）。

佚名，《趙登禹南苑殉國》，乙種叢書，新刊第 4 種（西安：通俗讀物編刊社，1937 年）。

李克，《國難十二月》，乙種叢書，新刊第 14 種（武昌：通俗讀物編刊社，1938 年）。

李克，《寶爾敦破案》，乙種叢書，新刊第 21 種（武昌：通俗讀物編刊社，1938 年）。

杜預注，孔穎達等正義，黃侃經文句讀，《春秋左傳正義》〔十三經注疏之七〕（上海：上海古籍出版社，1990 年）。

社會調查所編，《社會調查所概況》（北平：社會調查所，1933 年）。

洪亮吉，《洪北江詩文集》，上冊（上海：商務印書館，1935 年）。

國立中山大學編，《國立中山大學一覽》（廣州：國立中山大學，1930 年）。

國立中央大學，《國立中央大學一覽》（南京：國立中央大學，1930 年）。

國立中央研究院文書處編，《國立中央研究院總報告》，第 1–6 冊（南京：國立中央研究院總辦事處，1928–1939 年）。

國立北京大學，《國立北京大學史學系課程指導書》（北平：國立北京大學，1932–1933 年適用）。

國立北京大學，《國立北京大學史學系課程指導書》（北平：國立北京大學，1934 年）。

國立北京大學，《國立北京大學史學系課程指導書》（北京：國立北京大學，1924–1925 年）。

國立北京大學，《國立北京大學史學系課程指導書》（北京：國立北

京大學，1925–1926 年）。

國立北京大學，《國立北京大學規程》（北京：國立北京大學，1918
　　年）。

國立北京大學卅一週年紀念會宣傳股編，《北京大學卅一週年紀念
　　刊》（北平：國立北京大學，1929 年）。

國立北京大學志編纂處編，《北京大學校史》（北平：國立北京大學
　　志編纂處印行，1933 年）。

國立武漢大學，《國立武漢大學一覽》（1935 年），收入：吳相湘、
　　劉紹唐編，《民國史料叢刊》，第 6 種（臺北：傳記文學出版
　　社，1971 年影印）。

國立武漢大學，《國立武漢大學一覽》（出版項不詳，1930、1933、
　　1934 年）。

國立清華大學，《國立清華大學一覽》（北平：國立清華大學編印，
　　1930 年）。

國立清華大學，《國立清華大學本科暨研究院學程一覽》（北京：國
　　立清華大學編印，1932–1933 年）。

國立清華大學，《國立清華大學學程大綱（附學科內容說明)》（北
　　平：國立清華大學編印，1929 年）。

教育部中國年鑑編輯委員會編，《第二次中國教育年鑑》，第 3 冊第
　　6 編，「學術文化」（臺北：宗青圖書出版公司，1981 年）。

教育部高等教育司編，《高等教育概況——大學之部》，上冊（無出
　　版項，1928–1929 年）。

教育部編，《大學科目表》（重慶：正中書局，1940 年）。

清華大學校史研究室編，《清華大學史料選編》，第 2 卷上（北京：
　　清華大學出版社，1996 年）。

陳垣，《私立輔仁大學一覽》，（北平：私立輔仁大學，1937 年）。

復旦大學，《科目、學程調查表和新生補習名冊》（油印本，1939-
　　　1940 年）。

復旦大學，《教員任課表及教職員錄》（油印本，1940–1949 年）。

復旦大學編，《復旦大學一覽（19 年春）》，（油印本，1930 年）。

復旦檔案館編，《復旦大學志》（上海：復旦大學出版社，1985 年）。

馮玉祥，《馮玉祥抗戰詩歌》，乙種叢書，新刊第 11 種（西安：通
　　　俗讀物編刊社，1937 年）。

廈門大學編，《廈門大學佈告》，1：1（1921–1922 年）；2：2
　　　（1924–1925 年）。

楊晉豪，《八路軍出馬打勝仗》，大眾讀物乙種之 3（漢口：通俗讀
　　　物編刊社，1939 年）。

輔仁大學，《北平輔仁大學文學院概況》（北平：輔仁大學編印，
　　　1935 年）。

輔仁大學，《輔仁大學文學院史學系課程組織及說明》（北平：輔仁
　　　大學刊，1933 年）。

劉安等編注，高誘注，《淮南子》（上海：上海古籍出版社，1989
　　　年）。

璩鑫圭、唐良炎編，《中國近代教育史資料匯編──學制演變》（上
　　　海：上海教育出版社，1991 年）。

時人論著、日記、書信、回憶錄、年譜

Fitzgerald, C. P., "C. V. G. *Kiernon, British Diplomacy in China,
　　　1880–1885*, Cambridge University Press, 1939," 《中國社會經濟
　　　史集刊》，8：1（1949 年 1 月），頁 176–181。

〈中國近代經濟史研究集刊·發刊詞〉，《中國近代經濟史研究集
　　　刊》，1：1（1932 年 11 月），頁 1–3。

〈現代化與非現代化〉,《國聞週報》,7：27（1930年），頁2–3。

一岳,〈重重舊恨與新愁下之《國恥史要》〉,《中國新書月報》,2：1（1932年），頁16–17。

弋純,〈書評的研究〉,《武昌文華圖書科學季刊》,3：4（1931年12月），頁489–505。

王崇武,〈書籍評論：明內廷規制考〉,《中國社會經濟史集刊》,7：1（1944年6月），頁143–146。

王鍾翰,〈書評：中國古史的傳說時代〉,《燕京學報》,第30期（1946年），頁299–304。

王禮錫,〈中國社會史論戰序幕〉,《讀書雜誌》（中國社會史論戰專號），第4–5期合刊（上海：神州國光社,1932年），收入：民國叢書編輯委員會編,《民國叢書》,第二編79冊（上海：上海書店出版社,1990年），頁1–23。

向林冰,〈封建社會的規律性與民間文藝的再認識——再論民族形式的中心源泉之一〉,《新蜀報》（重慶）,「蜀道」,第101期（1940年4月21日），頁4。

向林冰,〈論「民族形式」的中心源泉〉,《大公報》（重慶）,「戰線」,第508號（1940年3月24日），第4版。

朱謙之,〈經濟史研究序說〉,《現代史學》,1：3–4（1933年），頁1–50。

老舍,〈1941年文學趨向的展望〉,《抗戰文藝》,7：1（1941年1月），頁3–11。

老舍,〈我怎樣寫通俗文藝〉,《抗戰文藝》,7：1（1941年1月），頁51–53。

老舍,〈製作通俗文藝的苦痛〉,《抗戰文藝》,2：6（1938年10月15日），頁89–92。

老舍，〈談通俗文藝〉，《自由中國》，第 2 號 （1938 年 4 月），頁 128–131。

何茲全，〈民族與古代中國史〉，收入：河北教育出版社編，《二十世紀中國史學名著敘錄》 （石家莊： 河北教育出版社， 2002 年），頁 204–229。

吳晗，〈明代的軍兵〉，《中國社會經濟史集刊》，5：2 （1937 年 6 月），頁 147–200。

吳景超，〈近代都市的研究法〉，《食貨》半月刊，1：5 （1935 年 2 月 1 日），頁 159–160。

吳鐸，〈川鹽官運之始末〉，《中國近代經濟史研究集刊》， 3 ： 2 （1935 年 11 月），頁 143–261。

宋陽 （瞿秋白），〈大眾文藝的問題〉，《文學月報》，創刊號 （1932 年 6 月 10 日），頁 1–7。

李濟，〈發掘龍山城子崖的理由及其成績〉，《山東省立圖書館季刊》，1：1 （1933 年），頁 197–200。

沈仲章口述、 霍偉記錄、 胡繡楓整理，〈搶救 「居延漢簡」 歷險記〉，《文物天地》，第 4 輯 （1986 年 7 月 30 日），頁 33–37。

谷霽光，〈西魏北周和隋唐間的府兵〉，《中國社會經濟史集刊》，5：1 （1937 年 3 月），頁 85–120。

孟真 （傅斯年），〈故書新評〉，《新潮》，1：1 （1919 年 1 月），頁 139–141。

芮逸夫，〈苗族的洪水故事與伏羲女媧的傳說〉，《國立中央研究院歷史語言研究所人類學集刊》，1：1 （1938 年），頁 155–203。

金克木，〈論書評〉，《益世報》 （天津），「讀書週刊」，第 107 期 （1937 年 7 月 8 日），第 12 版。

柳詒徵，〈梁氏佛教史評〉，《學衡》，第 2 期 （1922 年 2 月），頁

131–141。

胡先驌，〈評嘗試集〉，《學衡》，第 1 期（1922 年 1 月），頁 119–
142；第 2 期（1922 年 2 月），頁 142–160。

胡厚宣，〈楚民族源於東方考〉，《史學論叢》第 1 冊（北平：國立
北京大學潛社，1934 年），頁 1–52。

胡適，〈諸子不出於王官論〉，《太平洋》，1：7（1917 年 4 月），頁
1–7。

胡繩，〈中國近代歷史的分期問題〉，收入：《歷史研究》編輯部編，
《中國近代史分期問題討論集》（北京：生活‧讀書‧新知三
聯書店，1957 年），頁 1–14。

倪中畛，〈讀史記〉，《國學雜誌》，第 4 期（1917 年 12 月），頁 1–
3。

孫毓棠，〈西漢的兵制〉，《中國社會經濟史集刊》，5：1（1937 年 3
月），頁 1–74。

徐中舒，〈中央研究院歷史語言研究所所藏檔案的分析〉，《中國近
代經濟史研究集刊》，2：2（1934 年 5 月），頁 169–221。

徐中舒，〈再論小屯與仰韶〉，收入：李濟編，《安陽發掘報告》，第
3 冊（北平：國立中央研究院歷史語言研究所，1931 年），頁
523–557。

徐中舒，〈陳侯四器考釋〉《國立中央研究院歷史語言研究所集刊》，
3：4（1933 年），頁 479–506。

徐炳昶、蘇秉琦，〈試論傳說材料的整理與傳說時代的研究〉，《史
學集刊》，第 5 期（1947 年），頁 1–28。

袁永一，〈陶希聖、鞠清遠：唐代經濟史〉，《中國社會經濟史集
刊》，5：1（1937 年 3 月），頁 130–134。

記者，〈新青年雜誌〉，《新潮》，1：2（1919 年 2 月），頁 353–355。

張良輔，〈中國現代化問題特輯：中國現代化的障礙和方式〉，《申報月刊》，2：7（1933 年 7 月），頁 3-4。

張其昀，〈讀《史通》與《文史通義‧校讎通義》〉，《史地學報》，1：3（1922 年 5 月），頁 133-149；1：4（1922 年 8 月），頁 105-131。

張熙若，〈全盤西化與中國本位〉，《國聞週報》，12：23（1935 年），頁 1-10。

張蔭麟，" Chao-ting Chi（冀朝鼎）：*Key Economic Areas in Chinese History*, London, 1930," 《中國社會經濟史集刊》，5：1（1937 年 3 月），頁 121-125。

張蔭麟，〈北宋的土地分配與社會騷動〉，《中國社會經濟史集刊》，6：1（1939 年 6 月），頁 33-64。

張蔭麟，〈宋史兵志補闕〉，《中國社會經濟史集刊》，5：2（1937 年 6 月），頁 141-146。

梁方仲，〈明代「兩稅」稅目〉，《中國近代經濟史研究集刊》，3：1（1935 年 5 月），頁 50-66。

梁方仲，〈明代戶口田地及田賦統計〉，《中國近代經濟史研究集刊》，3：1（1935 年 5 月），頁 75-129。

梁方仲，〈明代的民兵〉，《中國社會經濟史集刊》，5：2（1937 年 6 月），頁 201-234。

梁方仲，〈萬曆會計錄〉，《中國近代經濟史研究集刊》，3：2（1935 年 11 月），頁 292-299。

梁思永，〈龍山文化——中國文明的史前期之一〉，《考古學報》，1959 年第 7 冊，頁 5-14。

許仕廉，〈中國社會學運動的目標經過和範圍〉，《社會科學》，2：2（1931 年），頁 1-29。

連士升，"W. C. Oman, *A History of the Art of War in the Middle Ages*, Vol. I-II, Second edition, London: Methuen, 1924,"《中國社會經濟史集刊》，5：1（1937 年 3 月），頁 134–140。

郭沫若，〈「民族形式」商兌（續昨日星期論文)〉，《大公報》（重慶），「星期論文」（1940 年 6 月 10 日），第 3 版。

郭沫若，〈「民族形式」商兌〉，《大公報》（重慶），「星期論文」（1940 年 6 月 9 日），第 2 版。

陳嘯江，〈二十五史文化史料搜集法〉，《食貨》半月刊，1：5（1935 年 2 月 1 日），頁 161。

陶希聖，〈食貨週刊創刊的意思〉，《益世報》（天津），「食貨週刊」，第 1 期（1936 年 12 月 6 日），第 2 版。

陶希聖，〈搜讀地方志的提議〉，《食貨》半月刊，1：2（1934 年 12 月 16 日），頁 70–71。

陶希聖，〈編輯的話〉，《食貨》半月刊，1：1（1934 年 12 月 1 日），頁 29–30；1：2（1934 年 12 月 16 日），頁 76。

陶孟和，〈中國現代化問題特輯：中國現代化問題〉，《申報月刊》，2：7（1933 年 7 月），頁 2–3。

陶孟和，〈社會調查（一）導言〉，《新青年》，4：3（1918 年 3 月 15 日），頁 221–228。

勞榦，〈史岩著：敦煌石室畫像題識〉，《中國社會經濟史集刊》，8：1（1949 年 1 月），頁 157–163。

單士元，〈故宮博物院文獻館所藏檔案的分析〉，《中國近代經濟史研究集刊》，2：2（1934 年 5 月），頁 270–280。

彭澤益，〈趙豐田撰：晚清五十年經濟思想史〉，《中國社會經濟史集刊》，8：1（1949 年 1 月），頁 168–176。

惲毓鼎，〈讀十六國春秋〉，《中國學報》，第 3 期（1913 年 1 月），

頁 9–25。

湯象龍，"Henri Hauser, *Recherches et Documents sur L' Histoire des Prix en France de 1500 à 1800*, Les Presses Modernes, Paris, 1937,"《中國社會經濟史集刊》，6：2（1939 年 12 月），頁 385–390。

湯象龍，〈民國以前關稅擔保之外債〉，《中國近代經濟史研究集刊》，3：1（1935 年 5 月），頁 1–49。

湯象龍，〈光緒三十年粵海關的改革〉，《中國近代經濟史研究集刊》，3：1（1935 年 5 月），頁 67–74。

湯象龍，〈張季子九錄〉，《中國近代經濟史研究集刊》，1：2（1933 年 5 月），頁 311–314。

湯象龍，〈道光時期的銀貴問題〉，《社會科學雜誌》，1：3（1930 年），頁 1–31。

湯象龍，〈道光朝捐監之統計〉，《社會科學雜誌》，2：4（1931 年），頁 432–444。

湯象龍，〈達衷集〉，《中國近代經濟史研究集刊》，1：1（1932 年 11 月），頁 89–91。

湯象龍，〈對於研究中國經濟史的一點認識〉，《食貨》半月刊，1：5（1935 年 2 月 1 日），頁 1–2。

湯象龍，〈諭摺彙存及華制存考〉，《中國近代經濟史研究集刊》，1：1（1932 年 11 月），頁 92–94。

賀昌群，〈漢初之南北軍〉，《中國社會經濟史集刊》，5：1（1937 年 3 月），頁 75–84。

楊幸之，〈論中國現代化〉，《申報月刊》，2：7（1933 年 7 月），頁 66–73。

葛一虹，〈民族形式的中心源泉是在所謂「民間形式」嗎？〉，《新

蜀報》（重慶），「蜀道」，第 29 期（1940 年 4 月 10 日）。

雷海宗，〈斷代問題與中國歷史的分期〉，《清華大學社會科學》，2：1（1936 年），頁 1–33。

趙泉澄，〈北京大學所藏檔案的分析〉，《中國近代經濟史研究集刊》，2：2（1934 年 5 月），頁 222–255。

劉雋，〈東三省鹽法志〉，《中國近代經濟史研究集刊》，1：2（1933 年 5 月），頁 314–321。

劉雋，〈咸豐以後兩淮之票法〉，《中國近代經濟史研究集刊》，2：1（1933 年 11 月），頁 142–165。

劉雋，〈清代雲南的鹽務〉，《中國近代經濟史研究集刊》，2：1（1933 年 11 月），頁 27–141。

劉雋，〈道光朝兩淮廢引改票始末〉，《中國近代經濟史研究集刊》，1：2（1933 年 5 月），頁 123–188。

蔡毓驄，〈中國社會學發展史上的四個時期〉，《社會學刊》，2：3（1931 年），頁 1–33。

鄧廣銘，〈回憶我的老師傅斯年先生〉，聊城師範學院歷史系、聊城地區政工委、山東省政協文史委合編，《傅斯年》（濟南：山東人民出版社，1991 年），頁 2–8。

鄭鶴聲，〈太史公司馬遷之史學〉，《史地學報》，2：5（1923 年 5 月），頁 57–84；2：6（1923 年 8 月），頁 79–106。

鄭鶴聲，〈傅斯年等編著東北史綱初稿〉，《圖書評論》，1：11（1933 年 6 月），頁 7–18。

霍懷恕，〈書評的價值及其作法〉，《學風》，2：10（1932 年 10 月），頁 1–6。

總務部，〈中華全國文藝抗敵協會會務報告〉，《抗戰文藝》，1：11（1938 年 7 月 2 日），頁 144。

總務部，〈中華全國文藝抗敵協會會務報告〉，《抗戰文藝》，2：6（1938 年 10 月 15 日），頁 96。

總務部，〈中華全國文藝抗敵協會會務報告〉，《抗戰文藝》，2：8（1938 年 10 月 29 日），頁 117。

總務部，〈中華全國文藝抗敵協會會務報告〉，《抗戰文藝》，2：9（1938 年 11 月 5 日），頁 143。

繆鳳林，〈評胡氏諸子不出於王官論〉，《學衡》，第 4 期（1922 年 4 月），頁 106–130。

繆鳳林，〈評傅斯年君東北史綱卷首〉，《國立中央大學文藝叢刊》，1：1（1933 年 11 月），頁 131–163。

謝興堯，〈太平天國曆法考〉，《史學年報》，2：1（1934 年 9 月），頁 57–106。

鞠清遠，〈地方志的讀法〉，《食貨》半月刊，1：2（1934 年 12 月 16 日），頁 71–75。

聶崇岐，〈對現在史學界幾句諍言〉，《現代史學》，1：11（1947 年），頁 22–23。

羅玉東，〈湖南釐務彙纂〉，《中國近代經濟史研究集刊》，1：2（1933 年 5 月），頁 321–323。

羅玉東，〈釐金制度之起源及其理論〉，《中國近代經濟史研究集刊》，1：1（1932 年 11 月），頁 4–37。

羅家倫，〈研究中國近代史的意義和方法〉，《武漢大學社會科學季刊》，2：1（1931 年 7 月 16 日），頁 135–167。

羅爾綱，〈吳繩海：太平天國史〉，《中國社會經濟史集刊》，5：1（1937 年 3 月），頁 128–130。

羅爾綱，〈書籍評論：太平天国叢書第一集〉，《中國社會經濟史集刊》，5：1（1937 年 3 月），頁 125–127。

羅爾綱，〈清季兵為將有的起源〉，《中國社會經濟史集刊》，5：2
　　（1937 年 6 月），頁 235–250。

嚴中平，〈書籍評論：輯錄貿易史資料兩種著作〉，《中國社會經濟
　　史集刊》，7：1（1944 年），頁 149–152。

顧實，〈國立東南大學國學院整理國學計畫書〉，《國學叢刊》，1：4
　　（1923 年 12 月），頁 121–130。

顧頡剛，〈我們怎樣寫作通俗讀物〉，《抗戰文藝》，2：8（1938 年
　　10 月 29 日）。

James Harvey Robinson 著，何炳松譯，《新史學》（上海：商務印書
　　館，1924 年）。

丁山，《古代神話與民族》（北京：商務印書館，2005 年）。

千家駒，《從追求到幻滅：一個中國經濟學家的自傳》（臺北：時報
　　文化出版社，1993 年）。

中國社會科學院科研局編，《陳翰笙集》（北京：中國社會科學出版
　　社，2002 年）。

毛澤東，《中國革命與中國共產黨》，收入：《毛澤東選集》，第 2 卷
　　（北京：人民出版社，1991 年），頁 621–656。

王聿均、孫斌合編，《朱家驊先生言論集》（臺北：中央研究院近代
　　史研究所，1977 年）。

王承軍，《蒙文通先生年譜長編》（北京：中華書局，2012 年）。

王國維，《古史新證——王國維最後的講義》（北京：清華大學出版
　　社，1994 年）。

王蘧棠，《中國近百年史問題研究》（北平：作者自印，1929 年）。

甘海嵐編撰，《老舍年譜》（北京：書目文獻出版社，1989 年）。

老舍，《三四一》（重慶：獨立出版社，1938 年）。

老舍，《老舍文集》，第 15 卷（北京：人民出版社，1991 年）。

老舍，《老舍曲藝文選》（北京：中國曲藝出版社，1982 年）。

佚名編，《國恥痛史》，收入：沈雲龍編，《近代中國史料叢刊》，第
　　90 輯（臺北：文海出版社，1973 年）。

吳玉章，《中國最近五十年民族與民主革命運動簡史》（出版地不
　　詳：華北大學教務處，1949 年）。

吳宓著，吳學昭整理，《吳宓日記》，第 3、4、6 冊（北京：生活‧
　　讀書‧新知三聯書店，1998 年）。

呂思勉，《白話本國史》，第 1 冊（上海：商務印書館，1923 年）。

呂思勉，《呂著中國近代史》（上海：華東師範大學出版社，1997
　　年）。

呂思勉、童書業編，《古史辨》，第 7 冊（臺北：藍燈文化，1987
　　年）。

李孝定，《逝者如斯》（臺北：東大圖書股份有限公司，1996 年）。

李建芳，《各國民族統一運動史論》（重慶：大道出版社，1945 年）。

李泰棻，《中國最近世史》（上、下冊），收入：沈雲龍主編，《近代
　　中國史料叢刊三編》，第 61 輯（臺北：文海出版社，1990 年）。

李絜非，《中國近世史》，（上海：文通書局，1948 年）。

李鼎聲，《中國近代史》，收入：民國叢書編輯委員會編，《民國叢
　　書》，第 4 編第 78 冊（上海：上海書店出版社，1992 年）。

沈亮榘編，《（繪圖官話）國恥史演說》（上海：商務印書館，1921
　　年）。

沈鑑、王栻，《國恥史話》（重慶：獨立出版社，1940 年）。

周滌欽編著，《我們的恥辱》（重慶：正中書局，1942 年）。

孟世傑，《中國近百年史》，上冊（天津：百城書局，1931 年）。

孟世傑，《中國最近世史》，第 1 冊（天津：華泰印書館，1926 年）。

知恥社編，《國恥》，收入：沈雲龍編，《近代中國史料叢刊三編》，

　　第 23 輯（臺北：文海出版社，1992 年）。

柳詒徵，《中國文化史》，上冊（上海：上海古籍出版社，2001 年）。

胡頌平，《朱家驊先生年譜》（臺北：傳記文學出版社，1969 年）。

胡頌平，《胡適之先生年譜長編初稿》，第 3、5 冊（臺北：聯經出
　　版事業公司，1984 年）。

胡適，《胡適文選》（臺北：遠流出版事業公司，1990 年）。

胡適紀念館編，《論學談詩二十年：胡適楊聯陞往來書札》（臺北：
　　聯經出版事業公司，1998 年）。

范文瀾，《中國近代史》，收入：民國叢書編輯委員會編，《民國叢
　　書》，第 4 編第 78 冊（上海：上海書店出版社，1992 年）。

夏曾佑，《中國古代史》（臺北：臺灣商務印書館，1994 年）。

夏鼐，《夏鼐日記》，卷 1（上海：華東師範大學出版社，2011 年）。

徐旭生，《徐旭生西遊日記》，（銀川：寧夏人民出版社，2000 年）。

徐炳昶，《中國古史的傳說時代》（重慶：中國文化服務社，1943
　　年）。

徐炳昶，《中國古史的傳說時代》（臺北：里仁書局，1999 年）。

晉陽學刊編輯部編，《中國現代社會科學家傳略》，第 1、3、4、8
　　輯，（太原：山西人民出版社，1982–1985 年）。

浦江清，《清華園日記·西行日記》（北京：生活·讀書·新知三聯
　　書店，1999 年）。

馬伯樂 (Henri Maspero) 著，馮沅君譯，《書經中的神話》（長沙：國
　　立北平研究院史學研究會出版，商務印書館發行，1939 年）。

高博彥，《中國近百年史綱要》，上冊（北平：文化學社，1928 年）。

張之洞，《勸學篇》，收入：沈雲龍主編，《近代中國史料叢刊》，第
　　9 輯（臺北：文海出版社，1967 年）。

張朋園、陳三井、陳存恭、林泉等訪問，陳三井、陳存恭紀錄，《郭

廷以先生訪問紀錄》（臺北：中央研究院近代史研究所，1987年）。

張健甫，《中國近百年史教程》（香港：文化供應社，1949年）。

張蔭麟，《張蔭麟先生文集》上、下冊（臺北：九思出版社，1977年）。

梁心，《國恥史要》（上海：日新興地學社，1933年）。

梁啟超，《中國上古史》（北京：商務印書館，2016年）。

梁啟超，《中國學術思想變遷之大勢》（臺北：臺灣中華書局，1979年）。

梁啟超，《中國歷史研究法 （附補編)》（臺北：臺灣中華書局，1981年）。

梁啟超，《國史研究六篇 （附錄三篇)》（臺北：臺灣中華書局，1956年）。

梁啟超，《飲冰室文集》，第 1、2、3、4、14 冊（臺北：臺灣中華書局，1983年）。

梁錫華選註，《胡適秘藏書信選》，上、下冊（臺北：風雲時代出版社，1990年）。

郭廷以，《近代中國史》，收入：民國叢書編輯委員會編，《民國叢書》，第 1 編第 78 冊（上海：上海書店出版社，1989年）。

郭沫若，《郭沫若全集》，文學編，第 19 卷（北京：人民文學出版社，1992年）。

陳恭祿，《中國近代史》（上海：商務印書館，1935年）。

陳崎編譯，《外患史》（上海：時中書局，光緒 29 年癸卯 （1903年))。

陳懷，《中國近百年史要》（廣州：中華書局，1930年）。

陶孟和，《孟和文存》，卷 2（上海：亞東圖書館，1925年），收入：

民國叢書編輯委員會編，《民國叢書》，第 5 編，綜合類 92 冊
　　（上海：上海書店出版社，1996 年）。

傅振倫，《七十年所見所聞》（上海：華東師範大學出版社，1997
　　年）。

傅振倫，《傅振倫文錄類選》（北京：學苑出版社，1994 年）。

傅斯年，《傅斯年全集》，第 3、4、7 冊（臺北：聯經出版事業公
　　司，1980 年）。

惲代英，《中國民族革命運動史》（上海：建國書店，1927 年）。

湯象龍編著，《中國近代海關稅收和分配統計》（北京：中華書局，
　　1992 年）。

華北大學歷史研究室編，《中國近代史》（出版地不詳：新華書店，
　　1949 年）。

華崗，《中國民族解放運動史》（上海：雞鳴書店，1940 年）。

華崗，《中國近代史》（出版地不詳：華東新華書店，1949 年）。

費孝通，《費孝通社會學文集》（天津：天津人民出版社，1983 年）。

開江、文清合編，《中國近百年史》（出版地不詳：青江書店，1934
　　年）。

黃烈編，《黃文弼歷史考古論集》（北京：文物出版社，1989 年）。

黃祖英、沈長洪、陳懷白編，《近百年史話》（北平：大華印刷局翻
　　印東北書店版，出版年不詳）。

新晨報叢書室編，《北平各大學的狀況》（北平：新晨報營業部，
　　1930 年）。

楊朝傑，《近代中國民族革命運動史》（上海：大東書局，1933 年）。

楊寬，《歷史激流中的動盪和曲折——楊寬自傳》（臺北：時報文化
　　出版社，1993 年）。

榮孟源，《中國近百年革命史略》（北京：生活‧讀書‧新知三聯書

店，1954年）。

蒙文通，《古史甄微》（成都：巴蜀書社，1999年）。

劉彥，《帝國主義壓迫中國史》（上海：太平洋書店，1927年）。

劉珍，《國恥史綱》（臺北：正中書局，1974年）。

劉師培，《中國歷史教科書》，收入：劉師培，《劉申叔遺書》，下冊
　　（南京：江蘇古籍出版社，1997年）。

劉寅生、房鑫亮編，《何炳松文集》，第2卷（北京：商務印書館，
　　1997年）。

劉維開，《羅家倫年譜》（臺北：中國國民黨中央委員會黨史委員
　　會，1996年）。

蔣廷黻，《中國近代史》，收入：民國叢書編輯委員會編，《民國叢
　　書》，第2編第75冊（上海：上海書店出版社，1990年）。

蔣廷黻，《蔣廷黻選集》，第1冊（臺北：文星書店，1965年）。

蔣恭晟，《國恥史》（上海：中華書局，1931年）。

鄭慧英，《書評索引初編》（廣州：廣州大學圖書館，1934年）。

魯迅，《且介亭雜文》（北京：人民文學出版社，2000年）。

黎東方，《平凡的我》，第2集（臺北：國史館，1998年）。

蕭一山，《清代史》，收入：民國叢書編輯委員會編，《民國叢書》，
　　第4編第77冊（上海：上海書店出版社，1992年）。

蕭一山，《清代通史》（北京：北京出版社，1923年）。

錢穆，《八十憶雙親·師友雜憶》（臺北：東大圖書股份有限公司，
　　1992年）。

羅家倫先生文存編輯委員會編，《羅家倫先生文存》，第5、7、12冊
　　（臺北：國史館、中國國民黨中央委員會黨史委員會，1976
　　年）。

羅根澤編，《古史辨》，第4冊（臺北：藍燈文化，1987年）。

羅爾綱，《太平天國史綱》（上海：商務印書館，1936 年）。

羅爾綱，《師門五年記‧胡適瑣記（增補本）》（北京：生活‧讀書‧
　　新知三聯書店，1998 年）。

蘇秉琦，《陝西考古發掘報告：鬥雞臺溝東區墓葬》第 1 種第 1 號
　　（北平：國立北平研究院史學研究所，1948 年）。

顧潮編著，《顧頡剛年譜》（北京：中國社會科學出版社，1993 年）。

顧頡剛，《上游集》（上海：合眾圖書館，1949 年）。

顧頡剛，《中國上古史研究講義》（北京：中華書局，1988 年）。

顧頡剛，《西北考察日記》，收入：中國人民政治協商會議甘肅省委
　　員會文史資料研究委員會編，《甘青聞見記》（蘭州：甘肅人民
　　出版社，1988 年）。

顧頡剛，《通俗讀物論文集》（漢口：生活書店，1938 年）。

顧頡剛，《當代中國史學》（香港：龍門書店，1964 年）。

顧頡剛，《寶樹園文存》，卷 4（北京：中華書局，2011 年）。

顧頡剛，《顧頡剛日記》，第 3、4、5 卷（臺北：聯經出版事業公
　　司，2007 年）。

顧頡剛、王鍾麒著，胡適校訂，《中國史讀本》（北京：中國工人出
　　版社，2007 年）。

顧頡剛編，《古史辨》第 1、2、5 冊（臺北：藍燈文化，1987 年）。

專　書

于爾根‧奧斯特哈默（Jürgen Osterhammel）著，強朝暉、劉風譯，
　　《世界的演變：19 世紀史》，II（北京：社會科學文獻出版社，
　　2016 年）。

山室信一著，陳仁碩譯，《憲法九條：非戰思想的水脈與脆弱的和

平》（新北：八旗文化出版社，2017 年）。

中央研究院近代史研究所六十年來的中國近代史研究編輯委員會
　　編，《六十年來的中國近代史研究》，上、下冊（臺北：中央研
　　究院近代史研究所，1989 年）。

中央研究院歷史語言研究所四十周年紀念特刊編輯委員會編，《中
　　央研究院歷史語言研究所四十周年紀念特刊》（臺北：中央研
　　究院歷史語言研究所，1968 年）。

尹達、張政烺等編，《紀念顧頡剛學術論文集》，上、下冊（成都：
　　巴蜀書社，1990 年）。

王汎森，《古史辨運動的興起——一個思想史的分析》（臺北：允晨
　　文化，1987 年）。

王柯，《中國，從天下到民族國家》（臺北：政大出版社，2015 年）。

王煦華編，《顧頡剛先生學行錄》（北京：中華書局，2006 年）。

包遵彭、李定一、吳相湘編，《中國近代史論叢》，第 1 輯第 1 冊
　　（史料與史學）（臺北：正中書局，1979 年）。

布占祥、馬亮寬主編，《傅斯年與中國文化：「傅斯年與中國文化」
　　國際學術研討會文集》（天津：天津古籍出版社，2006 年）。

伊曼紐爾‧沃勒斯坦 (Immanuel Wallerstein) 著，王昺等譯，《知識
　　的不確定性》（濟南：山東大學出版社，2006 年）。

李光謨，《鋤頭考古學家的足跡——李濟治學生涯瑣記》（北京：人
　　民大學出版社，1996 年）。

李孝悌，《清末的下層社會啟蒙運動，1901–1911》（臺北：中央研
　　究院近代史研究所，1992 年）。

李懷印著，歲有生、王傳奇譯，《重構近代中國：中國歷史寫作中
　　的想像與真實》（北京：中華書局，2013 年）。

杜正勝、王汎森主編，《新學術之路》，上、下冊（臺北：中央研究

院歷史語言研究所，1998 年）。

沙培德、張哲嘉主編，《近代中國新知識的建構》（臺北：中央研究
　　院，2013 年）。

孟昭晉，《書評概論》（南京：南京大學出版社，1994 年）。

岳玉璽、李泉、馬亮寬，《傅斯年：大氣磅礴的一代學人》（天津：
　　天津人民出版社，1994 年）。

岳南，《陳寅恪與傅斯年》（臺北：遠流出版事業公司，2009 年）。

阿里夫・德里克 (Alif Dirlik) 著，翁賀凱譯，《革命與歷史：中國馬
　　克思主義歷史學的起源，1919–1937》（南京：江蘇人民出版
　　社，2005 年）。

香港中國近代史學會編，《中國近代史研究新趨勢》（臺北：臺灣商
　　務印書館，1995 年）。

唐弢、嚴家炎主編，《中國現代文學史》，第 3 冊（北京：人民文學
　　出版社，1992 年）。

徐秀麗主編，《過去的經驗與未來的可能走向——中國近代史研究
　　三十年 (1979–2009)》（北京：社會科學文獻出版社，2010 年）。

秦孝儀主編，《中華民國經濟發展史》，第 1 冊（臺北：近代中國出
　　版社，1983 年）。

馬大正主編，李軍、鄧淼著，《斯文・赫定》（北京：中國民族攝影
　　藝術出版社，2002 年）。

馬林諾夫斯基 (Bronislaw Kasper Malinowski) 著，李安宅譯，《巫術、
　　科學、宗教與神話》（上海：上海社會科學院出版社，2016
　　年）。

張光直，《中國青銅時代》（臺北：聯經出版事業公司，1983 年）。

張希賢、王憲明、張偉良，《毛澤東在延安——關於確立毛澤東領
　　導地位的組織、人事、理論宣傳和外交統戰活動實錄》（北京：

　　警官教育出版社，1993 年）。

郭廷以，《近代中國的變局》（臺北：聯經出版事業公司，1987 年）。

陳三井主編，《走過憂患的歲月——近史所的故事》（臺北：中央研
　　究院近代史研究所，1995 年）。

陳星燦，《中國史前考古學史研究 (1895–1949)》（北京：生活‧讀
　　書‧新知三聯書店，1997 年）。

陳峰，《民國史學的轉折——中國社會史論戰研究 (1927–1937)》（濟
　　南：山東大學出版社，2010 年）。

陸堅心、完顏紹元編，《20 世紀上海文史資料文庫》，第 8 冊（上
　　海：上海書店出版社，1999 年）。

喬伊絲‧艾坡比 (Joyce Appleby)、琳‧亨特 (Lynn Hunt)、瑪格麗
　　特‧傑考 (Margaret Jacob) 著，薛絢譯，《歷史的真相》（臺北：
　　正中書局，1996 年）。

復旦大學歷史學系、復旦大學中外現代化進程研究中心編，《中國
　　現代學科的形成》（上海：上海古籍出版社，2007 年）。

曾業英主編，《五十年來的中國近代史研究》（上海：上海書店出版
　　社，2000 年）。

程杏培、陶繼明，《紅色學府——上海大學 (1922–1927)》（上海：
　　上海大學出版社，2002 年）。

逯耀東，《中共史學的發展與演變》（臺北：時報文化出版公司，
　　1979 年）。

楊瑞松，《病夫、黃禍與睡獅：「西方」視野的中國形象與近代中國
　　國族論述與想像》（臺北：政大出版社，2010 年）。

楊翠華，《中基會對科學的贊助》（臺北：中央研究院近代史研究
　　所，1991 年）。

葛兆光，《何為中國：疆域民族文化與歷史》（香港：牛津大學出版

社，2014 年）。

趙慶河，《讀書雜誌與中國社會史論戰 (1931–1933)》（臺北：稻禾
　　出版社，1995 年）。

劉起釪，《顧頡剛先生學述》（北京：中華書局，1986 年）。

劉龍心，《學術與制度：學科體制與現代中國史學的建立》（臺北：
　　遠流出版事業公司，2002 年）。

歐陽哲生，《傅斯年一生志業研究》（北京：北京大學出版社，2016
　　年）。

蕭乾，《書評研究》（臺北：臺灣商務印書館，1990 年）。

閻明，《一門學科與一個時代：社會學在中國》（北京：清華大學出
　　版社，2004 年）。

譚佳，《神話與古史：中國現代學術的建構與認同》（北京：社會科
　　學文獻出版社，2016 年）。

蘇秉琦，《滿天星斗：蘇秉琦論遠古中國》（北京：中信出版集團，
　　2016 年）。

蘇愷之，《我的父親蘇秉琦：一個考古學家和他的時代》（北京：生
　　活·讀書·新知三聯書店，2015 年）。

蘇雙碧、王宏志，《吳晗傳》（北京：北京出版社，1984 年）。

論　文

卜正民 (Timothy James Brook) 著，李榮泰譯，〈資本主義與中國的
　　近　（現）　代歷史書寫〉，收入：卜正民、格力高利·布魯
　　(Gregory Blue) 主編，古偉瀛等譯，《中國與歷史資本主義：漢
　　學知識的系譜學》（北京：新星出版社，2005 年），頁 132–
　　194。

小倉芳彥，〈通俗讀物編刊社の出版物──1930 年代の抗日ペンフ

レット 11 種──〉,《調查研究報告》(學習院大學東洋文化研究所),第 17 期(1983 年 3 月),頁 61–112。

方維規,〈近代思想史上的「民族」相關核心概念通考〉,收入:孫江、陳力衛主編,《亞洲概念史研究》,第 2 輯(北京:生活・讀書・新知三聯書店,2014 年),頁 3–60。

王汎森,〈一個新學術觀點的形成──從王國維的〈殷周制度論〉到傅斯年的〈夷夏東西說〉〉,收入:王汎森,《中國近代思想與學術的系譜》(臺北:聯經出版事業公司,2003 年),頁 305–320。

王汎森,〈人的消失?! 兼論二十世紀史學中「非個人性歷史力量」〉收入:王汎森,《思想是生活的一種方式:中國近代思想史的再思考》(臺北:聯經出版事業公司,2017 年),頁 353–391。

王汎森,〈什麼可以成為歷史證據──近代中國新舊史料觀點的衝突〉,收入:王汎森,《中國近代思想與學術的系譜》(臺北:聯經出版事業公司,2003 年),頁 343–376。

王愛松,〈「大眾化」與「化大眾」──三十年代一個文學話語的反思〉,《南京大學學報》,1996 年第 2 期,頁 24–32。

王煦華,〈抗日戰爭期間的中國史學會〉,上海圖書館歷史文獻研究所編,《歷史文獻》,第 4 輯(上海:上海科技文獻出版社,2001 年),頁 218–226。

石川禎浩,〈晚清「睡獅」形象探源〉,《中山大學學報》,49:5(2009 年),頁 87–96。

李帆,〈人種與文明:拉克伯里 (Terrien de La Couperie) 學說傳入中國後的若干問題〉,《西南民族大學學報》,2008 年第 2 期,頁 31–35。

李帆,〈民族主義與國際認同之間──以劉師培的中國人種、文明

西來說為例〉,《史學理論研究》,2005 年第 4 期,頁 97–102。

李帆,〈西方近代民族觀念和「華夷之辨」的交匯——再論劉師培
對拉克伯里「中國人種、文明西來說」的接受與闡發〉,《北京
師範大學學報》,2008 年第 2 期,頁 66–72。

李長銀,〈一件關乎民國年間政學商三界的重大事件:1929 年本國
史教科書案新探〉,《歷史教學》,2014 年 10 月,頁 34–40 轉
17。

李根蟠,〈二十世紀中國古代經濟史的研究〉,《歷史研究》,1999 年
第 3 期,頁 126–150。

李新偉,〈中國史前文化格局建構的心路歷程〉,收入:北京大學考
古文博學院、北京大學中國考古研究中心編,《考古研究》,
(九)(北京:文物出版社,2012 年),頁 768–786。

李新偉,〈重建中國的史前基礎〉,收入:北京聯合大學考古研究中
心編,《早期中國研究》,第 1 輯(北京:文物出版社,2013
年),頁 1–18。

杜正勝,〈中國社會史研究的探索——特從理論、方法與資料、課
題論〉,收入:國立中興大學歷史學系編,《第三屆史學史國際
研討會論文集》(臺中:青峰出版社,1991 年),頁 25–76。

杜正勝,〈從疑古到重建:傅斯年的史學革命及其與胡適、顧頡剛
的關係〉,《當代》,第 116 期(1995 年 12 月),頁 10–29。

沈松僑,〈我以我血薦軒轅——黃帝神話與晚清的國族建構〉,《臺
灣社會研究季刊》,28 期(1999 年 12 月),頁 1–77。

沈松僑,〈近代中國的「國民」觀念,1895–1911〉,收入:鈴木貞
美、劉健輝編,《東アジアにおける近代諸概念の成立》(京
都:国際日本文化研究センター,2012 年),頁 189–220。

沈松僑,〈振大漢之天聲——民族英雄系譜與晚清的國族想像〉,《中

央研究院近代史研究所集刊》，第 33 期（2000 年 6 月），頁 77-158。

沈松僑，〈國權與民權：晚清的「國民」論述，1895-1911〉，《中央研究院歷史語言研究所集刊》，73：4（2002 年 12 月），頁 685-734。

沈松僑，〈現代化的回顧與展望——「中國現代化研討會」紀要〉，《新史學》，2：1（1991 年 3 月），頁 115-130。

邢義田，〈傅斯年、胡適與居延漢簡的運美及返台〉，《中央研究院歷史語言研究所集刊》，66：3（1995 年 9 月），頁 921-952。

周文玖，〈從「一個」到「多元一體」——關於中國民族理論發展的史學考察〉，《北京大學學報》，44：4（2007 年 7 月），頁 102-109。

胡逢祥，〈李平心與中國近現代史研究〉，《江西社會科學》，2005 年第 4 期，頁 225-233。

孫江，〈拉克伯里 「中國文明西來說」 在東亞的傳布與文本之比較〉，《歷史研究》，2010 年第 1 期，頁 116-137。

張凱，〈出入「經」「史」：「古史三系說」 之本意及蒙文通學術旨趣〉，《史學月刊》，2010 年第 1 期，頁 125-134。

張瑞德，〈中國近代農村經濟的發展與危機——晚近一些議題的評述〉，收入：中央研究院近代史研究所編，《中國農村經濟史論文集》（臺北：中央研究院近代史研究所，1989 年），頁 719-744。

張壽安，〈近代中國的知識建構專號·導言〉，《中央研究院近代史研究所集刊》，第 52 期（2006 年 6 月），頁 9-17。

張壽安，〈近代中國知識轉型與知識傳播 (1600-1949) 大陸版導言〉，《中國文化》，第 44 期（2016 年第 2 期），頁 290-295。

梁庚堯，〈從《讀書雜誌》到《食貨》半月刊——中國社會經濟史
　　的興起〉，收入：周樑楷，《結網二編》（臺北：東大圖書股份
　　有限公司，2003 年），頁 285–340。

黃銘崇，〈古史即「神話」——以《大荒經》及《堯典》為中心的
　　再檢討〉，《新史學》，7：3（1996 年 9 月），頁 175–194。

黃寬重，〈禮律研社會——陶希聖研究中國社會史的歷程〉，《新史
　　學》，18：1（2007 年 3 月），頁 169–195。

雷文景輯，〈顧頡剛致鄭德坤信函輯錄〉，《檔案與史學》，2002 年第
　　4 期，頁 3–12。

翟志成，〈集體記憶與歷史真實：「平型關大捷」的建構與解構〉，
　　《中央研究院近代史研究所集刊》，第 51 期（2006 年 3 月），
　　頁 131–186。

劉忠，〈中國現代文學話語形式的三次論爭〉，《社會科學研究》，
　　2004 年第 6 期，頁 137–143。

劉超，〈學術與政治：《現代本國史》教科書個案〉，《史學月刊》
　　（2006 年第 7 期），頁 95–99。

潘光哲，〈想像「現代化」——一九三〇年代中國思想界的一個解
　　剖〉，《新史學》，16：1（2005 年 3 月），頁 85–124。

龔書鐸、鄭師渠，〈中國近代史〉，收入：蕭黎主編，《中國歷史學
　　四十年 (1949–1989)》（北京：書目文獻出版社，1989 年），頁
　　257–294。

英文專書、論文

Anderson, Benedict, *Imagined Communities: Reflections on the Origin
　　and Spread of Nationalism* (London: Verso, 1991).

Barnes, Harry Elmer, *The History and Prospects of the Social Sciences*

(New York: Alfred A. Knopf, 1925).

Berger, Stefan & Chris Lorenz, eds., *The Contested Nation: Ethnicity, Class, Religion and Gender in National Histories* (New York: Palgrave Macmillan, 2008).

Berger, Stefan & Chris Lorenz, eds., *Nationalizing the Past: Historians as Nation Builders in Modern Europe* (New York: Palgrave Macmillan, 2010).

Berger, Stefan, ed., *Writing the Nation: A Global Perspective* (New York: Palgrave Macmillan, 2007).

Berger, Stefan, Linas Eriksonas & Andrew Mycock eds., *Narrating the Nation: Representations in History, Media, and the Arts* (New York: Berghahn Books, 2008).

Boltz William G., "Kung Kung and the Flood: Reverse Euhemerism in the 'Yao tien'," *T'oung Pao*, Vol. LXVII, Livr.3–5 (1981), pp. 141–153.

Bourdieu, Pierre, *Homo Academicus*, translated by Peter Collier (Stanford: Stanford University Press, 1988).

Bourdieu, Pierre, "Intellectual Field and Creative Project," translated by Sian France, *Social Science Information*, Vol.8 No.2 (April, 1969), pp.89–119.

Burke, Peter, *History and Social Theory* (Cambridge: Polity Press, 1992).

Chakrabarty, Dipesh, "Postcoloniality and the Artifice of History: Who Speaks for 'Indian' Pasts?" *Representations*, 37 (Winter, 1992), pp. 1–26.

Chiang, Yung-chen, *Social Engineering and the Social Sciences in*

China 1919–1949 (Cambridge: Cambridge University Press, 2001).

Cohen, Paul A., *Discovering History in China: American Historical Writing on the Recent Chinese Past* (New York: Columbia University Press, 1984).

Cordier, Henri, *Histoire des relations de la Chine avec les puissance occidentales, 1860–1900* (Paris: Alcon, 1901–1902).

Dennett, Tyler, *Americans in Eastern Asia: A Critical Study of the Policy of the United States with Reference to China, Japan, and Korea in the 19th Century* (New York: The Macmillan Company, 1922).

Duara, Prasenjit, *Rescuing History from the Nation: Questioning Narratives of Modern China* (Chicago: The University of Chicago Press, 1995).

Duara, Prasenjit, "The Regime of Authenticity: Timeless, Gender, and National History in Modern China," *History and Theory*, Vol. 37 No. 3, (Oct. 1998), pp. 287–308.

Gellner, Ernest, *Nations and Nationalism* (Ithaca: Cornell University Press, 1983).

Hamerow, Theodore S., *Reflections on History and Historians* (Madison: The University of Wisconsin Press, 1987).

Hobsbawm, Eric J., *Nations and Nationalism since 1780: Programme, Myth, Reality* (Cambridge: Cambridge University Press, 1990).

Hu, Minghui, Johan Elverskog, eds., *Cosmopolitanism in China, 1600–1950* (Amherst, New York: Cambria Press, 2016).

Hung, Chang-tai, *Going to the People: Chinese Intellectuals and Folk*

Literature, 1918–1937 (Cambridge: Council on East Asian Studies, Harvard University, 1985).

Hung, Chang-tai, *War and Popular Culture: Resistance in Modern China, 1937–1945* (Berkeley: University of California Press, 1994).

Koselleck, Reinhart, *Futures Past: On the Semantics of Historical Time*, translated by Keith Tribe (Cambridge Mass.: The MIT Press, 1985).

Li, Huaiyin, *Reinventing Modern China: Imagination and Authenticity in Chinese Historical Writing* (Honolulu: University of Hawai'i Press, 2013).

Makeham, John, ed., *Learning to Emulate the Wise: The Genesis of Chinese Philosophy as an Academic Discipline in Twentieth-Century China* (Hong Kong: The Chinese University Press, 2012).

Moloughney, Brian, "Myth and the Making of History: Gu Jiegang and the Gushi bian Debates," in Brian Moloughney and Peter Zarrow, eds., *Transforming History: The Making of a Modern Academic Discipline in Twentieth-Century China* (Hong Kong: Chinese University Press, 2011), pp. 241–270.

Moloughney, Brian and Peter Zarrow eds., *Transforming History: The Making of a Modern Academic Discipline in Twentieth-Century China* (Hong Kong: Chinese University Press, 2011).

Morse, H. B., *The International Relations of the Chinese Empire* (London: Longmans, Green, and Co. 1910–1918).

Olsen, Niklas, *History in the Plural: An Introduction to the Work of Reinhart Koselleck* (N.Y.: Berghahn Books, 2012).

Schneider, Laurence A., *Ku Chieh-kang and China's New History: Nationalism and the Quest for Alternative Traditions* (Berkeley: University of California Press, 1971).

Wang, Fan-sen, *Fu Ssu-nien: A Life in Chinese History and Politics* (New York: Cambridge University Press, 2000).

Wang, Q. Edward, "Between Myth and History: The Construction of a National Past in Modern East Asia," in Stefan Berger ed., *Writing the Nation: A Global Perspectives* (New York: Palgrave Macmillan, 2007), pp. 126–154.

本書接受獎助案及部分已發表章節出處

科技部專題研究計畫補助案

· 91 年度國科會專題研究計畫：〈尋求客觀對話的空間——1930 年代期刊報紙書評之研究〉，計畫編號：NSC91-2411-H-031-021。

· 92 年度國科會專題研究計畫：〈中國社會經濟史研究的興起：以學術社群為核心的觀察〉，計畫編號：「NSC92-2411-H-031-011」。

· 95 年度國科會專題研究計畫：〈通俗讀物與戰時歷史書寫〉，計畫編號：「NSC-95-2411-H-031-004」。

· 97–98 年度國科會專題研究計畫：「近代中國歷史知識的形成及傳播」兩年期計畫，計畫編號：「NSC-97-2420-H-031-009-MY2」。

部分已發表篇章出處

· 2009 年 6 月，〈通俗讀物編刊社與戰時歷史書寫 (1933–1940)〉，《中央研究院近代史研究所集刊》，第 64 期，頁 87–136。

· 2010 年 9 月，〈尋求客觀對話的空間——1930 年代期刊報紙中的史學類書評〉，《北京大學教育評論》，2010 年第 3 期 （總第 31 期），頁 65–89。

索　引

七　劃

清代史學與史家（三版）　　杜維運／著

清代史學，以考據為大宗，而衡評、撰述之業，亦有可觀。錢大昕之《廿二史考異》、王鳴盛之《十七史商榷》，訂訛正謬，洵為考據鉅著；顧炎武之《日知錄》、趙翼之《廿二史劄記》，則以考據方法，完成撰述目的，歷代興亡大端，賴以暴白；黃宗羲之《明儒學案》、全祖望之《宋元學案》，為學術思想史之大創作；王夫之之《讀通鑑論》、《宋論》，章學誠之《文史通義》、《校讎通義》，創衡評史學之最高峰。其他殊值稱述者，不一而足。故清代史學，實有千門萬戶之觀。清末民初以來，西方史學東漸，其勢洶湧，而清代史學，未被衝出潮流之外，然則清代史學之客觀價值可知。

國家圖書館出版品預行編目資料

知識生產與傳播：近代中國史學的轉型／劉龍心著.
－－修訂二版一刷.－－臺北市：三民，2021
面；　公分.－－（歷史聚焦）

ISBN 978-957-14-7150-1　（平裝）
1. 史學史 2. 近代史 3. 中國

601.9208　　　　　　　　　　　110001481

知識生產與傳播——近代中國史學的轉型

作　　者	劉龍心
責任編輯	吳尚玟
美術編輯	林佳玉

發 行 人	劉振強
出 版 者	三民書局股份有限公司
地　　址	臺北市復興北路 386 號 (復北門市)
	臺北市重慶南路一段 61 號 (重南門市)
電　　話	(02)25006600
網　　址	三民網路書店 https://www.sanmin.com.tw

出版日期	初版一刷 2019 年 1 月
	修訂二版一刷 2021 年 7 月
書籍編號	S600190
I S B N	978-957-14-7150-1

三民書局